BLUE BOOK OF SHAANXI'S TOURISM

陕西旅游蓝皮书

陕西旅游发展报告

(2015)

ANNUAL REPORT ON SHAANXI'S TOURISM DEVELOPMENT(2015)

陕西省旅游局 / 编

陕西出版传媒集团
陕西旅游出版社

图书在版编目（CIP）数据

陕西旅游蓝皮书 ：陕西旅游发展报告．2015 / 陕西省旅游局编．—西安 ：陕西旅游出版社，2015.4
ISBN 978-7-5418-3196-6

Ⅰ．①陕… Ⅱ．①陕… Ⅲ．①地方旅游业－旅游业发展－研究报告－陕西省－2015 Ⅳ．①F592.741

中国版本图书馆 CIP 数据核字（2015）第 080555 号

陕西旅游蓝皮书——陕西旅游发展报告（2015）

陕西省旅游局编

责任编辑：南先锋 程家文
装帧设计：西安行游天下传媒广告有限公司
出版发行：陕西旅游出版社（西安市唐兴路 6 号 邮编：710075）
电 话：029-85252285
经 销：全国新华书店
印 刷：陕西天之缘真彩印刷有限公司
开 本：787mm×1092mm 1/16
印 张：19.625
字 数：300 千字
版 次：2015 年 5 月 第 1 版
印 次：2015 年 5 月 第 1 次印刷
书 号：ISBN 978-7-5418-3196-6
定 价：68.00 元

《陕西旅游蓝皮书——陕西旅游发展报告（2015）》编委会

陕西旅游：新机遇下的大跨越

在我国旅游业的发展史上，2014 年是一个具有里程碑意义的重要之年。习近平总书记提出建设“丝绸之路经济带”和“21 世纪海上丝绸之路”的宏伟战略构想，进一步激发了旅游业发展的活力和潜力。国务院发布《关于促进旅游业改革发展的若干意见》，推出一系列针对性更强、更细、更实的政策措施，再一次为旅游业发展注入强大的动力。陕西作为丝绸之路的起点，省委、省政府以担当精神，提出“建设丝绸之路经济带新起点”的战略定位，旅游产业作为陕西“一带一路”建设的先导产业进入高速发展的快车道。

2014 年是陕西旅游业实现大跨越的一年。在陕西旅游业发展史上从未有过，全省新增 1 个国家 5A 景区，23 个国家 4A 景区，4 家五星级饭店，精品建设有力推动了陕西旅游提档升级；在陕西旅游业发展史上从未有过，一大批省、市、县旅游行业管理干部走进中国的最高学府北京大学，在那里聆听专家教授的旅游管理专业知识，扛起“人才兴旅”的大旗；在陕西旅游业发展史上从未有过，曾经的穷乡僻壤和荒滩野岭在旅游业的“点化”下变成美丽的乡村景区，吸引着无数游客纷至沓来，一批批农民享受着旅游业发展带来的福利。2014 年全省接待境内外旅游者 3.32 亿人次，同比增长 16.5%，旅游总收入 2521.4 亿元，同比增长 18.1%，旅游业对全省经济发展的贡献力越来越强。旅游业成为转变经济发展方式，调整经济结构的重要支撑，为建设富裕、和谐、美丽新陕西做出了重要贡献！

2014 年是陕西旅游在项目建设、品牌建设取得重大突破的一年。30 个重大文化旅游项目、31 个文化旅游名镇的顺利推进，成为陕西旅游的新引擎。随着陕西旅游形象在新媒体中的广泛植入和“秦岭与黄河的对话”、西安丝绸之路国际旅游博览会等大型活动的举办，“陕西旅游”正在成为一个“热词”走进民众心中。一条条国际新航线的开通，一列列高铁的运行，西安 72 小时过境免签政策的实施，让陕西旅游与世界的距离越来越近。

在陕西旅游业的高速发展中，不但取得了骄人的成绩，更获得了很多发展经验。编辑整理的这本《陕西旅游蓝皮书——陕西旅游发展报告（2015）》旨在记录各级旅游管理部门、旅游企业、旅游专家在实践和研究中取得的宝贵经验，为进一步推动旅游产业发展提供智力支撑。也恳请广大读者批评指正，为陕西旅游业的发展献计献策！

陕西省旅游局局长　杨忠武

目 录

◆论文化旅游

建设好丝绸之路经济带新起点 …… 娄勤俭 / 1
在第四届陕粤港澳经济合作活动周澳门洽谈会上的致辞 …… 江泽林 / 5
在全省重大文化旅游项目建设现场会上的讲话 …… 白阿莹 / 7

◆主报告

2014 年陕西省旅游业发展报告 …… 陕西省旅游局 / 11
2014 陕西旅游十大新闻 …… 陕西省旅游局 / 18

◆发展报告

2014 年西安市旅游产业发展报告 …… 西安市旅游局 / 23
2014 年宝鸡市旅游产业发展报告 …… 宝鸡市文物旅游局 / 26
2014 年咸阳市旅游产业发展报告 …… 咸阳市文物旅游局 /29
2014 年铜川市旅游产业发展报告 …… 铜川市文物旅游局 / 32
2014 年渭南市旅游产业发展报告 …… 渭南市文物旅游局 / 35
2014 年延安市旅游产业发展报告 …… 延安市旅游局 / 38
2014 年榆林市旅游产业发展报告 …… 榆林旅游外事（侨务）局 / 41
2014 年汉中市旅游产业发展报告 …… 汉中市文物旅游局 / 44
2014 年安康市旅游产业发展报告 …… 安康市旅游局 / 47
2014 年商洛市旅游产业发展报告 …… 商洛市旅游局 / 51
2014 年杨凌示范区旅游产业发展报告 …… 杨凌示范区旅游局 / 54
2014 年韩城市旅游产业发展报告 …… 韩城市景区管理委员会 / 57

◆专题报告

◇研究篇

打造陕西旅游升级版 …… 杨忠武 / 60
韩城建设区域旅游目的地的思考 …… 杨忠武 / 64
彰显陕西旅游的软实力 …… 郝占延 / 68
陕西省旅游形象影响力调查 …… 陕西旅游研究院课题组 / 71
陕西省旅行社发展方式转型升级模式研究报告 …… 长安大学课题组 / 78
陕西国民旅游休闲体系建设现状及发展对策研究 …… 陕西旅游研究院课题组 / 83
陕西省修学旅游市场提升策略 …… 西安文理学院课题组 / 89
陕西省高 A 级景区容量调研与管理 …… 西安文理学院课题组 / 95
陕西省旅游市场环境质量提升对策研究 …… 陕西旅游研究院课题组 / 101
陕西省智慧旅游建设发展对策研究 …… 长安大学课题组 / 107
丝绸之路经济带对深化陕西旅游文化产业多重价值研究 …… 西安交通大学课题组 / 114
陕西省旅游业“十三五”人才发展规划研究报告 …… 西安财经学院课题组 / 121
大旅游视角下陕西旅游产业协同发展研究 …… 西北工业大学课题组 / 126
派驻旅游行政管理部门纪检监察机构履行监督职责研究 …… 陕西省旅游局课题组 / 132

◇调查篇

陕西省温泉旅游调研报告 …… 陕西省旅游局 / 138
丝绸之路旅游发展调研报告 …… 陕西省旅游局 / 147
陕西省文化旅游名镇建设情况调研报告 …… 陕西省旅游局 / 153
陕西省旅游服务质量提升活动调研报告 …… 陕西省旅游局 / 160

目 录

陕西乡村旅游发展模式之一：
关中文化旅游体验地袁家村 …… 陕西省旅游局 / 165
陕西乡村旅游发展模式之二：
记得住乡愁的休闲体验旅游目的地沙·沙河水街 …… 陕西省旅游局 / 174
陕西乡村旅游发展模式之三：
有山有水有故事的文化旅游古镇青木川 …… 陕西省旅游局 / 180
陕西乡村旅游发展模式之四：
一个让游客有尊严、有品质、有温暖的民俗文化体验园马嵬驿 陕西省旅游局 / 187

◇经济运行篇

全省入境旅游抽样调查分析报告 …… 许彤 / 194
全省国内旅游抽样调查分析报告 …… 许彤 / 199

◇管理篇

陕西省乡村旅游发展模式研究
——兼论陕西乡村旅游转型升级发展路径 …… 朱耀勋 / 235
围绕重点，提升丝路旅游对外宣传工作水平 …… 戴卫红 / 241
大力实施以项目建设为基础的旅游新业态促进工程
推动全省旅游业转型升级 …… 郭明历 / 245
推动我省旅游服务向优质服务转变
促进标准化和个性化服务上台阶 …… 赵跃虎 / 251
转变营销方式 提升旅游品牌 …… 董汉青 / 255
着力构建旅游行业大培训格局 …… 郭宝才 / 263
完善整治工作机制 优化旅游市场环境 …… 李霆 / 267

◇旅游工作会议篇

深入实施“2336”发展思路　打造新常态下陕西旅游升级版 …………… 杨忠武 / 270

聚全市之力创建国家 5A 级景区　带动宝鸡旅游跨跃发展 …… 宝鸡市文物旅游局 / 282

借服务质量提升年东风　树休闲养生旅游城形象 …………… 铜川市文物旅游局 / 285

坚持政府主导　提升旅游公共服务水平 ………………………… 渭南市文物旅游局 / 288

借势美丽乡村建设　助力休闲旅游发展 ……………………………… 商洛市旅游局 / 291

文化引领，产业融合

　　推进陕西文化旅游产业的跨越式发展 ………………………… 陕西旅游集团公司 / 294

积极优化项目布局　培育旅游新增长点

　　………………………………………………… 陕西文化产业投资控股（集团）有限公司 / 298

打造中国旅游惠民第一品牌 ………………………… 西安行游天下传媒广告有限公司 / 301

论文化旅游

建设好丝绸之路经济带新起点

陕西省人民政府省长　娄勤俭

习近平同志关于共建丝绸之路经济带的战略构想，明确了我国向西开放的战略重点，对于沿线省区扩大开放、加快发展意义重大。根据中央精神，陕西省委、省政府在深入分析形势和自身优势基础上，确定了“建设丝绸之路经济带新起点”的基本定位。相对于古丝绸之路，这个新起点有着更为丰富和深刻的内涵，它是沟通内陆与亚欧大陆桥和海上丝绸之路的交通枢纽、承接东部乃至全球产业转移的有利区域、丝绸之路经济带最大的物流中心、融汇亚欧丰富多元文化的重要平台。

一、着力打造通江达海的立体交通枢纽

丝绸之路经济带，基础在路。如果说古丝绸之路是在探索中不断延伸的话，那么，今天的丝绸之路经济带建设则应在交通上主动作为、先行一步。作为全国重要的交通枢纽，我们将加快高速公路、铁路、机场建设，努力把承东启西、连接南北的区位优势充分发挥出来。

全面提升亚欧大陆桥陕西段的通行和辐射能力。陕西的高速路网已基本建成，总里程超过 4300 千米。今后主要是按照加密、扩能、增网的思路完善路网体系，实现到“十二五”末使通车里程超过 5000 千米的目标。铁路建设将本着“客运强枢纽、货运扩运力”的基本原则，大幅度增加营运里程，提高综合服务能力，努力把西安建设成为“西来东去”的出海点和“东联西出”的汇聚点。

加快建设“空中丝绸之路”。西安咸阳国际机场已开通国内外航线 242 条，去年旅客吞吐量2600万人次，但还不能完全适应发展要求，特别是航空货运相对薄弱。据此，我们去年向哈萨克斯坦等国提出共建“空中丝绸之路”的设想，得到了积极回应。我们要乘势而上，坚持建设国家门户枢纽机场和省内支线机场并举，开拓客货运航线与提升服务保障能力并举，发展临空经济与壮大航空产业并举，加强与中亚国家的直联航空通道建设，为“空中丝绸之路”建设奠定坚实基础。

二、积极探索内陆地区自由贸易新模式

丝绸之路发端于贸易、兴盛于贸易。目前，陕西利用外资和对外贸易还低于全国平均水平，必须按照“贸易畅通”的要求，进一步创新体制机制，拓展内陆地区发展对外贸易的渠道。

发挥海关特殊监管区域功能。陕西海关特殊监管区域数量居全国前列，在优化投资环境、承接产业转移、发展跨国贸易等方面作用突出。我们将用好国家政策，把西安综合保税区、西安出口加工A区和B区、西安高新综合保税区和正在申报的航空产业综合保税区、西咸新区空港新城保税物流中心整合起来，重点强化西安国际港务区和空港新城的联系与功能。

加快构建公平、统一、高效的监管服务体系。积极探索负面清单利用外资管理模式，在金融、加工、物流、结算等领域与世界接轨。创造国际化、市场化、便捷化的营商环境，使物流更为便捷畅通。

以大通关为目标推进贸易便利化。抓紧落实西安咸阳国际机场口岸72小时过境免签的配套措施，加强与天津、青岛、连云港等港口城市的合作，优化口岸通关作业流程，做到一次申报、一次查验、一次放行。

继续完善园区基础设施。重点建设好“中国—中亚经济合作园区”、特色出口商品基地和中亚5国能源交易平台，引导外贸出口、物流和战略性新兴产业入区发展。

三、统筹推进结构优化与外向型经济发展

面对经济全球化深入发展和资源环境约束趋紧的现实，我们必须充分利用国际国内两个市场、两种资源培育壮大新的支柱产业，加快构建具有陕西特色的现代产业体系，更好开展与丝绸之路经济带沿线国家的经济合作。

推进产业结构优化。石油、天然气和原煤产量均居全国前列是陕西的优势。多年来，能源化工产业支撑了陕西经济持续高速增长。今后相当长一段时间内，石油和煤炭的支柱产业地位不可替代。我们要从国家能源安全的战略高度出发，着眼于可持续发展，建设国家高端能源化工基地。同时，充分发挥科教、人才等优势，积极培育电子信息、装备制造、生物医药等新的支柱产业。发挥重型卡车等品牌、研发和规模优势，建设国家新能源汽车生产基地和唯一的专用车示范基地。在航空产业聚集全国30%研发生产能力的基础上，加快发展航空配套产业。履行好文化资源大省的历史责任，加强文化与旅游、科技、金融等产业的融合，提升文化产业的整体效益。抓住西安被确定为全国物流节点城市和宝鸡、榆林、咸阳被列为全国物流园区布局城市的机遇，建立制造业物流、大宗商品物流、农产品物流和保税物流四大物流体系。

大力发展外向型经济。经济外向度较低是陕西发展的一块短板。丝绸之路经济带沿线国家矿产、能源、农业、旅游资源丰富，无论在培育新的支柱产业方面还是改造传统产业方面，陕西与这些国家都有广阔的合作前景。目前，有 10 多个项目正在洽谈中。我们将按照优势互补、共同发展的原则，进一步推动经济合作。在能源方面，共同勘探开发油气资源，合作建设高端油气化工项目。在先进制造业方面，支持骨干企业与哈萨克斯坦等国共建特色产业园区，在智能制造、航空、汽车等领域开展合作。在现代农业方面，依托农业高新技术产业示范区，建设面向中亚的旱作农业国际合作中心，共同实施节水农业、良种繁育和生物工程等项目。在金融方面，加快建设金融商务区，着手建立与中亚合作的内陆离岸金融市场与合作发展基金。

四、不断深化同沿线国家的文化教育交流

文化因交流而多彩，文明因互鉴而丰富。古丝绸之路沿线的印度、波斯、希腊、罗马文明和中华文明源远流长又特色各异，在2000多年的交流互动中彼此汲取营养，为人类文明进步作出了重要贡献。作为中华文明的重要发祥地和古丝绸之路的起点，陕西与中亚各国文化交往历史悠久。我们要充分发挥这一优势，开展多种形式的文化教育交流，进一步促进各国人民的相互了解和相互信任。

以丝绸之路跨国联合申遗成功为契机，进一步增强文化凝聚力。与沿线国家和兄弟省区共同开展文物保护和考古研究工作，精心组织实施汉长安城、唐长安城等大遗址保护工程，建设好欧亚文化博物馆群、丝绸之路博览园、丝绸之路风情街、西安中央文化商务区等共建项目。

深入发掘丝路文化内涵，全面开展旅游等领域的务实合作。充分借助文物、文化资源优势，将历史性与现实性融为一体，大力推进经济带文化、旅游、商贸等交流合作。唐长安城的西市是当时国际经济交流的重要场所，西安市在其原址附近建设的大唐西市已成为集文物保护、文化展示、商业贸易于一体的城市综合体，对宣传丝路文化、壮大商旅产业发挥了积极作用。我们将推广这一模式，高标准建设“汉风古韵”主题旅游区等历史文化精品景区，开辟一批跨国丝路旅游线路，努力打造各国广泛认同的旅游品牌。

广泛开展教育合作，打牢民心相通的长久基础。目前，陕西有中亚留学生 1200 名，占全国的 7.5%。下一步，我们将认真总结近几年培养哈萨克斯坦东干族青年的经验，建设好中亚教育培训基地和上合组织大学西安校区，组建与中亚各国大学的合作联盟，支持西北大学与撒马尔罕大学建立校际合作关系，并设立面向外国留学生的奖学金，把以青少年为重点的教育合作不断引向深入。

五、有效提升经济社会承载能力

人口超百万的古长安国际大都会，成就了绵延7000多公里、名扬古今的丝绸之路。建设丝绸之路经济带，仍然离不开城镇的支撑，必须按照以人为本、四化同步、科学布局、绿色发展、文化传承的要求，积极推进新型城镇化。

建设城镇群，辐射新丝路。陕西目前城镇布局不尽合理，大中城市数量不足，小城镇功能不够健全。改变这一状况，应把城镇群作为城镇化的主体形态。基本规划目标是，以大西安为核心，宝鸡、榆林、汉中、渭南为增长极，陇海铁路和连霍高速沿线为横轴，包茂高速沿线为纵轴，陕北长城沿线和陕南十天高速沿线为两带，京昆、福银、沪陕高速沿线为走廊，形成“一核四极、两轴两带、三条走廊”的城镇空间架构。通过发展布局合理、以大带小、功能互补的城镇群，引领大西北、辐射新丝路。

创新城镇发展模式，实现城乡一体化发展。西咸新区现代田园城市的发展模式得到了国家充分肯定，国务院明确要求我们在创新城市发展方式上先行先试，把新区建成“丝绸之路经济带重要支点”和“中国特色新型城镇化的范例”。我们要认真总结经验，通过典型示范促进全省新型城镇化建设和城乡一体化发展。合理控制城镇开发边界，节约集约利用土地，统筹规划关中城市水系，保护城镇生态环境和文化特色。加强城镇基础设施建设，把移民搬迁与扶贫开发、小城镇建设和发展新型农村社区有机结合起来，有序推进农村转移人口市民化，形成与丝绸之路经济带新起点相匹配的城镇服务体系。

六、精心搭建务实互利的合作平台

全面加强务实合作，需要搭建互惠互利的合作平台。我们将抓住一切机遇，积极筹备国际会议等活动，为丝绸之路经济带沿线国家合作共赢创造更多机会。

依托永久会址搭建政府对话平台。2005年，上海合作组织在西安举办首届欧亚经济论坛，并决定将西安作为永久性会址。我们要以此为契机，努力扩大丝绸之路经济带沿线城市市长圆桌会议规模，推动亚欧各国在陕设立领事机构，加强与经济带国家政府间的联系与合作。

借助品牌展会搭建经贸合作平台。重点办好已有18年历史的中国东西部合作与投资贸易洽谈会和20年历史的中国杨凌农业高新科技成果博览会。不断创新举办机制、丰富展会内容、提高服务水准，使这两大展会成为高端化、国际化的经贸合作平台。

围绕文化合作搭建多元交流平台。目前，经国家批准的2014中国西安丝绸之路国际旅游博览会和第一届西安丝绸之路国际电影节正在抓紧筹备。我们将组织一批演艺、画展、摄影、文学采风等活动，做好各方面服务，努力把它们办好。

（原载《人民日报》2014年8月26日7版）

在第四届陕粤港澳经济合作活动周澳门洽谈会上的致辞

陕西省人民政府常务副省长 江泽林

很高兴再次来到美丽的澳门，和大家一起共同举办陕粤港澳经济合作周活动，这是我们第四次在澳门开展这项活动，活动开展以来得到了澳门各界的广泛支持，而且也取得了很好的成果。2011 年在做这项活动的时候，当时陕西和澳门的贸易额是 150 万美元，去年是 484 万美元，尽管基数比较小，但是毕竟增长了 3 倍，今年 1 至 5 月份这个数字是下降的，但是我们努力争取在年底的时候，希望这个数字能有所上升。而且三年下来的这个合作，我们认为在澳门还是要进一步地深化旅游产业的合作与交流，所以我今天的题目是《围绕旅游的“六性”深化陕澳合作》。

大家知道旅游业有六大要素“吃住行游购娱”，我把旅游就特性总结为“六性”：差异性、开放性、生活性、包容性、文化性和永续性。首先，没有差异性就没有动力，差异性决定着结合力，这是哲学上的基本命题。一个没有任何差异性的地方，你可能没有前往的兴趣，澳门是“面向大海、春暖花开”，陕西是“覆压三界、四季分明”。昨天我们陕西形象大使孙维在推介大秦岭时，当中引用到一位诗人诗词的上联请现场观众对出下联，上联是“秦岭横卧分南北”，是说以秦岭为分界线分开了中国的南北方，当时我对了个下联叫“黄河直流割东西”，因为黄河在陕西是直泻下去，分开了中国的东部西部。另外，我加了一个横批叫“中”，因为“分南北”对“割东西”，而“中”是“原点”“中心”之意，当时在我推介陕西西咸新区的时候用到，中国的中心原点就在西咸新区的泾渭新城，陕西的差异性是“压三界”，秦岭在中间，陕北是北面的气候，陕南是南面气候，所以从人文地理上讲，陕西具有中国的代表性。第二是开放性。搞旅游一定要开放，澳门是个开放的城市，对世界各地开放，可以说是八方游客，四方商贾云集的地方，那么陕西要积极地开放，打造内地开放型的高地，借助和澳门的合作进一步加大开放的力度。第三是生活性。这一点是极其重要的，我认为要让旅游业进入新常态就是要打造生活性。以前大家说到旅游有一句顺口溜“上车睡觉，下车撒尿，景点拍照”，非常匆忙。“上车睡觉”别小看他，就是说以前我们的旅游团到哪里旅游是晚上走路，晚上组织坐火车主要是为省钱省时间，把旅游变成“人在旅途”非常匆忙的活动。旅游是生活性的，旅游就是生活。第四包容性。去一个城市旅游的游客一定要包容。文化差异、生活差异、饮食习惯都不相同，如果没有包容性旅游城市就发展不好。第五文化性。文化是一个城市的灵魂，一个地方如果没有文化，第一次去可能游客是一种猎奇心理，一看这个地方脏乱差，文化底蕴也不深，这个地方就没有吸引力。我以前在三亚工作过，三亚当时被国务院命名为第一个也是唯一一个“国际性热带滨海旅游城市”，我当时提出一个口号“要让美丽插上文化的翅膀”，汇集于一张城市名片“美丽三亚，浪漫天涯”。我认为澳门非常美丽，澳门对中国传统文化高度重视，而陕西是个文化底蕴非常深厚的地方，特别是历史文化，总书记最近提出，要让地下的东西活起来，这句话启示我们“要让文化亮起来活起来”，要让文化插上靓丽的翅膀。第六永续性。一个旅游城市，无论是自然资源还是文化资源，都要保护好，否则就不可能永续利用。当年我在三亚工作的时候，我想这个城市是旅游城市，空气质量一定要搞好，所以将所有的水泥厂拆了。因为三亚最有优势最吸引人的地方就是空气质量。以上是旅游的六大特性。另外，我在这里特别强调，生活性和文化性不相矛盾，澳门旅游的生活性强一些，陕西旅游的文化性强一些，所以上次我们在讨论怎样打造陕西的历史文化旅游，就是把汉唐29个帝陵串起来，当时在规划时我提了个意见，道路设计要给人有宁静的感觉，要把生态的自然性和旅游的文化性结合起来。白居易的《琵琶行》中有这么几句我深得启示，“五陵少年争缠头，一曲红绡不知数。钿头银篦击节碎，血色罗裙翻酒污”，意思是说当时长安的五陵，即长陵、安陵、阳陵、茂陵、平陵汉代五个皇帝的陵墓附近，一个陵墓有一个陵邑，陵邑住户多为富户，因而相当繁华。

对于澳门和陕西的合作应该做好以下几方面的工作，希望通过双方共同努力去实现。第一，恢复澳门和西安的通航。李德裕曾写过一首诗《登崖州城作》：“独上高楼望帝京，鸟飞犹是半年程。”诗中说当时从南方一带到西安，鸟在天空中飞要很长时间，现在要是没有飞机，从澳门到西安路程还是太远，所以一定要有航班。第二，促进科技和教育的合作。昨天，澳门大学校长赵伟先生讲了澳门大学在国际教育方面领先，陕西也是科技教育大省，一定要在这方面加强合作，进行广泛的科技、教育交流。第三，促进文化交流。特别是历史文化，澳门对中华传统文化的了解和认同，这个意义也是非常重要的，两地有这么好的文化基础，对于陕澳开展文化交流合作有着广泛的空间。第四，促进商贸合作。澳门是国际商贸自由岛，对外开放能力、商品流通能力、港口能力是非常强的，陕澳两地在商贸领域可以继续深化加强合作。第五，山海体验式旅游开发合作。陕西有秦岭，澳门面海。

我们坚信陕西和澳门的合作潜力是非常巨大的，我们希望借助澳门这个支点把陕西的经贸推向全球。

在全省重大文化旅游项目建设现场会上的讲话

陕西省人民政府副省长 白阿莹

今天的全省重大文化项目建设现场会是经陕西省政府主要领导同意召开的一次重要会议。会议将总结交流去年以来重大文化项目推进的情况。曲江新区管委会、陕文投集团、陕旅集团、省文物局和延安市、商洛市负责同志刚才分别就项目建设作了发言，既介绍了进展情况，又介绍了项目的做法和经验；省文化项目领导小组办公室主任刘强同志就项目管理和资金补助等情况进行了通报说明。发言都很简短，但大家可以从中感觉到我省重大文化项目建设已经实质性开展起来了。

一、我省重点文化项目建设取得重要进展

去年 9 月以来，根据省十二届党代会提出的实施文化强省“八大工程”的目标，省政府确定的重大文化项目建设取得重要进展，令人鼓舞。一是省委、省政府主要领导同志的高度重视和支持。省政府常务会议审议通过 30 个重大文化项目之后，陆续进入准备阶段。省委主要领导十分关心项目建设，对进展情况给予了充分肯定；省政府主要领导亲自召开会议，听取了其中 5 个重大项目的规划汇报，对项目建设提出了明确要求。省政府为此成立了文化项目建设领导小组，推动、协调项目建设。二是形成了一套加强项目建设管理的办法和制度。会前，省政府办公厅印发了《重大文化项目建设管理办法》，省文化项目建设领导小组办公室制订了《重大文化项目建设规划编制补贴专项资金管理办法》。这些制度和办法很具体，操作性强。从今天开始，这些项目的管理就进入正轨，而且全部纳入全省重大建设项目的大盘之中，通过行之有效的一整套制度进行管理，这对于推动项目建设很有意义。三是确定了每个项目的开发模式。为了把这 30 个项目建设好，我们逐个项目研究，确定了开发建设主体，即“企业牵头，政府支持”的开发模式。这 30 个项目中，纯粹由政府投资的项目只有 4 个，绝大多数项目都是企业投资建设。完全让财政拿钱用于这些项目建设不太现实，必须要调动和发挥企业的积极性。通过好的项目，为企业提供一个开发平台和经营平台，也只有企业能承担这个任务。四是落实了项目前期规划的补贴资金。为确保把各个项目的规划做好，充分体现特色并向一流的标准

看齐，使这些项目能够经得起历史的检验，我们统筹现有单项资金，从发改委和财政筹措一部分钱，专门用于项目规划补贴资金，待概念规划和建设规划审定通过后分两次拨付。五是设立了陕西文化产业投资基金。吸收了财政部、省财政厅、陕文投集团、延长石油集团、陕煤集团、陕西有色集团等各个方面的资金，设立了陕西文化产业投资基金。近期还将召开基金理事会，研究有关事项。这个基金重点为30个重大文化项目服务。除了成立基金，下一步还准备和中国人民银行等机构合作，建立投融资平台，支持文化项目建设。通过多种措施，充分发挥财政资金的放大作用，撬动社会资本投入文化项目，促进文化产业发展。六是专门研究了项目用地问题。建设用地是推进文化项目建设的关键环节。为加快推进项目建设，我们召开专题会议，与省国土资源厅共同研究重大文化项目建设用地问题，在文化项目用地上将给予支持，优先保障。七是多数项目进展顺利。目前，三分之二的文化项目都已进入规划编制阶段，待审定后就可启动建设。一些项目进展很快，陕西大剧院项目今天将开工建设；壶口文化景区项目工作组已经汇报了一次概念规划；文安驿古镇保护项目已经开工建设。十大景区项目概念规划已接近完成。八是得到了各级政府的高度关注和大力支持。这些项目不光省上的领导支持，市上的领导也很支持，有些市甚至把推进重大文化项目提升到二次创业的高度。随后举行的陕西大剧院开工动员会，西安市的领导很重视，市委书记、市长都参加。社会各界也很关注我们的项目，比如中国革命艺术家博物院项目，我到北京同贺敬之先生说到这个项目时，他很支持，认为我们做了一件非常有价值、有意义的工作。这个项目将给延安的旅游和文化建设增添新亮点。可以说，目前这些重点文化项目是“万事俱备，只欠东风”。省上的政策和支持措施都有了，就看各市和承担项目的企业如何抓好落实了。

二、进一步统一思想

我们要进一步提高对省政府确定的重大文化项目建设重要意义的认识。这些项目不是一般意义上的建设项目，而是能够经得起历史检验的、能够造福于百姓的项目。这些项目具有工业项目所不具备的魅力，它的价值在一定意义上讲是永恒的。

这里，我们共同学习一下习近平总书记有关文化建设的一段重要讲话，他在去年一次学习会上强调：“提高国家文化软实力，要努力展示中华文化独特魅力。在五千多年文明发展进程中，中华民族创造了博大精深的灿烂文化，要使中华民族最基本的文化基因与当代文化相适应、与现代社会相协调，以人们喜闻乐见、具有广泛参与性的方式推广开来，把跨越时空、超越国度、富有永恒魅力、具有当代价值的文化精神弘扬起来，把继承传统优秀文化又弘扬时代精神、立足本国又面向世界的当代中国文化创新成果传播出去。要系统梳理传统文化资源，让收藏在禁宫里的文物、陈列在广阔大地上的遗产、书写在古籍里的文字都活起来。”习总书记讲得多好啊，高屋建瓴，指导性强，是我们抓好文化项目建设的总纲。大家要进一步提高认识，把思想统一到总书记的讲话精神上来，向总书记提出的要求看齐。陕西之所以能够得到世界的关注和尊重，一个重要原因就是文化厚重，中国历史上最辉煌的朝代在这里留下了大量珍贵的文化遗存。现在实施的这些重大文化项目，涵盖了陕西文化的方方面面，是落实总书记讲话精神的具体行动，我们要深入挖掘我省丰厚的文化资源，把重大文化项目策划好、实施好、建设好，为促进文化产业发展和加快文化强省建设做出实实在在的贡献。

三、高标准制订项目规划

文化项目关键在于策划和创意，唯有高质量、有特色的文化创意，才能有效地开拓市场，树立陕西文化的品牌与形象。因此，对重大文化项目，其建设规划必须报省文化项目建设领导小组审批后才能实施。目前，各个项目的规划正在紧锣密鼓地制订中。我们要求分两步做好规划，首先是概念规划，下来是建设规划。这两个规划非常关键。文化产业是创意产业，创意好不好，直接关系到项目的成败。项目能不能做好，在创意和规划阶段就能体现出来。比如壶口文化景区项目，概念规划一出来，想参与投资的机构和企业很多，这就说明概念规划做得好！这就是文化产业的特点，在创意阶段就决定了项目能否盈利、能否发展起来，所以一定要做好方案设计。一要突出精品意识。在规划设计过程中，要瞄准一流精品这个目标，充分体现文化项目的民族性和区域性特点，体现文化的穿透力和吸引力，彰显特色，规划建设一批经得起历史检验的精品工程。决不能简单模仿，更不能不切实际地照抄照搬，这样的项目缺乏生命力。二要突出盈利模式。我们常说文化产业是绿色产业、朝阳产业、盈利产业，如何体现投资回报，不是项目建成后才考虑，而是要在规划阶段就要考虑。前期政府支持，后期企业实施，也就是说我们要用小钱撬动大资金。当然有一些项目由于投资规模大，受各种条件所限，一次性建成有困难的，可以按照“一次规划、分步实施”的原则，但必须先行做好顶层设计，做到一张蓝图干到底，分阶段实施推进。

四、用好各项扶持政策

为了加快推进文化项目建设，省上先后出台了《关于实施项目带动战略 促进文化产业发展的意见》《重大文化项目建设管理办法》《重大文化项目建设规划编制补贴专项资金管理办法》等系列配套文件，这些文件的含金量很高，各市和文化企业要认真研究并利用好这些政策。一是省上对重大文化项目进行贴息支持；二是对项目规划编制予以补贴；三是利用好省文化产业投资基金，引导和撬动社会资本投资重大文化项目建设；四是在项目用地上的优惠政策。各地一定要用好用足各项政策，在执行政策时不打折扣，为项目的落地和实施创造良好的环境，使企业能够集中精力，专注于项目的规划、建设和运营。

五、切实加强项目管理

第一，要有专门的机构。项目进度快慢，与领导重视程度直接相关，必须要有专门的机构和人员负责推动和具体协调。为推动项目建设，省上已成立文化项目建设领导小组，领导小组办公室设在省发改委。各市也要成立相应的工作机构，明确责任，专人管理，推动落实。

第二，要落实好承诺的条件。陕文投、陕旅集团等企业承接不少项目，项目建设是需要大量投资的，企业不是慈善机构，而是要追求利润，考虑资金平衡。当然，这些企业在实现经济效益的同时，还要承担社会责任。现在有的项目进展快，主要原因就是项目所在的地方政府积极性高，承诺的条件能够及时落实到位。各地要积极落实承诺的条件，同时企业也要组织精干高效的项目团队，抓紧做好前期规划设计等工作。

第三，要强化动态管理。省政府印发的《重大文化项目管理办法》，已将文化项目考核纳入到各市区年度目标考核体系中，以此加大项目的推进力度。按照项目管理办法，省上将定期排名项目进度，建立奖惩和退出机制。对工作推进快、实施效果好的项目，在项目资金上给予倾斜；对推进缓慢、工作不力的，予以通报批评直至退出；对其他潜力大、实施好、符合发展方向的项目，也可及时纳入管理范围。大家注意到，去年 9 月至今，除 30 个项目之外，这次又新增加了华山景区、白鹿原影视基地等项目。下一步，将根据项目推进和考核情况，在增加项目的同时，也要退出进展缓慢或推进不力的项目，做到“有进有出”。希望各地各单位高度重视，增强责任感和紧迫感。对退出的项目，我们会及时公告，既要给省委、省政府主要领导报告，又要给各市的主要领导通报。

第四，要严格按时间节点推进。按照进度安排，今年 4 至 5 月要报审概念规划，5 至 6 月要报审建设规划，所有项目的规划都要逐一审核；下半年，大部分项目要陆续开工建设。各市和相关企业要严格按照时间节点完成工作任务。从下个月开始，我们要对一些项目的概念规划进行审核，通过审核后补贴资金马上拨付。省文化项目领导小组办公室要建立重点项目进度督办制度，定期通报项目进度。

 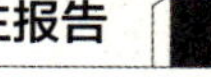

主报告

2014年陕西省旅游业发展报告

陕西省旅游局

2014年，在陕西省委、省政府的正确领导和国家旅游局的大力指导下，全省旅游行业认真贯彻落实党的十八届三中、四中全会和省委十二届四次全会、全省“两会”、全国旅游工作会议精神，面对经济下行压力贯穿全年的不利影响，深入实施《旅游法》，紧紧围绕“让游客在陕西多停留一天”“到陕西再多来一次”“旅游综合收入进入全国第一方阵”的“三个一”目标，抢抓丝绸之路经济带新起点建设机遇，全面实施“2336”发展思路，“山水人文·大美陕西”品牌影响力持续扩大，旅游业呈现全面跃升的良好局面。

全年全省接待境内外旅游者33218.8万人次，同比增长16.5%。旅游总收入2521.4亿元人民币，同比增长18.1%，相当于全省收入的14.3%。其中，接待入境过夜旅游人数266万人次，同比增长5%，旅游外汇收入14.16亿美元，同比增长5.5%；接待国内旅游人数32952.8万人次，同比增长17%，国内旅游收入2435亿元，同比增长19.9%。

一、坚持政府主导旅游发展战略，旅游强省建设正在加快

今年以来，全省各级党委、政府认真贯彻国务院、省政府“扩内需、调结构、惠民生”的战略部署，始终坚持“政府主导、部门联动、社会参与”的大旅游发展战略，形成了全省上下共同支持旅游业发展的良好局面。

第一，省委省政府高度重视和支持旅游业发展。2014年，省委书记赵正永、省长娄勤俭多次深入调研我省旅游业发展情况，强调要加快旅游发展步伐，推动旅游产业融合发展，并分别作出重要指示。省长娄勤俭主持召开专题会议研究我省贯彻落实《国务院关于促进旅游业改革发展的若干意见》〔国发（2014）31号〕有关问题，省政府注资5亿元设立陕西旅游产业发展基金，带动前期募资规模达50亿元。省委、省政府积极贯彻落实国务院31号文件精神，受到国家旅游局的高度肯定。

第二，各级政府积极制定促进旅游业发展的政策措施。西安市把贯彻落实《西安市人民政府关于进一步加快发展旅游业的若干意见》列入全市年度目标考核，市主要领导亲自部署和检查指导，为旅游业转型发展、提档升级起到了巨大的推动作用；宝鸡市把“发展大旅游”确定为全力抓好的十件大事之一，实施“文化旅游产业突破发展”的战略，市财政每年安排专项资金 1 亿元用于发展文化旅游产业；咸阳市、铜川市都成立了旅游产业发展领导小组，形成了主要领导亲自挂帅、分管领导组织协调、相关部门共同落实、社会各界广泛参与，集全市力量共谋旅游产业发展的工作机制；渭南市委、市政府出台了《关于促进大华山旅游目的地建设的若干意见》《全市地接旅游服务功能要素配套推进方案》等一系列文件，深度实施大华山旅游区发展战略；延安市坚持把综合整治旅游环境作为提升延安旅游发展水平的重要抓手，着力建立长效工作机制，塑造全国优秀旅游城市新形象；汉中市委、市政府提出“全域旅游”工程宏伟目标，把旅游文化纳入全市“五大产业集群”，将全域旅游工程和精品景区打造纳入关乎全市未来发展的“十大工程”和“五大园区（村）”建设之中；商洛市委、市政府出台了《关于加快精品旅游景区建设的实施意见》，以精品旅游景区建设为重点，全力推动旅游产业转型升级。

二、继续以省级示范县、文化旅游名镇建设为抓手，大力推进县域旅游发展

省、市、县各级政府大力促进旅游业与文化产业、城镇化建设的融合发展，使旅游业成为县域经济增长新亮点。

第一，旅游示范县创建进一步推进。以旅游示范县示范经验引领全省县域旅游发展，一是抓示范经验的交流，扩大影响，在《陕西旅游》杂志开设专栏，进行创建交流；二是抓示范经验的总结，重点在产业发展的体制机制方面、转型升级方面、产业地位方面、生态文明方面以及游客满意度等方面，形成“一县一品”“一县一色”。2014 年 17 个旅游示范县接待人数和收入分别达到 11378.7 万人次和 361.2 亿元，比上年分别增长 19.1% 和 21.3%。

第二，文化旅游名镇建设成效显著。我们坚持文化旅游名镇建设要突出“文化支撑、产业支撑、环境支撑、精神支撑、精品支撑”，并把文化旅游名镇建设纳入全省旅游投资和宣传促销工作的范围，为每个镇建档立卡，及时了解建设进度和工作效果。2014 年，31 个文化旅游名镇开展建设项目 379 个，完成投资 31.5 亿元。全年接待游客 1583.5 万人次，旅游收入 62.9 亿元。建设了一批“看得见山，望得见水，记得住乡愁”的旅游目的地，探索实践了以旅游为导向的新型城镇化发展之路。

第三，乡村旅游持续快速发展。全省共有国家级休闲农业和乡村旅游示范县5个，示范点12个，省级旅游示范县17个，省级文化旅游名镇31个，省级旅游特色名镇79个，乡村旅游示范村120个。2014年全省乡村旅游接待人数1.15亿人次，旅游收入126.4亿元，分别增长25.2%、28.3%。培育形成了袁家村、马嵬驿、青木川、周至沙·沙河水街典型，黄金周每天游客流量达到7~10万人次。江西、海南、江苏、山西、四川等5个省调研学习我省旅游与文化融合发展、乡村旅游发展等先进经验。

三、坚持项目带动战略，加快调整产品结构，产品体系建设日益完备

第一，加强规划引领。完成了《大秦岭旅游发展总体规划》《汉唐帝陵旅游专项建设规划》，完善了《陕西省旅游公共服务体系规划》《汉江旅游发展规划》《丝绸之路陕西段旅游行动纲要》等规划编制，规划体系进一步完善。

第二，项目建设和招商引资成效显著。全省在建、新建旅游重点项目300个，完成投资400多亿元，比上年分别增长了11.1%、21.2%。通过丝绸之路国际旅游博览会等活动，招商引资项目128个，涉及资金776.3亿元。投入资金1045万，完善10个重大文化旅游项目规划、基础服务设施建设。协助推进10大文化旅游景区和31个省级文化旅游名镇建设。协调指导统万城文化景区、两汉三国文化景区、中国革命艺术家博物院等18个重大项目开工建设。

第三，红色旅游快速增长。不断提升红色旅游产品内涵，扩大知名度和影响力。全省红色旅游接待人数突破1亿大关，达到1.005亿人次，综合收入740亿元，同比分别增长15.1%、16.5%。

第四，旅游商品开发向规模化发展。省旅游局与陕文投合作成立陕西旅游商品研发基地，累计完成策划设计旅游商品200余种，批量生产18种。在第六届中国旅游商品大赛上我省选送的作品荣获金、银、铜三项大奖。与陕旅集团骏途网合作，扶持本地旅游电子商务发展。

四、推动精品建设，加强标准化建设，实施高A级景区倍增计划

第一，景区建设取得较大突破。新增5A级景区1个，4A级景区23个，3A级及以下旅游景区36个。全省4A级以上景区总数达76个，增速46.1%，新增数量接近前三年总和，全省A级旅游景区达到了300个。法门寺佛文化景区被评为国家5A级旅游景区，使我省5A级旅游景区达到了6家。金丝大峡谷景区已通过国家旅游局5A级景区资源评定，大明宫遗址公园、太白山等10个景区正在创建国家5A级景区。

第二，新增五星级饭店 4 家。西安赛瑞喜来登、西安阳光国际大酒店、西安瑞斯丽大酒店和西安新兴戴斯大酒店等 4 家饭店成功晋升为五星级饭店，使我省五星级酒店增至 14 家。一年新增 4 家五星级饭店，这在陕西旅游饭店发展史上前所未有。

第三，大力推行标准化管理工作。全行业标准化管理水平进一步提高，制定了《陕西旅游特色名镇评定标准》《陕西乡村旅游示范村评定标准》《旅游景区实景演出规范》等地方标准，填补了全国空白。加大乡村旅游示范村的标准化、规范化管理，对第一批 47 个乡村旅游示范村进行了核查复核，取消 2 个示范村称号。严格星级酒店、A 级景区和乡村旅游示范村日常管理。

第四，旅游公共服务体系日趋完善。各市（区、县）不断强化旅游公共服务体系建设，大力推进景区标准化建设，一批高 A 级旅游景区制定了景区企业标准，使景区的管理和服务水平上了一个新台阶。西安市旅游集散中心和铜川、汉中、杨凌游客服务中心建设进展顺利；太白山、黎坪、青峰峡、浐灞湿地公园等一批游客服务中心投入使用；在全省各市交通集散中心、景区大力实施旅游净化工程，又有一批旅游厕所建成投入使用，进一步提升了全省旅游环境；宝鸡、渭南等市旅游标识体系建设成效显著，自助旅游者到我省旅游更加便捷；西安、咸阳、渭南、汉中的自驾车营地正在加快建设。

三、打造“山水人文 · 大美陕西”品牌，进一步加大全省旅游整体形象宣传力度

第一，率先在全国举办了以丝绸之路为主题的国际性旅游博览会。2014 年 9 月 19 日至 21 日举办了首届中国西安丝绸之路国际旅游博览会，娄勤俭省长亲临丝路旅博会巡馆指导。联合国世界旅游组织及巴西、韩国等 13 个国家旅游机构代表参会。美国、俄罗斯等 32 个国家和地区代表，以及 24 个国内省、区、市的 34 家参展商参会。接待专业观众 3000 余人，公众 30000 人次。签约 21 个旅游项目，总投资 105.67 亿元人民币。博览会 9 项主题活动，彰显了“突出国际性、呈现全业态、运作市场化、策划大活动、推介更务实、着力惠民生”等特点。

第二，“秦岭与黄河的对话”已成为全国文化旅游品牌。以弘扬和传播丝路文明为主题，举办了第二届“对话”活动，电视媒体覆盖 2 亿人次，网络媒体受众近亿人次。活动累计受众 4.5 亿人次，“对话”正在成为全国旅游业发展的重要思想源。

第三，境外宣传推介受众达 15 亿人次。充分利用国内外重要旅游展会平台宣传陕西，赴美国、加拿大、韩国、德国和澳大利亚等 10 个国家举办“美丽中国陕西旅游推介会”；邀请亚洲新闻联盟等境外 23 批次旅行商、媒体来陕踏线采访。

在脸谱、推特等境外知名社交媒体和人民网9个语种平台举办11次宣传促销活动。“复活兵马俑”等内容在海外引起轰动，国外受众达到15亿人次。

第四，国内宣传促销力度空前加大。省级领导出访把旅游推介作为一项重要工作。娄省长视频寄语陕港产业合作再创辉煌，江泽林常务副省长在澳门的精彩推介产生广泛影响，白阿莹、王莉霞副省长出席多项推介活动。全年国内专场促销50余次，陕西旅游品牌知名度不断扩大；在央视推出新版旅游形象广告，投放62天累计接触24.4亿人次，覆盖全国3.87亿观众，深度接触人口1.8亿；举办了首届“梦想中国·丝绸之路—陕西旅游书画摄影作品有奖大赛”；举办陕西旅游春季营销大会，10个省、135家旅游景区、220家旅行社、55家新闻媒体等600家单位参加，影响覆盖面达5000万人次，惠民金额达1亿多元；赴上海、广州、昆明、乌鲁木齐、银川以及香港、澳门等地举办主题旅游推介会，全年国内专场促销50余次。

第五，新媒体宣传走在全国前列。新浪、腾讯官方微博粉丝分别达到130万和17万，官方微信订阅号粉丝量突破10万。陕西旅游政务网总浏览量突破36万人次，独立访客11.1万人次。在全球知名的社交网站脸谱网设置宣传专页，全国综合排名第七。省旅游局新浪官方微博进入全国“十大旅游机构微博”。陕西村游网上网景区120家，农家乐、度假村210家，年点击量60万人次，交易量3000万元。

第六，智慧旅游建设取得突破。全省智慧旅游取得突破性进展，在提升景区管理与服务水平、提升景区品牌影响力、提升游客满意度方面的作用突显。省旅游局举办了“数字陕西—智慧旅游”微信营销大赛等活动，推动智慧旅游发展。西安启动完成了《西安智慧旅游城市总体规划》的编制工作；咸阳市紧抓获得国家首批智慧城市试点城市的良好契机，正式启动了咸阳智慧旅游建设项目；渭南市文物旅游局打造的“手机旅游通”成为渭南智慧旅游定制手机旅游软件；杨凌示范区策划了自助游客中心智慧通项目，打造在旅游体验、自助旅行等方面的应用平台中心。

第七，出入境旅游便利化程度明显提升。西安咸阳国际机场新开通国际航线4条。截止2014年底已开通通往12个国家及地区的定期、包机航线27条，国内外总航线达到243条，实现国际通航的城市达23个。西安成为继北京、上海等之后全国第八个72小时过境免签的城市。“丝路使者号·新东方快车”开通，丝绸之路起点旅游集聚能力凸显。

四、提升旅游服务质量，大力整治旅游市场秩序，营造旅游发展的良好氛围

第一，《旅游法》贯彻工作走在全国前列。持续抓好《旅游法》宣传贯彻工作，

《陕西旅游条例》修订已进入省人大审议阶段。9月9日至12日，严隽琪副委员长率领全国人大常委会执法检查小组对我省实施《旅游法》的情况进行了检查，对我省深入开展依法治旅，推动服务质量提升工作予以充分肯定，认为“扎实推进旅游法宣传培训、以规划引导旅游资源的保护和合理利用、不断完善旅游公共服务、营造安全的旅游环境、不断加大旅游执法力度、旅游服务质量有明显提升”是我省的六个亮点。

第二，开展“服务质量提升年”活动。抓住重点区域，实施分类整治，高A级景区、三星级以上酒店、旅行社导游的管理和服务水平有了明显提升，得到娄勤俭省长和国家旅游局的充分肯定。大力践行“游客为本，服务至诚”的旅游行业核心价值观，国家旅游局在全国旅游行业开展向华山景区旅游大巴车司机杨京红学习活动，省委赵正永书记、省长娄勤俭专门作出了批示。

第三，创新行业监管手段。利用第三方网络评价体系平台，开展旅游饭店宾客满意度测评活动。出台《关于稳定我省中、高、特级导游队伍的意见》和《进一步规范出境旅游领队证管理工作办法》规范导游和领队管理。完善和推广旅游团队管理系统，全省旅行社开通使用系统覆盖率达80%以上，出境游团队填报率达100%，走在了全国前列。建立了导游和领队人员退出机制，在全国率先制定了稳定我省中、高、特级导游队伍的措施，有效促进了导游队伍素质和服务水平的提高。加强旅游安全管理，深入开展安全生产年活动，组织旅行社、景区、饭店等安全检查11次，全年未发生重大旅游安全事故。

第四，旅游市场整治扎实有效。 制定《2014年陕西省整顿旅游市场秩序总体方案》，持续开展“零负团费”、“出境游”、西安“一日游”、打击黑车等专项整顿及“五一”和“十一”黄金周前旅游市场联合执法检查。全年开展检查287次，涉及企业1514个，检查导游IC卡1628人次。全年行政处罚违规企业32家，纠正导游人员违规行为126人次。委托清华大学在全省范围内开展了游客满意度调查，推动旅游市场环境持续好转。集中开展了出境游市场、“一日游”市场、旅游广告的专项整治活动。全省联合执法检查430次，检查导游人员1628人次、检查旅游企业1514次，查处各类违规案件32起，营造了舒心、和谐、安全的旅游环境。

第五，探索旅游市场管理新方式。实现了黄金周重点景区游客数量、最大接待量等信息网上的实时发布。委托清华大学在全省范围内开展游客满意度调查，针对存在的问题制定了切实可行的改进措施，促进了旅游市场秩序持续好转。积极受理旅游投诉，维护游客合法权益。全省各级旅游质监执法机构共受理旅游投诉438起，结案438起，游客满意率100%。

第六，假日旅游健康发展，实现了“安全、质量、秩序、效益”四统一的目标。

假日旅游综合体现了我省旅游的管理水平和产业发展水平，已成为全年发展的主要支撑，春节、国庆两个长假和清明、“五一”、端午、中秋小长假接待游客人数达8252.3万人次，占全年接待量的24.8%，收入367.3亿元，占全年总收入的14.6%。

五、实施“人才兴旅”战略，加强调查研究，旅游扶贫求实效

第一，深入调查研究，破解瓶颈问题。省旅游局机关大兴调研之风，制定了旅游课题研究管理办法。年初，局领导分别带队，针对温泉旅游、丝绸之路、文化旅游名镇、服务质量提升等四个重点问题开展调研，深入了解其发展现状及存在的问题，研究并提出有针对性的发展意见。同时与高校合作，确定了11项旅游研究课题，探讨旅游业发展政策、发展环境、瓶颈模式、瓶颈突破等方面的问题，进一步指导了我省旅游产业发展。

第二，大力实施“百千万”人才培训工程。“百千万”工程，即“全年培训旅游行政管理人员100名、旅游企业管理人员1000名、旅游基层服务人员10000名”。2014年实际培训旅游行政管理人员212人、旅游企业管理人员2383人、旅游基层服务人员14725人。拓宽导游员培训手段，积极开展网络培训，全年培训导游人员46799余人次。在北京大学举办了转变旅游业发展方式培训班，在省内举办贯彻落实国务院31号文件精神培训班、3期景区管理人员培训班。各市（区）旅游局、首批旅游示范县和第二批试点创建县旅游局、重点旅游企业以及省旅游局机关各处室负责人、业务骨干参加了培训，受到国家旅游局和省委组织部、省公务员局的好评。省旅游局还与西安外国语大学合作，成立陕西旅游研究院，探索“产、学、研一体化”的人才培养路径。

第三，不断提高旅游扶贫能力。立足促进省委、省政府实施的陕南避灾移民搬迁工程，加快把移民扶贫新村打造成旅游名村，实现群众“搬得出、稳得住、能致富”，共享旅游发展和扶贫开发成果。从2014年至2020年，省旅游局将与省扶贫办联合制定《推进乡村旅游扶贫工作实施方案（2014年—2020年）》。2014年10月20日，启动了首批秦巴连片特困地区“十县百村万人”培训，以及151个全国贫困村的旅游扶贫工作。

2014 年陕西旅游十大新闻

陕西省旅游局

2014 年，蓬勃发展的陕西旅游业再次实现新突破。陕西省委、省政府高度重视旅游产业发展的各项政策举措让陕西旅游业焕发出勃勃生机，凸显出精彩纷呈的多元亮点。经《中国旅游报》、《陕西日报》、《三秦都市报》、《华商报》、《西北旅游》杂志、《陕西旅游》杂志、新浪陕西、腾讯大秦网、西部网、陕西第一旅游网等众多新闻机构联合评选，2014 年陕西旅游十大新闻列举如下。

一、全省接待游客人数突破 3 亿人次

2014 年全省预计接待境内外旅游者 33218.8 万人次，同比增长 16.5%。旅游业总收入 2521.4 亿元人民币，同比增长 18.1%，其中接待过夜入境旅游者达到 266 万人次，比上年增长 5%。在全国入境旅游市场持续下降的情况下，我省仍保持稳定的增长态势。

二、陕西旅游产业发展基金正式设立

9 月 5 日，省长娄勤俭主持召开专题会议，研究我省贯彻落实国务院《关于促进旅游业改革发展的若干意见》有关问题，在深化旅游业改革、创新机制、转变发展方式等方面作出安排部署。会议确定省政府注资 5 亿元，设立陕西旅游产业发展基金。

12 月 9 日，由陕西旅游集团发起并联合国家开发银行、平安银行、中信集团等共同成立我省首个旅游产业投资基金，前期募资规模达 50 亿元，该基金将主要用于扶持陕西省及周边相关旅游产业项目以及泛丝绸之路重大文化旅游项目，是陕西省政府践行国务院《关于促进旅游业改革发展的若干意见》的重大举措，标志着陕西旅游产业在投融资领域，金融创新与融合发展迈上了新的台阶。

三、省级重点旅游项目建设取得重大进展

省委、省政府高度重视文化旅游产业的发展，出台了《实施项目带动战略加快文

化产业发展的意见》，并确定岐山西周文化景区、商於古道文化景区、秦兵马俑文化景区、汉长安城大遗址景区、韩城司马迁文化景区、汉中两汉三国文化景区、统万城文化景区、乾陵唐文化景区、法门寺佛文化景区、黄河壶口文化景区等30个重大文化建设项目。目前已编制了15个文化项目规划，文安驿文化景区主体项目竣工，延安革命艺术家博物院、延安大剧院、统万城国家遗址公园、汉中两汉三国文化景区、汉唐帝陵旅游项目集中开工。

按照“一陵带一村、一村护一陵”的建设思路，已编制完成《汉唐帝陵旅游线路规划》，力争两年完成29个帝陵的保护和开发建设任务，为打造又一个世界级旅游景区奠定坚实的基础。

四、2014中国西安丝绸之路国际旅游博览会成功举办

9月19日至21日，2014中国西安丝绸之路国际旅游博览会在西安曲江会展中心盛大举行，为丝绸之路旅游新发展搭建了国际平台。此次博览会吸引了美国、俄罗斯、加拿大、新加坡、韩国、印度、伊朗等32个国家和地区的代表与24个国内省（区）市的34家参展商参会参展；推出了9大主题活动，接待专业观众3000余人、公众30000余人；签约21个旅游产业项目，总投资105.67亿元人民币；凸显了“突出国际性、呈现全业态、运作市场化、策划大活动、推介更务实、着力惠民生”6个特点，对推动丝绸之路旅游的合作和文化交流做出了积极贡献。

空中丝绸之路建设取得新突破，丝绸之路旅游产品建设取得新进展。西安至新加坡、莫斯科、吉隆坡、巴黎等地国际航线相继开通。目前，咸阳国际机场已开通通往12个国家及地区的定期、包机航线27条，国内外总航线达到243条，实现国际通航的城市达23个。6月1日起，西安成为西北地区首个实施72小时过境免签的城市。汉长安城未央宫遗址、唐长安城大明宫遗址、大雁塔、小雁塔、兴教寺塔、彬县大佛寺石窟、张骞墓7处遗迹进入世界文化遗产名录。“丝绸之路”起点旅游集聚能力更加凸显，“丝路使者号·新东方快车”等新产品、新线路的推出，为游客提供了多重选择。

五、法门寺佛文化景区成功创建国家5A级景区

10月11日，经全国旅游景区质量等级评定委员会评审，宝鸡市法门寺佛文化景区荣获国家5A级旅游景区称号，成为我省继秦始皇帝陵博物院、华清池、黄帝陵、华山、大雁塔·大唐芙蓉园景区之后的第六家5A级旅游景区。

今年以来，全省旅游业认真实施“2336”发展思路，加大项目建设和产品开发力度，全力实施高A级景区创建倍增计划，黑河旅游景区、司马迁祠景区、照金—香山景区等23个景区成功创建为国家4A级景区，全省4A级景区达到70个，A级景区达到262个。金丝大峡谷、终南山核心景区、西安城墙·碑林、太白山等景区正在创建5A级景区。

六、国家旅游局号召全国旅游行业向杨京红同志学习

3月9日，华山景区旅游大巴车司机杨京红行车途中突发脑溢血，危急时刻强忍疼痛将车停在安全区域，挽救了31名游客生命，自己却献出了宝贵的生命。

省委书记赵正永专门作出批示，“这种人性美德和职业道德值得我们学习和弘扬”。省长娄勤俭批示要求，“对恪尽职守，临危不惧，用生命树立了责任、敬业和道德丰碑的杨京红同志，要学习好、宣传好。对其家属要给予关心、支持”。

全行业通过组织座谈会、举办事迹报告会、全覆盖多角度媒体宣传等形式，持续深入地开展向杨京红同志学习活动，不断将弘扬精神、学习先进、宣传典型活动引向深入。

央视新闻频道、人民网、新华网、陕西电视台、陕西日报等众多媒体均进行了专题报道，引起了社会各界的广泛关注。

七、创新培训模式，“百千万”人才兴旅工程实现新突破

大力实施“百千万”人才培训工程。“百千万”工程，即“全年培训旅游行政管理人员100名、旅游企业管理人员1000名、旅游基层服务人员10000名”。

通过在北京大学经济学院举办“陕西省转变旅游业发展方式专题培训班”，使旅游高级管理人员在思想理念、思维方式、发展路径等方面，对旅游产业的发展有了更新、更深的理解。陕西省旅游局与西安外国语大学合作，成立陕西旅游研究院，探索“产、学、研一体化”的人才培养路径。

全行业通过“走进名校”“开班集训”等方式，加快培养一批全省急需的旅游业专业人才。2014年实际培训旅游行政管理人员212人、旅游企业管理人员2383人、旅游基层服务人员14725人。人才兴旅战略取得了突破性进展，受到国家旅游局、省委组织部和省公务员局的高度认可。

省旅游局还与省扶贫办、安康市人民政府共同在岚皋县启动了乡村旅游培训暨“送教上门”活动，通过扶贫使搬迁移民村成为搬得出、稳得住、能致富的旅游新村。

八、坚持游客为本，促进陕西旅游满意度不断提升

全省旅游行业大力开展“旅游服务质量提升年”活动。委托清华大学联合开展对旅游六大要素的游客满意度调查，结果显示来陕游客满意度有了较大的提高。

全行业紧紧围绕旅游要素发展、标准化建设、人才培训、市场整顿、智慧旅游、文明创建抓旅游服务质量提升，制定了《陕西省旅游行业2014年精神文明创建工作要点》《陕西省5A、4A级旅游景区评定管理办法》《陕西旅游特色名镇评定标准》《陕西乡村旅游示范村评定标准》。开展了联合执法检查，解决旅游市场中存在的突出问题，市场环境得到进一步优化。

与陕文投合作，建立了全国第一个省级“旅游商品研发基地”，成为旅游商品研发、销售、展示的综合基地，累计完成策划设计旅游产品200余种，批量生产18种。陕西省选送的作品在2014年全国旅游商品大赛上，荣获金、银、铜三项大奖，充分体现我省旅游商品业发展的良好势头。

9月9日至12日，严隽琪副委员长率领全国人大常委会执法检查小组对我省实施《旅游法》的情况进行了检查。认为“扎实推进旅游法宣传培训、以规划引导旅游资源的保护和合理利用、不断完善旅游公共服务、营造安全的旅游环境、不断加大旅游执法力度、旅游服务质量有明显提升”是我省的六个亮点，贯彻落实工作走在了全国前列。

九、借助国内外知名网络媒体，提升陕西旅游影响力

在国际市场上，依托人民网宣传平台，建立中、德、英、日、法、俄、韩、西班牙、阿拉伯语等9语种陕西旅游宣传网页；在著名社交平台Facebook、Twitter、YouTube分别建立了陕西旅游宣传推广专页，举办了“兵马俑复活游陕西”“丝路起点·陕西旅游美食”“丝路民俗风情·千年历史古都”“剪窗花送祝福”等活动。目前Facebook陕西省旅游专页全国综合排名第七。利用Google开展搜索引擎营销，全年宣传曝光量超7000万条（次），吸引了路透社、财经雅虎、福克斯等500余家全球知名媒体竞相报道，使陕西在海外旅游市场的知名度得到大幅度提升。

国内市场，通过“5.19”中国旅游日“秦岭与黄河的对话”活动，精彩地展示陕西的人文美、自然美、文化美和现代美的永恒魅力；充分利用新媒体平台开展宣传营销，在新浪微博联合人民网舆情监测室发布的《2014年上半年新浪政务微博

报告》中，陕西省旅游局新浪官方微博荣获“十大旅游机构微博”称号，粉丝已达130万人；微信官方订阅号粉丝数量已超10万人。2014年陕西区域旅游电商平台骏途旅游网上线运营，标志着陕西旅游在互联网、电商时代的服务创新升级，是全省2014年智慧旅游的重大成果。

十、乡村旅游成陕西旅游转型升级新亮点

乡村旅游发展势头强劲，已经成为陕西省旅游业发展的重要支撑。据统计，2014年全省接待乡村旅游游客11574.5万人次，比上年同期增长25.2%。旅游收入126.4亿元，比上年同期增长28.3%。

涌现出关中民俗文化旅游体验地——袁家村，记得住乡愁的休闲体验旅游目的地——沙·沙河，有山有水有故事的文化旅游古镇——青木川，以及一个让游客有尊严、有品质、有温暖的民俗文化体验园——马嵬驿等一批黄金周期间日接待游客量近10万人次的乡村旅游发展的先进典型，引起全国旅游行业的广泛关注。

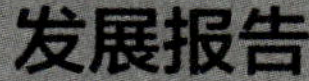

2014年西安市旅游产业发展报告

西安市旅游局

2014年西安市接待海内外游客1.2亿人次，同比增长18.5%；旅游总收入950亿元，同比增长17.1%。2014年主要工作有以下几点。

一、深化旅游改革，努力推进旅游管理体制机制创新

一是推动开展体制机制创新。按照市委《关于全面深化城市管理和社会治理改革若干意见》的总体部署，根据《旅游法》要求，积极推进我市旅游管理体制机制创新。分别会同市人大、市政协赴外省市就建立旅游综合协调机制进行学习调研，市人大常委会第十七次会议对我市旅游产业发展情况进行专题询问，就建立旅游综合协调机制提出了框架要求，市政协专门召开了旅游业体制机制创新协商座谈会。在调研的基础上，我们提出了建立旅游综合协调机制、联合执法监管机制和旅游投诉统一受理机制的具体方案并上报市政府。二是减政放权，下放管理权限。在充分调研的基础上，明确一星、二星级酒店由区县旅游局评定。1A、2A级景区由区县评定。凡在区县工商局注册的旅行社服务网点（门市部）的备案管理交由区县旅游局。三是认真落实加快发展旅游业的各项政策。认真落实市政府《关于进一步加快发展旅游业的若干意见》，按照任务分工，明确了区县、开发区和市级相关部门的主要任务和阶段目标，加强督导检查。按照市政府《关于稳增长促改革调结构惠民生的若干措施》，联合市财政局出台了对旅行社的相关扶持和激励政策。通过政策引导和扶持，大力推广“临潼经验”，充分发挥区县、开发区发展旅游业的积极性，形成推动我市旅游业发展的强大合力。

二、打造品牌，着力推进丝绸之路经济带旅游合作

充分发挥西安丝绸之路起点的龙头作用，叫响做实丝路旅游品牌。对全市导游员开展了丝绸之路经济带建设相关知识专题培训。推出了新丝路之“精彩游西

安”“完美河西”“大漠风情”等 8 条以西安为起点的丝绸之路旅游精品线路，组织来自全国主要客源城市的旅游批发商和主流媒体 60 人踩线采风，联合丝路沿线 13 个城市共同开展以“游丝绸之路，赏西部风情”为主题的系列宣传推广活动，先后赴京、沪两地开展实地宣传推介。会同相关区县组织首届中亚东干人寻根省亲西安行活动，举办了包括丝绸之路国际美食精品展、惠民百姓美食月和精品婚宴美食博览会在内的“ 2014 丝绸之路国际美食旅游季”。6 月 18 日丝绸之路旅游专列“长安号”从西安首发，引起国内外媒体的广泛关注。在吉尔吉斯斯坦新增了“西安之窗”旅游推广中心，促进民心相通。

三、加大旅游宣传营销，不断提升西安旅游的吸引力

一是加大在网络和主流媒体的营销力度。通过央视持续投放西安旅游广告。对西安旅游网全面升级改版，对网站外文版（日、俄、德）进行修编。并通过建立西安旅游官方旗舰店、开通西安旅游官方微信、手机 APP 等，全方位、多渠道推介西安旅游。二是加强境外实地促销。针对申遗成功和 72 小时过境免签政策的实施，组团赴欧美、东南亚等主要客源市场进行实地促销，新增新加坡“西安之窗”旅游推广中心，不断拓展境外营销渠道。三是利用重点时段强化促销。充分利用春节黄金周、各小长假和“5·19”中国旅游日等重点时段，对国内特别是周边市场进行营销。由市级领导带队赴郑州、洛阳以及包头、呼和浩特进行实地促销。在我省周边 17 个城市 LED 屏发布西安旅游资讯信息，在成都、重庆、长沙、武汉、兰州、郑州、石家庄等 7 城市投放西安旅游宣传广告，春节黄金周和各小长假旅游接待持续走高。在西安北客站、我市新华频媒等 23 块 LED 大屏发布西安旅游资讯。四是积极开展旅游惠民活动。通过举办旅游宣传“进区县、进社区、进高校”和幸福生活天天游活动，累计发放价值 1 亿多元的旅游惠民大礼包。

四、努力推进休闲体系建设，加快产品结构转型升级

坚持走观光旅游与休闲度假旅游并重的路子，进一步转变旅游产业的发展方式。调研制定《西安市国民旅游休闲计划》，加强旅游与文化、教育、科技等产业的融合发展，积极培育旅游新业态。推出了消夏避暑、登山采摘、骑行徒步、演艺美食等十大休闲产品系列。成功举办了第十八届中国东西部合作与投资贸易洽谈会暨丝绸之路国际博览会旅游分会，积极推动商务、会展旅游发展。城墙南门历史文化街区、周至沙河湿地公园、浐灞桃花潭公园等新景区相继建成对外开放，吸引众多游客。

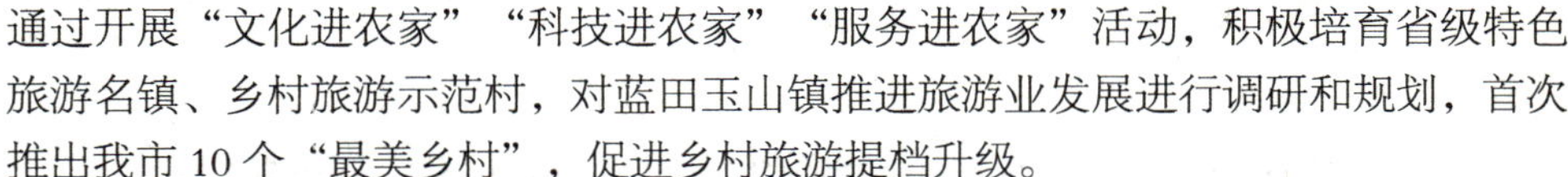

通过开展“文化进农家”“科技进农家”“服务进农家”活动，积极培育省级特色旅游名镇、乡村旅游示范村，对蓝田玉山镇推进旅游业发展进行调研和规划，首次推出我市 10 个“最美乡村”，促进乡村旅游提档升级。

五、大力规范市场秩序，努力提升服务质量

根据市政府统一部署，在全市开展了旅游市场秩序专项整治工作，充分发挥区县、开发区的主体作用，重点打击“黑车、黑导、黑托”，规范“一日游”秩序。加强联合执法，由我局牵头，组织公安、交通、物价、工商、食品药监等部门对重点区域的市场秩序进行不间断地联合检查。通过暗访，加强对各区县、开发区整治工作进展情况进行督导。制定了旅游市场秩序专项整治工作考核办法，将旅游市场整治工作纳入年度目标考核，用硬措施推进整治工作的落实。大力开展旅游服务质量提升年活动，对旅行社使用管理《西安市国内旅游组团合同》和“一日游合同”情况进行了专项监督检查，向全社会发布了旅游企业“信用榜”。按照预防为主的原则，不断提高旅游投诉处理效率，全年无一起重大旅游投诉，我市游客满意度由原来的 27 位上升到目前的第 14 位。

六、加大基础设施建设，进一步完善旅游服务功能

坚持规划引领，开展了“十三五”旅游发展规划编制前期准备工作，完成了《西安智慧旅游城市总体规划》的编制。加强项目管理，落实 2014 省级旅游专项资金项目 2 个，征集、上报 2015 年省级旅游专项资金项目 6 个。加快推进西安火车站集散中心建设，通过调研，制定了西安火车站集散中心建设方案并上报市政府。进一步完善全市旅游咨询体系建设，指导、新建长安区旅游咨询服务中心和西安咸阳国际机场旅游咨询服务中心。新增黑河旅游景区、王顺山景区等 4 家 4A 级旅游景区，全市 A 级景区达到 67 家。新增五星级酒店 4 家，全市五星级酒店达到 13 家。

2014 年宝鸡市旅游产业发展报告

宝鸡市文物旅游局

2014 年我市共接待国内外游客 4712 万人次，其中入境游客 32 万人次，实现旅游综合收入 310.8 亿元，同比分别增长 29.1%、6.8% 和 31.5%。

一、旅游经济运行特点

（一）国家高 A 级旅游景区数量大幅增加，接待人数和门票收入不断增长

全市 A 级景区已达 38 家。特别是 10 月份，第 27 届世界佛教徒联谊会大会在陕西宝鸡隆重召开，5 月份太白山景区盛大开园，吸引八方游客慕名前来，宝鸡的知名度和影响力进一步提升。据统计，38 家 A 级旅游景区全年接待国内外游客 1101.15 万人次，营业收入总额 7.21 亿元，门票收入 1.8 亿元。同比分别增长 14.3%、16.5% 和 22%。

（二）旅游项目建设及招商引资硕果累累

我们按照“规划出项目，项目出资金，资金促发展”的思路，内引外联，挖潜创新，狠抓旅游招商及项目建设。2014 年旅游项目实际到位资金 20.5 亿元，省际引资 12.6 亿元。2014 年签约旅游招商引资项目 23 个，签约项目合同引资 41 亿元。全市共 54 个新建续建重点旅游建设项目，完成年度投资 26 亿元，茵香河文化旅游区综合开发建设项目、太白山天下索道建设项目、法门寺文化景区二期建设项目、大关山生态旅游开发建设项目、黄柏塬风景区综合开发、古凤州综合开发、青峰峡景区综合建设项目、千湖国家湿地公园建设项目继续顺利推进，岐山西周文化城项目、青峰山综合开发、眉县逸城水上乐园、陇县秦时明月园、西秦刺绣产业园等一批新建重点旅游项目相继开工建设。

（三）宾馆饭店入住率和营业额有所攀升

目前，全市有宾馆饭店 826 家（包括各县区的农家乐、招待所、小型宾馆），客房数 38843 间，床位数 77612 张，接待过夜游客 1827.67 万人次。星级饭店 36 家，其中，4 星级饭店 2 家，三星级饭店 19 家，二星级饭店 15 家；非星级饭店 790 家。

2014年咸阳旅游产业发展报告

咸阳市文物旅游局

2014年，在陕西省旅游局的大力支持下，在咸阳市委、市政府的坚强领导下，我们以党的十八大和十八届三中、四中全会精神为引领，深入贯彻中省旅游工作会议和省市委全会精神，抢抓丝绸之路经济带全面实施的历史机遇，继续深化“一城两区三带”旅游业发展格局，积极实施“文物壮旅、科技强旅、文化兴旅”战略，不断提升旅游资源科学保护与利用水平，着力推进旅游产业提档升级，全力抓好年度目标任务和各项重点工作的落实，全市旅游业总体保持了健康快速平稳的发展态势。2014年，全市游客接待4305万人次，旅游综合收入230亿元人民币，同比分别增长7.6%和15%。

一、规划项目建设进展顺利

成立了以卫华市长为组长、李晓静副市长为副组长，21个市级部门主要领导为成员的旅游产业发展领导小组，指导我市旅游业健康快速发展。编制完成了乾陵唐文化景区概念规划，完成了游客服务中心、停车场、武则天和她的时代博物馆等景区重点项目建设选址工作。投资8.2亿元的张裕瑞那城堡酒庄建成并对外开放，填补了我省旅游产品的一个空白；东方欢乐城——高科技文化产业园项目文化梳理与策划工作已全部完成，咸阳市政府已成立了项目建设管理委员会，加快项目推进；咸阳博物院五栋主体建筑已封顶；咸阳自驾游营地、咀头葡萄风情小镇、云集生态园、平陵邑、马嵬驿二期工程等旅游项目进展顺利。彬长矿业集团投资20亿元，按照5A级景区目标，对彬县大佛寺进行综合开发。咸阳市智慧旅游规划、袁家村智慧旅游一卡通、马嵬驿景区数字化系统建设方案已编制完成，将于2015年全面实施。

二、乡村旅游发展大幅跃进

成功举办第二届乡村民俗文化旅游节，以市政府名义表彰了2013年乡村旅游先进工作单位和个人。礼泉县袁家村关中印象体验地和兴平市马嵬驿民俗文化体验园成为我市乡村旅游产业创新发展示范基地。袁家村被国家住建部、农业部、旅游局、中央电视台等评为“全国十大美丽乡村”之一。三原金源山庄、永寿永平镇、淳化贤仓村、兴平马嵬驿民俗文化体验园4个乡村旅游景区编入《全国休闲农业与乡村旅游示范点》，《中国旅游报》、《咸阳日报》专题报道我市乡村旅游发展经验。陕西新闻联播头条播出《咸阳打造关中民俗新景点，着力发展乡村旅游业》，介绍我市蓬勃发展的乡村旅游产业。组织市乡村旅游公司、兴平马嵬驿参加第二十一届杨凌农高会陕西乡村旅游展，通过散发宣传资料、现场讲解、特色旅游商品、土特产品展销以及民俗文化表演等方式宣传我市乡村旅游。我市获“优秀组织奖”“最佳展示奖”。2014年我市乡村旅游接待人数1300万人次，旅游直接收入7.5亿元。

三、景区标准化建设有力推进

彬长煤业公司投资1亿元，对侍郎湖景区进行提升改造。成立咸阳市旅游资源开发管理评价委员会，负责全市各类旅游景区标准化建设与等级评定工作。马栏革命旧址、袁家村、张裕酒庄成功创建为国家4A级旅游景区，泾阳崇文塔景区、中国原点新城商贸旅游示范区、兴平马嵬驿民俗文化体验园成功创建3A级旅游景区，使我市的景区类型不断丰富。编制完成《乾陵景区旅游标准化体系》，指导乾陵做好5A景区创建工作。承办全省景区旅游商品设计、生产和销售培训会，关中片区主要景区130余人参加了培训。

四、行业管理水平进一步提升

积极开展旅游市场秩序专项整治“清风行动”，组织实施全市旅游市场秩序整治工作。全年审批旅行社4家，评定三星级旅游饭店1家。组织召开全市旅游星级饭店转型观摩交流会，分享适应市场、开拓市场的成功经验。组织全市旅游行业依法诚信经营专题讲座，全市50家旅行社负责人参加了培训。组织节日旅游安全大检查30余次，确保了旅游市场井然有序。

五、宣传促销力度不断加大

组织和举办踏青赏花和金秋采摘旅游节，推出38项旅游节庆活动。与人民网、《陕西旅游》杂志、《西北旅游》杂志、腾讯网等多家媒体合作，专题报道咸阳旅游业发展情况。开通咸阳旅游官方微信和咸阳旅游微信群。协助中央电视台完成《文明密码》《江河万里行》的拍摄工作和在袁家村拍摄的《美丽咸阳乡村行》节目。加强与周边省份及优秀旅游城市的区域旅游合作交流，编制精品旅游线路。组织参加首届西安丝绸之路国际旅游博览会，我市获得“最佳展示奖”。重新设计印制宣传手册、咸阳导游图等资料，散发宣传册《走进咸阳》10000册。我市被中国城市第一媒体旅游联盟评为年度“最受欢迎的旅游目的地城市”，被第二届中国文化旅游品牌建设与发展峰会评为“影响世界的中国文化名城”。

2014年铜川市旅游产业发展报告

铜川市文物旅游局

近年来，铜川市委、市政府把旅游业作为铜川市城市转型的突破口和主要抓手，围绕建设全国知名休闲养生城市和把旅游业培育成经济发展的战略性支柱产业的宏伟目标，不断加大景区基础建设力度，加强旅游宣传促销，进一步优化旅游环境，实现旅游工作"一年打基础，三年见成效，五年上台阶"的发展目标，促进我市旅游产业又好又快发展。2014年全市接待国内外游客992.9万人次，实现旅游综合收入53.6亿元，较去年分别增长11.7%和22%。现将具体情况汇报如下。

一、领导重视，组织严密，初步形成齐抓共管兴旅游的氛围

我市成立了铜川市旅游产业发展领导小组，确定了主要领导亲自挂帅、分管领导组织协调、相关部门共同落实、社会各界广泛参与、集全市力量共谋旅游产业发展的工作机制。出台了《关于进一步加快旅游产业发展的决定》，制定了资金扶持、土地使用、税费优惠、奖励扶持等多项优惠政策，在项目和资金安排上向旅游产业倾斜。在全省率先将项目建设、资产投资、招商引资、宣传促销、综合收入及人数等五大旅游发展指标纳入各区县、各部门年度目标责任考核体系，使旅游综合服务能力和水平大幅提升，游客人数和综合收入快速增长。

二、加快基础设施建设，服务接待能力不断提升

以铜川市政府名义印发了《关于做好2014年旅游重点项目建设工作的通知》，确定重点抓好66个旅游项目，2014年完成旅游固定资产投资8.8亿元。其中，照金红色旅游名镇二期建设项目，2014年完成固定资产投资1.8亿元；小镇基础设施建设更加健全，成为西北地区首家实现免费Wi-Fi全覆盖的特色旅游小镇，2014年上半年，照金香山景区成功创建为国家4A级景区；中国药王山文化景区项目已

纳入全省30个重大文化项目之列，已完成固定资产投资3.8亿元，药王山景区广场车行辅道已建成通车，药王山主题灯光演艺照亮工程技改项目全部竣工，药王生态湖湿地公园项目全部开工；药王养生苑项目已投入运营；标志性建筑孙思邈纪念馆的前期居民征地工作，正在按序进行，力争2015年初开工建设；玉华宫景区旅游项目建设全年完成固定资产投资3495万元，其中玉华宫景区环境综合整治项目完成投资1390万元，所涉及的地质环境综合治理、千佛广场、村容村貌整治、引水、服务设施提升及管理机构工作环境改造提升等工程已基本完工；陈炉古镇景区旅游项目已累计完成固定资产投资2798万元，共启动实施景区环境提升项目、古镇风貌恢复和保护项目等7个项目，基本已完成建设任务；12月17日，作为“城市客厅”的铜川市旅游服务中心正式建成启用。

三、开展旅游环境提升年活动，进一步健全旅游服务体系

我市将今年定为旅游环境提升年，并以铜川市政府名义印发了《关于开展旅游环境提升年活动的通知》，以提升旅游环境为重点，进一步推进城市环境景区化、景区设施城市化，使我市旅游环境明显改善，市场秩序明显好转，服务质量明显提升。首先，不断完善城市旅游服务设施，改善县域旅游环境，整治景区周边及公路沿线卫生环境，全面优化旅游交通环境，加快旅游专线道路建设，提高景区道路等级和通行能力，进一步推进景区标准化建设，不断完善景区内游客服务中心设备设施，确保景区工作人员着装统一，热情大方；其次，全面提升改善旅游饭店和旅游社的服务环境及服务水平，加强导游队伍及旅游企业服务人员队伍建设，不断提升乡村旅游从业人员的服务能力；最后，进一步加强旅游行业监管，全力打击无证照经营、不正当竞争、欺客宰客等违规行为，促进旅游市场健康有序发展。

四、扩大“照金效应”，推进全域旅游提档升级

随着铜川城市转型的全面深化，文化旅游产业的快速发展，中国药王山文化景区项目已纳入陕西30个重大文化项目，铜川的文化旅游产业迎来战略机遇期。我市抢抓机遇，继续扩大“照金效应”，按照大集团招商，大集团引领的思路，努力争取，终于促成铜川市政府、陕文投、陕煤化的深度合作，在首届丝绸之路博览会上签署了铜川文化旅游全域战略合作协议，合作开发的范围包括铜川市域内所有可用于旅游开发的自然风景名胜区、文物保护单位、文化品牌、乡村旅游点、工业传统工艺保护项目等，力争用5~8年的时间，完成投资50亿元，通过铜川文化旅游

综合社区项目的开发建设和照金香山景区、玉华宫景区、药王山景区、陈炉古镇景区的完善提升，形成“一心四区”的铜川旅游产业新格局；结合各大景区和相关项目的资源、特色，加大创新，积极培育与文化旅游相关的文化产业和配套产业，争取在景区开发、产业引导、统筹城乡、扩大就业等领域形成全面的综合带动效益。

五、推出一系列旅游节庆活动，进一步提升我市知名度

精心策划，推出了一系列旅游活动，使铜川旅游缤纷呈至。2014 年 3 月，市政府印发的《关于进一步加强旅游宣传促销工作的实施意见》（铜政办发 [2014]24 号），要求统一策划，精心组织好各项旅游活动。2014 年，我市以“药王故里、养生铜川”“溪山行旅、大美铜川”为主题进行宣传推广，组织开展了 2014“中国旅游日”铜川樱桃旅游节，并启动西安铜川旅游直通车暨铜川航空体验游活动，活动当天推出了一系列惠民政策。从今年 4 月开始西安铜川旅游直通车每周都有一班发往照金景区，5 月樱桃旅游节期间西安铜川旅游直通车也是异常火爆。

2014年渭南市旅游产业发展报告

渭南市文物旅游局

2014年，我们加强旅游项目建设，不断开拓旅游市场，努力解放思想，真抓实干，各项工作取得新突破，实现了旅游经济快速发展。

一、旅游经济指标稳步增长

2014年，全市接待国内外游客3202万人次，同比增长10.41%；旅游综合收入252.08亿元，同比增长18.90%。

二、积极推进大华山旅游目的地建设

（一）华山景区体制改革

为了做大做强华山旅游，积极推进旅游景区的所有权和经营权分离，探索“政府主导、企业主体、市场运作、社会参与”的文化旅游发展模式。理顺了华山权力体制，成立了陕西华山旅游集团有限公司。

（二）打造智慧旅游平台，完善旅游公共服务

一是投资800多万元设立完善全市旅游标识系统。完成了全市境内高速公路、国省道、高速服务区共86块旅游标识标牌的设置工作。二是投入460万元打造智慧旅游平台，包括渭南文物旅游网站群、微信公众平台“渭你而来”、渭南手机旅游通软件，具备了形象展示、资源推广、电子商务、数据分析统计、决策系统支持等功能。三是开展全市旅游资源普查，围绕“吃住行游购娱”六大元素实地普查统计全市旅游资源发展现状。根据普查结果，委托专业团队规划设计了全市旅游线路。目前，已经召开了“渭南旅游线路意见征求讨论会”，线路正在修订完善中。

（三）旅游重点项目建设稳步推进

一是2014年市级旅游建设项目7个，总投资179.5亿元，已经完成投资18.23亿元。总投资10亿元的潼关古城景区建设全面开工。洽川风景名胜区启动了创建

5A 级景区工作，打造“全域旅游、全景合阳”。渭南老街美食城已建成运营。国道 108 渭南至大荔段一级公路改建工程、投资 5 亿元的大荔同洲湖洛河城区段综合治理工程已全面完工并投入使用。

（四）加大营销推广力度

一是举办了“5·19 秦岭与黄河对话”和中央媒体“再访黄河金三角”渭南行大型宣传活动。编印了《渭南市自驾游手册》《渭南乡村旅游服务指南》。二是组织华山、洽川、陶艺村等重点旅游景区，先后在成都、重庆、福州、北京举办旅游推介活动，免费赠送景区门票 7000 套，总价值 252 万元，发放资料 10 万余份。三是与华商网、新浪网合作，利用《人民日报》《陕西日报》《中国旅游报》《华商报》《三秦都市报》《陕西旅游》《西北旅游》《旅伴》等报刊杂志宣传惠民政策及精品线路，累计宣传覆盖 100 万余人次。四是配合中央电视台中文国际频道大型系列特别节目《远方的家》“江河行拍摄组”完成了渭南段的拍摄，节目共 4 集，每集长度 45 分钟，预计 2015 年元月份将在该台该频道陆续播出。

（五）加强区域合作

一是推动黄河金三角三省四市旅游资源和旅游推广。10 月下旬，举办了渭南市第二届黄河金三角合作交流大会暨旅游合作论坛，签署了《黄河金三角旅游合作协议》。二是加强市域内各景区的合作。12 月初，蒲城与华旅集团结成大华山区域旅游市场战略合作伙伴，订立了旅游战略合作框架协议。初步确定以蒲城县历史街区项目开发和桥陵、泰陵的景区托管开发为首批合作重点项目。项目总投资 6.5 亿元人民币，分三期建设。

（六）乡村旅游工作取得新突破

2014 年共落实乡村旅游资金 340 万元，组织召开了全市乡村旅游现场座谈会，组织全市乡村旅游相关管理、从业人员参加渭南市首届乡村旅游培训班，为我市乡村旅游发展夯实人才基础。截至目前，全市拥有国家休闲农业与乡村旅游示范点 3 个，全国农业旅游示范点 2 个，陕西省旅游示范县 1 个，陕西省文化旅游名镇 2 个，陕西省旅游特色名镇 7 个，陕西省乡村旅游示范村 5 个，市级文化旅游名镇 1 个。国家七部委确定的美丽乡村旅游扶贫重点村 45 个，高星级农家乐接近百家，已基本形成了集吃、住、行、游、购、娱于一体的乡村旅游服务体系。

（七）落实地接社奖励办法

制定下发《关于印发渭南市奖励扶持旅行社办法》，通过政府招标采购，确定陕西华山旅行社、华山青旅旅游有限公司、渭南新闻旅行社、合阳山川旅行社 4 家地接社签订了地接协议，从 2014 年 7 月 1 日至 2015 年 6 月 30 日，对于年度内地接游客人数达 7000 人，同时满足“二日游”及以上（渭南市境内住一夜、游览 2

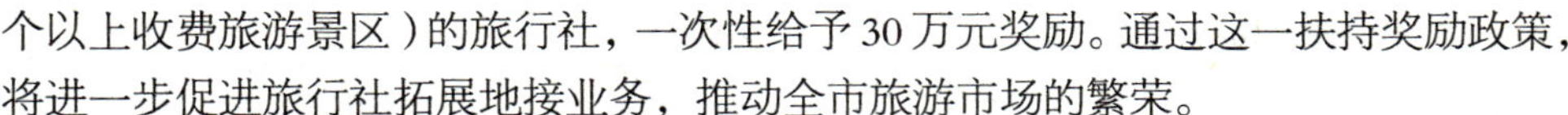

个以上收费旅游景区）的旅行社，一次性给予30万元奖励。通过这一扶持奖励政策，将进一步促进旅行社拓展地接业务，推动全市旅游市场的繁荣。

（八）加强行业管理

一是做好A级景区申报创建工作。申报华山御温泉创建4A级景区。渭北葡萄产业园、卤阳湖景区、澄城县尧头窑遗址公园创4A工作有序进行。大荔县丰图义仓、蒲城巴厘岛温泉、杨虎城将军纪念馆和林则徐纪念馆成功创建为3A级景区。二是召开景区服务质量提升、旅游统计培训会。制定下发《渭南市星级酒店管理办法》，举办全市星级饭店和旅游责任险交流培训班。三是开展旅游市场秩序专项整治活动，营造舒适、安全的旅游环境游客满意度。四是全年共检查涉旅单位129家次。全年共接到游客投诉18起，处理18起，游客满意率达到100%。

2014 年延安市旅游产业发展报告

延安市旅游局

2014 年，我市始终围绕贯彻落实全市第四次党代会提出的“文化引领、旅游带动”战略，把发展旅游产业作为调结构、促转型、拉内需、激消费、保增长、惠民生的重要途径。通过旅游产业规模、产品档次、营销宣传、管理服务、设施水平的提高，初步形成了大旅游、大产业发展格局，有力地促进和带动了全市经济社会发展。2014 年，全市接待海内外游客 3145.5 万人次，旅游综合收入 171.75 亿元，同比分别增长 10.46% 和 13.07%。

一、坚持文旅联动，全力打造全国红色旅游首选地

按照“中国革命圣地、历史文化名城、优秀旅游城市”的城市定位，通过举办中国延安红色文化旅游季、公祭民祭黄帝陵、延安过大年、洛川苹果节、壶口旅游节、延川红枣节、安塞文化艺术节等一系列重大品牌节会活动，把红色文化旅游与黄河文化旅游、历史文化旅游、自然生态旅游紧密结合起来，进一步做强红色文化、做大黄帝文化、做精黄河文化、做美黄土文化、做亮绿色文化。

二、坚持项目支撑，积极搭建延安旅游发展新平台

一是全面启动“十大”革命旧址景区建设项目。编制了《延安革命旧址群保护规划》，共投资 90 多亿元。目前，中共中央西北局纪念馆已于 2014 年 3 月建成开放，凤凰山、宝塔山、杨家岭、枣园、桥儿沟等旧址主体维修完工，其他外围改造和内部品质提升工程正在有序推进，王家坪和抗日军人家属子弟小学旧址已完成立项审批、规划选址等前期手续办理，清凉山、南泥湾旧址正在进行规划设计、手续办理等前期工作。二是着力加快五大文化产业园区建设。延安圣地河谷文化旅游园区首批开工的金延安板块进展顺利，初具规模；黄河壶口文化旅游园区建设已完成初步规划设计、土地储备、资产评估等前期工作；黄帝文化园区总体规划、详细

规划和黄帝文化中心设计方案通过省政府审定，园区周边征地拆迁、山体及印池公园绿化亮化工程已完成，水、电、路等基础设施工程加快实施；延安鲁艺文化园区正在开展征地拆迁安置工作，审定规划设计方案；安塞黄土风情文化产业园区完成了立项审批、规划设计以及腰鼓山窑洞维修改造、山体绿化亮化等工程。三是启动实施了一批重点文化旅游项目。文安驿文化园区主体工程于2014年11月竣工，枣园文化广场将于2015年建成开放，延安革命艺术家博物院、延安大剧院项目已启动，延安博物馆、石油博物馆、城市规划馆等项目已开始筹备实施。

三、强化宣传促销，不断提升延安旅游知名度

2014年重点推出以“我要去延安”为主题的各类宣传营销活动。一是通过中央电视台、陕西电视台等主流媒体，利用手机、微博、微信、社交网站等现代传媒手段，广泛开展延安旅游主题形象宣传。今年在陕西电视台《陕西新闻联播》前，在延安及三门峡、运城、天水等周边地市广播电视台黄金时段推出“我要去延安”宣传广告，央视2套《消费主张》、央视4套《远方的家》、央视10套国庆特别节目《江山多娇》、陕西电视台《七女秀陕西》、上海东方卫视《行走的美味》、内蒙古电视台《穿越中国西部帝王陵》等栏目组先后来我市拍摄旅游专题片，全国红色旅游工作协调小组办公室组织中央主流媒体采访团来延采风，起到了很好的宣传效果。二是借助国内、省内举办的各类旅博会、贸洽会、营销会、交易会等平台进行宣传促销。今年组团参加了第十八届西洽会暨丝博会、西部帝王陵三省八市联合营销大会、第六届中国国际旅游商品博览会暨中国旅游商品大赛、2014中国西安丝绸之路国际旅游博览会等10多个展会，特别是在西安丝绸之路国际旅游博览会上，我市共签约旅游项目5个，引进资金3.57亿元，并获得“最佳展示奖”。三是由政府出资，旅游部门组团，旅行社、景区景点、宾馆饭店唱主角，直通主要客源地，开展点对点、面对面的宣传促销活动。年末，启动了淡季赴榆林、鄂尔多斯、包头、呼和浩特等周边地区的宣传推介活动，市旅游局与当地旅游局签订了战略合作协议，双方旅行社签订合作协议28份，景区及演出单位也同时推出了优惠政策。

四、实施品牌战略，打造世界知名、国内一流旅游品牌

一是围绕扩大和丰富延安旅游范围和内涵，同步启动了帝陵、黄河壶口瀑布、延川乾坤湾、洛川黄土国家地质公园申报世界文化遗产、自然遗产和枣园、宝塔山、杨家岭、延安革命纪念馆四景区捆绑创建5A级景区工作。二是围绕提高旅游服务

质量，在旅游社中开展“提高服务质量、追求游客满意”主题活动，加快5个五星级酒店建设，满足不同游客来延消费需求。三是围绕旅游市场需求，着力打造品牌旅游线路，新推出了延安人游延安、知青体验游、老年怀旧游、少年励志游等线路。四是针对不同节日的变化和对象受益，制定假日旅游优惠政策，强化假日旅游巡回检查和引导服务，营造良好的旅游氛围和市场秩序。五是根据各区县不同的旅游资源禀赋，分别推出胜利之都游、九吾登山节、生态休闲游、将军故里游、石油科普游、黄河体验游、多彩黄龙以及延川乾坤湾、文安驿古镇、宜川蟒头山、秋林二战区司令长官部旧址、子长钟山石窟、富县秦直道等短线旅游产品，不断打造新环线，形成新卖点。

五、坚持政府主导，依法促进延安旅游新跨越

延安市政府出台了《延安市加快旅游业发展的若干意见》《延安市扶持住宿餐饮业发展的意见》等一系列政策性文件，编制完成了《延安革命旧址总体保护规划》《延安市旅游发展总体规划》《延安市红色旅游十年发展纲要》《延安市“十二五”住宿餐饮网点规划》等一批总体规划和专项规划，今年还修订完善了《延安市旅游营销奖励办法》，进一步调动了各旅游企业开拓旅游客源市场的积极性。

坚持把综合整治旅游环境作为提升延安旅游发展水平的重要抓手，持续开展了改善城市卫生环境、整治市区交通秩序、完善标志标识设置、规范旅游行业管理、加强饭店餐饮监管、打击违法违规行为、整肃景区周边环境、清理规范广告牌匾、整合迁建城区市场、提升市民文明素质十大整治活动，着力建立长效工作机制，塑造全国优秀旅游城市新形象。通过持续开展综合整治，我市在全国60个样板城市游客满意度的排名由连续七个季度的末位垫底稳步提升到今年四季度的第15位，全年排名37名。

2014 年榆林市旅游产业发展报告

榆林市旅游外事（侨务）局

2014 年，榆林市旅游产业发展工作在陕西省旅游局和榆林市委、市政府的正确领导下，坚定不移地落实年初确定的重点工作任务，以扎实推进旅游重大项目建设为重点，大力发展乡村旅游和假日旅游，有序治理、规范旅游市场环境，紧扣“边塞风情、黄土神韵”的旅游形象品牌，不断拓宽国内旅游市场营销渠道。全年全市累计接待国内外游客 1770 万人次，同比增长 20.5%；实现旅游综合收入 95.25 亿元，同比增长 27%。

一、抓规划引领，明确旅游发展思路

今年，经市政府同意，我局启动编制《榆林市旅游发展总体规划》工作，并对编制《榆林市红色旅游规划》和《榆林市乡村旅游规划》进行了前期准备工作。指导各县区、各景区推进规划编制工作。榆阳、神木、府谷、定边、靖边、绥德、米脂、佳县、吴堡、清涧、子洲等县区旅游总规划、部分景区规划及乡村旅游点规划编制完成或正在编制中。

二、抓项目带动，推进旅游景区建设

（一）大力推进重点景区建设

按照“政府主导、企业主体、突出特色、科学管理”的思路，围绕市委、市政府 2014 年主要工作任务，提升完善一批规模大、品位高的旅游文化特色项目。全市累计完成旅游项目总投资 3.2 亿元。榆林城区建成榆溪河滨公园及游乐园；榆阳区积极筹划芹河新区文化旅游产业园区开发，推进青云山旅游景区建设，启动王圪堵水库水利风景区开发；神木县红碱淖景区完成了湖边生态修复工程、垃圾处理厂、尔林兔污水处理厂等项目，开始柒朴素河河道综合治理二期工程，并启动了创建 5A 级景区的前期准备工作；围绕二郎山景区提升、高家堡古镇保护开发引进榆文旅进驻神木，民俗文化大观园成功创建为3A级景区；府谷县投资1300万元，完成了府州古城维修六期、七星庙景区建设二期和哈镇马占山爱国主义教育基地建设工程；定边县投资3000万元，重点打造十里沙乡村旅游示范点；靖边县统万城景区按照申报国家考古遗址公园和5A级国家旅游景区目标予以打造；龙州丹霞地貌投资852万元，修建栈道、观景台、观景亭；横山县投资4000多万元，对波罗古堡沿街门面房、雨污水管道、电力及通信光缆管道、马路、波罗文化广场进行了改造；绥德县黄土文化风情园完成了巨型石狮的雕刻，建成石狮博物馆、游客接待中心、广场照壁；米脂县加大对高西沟和貂蝉山庄扶持指导力度；吴堡县围绕吴堡石城和横沟温泉实施度假区基础工程；子洲县加强佛殿堂生态公园、金鸡山公园及西峰寺景区开发建设。今年，全市旅游项目建设总投入超过千万的有9个县区，单体项目超过2000万元的有7个景区。

红色旅游景区发展快速。绥德疏属山红色旅游景区和佳县神泉堡革命纪念馆列入全国重点红色经典景区建设项目，得到中央财政预算支持；佳县东方红文化产业园和清涧北国风光景区主体工程开工建设，米脂杨家沟景区门户区规划完成，工程建设进程进一步加快；波罗古堡景区工程建设加快进行，横山起义纪念馆布展工作全面展开。

（二）旅游示范县创建取得阶段性成效

在全省第二批创建旅游示范县活动中，佳县旅游示范县建设步伐加快，全县共投入创建专项资金4.16亿元，建成东方红阁、东方红园区二级公路；云岩寺景区停车场；神泉堡旅游二级公路；启动建设白云山文化长廊、白云山生态停车场；沿黄二级旅游公路以及完成绿化、市政、道路等工程，旅游基础设施不断完善，对照创建标准，验收要求基本达标。2014年全县接待游客300万人次，初步实现旅游产业由“门票经济”向“产业经济”转变。

（三）全力推进旅游产业扶持项目建设

全年争取到中、省旅游产业发展资金2902万元，年内完成扶持项目投资2450万元。一是签订旅游项目建设责任书。对省级旅游建设项目与市级旅游产业建设项目，市县两级签订项目建设责任书，全面落实监管责任。二是加强项目建设调度管理。组织召开了全市旅游项目调度会，听取汇报，总结经验、查找不足。三是进行项目建设情况监查。

（四）加大旅游商品培育推广

一是组织企业参加各级旅游商品大赛。二是推动企业进行旅游商品展销。榆林文化创意有限公司进驻省旅游商品研发中心，全市选送价值超16万元的20件（组）旅游商品进入省研发中心展销厅。组织旅游商品企业参与旅游商品博览会、杨凌农高会等展会。在杨凌农高会第七届陕西乡村旅游展中我市荣获展会“优秀组织奖”。我市创意文化发展有限公司专题调研全市旅游商品市场，进行旅游商品研发，获得

21 项专利，扩大了我市旅游商品的品种、品质和社会影响力。

三、抓服务提升，规范旅游行业管理

（一）广泛开展了旅游质量提升年系列活动

举办了全市旅游星级饭店部门经理岗位职务培训；组织红碱淖景区开展了水上交通安全演练；举办了推广使用新版旅游示范合同培训会；组织了导游岗位技能竞赛活动。

（二）加强旅游市场监管服务

全市旅游执法系统共出动执法人员 200 余人次，检查旅游社 50 家、旅行社分社 27 家、服务网点 18 家，提出整改意见和建议 9 条，进一步规范了我市旅游市场秩序；全年受理有效旅游投诉 6 件，办结 6 件，结案率 100%。

四、抓品牌影响，促进旅游宣传升级

（一）打造“智慧旅游”平台

对榆林旅游网进行全新的改版升级。单位成立局信息办，全面加强信息工作。佳县、神木等开通旅游县域官方旅游网站，搭建“智慧旅游”平台。

（二）借助媒体宣传平台

在中央电视台《朝闻天下》栏目播放榆林天气资讯和主题形象宣传；与中国旅游报社、陕西日报社、榆林日报社等合作，开展专题宣传和报道；在榆林电视台开辟了旅游天气预报栏目宣传重点景区；在电信、联通信息平台向外来游客发送旅游信息；在西安火车站、机场等投放户外宣传；在《榆林日报》开设了“榆林乡村一日游”和“自驾游榆林”栏目，拉动榆林人游榆林的热情。

（三）加强区域协作

6 月 23 日，参加呼包银榆经济区第二届市长联席会暨经济区首届经济技术合作洽谈会，榆林市与银川市政府签署了《旅游合作协议》；7 月在成都举办了榆林旅游专场推介会；与榆林机场签订了《旅游 · 航空战略合作协议》；11 月，与延安市旅游局签订《旅游合作发展协议》。

（四）扩大节会活动影响力

在 2014 中国西安丝绸之路国际旅游博览会上，我市以“边塞古城、黄土风情”为参展主题，着重向外界展示了榆林旅游资源、产品线路，以及民俗风物，荣获 2014 中国西安丝绸之路国际旅游博览会“最佳创意奖”。

2014 年汉中市旅游产业发展报告

汉中市文物旅游局

2014 年，在汉中市委、市政府的正确领导和上级部门的关心指导下，在各县区、各部门的支持配合下，全市文物旅游业认真贯彻落实中、省旅游决策部署，紧紧围绕“三市”目标，加快建设旅游文化产业，深入实施全域旅游工程，大力推进文化旅游精品景区建设，全力打造“两汉三国、真美汉中”城市品牌，发展动力不断增强，提档升级步伐加快，经济社会效益持续提升。全年接待游客 2625 万人次、实现旅游总收入 131.35 亿元，同比分别增长 16.6%、23.9%。文物旅游业已成为全市稳增长、调结构、促改革、惠民生的重要引擎，为推动经济转型升级、扩大对外开放、加快“三市”建设做出了积极贡献。各项目标任务超额完成，文物旅游工作亮点纷呈。

一、全域旅游工程扎实推进

我市以市委、市政府名义制定出台了《关于实施全域旅游工程的意见》，召开了全市全域旅游推进现场会，《汉中全域旅游发展规划》初稿编制完成。

二、张骞墓成功入选世界文化遗产名录

经过八年的不懈努力，我市张骞墓作为丝绸之路“长安—天山廊道路网”的一处遗址成功入选世界文化遗产目录，成为陕南三市第一处世界文化遗产，成为汉中走向世界的一张“金名片”。

三、文化遗产保护利用水平显著提升

青木川古建筑群消防安全专项规划列入全国十家规划编制试点，是我省唯一入选的规划试点单位；青木川村被评为第三批中国传统村落，实现了我市中国传统村落零的突破；新增省级重点文物保护单位 30 处。

四、汉中市博物馆提档升级步伐加快

围绕市博物馆七大陈列主题，编制了古汉台扩建、拜将坛汉中历代文物展等5个方案，启动了韩信生平事迹展布展工作，初步形成了特色鲜明的群落式市级博物馆功能定位。

五、大汉中古栈道文化旅游品牌影视策划启动实施

开展了古栈道遗迹考古勘探前期工作，策划撰写了大型历史纪录片《汉中栈道》脚本，《汉中旅游丛书》编撰工作全面起笔。

六、重大建设项目取得突破进展

龙岗寺遗址列入国家大遗址保护项目，龙岗文化生态旅游园区项目入选全国优选旅游项目名录，是陕南三市唯一入选的我省4个项目之一；两汉三国文化景区诸葛古镇项目开工建设，华阳、黎坪旅游专线建设前期工作启动实施，骆家坝古镇建成开园，紫柏山滑雪场二期建成投运。

七、成功创建国家4A级景区4家、3A级景区2家

黎坪、青木川、武侯祠、朱鹮梨园成功创建成国家4A级景区，实现了近年来我市在高A级景区创建上的重大突破，我市4A级景区数量位居陕南三市首位。张骞纪念馆、熊猫谷建成国家3A级景区。

八、乡村旅游发展水平不断提升

南郑县瓦石溪村等84个村被列入全国乡村旅游扶贫重点村，西乡县钧鑫农场被评为全国休闲农业与乡村旅游示范点，青木川村被评为“中国最美休闲乡村”之一，汉中南郑县油菜花海被誉为“中国美丽田园”，新建成省级旅游特色名镇1个、省级乡村旅游示范村2个。

九、“两汉三国、真美汉中”城市品牌鲜明塑造

成功举办了以油菜花为重点的16个系列旅游节会活动，在中央电视台等主流

媒体开展了15项系列形象宣传，参加了第十九届西洽会暨丝博会等8个会展促销，开通了汉中市文旅局官方微博，我市被授予“影响世界的—中国文化旅游名城”称号。

十、依法治旅的市场环境持续优化

扎实开展了“依法治旅年”行动和“三聚焦三整治一评议”暨旅游市场秩序专项整顿活动，新建成三星级饭店1家、旅行社2家，实现了无重大文物安全事故、无旅游安全事故、无重大旅游投诉。

新的一年，全市文物旅游业将按照市委、市政府的决策部署，认真贯彻落实党的十八大和十八届三中、四中全会精神以及中、省文物旅游工作要求，主动适应经济发展新常态，牢固树立科学旅游观，深化改革，转变方式，创新发展，围绕一个目标（建设国内一流特色旅游目的地），紧扣一条主线（深入实施全域旅游工程），把握三个关键（促进旅游文化产业融合发展，倾力打造文化公园、精品景区，加强市场培育、宣传营销），突出六大重点（文化遗产保护利用、项目带动战略、系列产品开发、基础设施建设、优化市场环境、完善服务体系智能化），全力打造“两汉三国、真美汉中”城市品牌，推动文物旅游业转型升级、提质增效，努力将文物旅游业建成朝阳产业、民生产业、幸福产业，为建设“经济强市、文化名市、宜居富裕城市”做出新的更大贡献。

2014 年安康市旅游产业发展报告

安康市旅游局

2014 年，在安康市委、市政府的正确领导和省旅游局的大力支持下，我们以党的十八届三中全会精神为引领，深入贯彻落实中省旅游工作会议和市委全会精神，紧紧围绕“做大做强生态旅游，建设美丽富裕新安康”的发展目标，以“一山一湖一城”核心景区建设为重点，坚持项目带动，强化宣传营销，提升服务质量，全市旅游业持续、协调、健康、快速发展。全年共接待游客 2529 万人次，实现旅游综合收入 119.9 亿元，较去年分别增长 16.75% 和 25.82%。

一、突出项目拉动，旅游产业加速发展

（一）加快推进“一山一湖一城”核心景区建设

“一山一湖一城”核心景区建设取得突破性进展，瀛湖生态旅游区与陕文投正式签订合作开发协议，为瀛湖景区的大开发、大建设、大发展奠定基础；南宫山以启动创建国家 5A 级景区为抓手，完成了南宫山 5A 级景区资源评估报告，实施北线公路改造，启动大雄宝殿建设，完成投资 4402 万元；中心城旅游发展不断加快，东关民族特色街区改造完成规划，西城阁、龙舟文化园、江滩公园一期相继建成使用，汉调二黄园二期，南、北防洪堤绿化，景观设计建设工程加快推进，环江五十里区域步行和自行车交通项目被住建部确定为第三批示范项目，《一江两岸旅游景观提升工程项目》争取陕南突破发展资金 1000 万元。17 个市级旅游重点项目全年完成投资 11.82 亿元。

（二）科学谋划，认真编制发展规划

组织编制了《安康市中心城区一江两岸旅游综合建设方案》《安康市贯彻落实国民旅游休闲纲要（2014—2020 年）的实施意见》，配合省旅游局编制了《陕西省旅游公共服务体系规划》《陕西省汉江旅游发展规划》《陕西省丝绸之路经济带发展规划》，协助瀛湖生态旅游区编制完成了《瀛湖生态旅游区旅游总体规划》《安康瀛湖生态旅游区总体策划及产业基地项目概念性规划》，配合市发改委等 12 个部门完成《石紫岚沿江生态产业经济带产业规划》等 12 个专项规划。同时指导平利县编制美丽乡村总体规划、镇坪县编制旅游发展总体规划、宁陕县编制全域旅游发展规划。

（三）深入推进 A 级景区倍增计划

香溪洞、筒车湾景区成功获评国家 4A 级旅游景区。启动了南宫山国家 5A 级旅游景区创建，飞渡峡、天书峡、双龙溶洞等创建 4A 级旅游景区工作按计划推进。目前，我市 A 级景区已达 25 个（其中 4A 级景区 6 个），全市 A 级景区数量和质量得到明显提升。

二、注重实效，全力实施乡村旅游扶贫工程

（一）全面启动乡村旅游富民工程

印发《安康市乡村旅游扶贫实施方案（2014—2020 年）》，积极组织申报国家美丽乡村旅游扶贫重点村项目，全市 87 个村入选国家乡村旅游扶贫重点村。第一批 29 个乡村旅游扶贫重点村共申报 2015 年项目资金 3000 万元。认真组织我市首批 10 个扶贫重点村负责人参加国家旅游局举办的美丽乡村旅游扶贫重点村村官培训班，提高对乡村旅游发展的管理组织能力。

（二）省市联动，开展旅游扶贫培训试点示范

省旅游局、省扶贫办将安康设为全省乡村旅游扶贫培训基地，在我市启动乡村旅游扶贫培训工程，从 2014 年起连续 7 年，每年安排资金 100 万元，市政府每年配套以奖代补项目资金 50 万元，对十县百村万名乡村旅游管理人员、从业人员进行培训，抓点示范。健全乡村旅游扶贫培训六大机制（即培训实施、考核评估、资金管理、工作检查、培训奖补、培训长效机制），确保培训工作有效开展。目前，已举办乡村旅游扶贫管理人员培训班 2 期，指导岚皋县开展巴山特色餐饮、手工艺品制作、旅游服务技能培训，紫阳县开展为期近 2 个月的紫阳民歌送教上门培训，累计培训村民近 400 人。

（三）加快推进旅游村镇建设

争取部门支持，统筹资源，将旅游村镇建设与美丽乡村、涉水产业、移民搬迁等相融合，结合“十镇百村”美丽乡村建设，为每个旅游村每年争取到 50~100 万元项目资金。联合市移民局开展移民农家乐扶持提升工程，为 24 户移民星级农家乐争取到移民扶持资金近 30 万元。联合市水利局开展星级渔家乐评定，丰富乡村旅游特色。平利县龙头村等 5 个首批省级旅游示范村顺利通过省旅游局复核验收。指导石泉古街、白河城关镇省级文化旅游街区、蜀河古镇省级文化旅游名镇创建 3A 景区。目前，4 个省级文化旅游名镇项目建设已完成任务量的 95% 以上，全年接待游客 186 万人次，同比增长 62.88%，实现旅游综合收入 9.3 亿元，同比增长 93.51%。

三、多措并举，唱响“秦巴明珠、生态安康”旅游品牌

（一）整合创新营销手段

一是有效整合市县区和旅游景区等旅游企事业单位旅游宣传资源，形成旅游宣传合力，构建“市级营销旅游形象、县级营销旅游线路、景区营销旅游产品”的旅游宣传营销模式。二是创新旅游营销方式，开设安康旅游官方微信、微博，完善安康旅游官方网站平台建设，与腾讯大秦网等网络媒体增强合作，大力加强新媒体、自媒体等网络媒体宣传力度。

（二）积极策划系列节庆活动

紧扣安康季节特点和旅游市场的变化，不断推出有视点、有卖点的新产品，形成安康“春来早”“端午龙舟节”“金秋旅游季”“冬季过大年”等特色鲜明的专题旅游活动。其中，汉阴最美油菜花季、紫阳春季采茶游、岚皋旅游季、宁陕秦岭峡谷漂流大赛等主题活动形成多个旅游高潮，真正实现了“月月有活动、季季有高潮”的目标。

（三）旅游品牌建设成效显著

在西康高速和西安绕城高速公路投放了安康旅游形象宣传广告，在安康高速客运站、安康火车站、市区各家星级饭店等旅游窗口单位免费向游客发送10万余份旅游宣传折页、旅游温馨提示卡，受到游客的一致好评。组织涉旅企业赴西安、榆林、延安、宝鸡等地开展了旅游推介会，并与十堰、襄阳等地就线路对接、游客互送、合作模式、互惠措施等事宜进行交流合作，进一步巩固周边客源市场。

四、强化服务监督，行业素质显著提升

（一）创新行业管理方式

深入开展星级饭店创建工作，宁陕皇冠大酒店、石泉珍珠泉酒店、镇坪金兰大酒店以及平利长兴宾馆、雅轩宾馆5家饭店成功创建成三星级饭店，全市星级饭店质量和规范全面提升。为治理旅行社超范围经营问题，与市公安局互通信息、协作管理、联合监管，对旅行社及分支机构进行摸底调查，实行“一社一册”的规范管理，严格对旅行社出境经营范围审核把关，杜绝旅行社超范围经营，从源头管控旅行社超范围经营行为。

（二）不断强化行业监管

采取专项整治和综合整治、明察与暗访相结合的办法，重点检查景区点旅游安全责任落实情况，整顿和规范星级宾馆饭店经营行为。2014年，先后开展联合执法

检查16次、专项检查183次，共检查773人次，检查旅行社及分社、营业网点40家，景区（点）16家，宾馆饭店25家。

（三）服务质量稳步提升

深入开展旅游服务质量提升年活动，坚持“抓重点、创特色、求实效”的原则，紧紧围绕做强生态旅游，狠抓旅游市场监管，查处违法违规行为，规范旅游市场，全面助推旅游服务质量的提升。

2014年商洛市旅游产业发展报告

商洛市旅游局

2014年度，在省旅游局和商洛市委、市政府的正确领导下，商洛市按照发展全域旅游、促进旅游联盟、推进产业转型的整体思路，围绕建设大秦岭中央国家公园核心区和创建“秦岭美丽乡村”目标，狠抓精品景区建设、宣传促销、行业管理、市场环境整治等重点工作，着力延伸产业链条、丰富产业内涵、提升产业品质，全市旅游产业发展势头持续强劲，成功迈入转型升级的新阶段。

一、旅游接待人数突破3000万人次

2014年度，我市以举办中国秦岭生态旅游节为举措，首次创新开展了“商洛人免费游商洛”和“商洛五大精品景区优惠游”等系列惠民活动，有力地推动了旅游接待人数和旅游收入的增长。全年共接待境内外游客3005.65万人次，完成旅游总收入153.29亿元，同比分别增长8.72%和13.19%。

二、大秦岭核心区规划编制进展顺利

坚持规划引领，围绕打造大秦岭旅游最佳目的地的发展定位，完成了《陕西商洛秦岭生态旅游核心区总体发展规划》初稿的编制。另外，近期我局还正在全力推进莽岭绿道规划编制、着手启动全市精品旅游景区建设规划编制。

三、精品旅游景区建设提速

市委、市政府于10月9日召开了全市精品旅游景区建设现场会，出台了《关于加快精品旅游景区建设的实施意见》，明确了今后一个时期全市精品旅游景区发展的目标、重点和措施，将旅游产业地位提升到了前所未有的高度，助推精品旅游景区建设，为全市旅游产业转型升级提供了正确的方向和坚实的政策保障。一年来，金丝峡5A级景区创建工作进展顺利，柞水溶洞4A级景区获批，丹江漂流4A级景区创建工作

扎实推进。全面启动了老君山、月亮洞4A级和桃花谷、凤凰古镇、任家沟、豫源漂流3A级景区创建工作。按照BT模式投资2亿多元打造的全省十大文化旅游项目之一的商於古道棣花文化旅游区以及丹凤桃花谷景区、山阳天蓬山寨景区建成开园。

四、旅游招商工作扎实推进

重视做好旅游招商的策划包装和前期工作，编制了全市旅游招商项目册，共策划景区观光、文化体育、养生休闲、乡村旅游等四大类79个重点旅游招商项目，总投资达650亿元，其中亿元以上的招商项目32个。积极推进民俗风情、农业观光、养生康体、山地运动、冰雪漂流、演艺娱乐等景区项目开发；在9月中旬举办的2014中国·西安丝绸之路国际旅游博览会上进行了商洛旅游招商项目专项推介；9月下旬配合市招商局在京津冀地区进行了叩门招商，签约旅游项目共30个，投资总额达134.3亿元，其中合同项目22个，签约金额86.6亿元，协议项目8个，签约金额47.7亿元。

五、旅游项目建设硕果累累

2014年全市新建、续建的15个重点旅游项目（商州大溪谷生态颐养园、洛南老君山景区、洛河漂流、商南金丝峡旅游产业园区、闯王寨东寨沟养生休闲度假园、丹凤桃花谷、棣花文化旅游区、山阳天竺山、天蓬山寨景区，镇安塔云山二期、柞水牛背梁、秦楚古道二期、柞水溶洞、东甘沟乡村游、乾佑河漂流等），累计完成投资10.82亿元。其中桃花谷于3月，棣花文化旅游区、天蓬山寨景区于9月建成开放，牛背梁索道及大鲵湾酒店、金丝峡游客中心及污水处理厂、天竺山大顶道教文化等项目主体工程基本完成，凤凰古镇保护开发项目有序推进，金丝峡旅游产业园区、营盘旅游产业园区正在提升内涵、完善环境。

六、美丽乡村创建有序推进

将“秦岭美丽乡村”建设与新型城镇化、移民搬迁等项目整合，因地制宜、错位发展，加大投入，着力培育一批特色鲜明的旅游村，带动乡村旅游产业发展。2013年严格按照“秦岭美丽乡村”的评定办法和标准，市政府选定了16个村为全市首批“秦岭美丽乡村”，并每村以奖代补奖励20万元。2014年对新申报的33个创建村逐一进行了验收。通过开展“秦岭美丽乡村”创建，所有创建村生态环境持续向好、基础设施逐步完善、特色产业逐渐形成、旅游配套更加健全、旅游管理更趋规范、村容村貌明显改善、发展环境空前优化、综合效益大幅提升，对全市乡村旅游产业持续健康发展和产业转型升级起到强有力的引领和示范带动作用，实现了以旅促农、以旅惠农的目的。

七、旅游商品开发成效显著

大力推进旅游商品、特色美食开发。依托商洛特色优质农产品和厚重的历史文化，从加工和包装着力，开发符合游客消费心理、独具商洛特色的旅游商品和纪念品，重点加强与景区的合作，发挥规模效应，形成品牌优势，带动商洛农产品的销售。全年新设计推出平娃纪念品、商南绒绣、山阳藤编等 3 个系列 10 多种旅游商品。

八、红色旅游不断壮大

加强红色遗址、遗迹等红色旅游资源和红色旅游景区的保护开发，对鄂豫陕第一个红色地方政权——北宽坪镇商洛县人发政府、原商洛工委书记王柏栋故居、红二十五军庾家河战斗纪念亭、中原突围部队南丈沟战斗遗址、豫鄂陕边区委员会成立旧址、陕南游击指挥部司令巩德芳“满门忠烈”烈士墓园、丹凤县革命烈士陵园、商南前坡岭战斗遗址、中共中央中原局会议旧址、刘家花屋旧址、山阳鄂陕边区苏维埃政府旧址、镇安县文家庙烈士陵园公墓进行了修复。完成了鄂豫陕革命纪念馆的选址、勘界、地形图测绘等基础工作，目前与徐海东之女徐海蓉等先烈后代联系落实引资建设事宜。强化对红色旅游景区的招商建设，重点策划包装了丹凤县红二十五军纪念馆、商南县赵川、山阳县袁家沟等项目，总投资 2.4 亿元。

九、旅游品牌高位提升

坚持以“秦岭最美是商洛 生态宜居到商洛”为主题持续开展系列宣传促销活动，不断提高商洛旅游知名度和市场占有率。全年投入 350 万元宣传促销资金，成功举办了“一节一赛”（2014 中国秦岭生态旅游节和 2014 中国环秦岭公路自行车邀请赛）等节庆赛事活动，开展了“商洛人免费游商洛”和“商洛五大精品景区优惠游”惠民活动，发挥了节庆赛事事半功倍的放大效应，赢得了社会各界广泛赞誉；在陕西卫视，《陕西日报》《华商报》，《西北旅游》杂志，以及携程、人民网等载体上全方位宣传推介了商洛旅游，“秦岭最美是商洛”荣获“影响世界的中国文化旅游口号”称号。

2014 年杨凌示范区旅游产业发展报告

杨凌示范区旅游局

2014 年，在省旅游局的大力支持和指导下，我区旅游工作取得了良好的成绩。全年共计接待国内外游客人数 389.3 万人次，旅游综合收入 8.6 亿元。近年来游客接待和旅游收入均保持 20% 以上的增长速度。

一、发展旅游业过程中突出的亮点工作

（一）策划组织杨凌现代农业休闲游系列活动

2014 年杨凌现代农业休闲游活动共举办四季，季季亮点不断，季季魅力无穷。农业观光、绿色蔬菜采摘、蝴蝶文化季蝴蝶文化夏令营、百校万人研学旅游、“都市菜园”西安百家社区游杨凌等活动，约 117.5 万游客纷至沓来，畅享田园风光，体验自然风情，感受采摘快乐。

（二）加快建设“三河两渠”水景观

其中漳河景观带 13.6 千米的滨河道路和 14.9 千米人行步道工程全面竣工，卧龙寺、上湾休闲广场及帅家水保生态示范园 3 处沿河景观已建成，小灵山景观点也已基本建成。渭河景观带河堤自行车赛道已全面贯通，景观蓄水区、北侧生态公园、南侧生态农业园三部分水面景观也在按照计划积极建设。

（三）策划启动了杨凌自助游客中心智慧通项目，正在加紧组织实施

开通了杨凌旅游微信公众平台和微官网，杨凌旅游进入了旅游微时代，内容涵盖杨凌区域内吃、住、行、游、购、娱等基本情况介绍，以及在线预订等服务（导航、导游、导览、导购）。栏目设置包括游遍杨凌、旅游景区、精彩线路、交通指南、星级酒店、餐饮美食、旅游商品、旅行社、会展节庆、出游服务等。

（四）启动古邰国遗址公园和杨凌中国农业历史博物馆项目

启动了古邰国遗址公园和杨凌中国农业历史博物馆建设项目前期工作。成立了工作机构，召开了专题工作会议，委托专业机构编制完成了古邰国遗址公园（含杨凌中

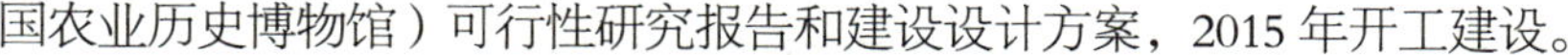

国农业历史博物馆）可行性研究报告和建设设计方案，2015 年开工建设。

（五）农业生态旅游精品旅游线路基本形成

持续扶持培育一批涉农企业发展农业旅游观光，延长游客在杨凌的旅游停留时间。杨凌示范区现已打造成熟以休闲、健身、观光、品玩、采摘体验等为主线的一日游生态旅游精品线路：博览园—现代农业创新园—采摘体验；博览园—健身休闲—采摘体验；现代农业创新园—采摘体验—露营。此外，还有二日游精品生态旅游线路：第一日参观博览园—现代农业创新园—采摘体验—晚宿杨凌（集装箱生态酒店或露营），第二日参观法门寺（或太白山）—乾陵。

二、今年开展的主要工作

（一）大力推进旅游景区建设

按照《杨凌现代农业示范园区创新园创建国家 4A 级旅游景区工作方案》，组织完成了杨凌现代农业示范园区创新园国家 4A 级旅游景区创建。目前，景区已经通过省旅游景区质量等级评定委员会的验收、公告。指导杨凌农林博览园率先在全省完成景区标准化建设。

（二）深入开展旅游宣传促销活动

第一，邀请大关天环线旅游联盟 50 余家旅行社总经理来杨凌踩线，将杨凌景区（农林博览园、现代农业创新园）纳入大关天环线旅游西线精品线路。各旅行社和农林博览园景区、农业创新园景区达成资源共享、互惠双赢、共谋发展的合作意向，部分旅行社与景区现场签约。

第二，“5.19”中国旅游日，策划举办了“国际博物馆日・中国旅游日・全国助残日暨博览园第二届蝴蝶文化季启动仪式”活动。

第三，牵头组织现代农业休闲游第二季活动，配合做好其他三季活动的相关工作。第二季活动累计接待游客 34.65 万人次。

第四，组织区内旅游企业参加了 2014 中国西安丝绸之路国际旅游博览会。会期举办了杨凌旅游专场推介会，杨凌展团获得“最佳人气奖”，展出的丝绸之路蛋雕作品受到国家旅游局及省上领导的一致好评。

第五，9 月 29–30 日，策划举办了“第一届李华嘉年华新酒节”，活动内容包括新酒品鉴、参观李华葡萄酒庄、桥牌友谊赛等活动。

第六，邀请“新陕西旅游宣传片”拍摄组来杨凌拍摄旅游宣传片，加大媒体宣传力度。

第七，联合宣传部等部门，开展 360“美丽陕西”摄影大赛活动。

第八，组织企业参加陕西省乡村旅游展专题活动，获得最佳组织奖和最佳交易奖。

第九，积极开展研学旅行，西安百校万人游杨凌初步见到成效。

第十，岁末年初，邀请了来自全国 31 个省、市、自治区的约 130 家旅行社，组织召开了杨凌示范区旅游推介会。对示范区旅游的新亮点、新变化、新规划、新政策做了详尽而全面的阐述。

（三）进一步加强旅游行业监管

第一，组织举办农高会定点接待单位服务技能大赛，共有 5 个代表队 30 名选手参赛，全区 100 余名行业代表观摩了大赛。

第二，努力提高我区导游人员综合素质能力。组织全区 77 名考生，参加了全省导游员培训考试，完成了全区导游员从业资质年检。

第三，全面加强安全生产工作。2 家 4A 景区均成功创建陕西省平安景区。全年累计开展安全生产检查 6 次，对检查中发现的问题及时责令整改，保障了旅游单位和游客安全。

第四，开展星级酒店复核工作。对区内 6 家星级酒店按照标准进行了复核，对存在问题的酒店下发了整改通知书，限期整改，督促完成整改任务。

2014 年韩城市旅游产业发展报告

韩城市景区管理委员会

2014 年以来，我们以“站在新起点，建设新韩城”的新要求为统领，着眼打造国家级文化旅游目的地的总体目标，按照“三年打基础、五年大繁荣”的发展思路，大力加快项目建设，全面丰富景区内涵，持续加强旅游营销，全市旅游业呈现出景区建设迈大步，经营管理新提升，旅游市场快突破，经济效益高增长的可喜局面。

一、景区基础设施建设又迈新步伐

牢牢抓住项目工作不动摇，聚力推动梁带村、党家村和司马迁祠三大核心文化景区建设跃上新台阶，多元推动一批乡村旅游项目迈出新步伐。年度累计投资 4 个多亿，重点实施了 23 项工程项目，形成了景区建设与乡村旅游开发齐头并进，同步发展的大旅游新格局。一是投资 1.2 亿元，建成了梁带村遗址博物馆和游客服务中心主体。二是依托党家村景区的资源优势，按照国家 5A 级景区的建设标准，投资 1.1 亿元，重点围绕设施配套、环境整治和内涵提升，实施了 4 项工程：投资 6700 万元，完成了党家村旅游路道路铺设及附属设施，“十一”正式通车，景观绿化全面启动；投资 2600 万元，实施了景区巷道铺设、管网改造、东西护坡拓宽加固及景观绿化；投资 1200 万元，实施了党家村民居三期维修工程，累计完成了 18 个院落的修复提升，而未维修的 82 多座院落，已成功列入文化部等四部委首批 50 个重点传统古村落保护利用试验项目之一，总体方案通过评审，项目预算 2.1 亿，单体设计编制完成，为 2015 年的全面实施做好了充分准备；启动了景区生态停车场、游客服务中心建设，140 亩土地征用、清表等项目前期工作全面完成。三是投资 1150 万元，实施了司马迁祠保护设施建设，加固护坡 6500 平方米，完成核心区域绿化 3000 平方米。四是融合黄河矿业等四家强势民营企业资本，先期投资近 2 个多亿，大力开发建设坤元庙休闲度假村、金银湾生态乐园、猴山自然生态体验区、薛峰生态滑雪场等一批乡村旅游项目，有效地丰富了我市旅游产品体系，为韩城旅游的多元发展、转型升级奠定了坚实基础。

二、激活展示景区文化呈现新常态

文化是旅游的灵魂，文化游几乎是我市旅游的全部，如何让收藏在庙宇里的文物、陈列在广阔大地上的遗迹，流传在民间的遗产，书写在古籍里的文字都活起来，实现“传承文明、以文育人”的价值，挖掘和展示景区的文化，理所当然成为我们一项永远在路上而始终没有休止符的重要工作。按照这一思路，2014 年我们主要做了以下两方面工作。一是挖掘儒家文化，首次在文庙举办了“国学大讲堂”“问道文庙”等特色文化活动，引起了青少年学子和游客广泛关注；挖掘大禹文化，成功举办了祭祀大禹活动；挖掘道教文化，复原新设了三清殿塑像等等。二是坚持大力推进民俗文化活动进景区工程，年初委托专业公司对各景区全年文化活动的开展进行了专业策划，在“春节”“十一”等黄金周期间，司马迁祠的“行鼓”，党家村的“婚俗体验”，博物馆的“五子登科”等民俗演出，吸引游客眼球，日渐成为景区新看点和旅游文化新卖点，仅“十一”期间，全市接待游客 43.21 万人次，旅游综合收入 6048 万元，同比分别增长 52% 和 65.5%，各项指标均创历史新高。

三、旅游宣传营销开启新局面

就旅游工作而言，景区本身就是产品，有产品势必就要有营销，否则，必然人气不佳，没有品牌，没有价值。基于这样的认识和理念，2013 年 9 月我们组建景区营销中心，在西安临设了办事处，很大意义上填补了韩城旅游开发市场专门队伍缺失的历史空白，而且从一年来的实际效果来看，我们在省会西安主客源市场的覆盖面大幅增加，整体形象明显突出，影响力显著增强；在 300 千米范围的周边市场初步建立了自己的市场体系，形成了包括自驾游组织、旅行社等在内的 50 多家旅游联盟，发出自己的声音，给人留下了较为深刻的印象。同时我们建立了自己的景区网站，与新浪、凤凰等主流知名网站链接数据，实现了信息资源共享，开通了网上售票系统；搭建了韩城旅游微博、微信平台，微博粉丝点击量全年突破 6 万人次，微信关注率全年达 10 万人次。通过这些新锐媒体平台的宣传，大大提高了韩城旅游在全国市场的知晓率和知名度。

四、旅游效益提升实现历史性的新突破

一是景区“三产”一直是制约景区繁荣主要因素，是我们工作的软肋，也是我们改变景区门票经济模式的唯一突破口。2014 年我们下大力气率先在三大景区强化三产

经营，党家村景区“党家小院”投入运营，司马迁祠新增商品木屋，三庙景区常设风味小吃等都让人看到了新的气息，效果很是不错，仅景区三产收入就达 125.86 万元，占直接收入的 14%，同比增长 38%，与三年前的三产收入不足 5% 相比，可谓是发生了质的变化。二是全年景区门票收入达 900 多万元，较去年同期净增 156%，与三年前的景区门票的不足 400 万元相比，的确是实现了历史性的突破。

专题报告·研究篇

打造陕西旅游升级版

陕西省旅游局局长 杨忠武

旅游业是陕西最具优势和最具特色的产业。省委、省政府对旅游工作高度重视，在政策方面、资金方面都给予了大力支持，使旅游业成为陕西最具活力的支柱产业。在建设“富裕陕西”“和谐陕西”“美丽陕西”的进程中，旅游业要率先突破，提质增效，以打造陕西旅游升级版助推陕西经济升级版。

一、紧紧围绕建设旅游强省这个目标

打造陕西旅游升级版，要以建设旅游强省为根本目标。一是贡献能力更强。要发挥旅游业在稳增长、扩内需、调结构、惠民生等方面的带动作用，不断为建设“富裕陕西”“和谐陕西”“美丽陕西”做出更大的贡献。把陕西打造成国内一流、世界著名的旅游目的地，推动旅游业提质增效，使游客在陕西多停留、消费一天，到陕西再多来一次，陕西旅游综合收入进入全国第一方阵。二是让旅游业内生发展能力更强。要转变旅游发展方式，引导群众树立正确的旅游观，引导企业树立可持续的发展观，引导旅游行业干部树立正确的政绩观，加快旅游业从规模增长型发展模式向质量效益型发展模式转变。

二、全面实施“2336”工作思路

打造陕西旅游升级版必须坚定不移地实施“2336”工作思路，突出创新和服务两个重点，实施培育大秦岭人文生态旅游度假圈、构建以西安为起点的丝绸之路风情体验旅游走廊、打造高A级景区“三大战略”，强化人才、科技、政策“三个支撑”，坚持规划引领、项目开发、标准建设、宣传促销、市场监管、旅游惠民“六个抓手”。按照这个思路，使旅游业发展实现“四个转变”。一是变单级突破为融

合发展，走出一条旅游业与各行各业合作共赢的路子；二是变初级消费为综合消费，推动吃住行游购娱六要素全面发力，走出一条做大做强旅游经济的路子；三是变传统促销为精准促销，健全多元化的营销方式、建立专业化的营销渠道，走出一条花钱少、效果好的路子；四是变行业管理为社会共管，走出一条投资多元化、经营市场化和管理社会化的路子。

三、着力构建大旅游发展格局

第一，进一步加强政府主导作用，促进全省旅游业发展。十八届三中全会强调政府职责和作用的一个重要方面，就是要健全宏观调控体系，加强和优化公共服务。2013 年 10 月 1 日国家正式施行的《旅游法》，赋予了政府依法兴旅的职责。政府主导的重点有以下几个发面。一要抓规划引领。规划是政府的第一资源，也是政府的第一责任。规划的功能应该是明确开发建设的理念、定位、思路、重点和模式，把空间和主动权留给市场主体。根据规划再制定具体的实施方案，让市场主体按照我们要求的方向来策划实施项目。二要抓公共服务。首先，建设好旅游功能区。各市区要完善重大旅游产业项目周边的市政道路、无障碍设施、给排水、垃圾处理和绿地系统等市政基础设施。当前要抓紧完善自驾游公共服务设施，为自驾游游客在生活、车辆、安全保障、休闲娱乐等方面提供服务。其次，构建完整的旅游交通体系。要加快推进高速公路与景区连接线建设，提高游客进入景区的便捷性。大力推进城市公交网络向郊区（县）旅游景点、乡村旅游点延伸。加快规划建设省内通用机场，加快西安低空开放示范区建设；增加西安通往欧美的国际直航线路，争取对国外主要客源国游客实行短期免签政策。再次，大力发展智慧旅游。加快建立全省统一的旅游信息公共服务和在线旅游服务平台，推进旅游在线服务、网络营销、网上预订、网上支付等智慧旅游服务。三要抓项目建设。旅游项目建设要突出解决两个问题：一个是结构性，丰富休闲度假产品，增加产品的参与性、体验性；一个是同质化，统筹资源开发，错位发展，同一区域内避免建设功能相近的项目。四要抓形象营销。完善省、市、区（县）的“三位一体”旅游宣传推广体系。省上主要负责陕西旅游整体形象推广，通过举办旅游推介会、策划文化旅游活动等方式，提升陕西旅游的美誉度和知名度，市区县主要负责目的地形象推广，企业主要负责产品和服务信息的宣传推广。

第二，进一步发挥陕西资源优势，打造有竞争力的旅游品牌。陕西历史文化资源厚重，我们要摆脱人文旅游的路径依赖，不能老盯着传统的观光旅游资源，必须加快由观光旅游模式向观光与休闲、度假并重模式转变。抓好三个着力点：一要把

人文旅游做到极致。做大做强陕西旅游业，始终不能割断历史人文这个根脉，周、秦、汉、唐历史文化和老祖宗留下来的宝贝，始终是陕西旅游的核心价值、金字招牌。要研究探索一种有效的模式、路径，搞好历史文化的活化、深度开发，做精做深人文旅游产品。要注意从“地下走出来”，加大红色文化、宗教文化、民俗文化、现代文化的开发力度，把陕西打造成为彰显华夏文明的历史文化高地。二要把休闲度假产品做出特色。要依托陕南、关中、陕北丰富的自然生态资源，不断推出具有地方特色、资源特色、文化特色的旅游休闲产品，大力开发森林旅游、乡村旅游、养生健身旅游、温泉旅游、航空旅游、特种旅游等项目，把陕西打造成国际知名休闲度假胜地。争取把培育大秦岭人文生态旅游度假圈上升为国家旅游发展战略，成立省级统筹协调机构，定期研究解决重大问题；发挥秦岭沿线六市的主体作用，按照《大秦岭旅游发展总体规划》确定的产品体系、功能定位，抓好产品开发和基础设施建设，争取“十二五”末基本形成核心支撑板块。三要着力打造高 A 级景区。实施高 A 级景区创建倍增计划，近五年内力争 5A 级景区突破 10 个、4A 级景区突破 100 个。根据资源品质、现有基础条件、地方积极性等因素，建立创建 5A 级、4A 级景区梯队，从规划、项目、促销等方面予以支持。

第三，进一步发挥旅游业在稳增长、调结构、惠民生中的引擎作用，把旅游业培育成全省战略性支柱产业和人民群众更加满意的现代服务业。一要推进融合发展。旅游与各行业融合发展是旅游业发展的一条重要经验和规律。各部门、各行业要通力协作，推进行业资源、基础设施建设向旅游功能转化，构建综合的旅游产业集群。要站在全省经济社会发展的全局来统筹推进旅游业与相关产业的融合发展。文化、科技、文物、体育、林业、农业、水利、工业、商务、金融等行业都应该有“经营资源”的理念，研究寻找与旅游业的结合点，对接发展规划、发展政策，积极开展合作、共同开发项目，实现互利共赢。二要延长产业链。旅游六要素，每个都是一个行业，要注重各要素的协调发展。抓好三个短板：在住方面，要调整饭店业结构，注重发展符合大众化旅游需求的经济型饭店；在购方面，抓好旅游商品的创意设计、产业化生产，体现陕西文化元素和特色；在娱方面，推出一批艺术水准高、市场潜力大的旅游演艺节目，扶持一批参与性强、传统气息浓的文化旅游活动。三要壮大市场主体。继续做大做强陕旅集团、陕文投集团等旅游企业，发挥好其龙头作用。制定政策措施，鼓励有实力的大企业、大集团和外资、民营资本投资旅游业，扶持一批中小旅游企业，形成骨干企业主导、中小企业配套的旅游企业架构，增强旅游企业的市场竞争力。四要推进三大旅游板块协调发展。我省关中、陕北、陕南以及全省各市区旅游资源禀赋不同，各自特色不同，发展阶段和水平不同。我们在规划指导、项目建设和宣传促销等方面统筹考虑，支持三大板块和各市区共同发展，争

取在全省形成若干个新的增长极。

第四，是进一步推进新型城镇化建设，把三秦大地变成一个大景区。要在推进城镇化的进程中，融入旅游的功能要素，统筹推进城乡基础设施、公共服务、生态环境建设，打造“全景陕西”。一是把城市打造成旅游的平台。要用旅游的理念来提升城市的整体发展水平，更好地经营城市。不仅西安市要建国际一流旅游目的地城市，其他城市也都应该朝着旅游城市方向发展。要更新理念，以城聚旅、以旅兴城，建好“五个城市”：一是生活的城市，要做到空气环境优良、社会治安良好；二是工作的城市，要做到产业繁荣；三是享受的城市，要做到当地居民与游客共享良好的公共服务；四是快捷的城市，要做到交通便利、通讯发达；五是创意的城市，要做到城市建设精致化与人性化。二要探索旅游型城镇化模式。当前我省正在加快建设 35 个省级重点示范镇和 31 个省级文化旅游名镇。对 31 个省级文化旅游名镇，一定要建设得古色古香，把生态环境搞好，打造成知名的旅游产品。35 个重点示范镇要按照现代化水平来建设，在方便当地居民生产生活的同时，不能忽视游客服务设施的建设，这样就会放大功能，这些重点示范镇也就变成了旅游产品。三要做美乡村环境。把新农村建设、扶贫、农业、林业、水利、文化、体育等方面的项目、资金整合起来，搞好基础设施和生态环境、卫生环境建设，让游客在农村惬意地享受“洗肺”“洗胃”“洗心”之旅。乡村旅游是发展经济的一个很好节点和资源，要按照“原生态的农村环境、农村味道、城市一样的设施、星级宾馆的服务、无公害绿色农产品”的“五有”要求，推进实施品质提升工程。

第五，是进一步发挥旅游惠民、富民的功能，让广大群众共享旅游发展成果。一要让普通群众享受到旅游的快乐。陕西省政府《关于贯彻落实国民旅游休闲纲要(2013—2020 年) 的实施意见，对旅游惠民做出了政策和制度安排。将把旅游景点作为公共产品和社会福利，使景区票价优惠由节假日向日常时间、由一般景点向高 A 级景区拓展，实现景区便民、惠民的常态化。探索研究“陕西人游陕西”的优惠政策，把增加群众旅游机会作为改善民生的重要内容。二要让当地群众通过发展旅游实现就业增收。实施乡村旅游富民工程，推出一批乡村旅游示范县、示范村、示范户；加强全省贫困地区旅游资源调查，积极做好乡村旅游扶贫工作，对贫困乡村旅游发展给予重点支持。探索建立让当地群众分享旅游经营收益机制，做到开发一个景点，繁荣一方经济，造福一方百姓。

韩城建设区域旅游目的地的思考

陕西省旅游局局长 杨忠武

打造区域旅游目的地是近年来各地快速提升旅游品牌影响力，加快推进旅游业发展、做大做强区域经济的重要举措和成功实践。陕西省韩城市位于关中平原东北部，承接中心城市辐射能力较弱，但作为历史悠久的国家历史文化名城，司马迁祠、党家村等人文历史景观在全国特色文化旅游格局中占有重要位置。当前，韩城应充分把握旅游业转型升级新常态的科学内涵、趋势变化和重要特征，统筹审视人文自然资源禀赋，创新发展理念、思路和方式，加快把韩城打造成全国知名的区域旅游目的地。

一、对韩城的认识

一是一座文化的高地。韩城孕育了伟大的史学家、文学家司马迁，1957 年他被联合国教科文组织誉为“世界历史之父”。他的不朽之作《史记》是中华民族的家谱，为我们了解中华上下五千年历史提供了钥匙。二是一条充溢着中华血脉的河流。中华民族的母亲河——黄河最窄和最宽的壮美河段都在韩城境内，“鲤鱼跃龙门”家喻户晓，寄予着人们奋发向上的精神力量。三是一段民族大融合的历史。韩城是农耕文化和游牧文化融合的典范，历经金元 200 多年的统治，遗存的元代建筑占陕西省的 80%、全国的 1/6。四是一批永远接地气的民俗文化。韩城古城作为秦晋文化交融汇聚的中心，全城现有明清风格四合院 300 余处，沿街老式店铺 160 多家，七十二街，巷巷都有文化。党家村村寨合一，集元、明、清三代建筑精华，是世界了解东方传统民居的活化石。五是让人回味的美食。韩城美食众多，融关中陕北风之长，羊肉糊卜、羊肉馄饨、大刀面等小吃别具风味。

二、对韩城旅游的估价

一是旅游发展有了较好基础。高起点地制定了一批旅游规划，大力推进城市旅游基础设施和旅游公共服务设施建设，一批项目已建成投用，司马迁祠、古城三庙一举创建为国家 4A 级景区，打响了“史记韩城 · 风追司马”文化旅游品牌。二是旅游业发展面临良好机遇。从宏观层面上讲，国家大势将助推韩城旅游业快速发展，每当国家宏观经济面临下行压力时，都会把旅游业放到更加重要的位置。国务院 31 号文件就支持历史文化名城建设，制定了许多切实有力的政策措施。陕西省 2012 年 5 月就将韩城列为省内计划单列市试点城市，省委要求“韩城要放眼世界审视韩城、面向全国定位韩城、立足陕西建设韩城”。其中前两个主要都是文化旅游方面工作要求，为韩城旅游业发展指明了方向，带来了新的历史机遇。三是强势推进旅游发展已在全市上下形成共识。韩城市委、市政府坚持把旅游产业作为推进城市转型升级的战略性支柱产业来抓，在人力、物力、财力方面予以重点支持，为旅游业发展提供了有力保障。

三、对韩城打造区域旅游目的地的建议

第一，要用旅游的理念打造城市。在游客眼里，一个地方就是一个整体性的旅游产品。每个城市都应该朝着旅游城市方向发展，以城聚旅、以旅兴城，要把旅游发展全方位地融入整个城市发展，把整个城市作为最大的景区、最好的旅游产品、最佳的旅游目的地来建设和经营。要抓好三件事。一是加强旅游环境治理，做美城市。要采取有效措施治理空气污染，对整个城市环境进行绿化和美化，让韩城的天更蓝，地更绿，让人走进韩城就像走进景区。二是完善旅游配套设施。过去我们对休闲旅游都不太重视，城市中缺乏对旅游功能区的规划，现在要在这方面补课。要加强旅游规划与城市建设规划的衔接，在编制城市规划时应将旅游要素建设纳入其中，以提升城市旅游服务功能，防止出现“城市病”。三是提升公共服务设施。做好旅游标识标牌、接待中心、公共厕所等设施，并努力与国际接轨。

第二，打造高 A 级景区。目前，旅游产品开发已由粗放式、铺摊子进入提质增效发展阶段。从市场和旅游发展实践来看，只有高 A 级景区才有竞争力，才能赢得持久的人气和效益，也才有可持续发展能力。韩城在打造高 A 级景区过程中，一方面要依托历史人文资源优势，把人文旅游产品做到极致。历史人文是韩城的最大特色，以司马迁祠和古城为代表的丰厚人文资源，是韩城旅游的核心价值、金字招牌。从整体上看，目前韩城历史人文资源开发还不够，要研究探索一种有效的模式、路径，搞好历史文化的活化、深度开发，做精做深人文旅游产品。另一方面要挖掘黄河等自然资源，大力发展休闲、度假旅游产品。包括黄河秦晋大峡谷、黄河湿地、禹凿龙门、黄河最窄处石门等，应重视依托这些自然生态和地质资源，精心策划推出具

有韩城黄河特色、资源特色、文化特色的文化休闲产品，把韩城打造成以黄河为主题的国内知名休闲度假胜地。

第三，着力打造品牌。现代社会，品牌的重要性越来越显现出来，好的旅游品牌对旅游的促进和提升非常重要。要注意把握几个理念：一是要以特色为根。特色是旅游的竞争力，是旅游的生命力。没有特色是旅游业发展的大忌。旅游产品开发，要跳出韩城看韩城，立足全国，放眼世界，找出甚至是创造出韩城本地的特点，有机组合起来，形成韩城特色。要树立经典意识，争取使我们开发建设的一些旅游产品成为后世的遗产。二是要以文化为魂。搞旅游光有好景不行，还要“挖文化”“有故事”。这样，才能真正吸引人，才能上层次，让游客既养眼又养心，进而使景区保持旺盛的生命力。韩城要高举司马迁和《史记》这面大旗，要叫响“跟着司马游韩城”，走进韩城，把中国的故事讲给世界听。三是要以市场需求为导向。要注重引入趣味性、知识性、时尚性、互动性等新鲜元素，把潜在旅游资源转化为旅游产品，做到雅俗共赏，让现有旅游产品价值倍增。同时要注重搞好品牌营销。一要实施政府主导、企业联手、媒体跟进的“三位一体”营销策略。政府主要负责“形象营销”，通过投放品牌公益广告、举办旅游推介会、策划文化旅游活动等方式，提升韩城旅游的美誉度和知名度；媒体负责“内容营销”，加强旅游线路推广、旅游特色宣传，让大众熟知韩城有什么、玩什么，做韩城旅游形象的宣传者、传播者；企业负责“服务营销”，把产品做好，解决好如何来、怎样游、住哪里等问题。二要丰富营销手段。适应全媒体时代发展形势，充分利用微博、微信、微电影、数字旅游、影视植入等新技术、新媒体，形成多渠道、高密度的叠加效应，实现营销网络的全覆盖。特别要注重吸引年轻人，让下一代爱上韩城。

第四，壮大市场主体。要进一步解放思想，不断创新体制机制，引进新的发展理念、新的管理模式和急需的各类旅游人才。应制定政策措施，吸引有实力的大企业、大集团和外资、民营资本投资旅游业，扶持一批中小旅游企业，形成骨干企业主导、中小企业配套的旅游企业架构，增强旅游业发展的内生动力。

第五，加强区域合作。一是密切与渭南市的旅游合作。韩城在行政区划上原属于渭南市，现虽已计划单列，但与渭南市的合作优势依然明显。要发挥好这一行政资源优势，借助其境内华山等景区的知名度和影响力，加快建立信息互通、客源互送、利益共享合作机制，打造华山—韩城旅游精品线路。二是加强与黄河金三角的旅游合作。韩城应主动加强与黄河金三角机构以及成员城市的合作，尽快融入金三角发展体系，联合打造独具特色的旅游产品，推出一批旅游线路，实现韩城旅游快速发展。

第六，深化旅游业改革创新。党的十八届三中全会做出全面深化改革的战略部署，国务院 31 号文件就旅游业改革发展提出明确要求。建议韩城在总结经验的基础上，充分发挥市场在资源配置中的决定性作用，进一步提高市场开放度，促进旅游要素的市场化。应积极探索与旅游业综合性产业特征相适应的管理体制，形成“综合产业综合抓”的发展格局。作为资源型城市，也应创新探索旅游业在促进资源型城市转型中的引领带动作用，为全国资源型城市转型升级创造出可复制可推广的成功经验。

《中国旅游报》（2014 年 12 月 24 日 第 11 版）

彰显陕西旅游的软实力

陕西省旅游局党组成员、纪检组长　郝占延

让文化吸引游客的眼球，让服务感动游客的情怀，让小吃留住游客的脚步，这既是陕西旅游的软实力，也是提升陕西旅游知名度和美誉度的金字招牌。

一、唱好“文化戏”

陕西历史文化悠久，科教文化灿烂。有人说，北京是中国的政治中心，上海是中国的经济中心，西安是中国的文化中心。因此，陕西旅游的核心竞争力就是要做大做强文化这篇大文章。一是擦亮陕西中国文化这张名片。陕西是中国历史文化资源的首善之地，被誉为“中国天然人文历史博物馆”。有华夏的根脉——从半坡到周、秦、汉、唐的历史文明，有中国的符号——兵马俑、丝绸之路起点，有“中国梦”的精神家园——延安，有世界级山水——秦岭、黄河，堪称佛教圣地——唐长安、法门寺。历史的悠久及文化发展的完整性和文化的至高性是无与伦比的。我们要用科学的旅游发展观，挖掘保护好、开发利用好、传承弘扬好陕西这部永远鲜活流动的历史文化和现代文明的画卷，真正把具有独特天然优势的中国历史这张底片、中国文化这张名片擦亮叫响。二是打造丝绸之路旅游文化高地。丝绸之路是中西文化、经贸交流的重要通道，保存了大量珍贵的历史文化遗存，是旅游黄金线路。“丝绸之路旅游带”将作为一个优质品牌，吸引来自东西方的游客。向东方国家游客提供自然文化旅游产品和民俗文化旅游产品，向西方国家游客提供以历史文化旅游产品、宗教文化旅游产品、艺术文化旅游产品为主的产品。陕西要积极推进文化旅游西进战略，把文化旅游交流作为带动沿路国家合作的桥梁和纽带，共同开发连接古城、烽燧等古丝路文化遗产资源，打造西安丝绸之路文化城、加快建设丝绸之路博览园、欧亚文化博物馆群等项目，形成集遗址公园建设、历史文化观瞻、旅游文化精品创制、休闲度假功能于一体的全景式的历史文化生态链和体验走廊。三是做强创新旅游业发展的文化产品。要让旅游产业成为支柱产业，关键是要把特色人文资源优势转变为旅游文化产品。近年来，陕西加快建设文化园区，成功地开发了全国有名的西安曲江、浐灞、西咸新区秦文化主题公园、法门寺佛文化景区等特色文化产业园区。利用现代技术推进景区、景点虚拟情景再现工程，让历史文化复活；创新《长恨歌》《仿唐乐舞》《延安保卫战》等经典剧目的演出模式。把历史与真山真水搬上舞台，拉近与观众的距离，形成新的市场营销模式。

二、打好“服务牌”

旅游业的竞争，很大程度上是旅游服务质量的竞争。一是服务设施要现代化。按照标准化的要求，围绕“食住行游娱购”六要素，加快改善旅游交通、住宿、餐饮、卫生、通讯等方面的条件，推进旅游线路、旅游目的地和旅游景区游客服务中心、游客休息站等公共服务设施和配套设施建设，使旅游者“食有特色、住有选择、行之方便、游之尽兴、娱之快乐、购之丰富”。二是服务手段要信息化。要适应旅游业发展的新形势，加快建立信息化网络服务体系，大力发展旅游电子政务、电子商务，提供机（车）票、酒店、旅行社、旅游产品等网上查询、预售和结算服务。规划建设一批“智慧旅游景区”和“智慧旅游旅行社、饭店”。推广数字化管理，以科技化、信息化、个性化服务提升旅游产业的现代化。三是服务品质要人性化。旅游是一种独特的体验，也是游客对某地的美好记忆。无论是体验还是记忆，其中都有情感和感受，讲求的是一种心情、心境，彻底的放松和发自内心的愉悦。为此，在加强硬件建设的同时，更要把软件服务的提升看做打造旅游发展升级版的重头戏，把“以人为本，游客至上”的核心价值观贯彻到旅游业发展的每一个方面、每一个环节，使每一位从业人员树立“服务至上”的理念。

三、设好“小吃宴”

十三朝古都的西安被诸多美食家考证为中国饮食文化的发源地，素有“美食之都”之称。我们要利用这一独特资源，让游客在视觉上读懂华夏文明，在味觉上感受美味佳肴。一是打出品牌。品牌是饮食企业产品质量的保证。福建沙县小吃，全国有 6 万多家店，仅西安就百家分店。然而，陕西许多响当当的饮食却一直未能以较好的形象走出陕西。提起凉皮、肉夹馍、羊肉泡馍……知者甚多，且全国各地也能见到，但由于它们依赖本土水质、区域性强、加工工序零散，口味各不相同，没有统一标准，大多都以地摊形式出现，甚至有的以次充好、以假乱真，使特色小吃大为失色。因此，只有做大做强陕西特色小吃品牌，才能让游客在慕名中凭“牌子”而心甘情愿掏腰包。二是体现特色。经周、秦、汉、唐几千年文化风韵熏陶，又受黄河、长江两大流域物产的恩泽和三秦人民淳厚民风的影响，陕西饮食可谓集天地之灵气，采日月之精华，博采众长，兼收各民族佳肴，逐渐形成了与四大菜系迥然有别的特色和风格。但这优长正在褪色，地方特色小吃大多味道大众化、不地道。这就要求我们要在传承中创新，在类别上要创立“三秦系列菜”，让顾客能身在西安吃上陕北陕南的特色风味；在制作上要保留传统工艺，像沙县小吃混沌那样，制作肉馅，一团瘦肉用木槌打上万次，人们吃了忘不了。人们称赞渭南的时辰包子是“面细皮白僧帽状，油渗包底泛金黄。香飘惹得行人馋，油而不腻味道长”。其久负盛名的主要原因是用料讲究、工艺独特。三是吃出文化。任何一个人，他可以说自己吃遍了世界，但是他绝对不敢说自己吃遍了中国，甚至他都不敢说自己吃遍了陕西。因为，陕西的美味佳肴和小吃都有独特的典故，蕴藏着厚重的文化底蕴。比如，牛羊肉泡馍是“西周礼馔”，秦镇大米面皮是秦始皇下诏的宫品，还有“西汉名菜”紫阳蒸盒子，武则天男宠的“首创”西安烤鸭，慈禧太后称“天下一鲜”的西安饺子宴，长寿美食陕北剁荞面等。而陕西仅面条就有百余种。现在人们追求的不是吃饱肚子，而是文化的丰盛，比如关中的“biang biang”面，这个字字典里没有，电脑字库里也查不到，但它的写法作为歌谣，外地游客听后，都会尝尝这面。荞麦园饭店将饭店做成文化，给顾客送上陕北民歌；长安大排档饭庄，顾客边吃边欣赏秦腔，饭店里常常爆满无座。这些饭店吸引顾客的主要是特色的文化氛围，让用餐者在吃饭的同时，感受陕西的厚重文化。

陕西省旅游形象影响力调查

陕西省旅游局
陕西省旅游研究院课题组

一、前言

2009 年陕西省政府确立了“人文陕西·山水秦岭”整体旅游形象，最大限度地发挥了陕西旅游资源优势，提升了陕西旅游价值，推广与促销工作也进入了一个全新的时期。近年来，陕西省旅游市场工作力度不断加大，旅游形象市场宣传促销工作在全省旅游产业中发挥了很重要的作用，旅游接待人数和产业收入连年大幅增长。但陕西省政府在旅游形象推广中，也存在一些问题，如缺乏形象宣传的一致性与连贯性、过于依赖传统媒体渠道、形象定位与推广缺乏创新等等。本课题的开展将为陕西旅游发展，尤其是旅游形象和品牌管理方面提供重要的决策参考，也为国内外其他省区旅游形象提升提供管理思路。

二、陕西旅游形象影响力的现状及问题剖析

根据旅游形象在旅游地发展及市场营销宣传中所发挥的客观影响作用和实际效果，将旅游形象绩效分为形象认知绩效、形象市场绩效、形象传播绩效和形象管理绩效四个方面（见表 1)。各个构成的内容和具体评价的方面见下表。

表 1　旅游形象影响力内容构成

一级目标层	二级综合评价层	三级评价项目层	四级评价因子层
旅游形象影响力	旅游形象传播影响力	媒介传播频率	电视宣传频率、报刊宣传频率、旅行社宣传频率、网络指数
		感知传播力度	游客对目的地旅游形象的知晓度
	旅游形象市场影响力	市场总量	海外游客增长率、旅游外汇收入增长率、国内游客增长率、国内旅游收入增长率
		市场份额	海外游客量份额增长量、旅游外汇收入份额增长量、国内游客量份额增长量、国内旅游收入份额增长量
	旅游形象认知影响力	独特性	形象差异性
		市场性	游客对所宣传的旅游产品的喜好程度、对市场需求的反应程度
		注意力	旅游形象引起的注意度
		吸引力	旅游形象激发的旅游欲望强度
		记忆力	旅游形象被记忆的难度
		整体性	旅游形象的整体性评价
	旅游形象口碑影响力	推荐意向	游客对目的地的推荐力度
		重游意向	游客对目的地的再次游览意愿

本研究采用定量分析与定性分析相结合的方法对认知影响力和口碑影响力进行问卷调查。笔者于2014年国庆黄金周期间，委托专业调查公司进行问卷调查，共发放问卷210份，有效问卷为200份，有效问卷回收率为95.2%。市场影响力涉及的相关旅游发展统计资料选取近年统计数据；传播影响力涉及的数据以旅游局相关部门提供的及官网搜集到的最近年度资料为准。

（一）游客感知：尚未形成形象识别，渠道手段传统，有效到达率低

有57.8%的受访者知晓陕西省的旅游形象宣传口号。2013年陕西省旅游局利用各种媒体宣传投入中，最多的是电视（45.42%），随后是报刊杂志（17.28%）、户外广告（13.95%）等，而网络媒体投入最低，仅为4.91%。有70%的受访者通过广播电视媒介看到过陕西旅游形象宣传广告，其次是网络媒体达到50.83%，最后是报纸杂志、户外广告等传播媒介。游客对陕西旅游形象个性认知中，游客对陕西旅游形象个性是古老而历史悠久的、文化内涵丰富的、民风民俗淳朴的认同程度均值较高，而热闹繁华的、给人安静的感觉、自然景色优美等旅游形象个性认同程度较低。

问题表现：形象识别度较低，特色不够鲜明；形象口号缺乏情感共鸣，引导效果不明显；过于倚重传统媒介，品牌认知度偏低。原因：尚未构建形象识别系统，旅游形象缺乏个性；重视形象传播与营销投入，忽视整体规划与效果评估。

（二）电视广告：广告投入未能持续，缺乏主题创意，忽略情感传递

本研究电视传播影响力的考查以央视广告提供的监测数据为依据。在“山水人文·大美陕西”（第三版）形象宣传片中给受访者留下最深刻印象的陕西元素中，历史文化（80.56%）及自然景色（73.61%）给人留下的印象最深，其次是美食文化（51.85%），风土人情元素紧随其后。但被调查者虽然对宣传片中的自然景色印象深刻，但对陕西自然景色丰富优美的形象个性认同度却并不高。

问题表现：形象广告投入周期较短，缺乏连续性；形象广告重视觉效果，缺情感诉求。原因：营销资金来源单一，费用有限；缺乏市场深入研究，同质化严重，创新不足；效果监测结果较为宽泛，缺少直接的源自观众市场的反馈。

（三）报刊报道：市场覆盖范围有限，缺少新闻策划，品牌意识较弱

本研究选择《中国旅游报》2013全年（平均16版/期，共156期）刊发的陕西与山东的新闻报道进行对比分析。分析显示，山东省旅游专题类及评论类文章所占版面明显多于陕西。虽然专题类数量二者相差14篇左右，但二者版面相差近26个版面。内容涉及景区、交通、酒店、休闲设施等，较为多元，在聚焦板块和广告板块对太白山、金丝峡、秦岭、华山、延安有所侧重，报道数量分别为33、18、14、11、9。陕西相关新闻报道标题中出现“人文陕西”或“大美陕西”的次数仅为1次，而“好客山东”出现的频次则为37次。

问题：纸媒渠道覆盖有限，销售直达性不强；报道内容未凸显形象，过于集中消息类新闻，对“人文陕西·山水秦岭”主题的聚焦报道、点题式的报道则缺少连续性和轰炸性。原因：与客源市场契合度不强，缺少对主要客源市场的关注，尤其是周边省份及珠三角、长三角区域性报刊的覆盖；注重新闻报道，新闻策划较少，纸媒传播过于被动，品牌植入意识较弱。

（四）旅行社宣传：形象推介意愿不强，缺少产品支撑，难以规范操作

项目组于2014年10月20日至10月22日随机对25家旅行社进行网络咨询及电话采访，其中有7家旅行社有利用旅行社广告、旅游线路行程单等进行了陕西旅游形象的宣传，旅行社宣传频率为28%。而对“好客山东”的调查结果显示22家旅行社中有9家旅行社进行宣传，旅行社宣传频率为41%，明显高于陕西。

问题表现：形象未能深入旅行社营销，旅行社推介意愿不强，较少考虑到融入“人文陕西·山水秦岭”的主题。原因：产品线路设计仍处于起步阶段，形象缺乏产品支撑，线路设计未对接形象营销；缺少品牌服务标准，在部门、服务环节和服务礼仪等品牌建设中难以进行规范操作。

（五）网络宣传：不够重视网络媒体，倾斜力度不够，平台整合性低

本研究利用百度指数工具对“人文陕西·山水秦岭”及“山水人文·大美陕西”进行累加检索，并与山东进行对比分析。搜索指数[①]对比显示（图1），陕西与山东旅游形象宣传口号在2011—2013年期间的均值分别为30、226，在近一年期间的均值分别为109、221；媒体指数[②]分析表明网络媒体对陕西旅游形象的报道相对于庞大的网络信息则显得微乎其微。

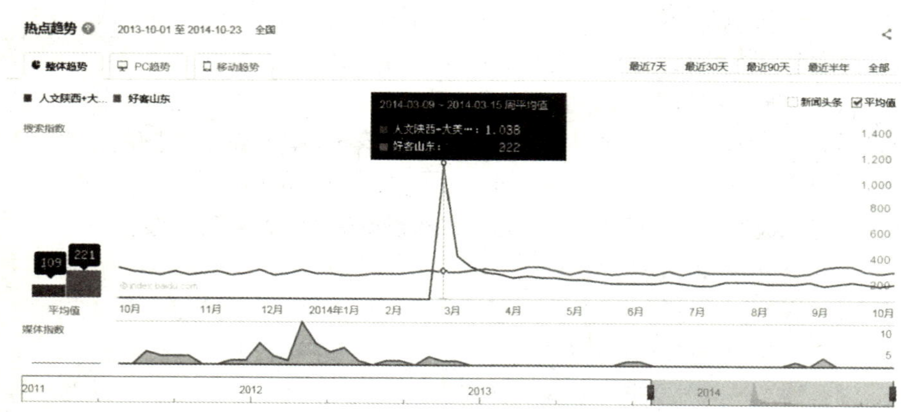

图1 陕西与山东旅游形象网络搜索指数对比分析图

①即百度网页搜索中搜索频次的加权和。

②即以各大互联网媒体报道的新闻中，与关键词相关的，被百度新闻频道收录的、标题包含关键词的新闻数量。

问题表现：资讯内容特色不明显，未能有效吸引用户，整体互动情况较差；平台多但缺乏运营，营销推广层次较浅，缺乏自我营销意识。原因：网络媒体投入严重不足，市场反应滞后；信息渠道来源不畅，四个平台信息交互渠道未完全打通，定位不明晰，资源未得到有效整合，未充分发挥出各个平台的特点。

（六）市场影响：缺少营销顶层规划，信息服务不足，市场基数较低

旅游形象市场影响力，是旅游形象市场营销期间所产生的经济效益。陕西近年的入境游市场态势远好于全国及山东，无论是入境游人数增长率还是外汇收入均处于领先状态，即便是在普遍为负增长的2013年，陕西的入境游市场依然有较好的表现，但国内游表现出来的优势不及入境游市场明显。但因基数较低，无论是外汇人均收入还是国内人均旅游收入和山东均存在一定差距，且国内人均旅游收入低于全国水平。旅游形象认知影响力，是旅游者或潜在旅游者对目的地旅游形象的认知效果。陕西旅游形象认知及口碑得分均低于山东，差距较大的体现在形象宣传对市场喜好反映的程度以及整体性感知上。

问题表现：整体市场基数较低，“人文陕西”仍在形象品牌的探索阶段，形象带动力不强；国内旅游市场增速放缓，“门票经济”现象仍较为严重，人均收入较低。原因：缺少营销顶层规划设计，形象传播较为低效；无信息服务中心，宣传推广的评价体系不健全；相关政策促进有限，联合营销局面还未形成，休闲产品市场认可度低。

三、陕西旅游形象影响力的提升策略

（一）旅游形象传播影响力提升策略

1. 旅游网络营销：自有媒体展示 + 电商联合推广

（1）完善陕西旅游资讯网。利用旅游视频展示、3D虚拟展示，进一步拓展提升陕西网络营销功能。

（2）借力在线旅游服务平台。可与知名在线旅游服务平台，如同程网、途牛旅游网、淘宝旅行、蚂蜂窝等进行合作，开辟专属板块推介陕西旅游。借助电商支付功能，实现陕西旅游的线上、线下无缝营销，打造集“信息—购买—网上支付—体验”于一体的网络营销闭环。

（3）加大社交媒体的推广。循序渐进地将广告推广费用向新媒体倾斜，由专人负责每日信息的更新及互动，如每年转移5%~10%营销预算至更加精准而可控的新媒体，视其营销效果进行增减。

（4）开展国际旅游市场的精准营销。策划日韩、欧美市场新媒体整合营销项目、欧美市场网络广告定向投放项目。有计划、分步骤地 在 Facebook、Twitter、Pinterest、YouTube 四大海外社交媒体平台上运营陕西旅游官方账号。

2. 传统媒体投放：精准布局 + 与时俱进

（1）电视投放。先策划再制片，增加主客互动场景，拍摄能够传达陕西旅游个性、能够唤起情感共鸣的宣传片，从剧本、画面、配乐等细节进行市场论证；可通过网络视频媒介和传统电视广告共同投放，尤应重视网络频道上投放陕西形象宣传片。

（2）报纸和专业杂志投放。借助网络杂志服务商 VIKA、ZCOM 等开通并投放《陕西旅游》电子杂志，可在旅游专业杂志如《中国国家地理》《时尚旅游》等投放广告；适度缩减报刊广告投入，但可增加评论类、专题类旅游文章报道的供稿，如在经济报刊上发陕西旅游营销新思路、市场新业绩，充分利用公共事件如节庆赛事、会议展览为素材的报道提升旅游形象；适度增加对区域内具有影响力的报纸广告投入，尤其是四川、河南、山西等邻省及珠三角、长三角区域性报刊，如《南方都市报》《大河报》。

（3）其他媒体投放。编制指向不同受众群体的旅游手册，加强与旅行社的沟通，制定旅游服务标准；增加影视植入，拍摄微电影，邀请国内知名导演、演员等拍摄制作有关陕西旅游元素的影片、电视剧、微电影，增加电影植入式广告的份量，并在国内外的专业视频社交媒体（如 YouTube 等）进行推广和播放；继续适度缩减对节事活动如交易会、推介会的投入，以补充新媒体经费投入的不足。

（二）旅游形象市场影响力提升策略

1. 营销顶层突破：顶层规划设计 + 主渠道营销

（1）营销规划顶层设计。科学制定陕西旅游营销“十三五”规划，确定未来5 年的营销战略、营销目标、营销的重点区域和营销的主要渠道等，并按照年度制定年度营销计划；大力构筑旅游目的地营销系统，尤其是需弥补当前信息系统缺乏而带来的不足，或成立信息中心或委托第三方咨询机构，开展网络旅游宣传营销及数据信息反馈。

（2）主渠道营销。充分利用品牌叠加，与电信企业、航空公司、酒店企业、餐饮企业、旅行社、旅游纪念品合作，可将陕西旅游品牌形象植入旅游卡、交通工具、星级酒店、旅游商品等。

2. 营销体制创新：旅游营销专委会 + 专业营销公司

（1）成立“陕西省旅游营销专家委员会”。专委会由旅游科研院校、行政主管部门、营销机构、企业、媒体等领域人士构成，开展陕西旅游营销调研，编制陕西旅游营销报告，举办陕西旅游营销论坛等。

（2）招标专业的营销公司。营销工作可采用招标的办法由专业的营销公司负责实施。政府适当放权并给予支持，且招标的方式能够在业内起到一定的宣传效果。

3. 资源整合营销：上下联动 + 左右融合

（1）抓资源整合，逐步培养政府主导、企业参与、协会联动的互惠互利的营销模式。

（2）抓平台的整合，协调文化、新闻、文物、体育、商务、外事、农业等相关部门，扩大旅游营销综合效应。

（三）旅游形象认知影响力和口碑影响力提升策略

1. 旅游形象创意：方案招标投标 + 创意设计大赛

（1）营销方案创意招标。在制定陕西旅游营销方案时，可采用招投标的方式，鼓励各个专业营销机构制作营销方案参与营销投标。

（2）形象口号创意大赛。可举办陕西旅游营销创意大赛，围绕陕西形象宣传口号等，通过网络广泛征集，以优厚奖金和旅游优惠鼓励设计更好的营销宣传口号。

2. 旅游形象传递：特色节事 + 细节营销

（1）举办特色节庆，开展事件营销。可策划“丝绸之路经济带旅游城市联盟”“丝绸之路世界文化遗产高峰论坛”等节事活动，进行国际国内推广；策划组织“重走丝路起点”“骑行陕西”“秦岭穿越”等旅游事件，发动全民参与，通过各大媒体进行宣传推广。

（2）深度开发旅游产品，为形象提供支撑。一方面，加大对旅游产品的深层开发和挖掘，推进旅行社做好旅游线路设计和产品包装。围绕“人文陕西 山水秦岭”进行旅游线路的开发与重组，如可开发“滋滋有味”美食体验游、秦岭“自然之谜”考察体验游等系列产品。另一方面，加强融入旅游形象的旅游纪念品的开发。可通过与旅游纪念品生产企业的联合，将陕西旅游形象口号和标识恰当地融入具有陕西特色的旅游纪念品。

（3）启用旅游形象大使，从细微之处着力展示。一方面利用名人效应吸引公众注意力。可邀请能够代表陕西且具有全国甚至是国际影响力的名人担任旅游形象大使进行旅游宣传。另外，完善公共景观建设，充分展示旅游形象。可在游客来陕的第一印象区、地标区及最后效应区，如在西安火车站、咸阳机场、大雁塔广场等区域借助公共景观宣传陕西旅游形象。再则实施细节营销，于细微之处深入人心。通过印制标有陕西旅游形象口号和标识的名片、手提袋、纸杯、便签纸等帮助旅游形象的公关传播，将其植入旅行社、星级酒店、交通工具的名称标牌、营业厅、业务用品等，做好点滴营销。

（课题负责人：隋丽娜 董汉青）

陕西省旅行社发展方式转型升级模式研究报告

陕西省旅游局
长安大学课题组

一、陕西省旅行社现状分析

如何来讨论“旅行社业的升级和转型问题”？首先，必须确定中国旅行社行业或产业层面的发展目标和前景。根据国务院2013年底确定的战略，要将中国的旅游业作为支柱性产业发展，国家旅游局邵琪伟局长在2014年的旅游工作会议上也明确提出，要将传统的旅游业打造成现代服务业。

旅游业的发展与繁荣，同世界经济与科学技术密切相关，作为旅游业重要组成部分的旅行社也从发展初期的寡占行业，发展成为现在的垄断竞争行业，其规模已经基本形成，在旅游业中具有重要作用。近年来，旅游业快速发展的形势和市场竞争白热化的局面使我省旅行社企业普遍感受到了危机与挑战，省内旅行社业承受了国际和各省大型旅游集团以及企业内部改革的多重压力，而在我省现有的旅行社市场格局中，数量上占绝对优势的中小旅行社在产品开发、品牌竞争等方面都处于更加明显的劣势地位，这极大地制约了省内旅行社整体竞争力的提高。国内和省内旅游市场的机遇和挑战，使旅行社之间的竞争日益激烈，旅行社的经营管理直接决定旅行社的生存和发展。因此，我省旅行社企业在竞争压力下，必须选择一个方向和突破口。旅游外部环境已发生重大变化，旅游业发展正面临历史性机遇，但我省旅行社仍摆脱不了小、散、弱、差的困扰，挑战逼人，机遇催人。要解决自身经营管理中存在的问题，才能提高企业竞争力，开拓更多市场，为社会创造经济效益和良好的社会效益，做到转型升级，奋发有为，做大做强，做优做精，是我省旅行社突围的必由之路。

二、现有旅游行社经营模式

（一）品牌及连锁门店模式

代表就是春秋、中旅、国旅、青旅这些企业。品牌旅行社投资大，打造品牌时

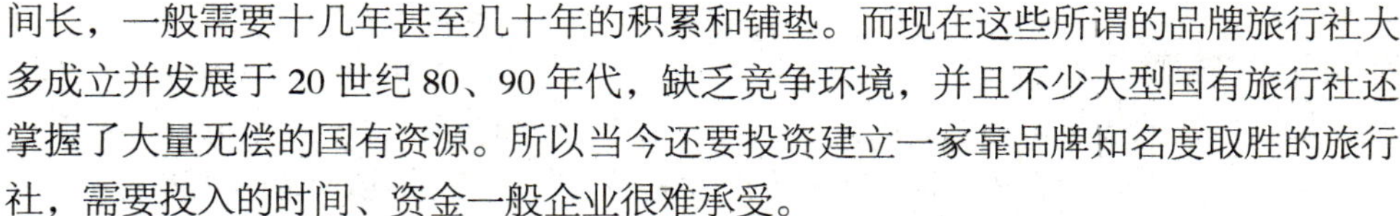

间长，一般需要十几年甚至几十年的积累和铺垫。而现在这些所谓的品牌旅行社大多成立并发展于20世纪80、90年代，缺乏竞争环境，并且不少大型国有旅行社还掌握了大量无偿的国有资源。所以当今还要投资建立一家靠品牌知名度取胜的旅行社，需要投入的时间、资金一般企业很难承受。

（二）渠道模式

第二种就是渠道，或者说成关系，比如现实中就有旅行社把某银行全国的旅游业务垄断了；有的旅行社甚至是大型企业直接建立解决职工旅游问题的，比如宝钢旅行社；还有专做高端市场的，如在沪台湾人的东南旅行社等等。这些中小旅行社靠渠道和关系，发展着自己的业务，而且多是接企事业单位的团队。这样的旅行社比起品牌旅行社要轻松很多。但也存在很大问题，主要在于规模有限，很难做大做强，因为这样的靠渠道最难标准化，而且业务量也是有限的。

（三）同行模式

同行旅行社普遍较为专业，也正因为专业，才使他们在这些线路上有价格优势。而做同行，是靠价格取胜。这也造成了同行旅行社之间价格竞争激烈，往往就在5元/人、10元/人来决定一个业务的胜负，量大的组团社，会把利润越做越薄，来实现垄断经营。因此同行旅行社，只有有一定的垄断性产品才可以有一定的利润回报，但越是有利润的产品，想进入的企业越多，其垄断性也不断在经受着考验。

（四）其他模式

代表就是携程、艺龙、上航假期等，这些企业抓住了旅游行业中最能标准化的三个环节——机票、宾馆预定、自由行，通过标准化流程化的运作，及跑量来提供较有竞争力的产品及价格。之所以说这样的旅游企业是其他类型，是因为这样的经营模式需要一个强大的平台，这些企业在某种形式上是介于旅游企业、互联网企业、新兴咨询企业之间的。在旅游行业甚至是政府部门眼中，携程基本不算是个旅游企业，甚至连旅游局都无法监管到；而在互联网行业中，携程又被认为是一家不彻底的互联网公司。但未来，想在短期内做大做强，选择做异类是个不错的选择，只不过，必须有足够强势的产品或价格，并且要避开和携程、艺龙等成熟企业的直接竞争。

三、陕西旅游行社的机遇与挑战

（一）机遇：旅游业春天已来临

随着生活品质的提高，社会公众旺盛的出游潜力让旅游界颇为振奋。中国青年报社会调查中心民意调查显示，2010年我国公众渴望实现的消费或投资计划中，排在首位的是旅游，占39.2%，紧随其后的才是买房、买股票和基金、买车、创业等。

2013年12月，国务院出台《关于加快发展旅游业的意见》，提出要把旅游业培育成为国民经济战略性支柱产业和人民群众更加满意的现代服务业。旅游业发展的春天已经来临，机遇千载难逢。目前我省人均GDP已接近6000美元，这不仅意味着旅游需求出现结构性变化，旅游休闲消费将进入强劲增长期，而且旅游对象也将扩大。

（二）困难：恶性竞争难以消除

面对无限商机，我省旅行社却很难坐享这一丰盛的蛋糕。从旅游部门掌握的情况看，困难在某种程度上并不比机遇少，而且单靠旅行社自身很难突破，这就是小、散、弱、差的瓶颈障碍。究其原因，关键问题是缺乏资本积累。我省旅行社数量多，规模小，行业竞争激烈，市场处于高度分散状态。连年低价竞争，导致利润持续下滑。有关数据显示，全行业平均利润率最多也就2%左右，低的甚至只有0.9%，平均年利润只有7.8万元。旅行社之间各自为战，相互拆台的现象时有发生，规模化进展缓慢，抗风险能力极差。

据了解，有不少投资人从开办旅行社起就没搞清楚要干什么，缺乏明确定位和经营思路，管理水平低下，仅仅满足于拉一些游客拼几个团，根本谈不上创新，经营之路越走越窄。此外，员工频频跳槽，自立门户，也是旅行社行业的一大怪现象。在企业内部管理上，旅行社经营者多以“老板”自居，不能以平等的态度善待员工，心存戒备，员工觉得没有发展空间，并常有被“剥削”的感觉，一旦有了经验和客源往往自立门户，行业竞争更趋恶化。同时旅行社的短视行为也非常多见。为了打价格战降低成本，一些旅行社擅自更改旅游线路，降低旅游中的住宿、餐饮标准，大量增加自费项目和购物点，恶意欠款、恶性压价、虚假广告、欺骗游客、私拿回扣等恶劣经营行为在业内屡见不鲜，旅行社行业出现了较为严重的信用危机。

（三）挑战：产品单一原地转圈

从外部环境来看，随着新版《旅行社管理条例》的实施，旅行社入市门槛降低，旅行社设立分社的区域限制被打破，许多省内甚至国内的大旅行社将来西安市设立分社或连锁加盟店。而旅游业良好的发展前景，将促使其他行业企业进入旅游业和旅行社行业，强大竞争对手的到来，会使不少本来惨淡经营的旅行社雪上加霜。

令旅游管理部门更为忧虑的是，如今游客的出游需求和出游方式已多元化，缺乏创新动力的旅行社已渐渐跟不上形势变化。从传统的观光旅游需求向休闲旅游、度假旅游、体验旅游、乡村旅游等新型、多业态、多形式旅游需求转变已是大势所趋。随着散客自助旅游、网上预订不断增多，人们在具体消费行为上表现为旅游消费动机多元化、出游方式多样化、出游时间分散化，对旅行社服务的要求越来越高。

而据调查，我省大部分旅行社，尤其是中小旅行社，缺乏旅游产品研发能力，普遍存在线路重叠、旅游方式单一等问题，缺乏专业化、个性化和特色，全包价旅

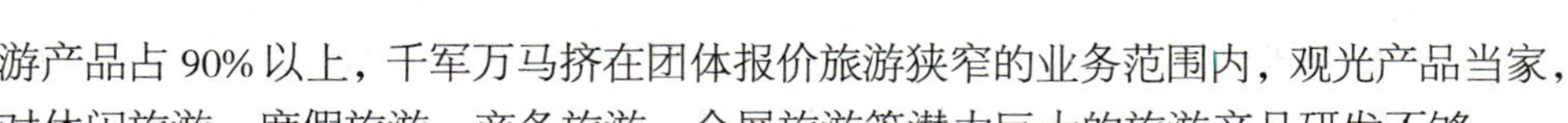

游产品占 90% 以上，千军万马挤在团体报价旅游狭窄的业务范围内，观光产品当家，对休闲旅游、度假旅游、商务旅游、会展旅游等潜力巨大的旅游产品研发不够。

四、陕西省旅行社产业转型升级动力机制与路径选择

推进转型升级是破解陕西旅行社业发展难题、实现新一轮发展的根本途径。产业转型升级是产业由低技术水平、低附加值状态向高技术水平、高附加值状态的演变趋势。对旅行社业来说，与之联系最紧密、最为关键的技术即是信息技术及网络技术。因此，实现旅行社业转型升级，首先必须将信息技术、网络技术融合到传统旅行社中，推动旅行社业技术升级创新旅行社经营模式。其次，陕西旅行社业长期以来一直处于市场低端化运作及产品服务同质化现象严重的根本原因在于旅行社产品的文化内涵缺失。旅行社业应高度重视产业发展的文化因素，以文化推进旅行社业竞争力的增强和产品附加值的提高。最后，完善的、符合社会主义市场经济体制的旅行社行业制度是旅行社业成功转型升级的重要保障。要加快政府职能转型，建立有限型、服务型政府，充分发挥旅行社行业协会的功能，改革旅行社企业产权制度，建立现代企业制度。

（一）旅行社产业转型升级动力之一：文化提升

文化在经济发展中越来越成为一个关键性的因素。社会越发展，经济越发达，文化的作用越突出。在当今知识经济时代，文化竞争已经是一个具有战略意义的问题。文化与创意总是紧密相连的。随着创意产业的快速发展，创意经济时代的来临，产业发展必须更加重视文化因素。旅游业与旅行社业中的文化元素十分丰富，但我省旅行社业在文化创意方面却明显不足，与创意经济的快速发展不相适应。因此，旅行社业要在新一轮发展中要形成竞争优势，就应该立足于文化战略，重视产业中的文化因素，建立旅行社产业文化提升机制。尤其要做到，丰富产品的文化性，这是旅行社产业文化提升的基础；培育优良的品牌文化，这是旅行社产业文化提升的根本；培养与引进创意人才，这是旅行社产业文化提升的关键。需要特别说明的是，这三者并不是孤立的，而是相互影响、相互促进的。产品文化内涵丰富有利于旅行社在顾客心中建立良好的品牌形象，进而形成优良的品牌文化。而拥有知名品牌的旅行社对创意人才更具吸引力，有利于旅行社培养和引进创意人才，进而又有助于旅行社创意产品的开发，如此形成旅行社文化提升的良性循环过程。

（二）旅行社产业转型升级动力之二：制度创新

在新制度经济学家们看来，制度是人们各种行为相互作用形成的并广泛存在的习惯或规则，其有形的表现是社会中的各种组织，包括家庭、企业、国家，其无形的表现是各种组织的行为，如生活方式、社会习俗、社会意识等。诺斯认为，制度

是一种社会博弈规则，是人们所创造的用以限制人们相互交往的行为的框架。制度是上层建筑，这种上层建筑与其基础之间存在相互作用，并会产生两种结果。其中一种结果是制度与制度赖以存在的基础的不相适应，这种不适应性以及外在因素如技术、市场的变化是制度变迁的动力来源。制度变迁中的制度替代、转换与交易过程，是一种效益更高的制度对另一种制度的替代过程。制度变迁过程实质上是一种制度创新过程。

目前陕西的旅行社行业不论在规模上还是在质量上，较以往都有一定程度提高，但同时也存在一些问题，甚至有些问题日趋严重。究其原因，除行业及企业方而之外，主要还是制度方面的原因：旅行社行业管理制度建设滞后，旅行社企业产权制度改革不到位，不适应社会主义市场经济发展的客观规律。政府有关部门缺乏制度创新的责任意识，企业缺乏制度创新的勇气，制约甚至扭曲了行业和企业的发展。行政性的行业管理显然已不适应新形势式下的旅行社业的发展。在经济转轨中如何构建旅行社业管理制度已成为理论界和实际工作中所面临的重要问题。本节从市场经济观念出发运用制度变迁理论，提出了市场化取向的我省旅行社业管理的制度安排框架。

（三）旅行社产业转型升级动力之三：技术推动

信息化是当今世界经济和社会发展的大趋势，也是我省产业优化升级和实现工业化、现代化的关键环节。旅行社行业特征及所提供的旅游产品的特点决定了对信息的高度依赖性，而信息技术无疑可以帮助旅行社提高信息使用效率，并由此极大地提高旅行社的业务操作能力和经营效率。随着互联网技术的快速兴起和普及，一些非以旅行社命名但实际却在经营旅行社业务的电子商务企业如携程，给传统旅行社尤其是小型旅行社带来致命冲击，许多旅行社甚至整个旅行社行业面临生死攸关的考验。

陕西旅行社业要想在不远的将来实现旅行社业务范围、经营方式的转型升级离不开网络信息技术的支持。我省旅行社业在信息化和网络技术应用方面较北京、上海等地区还存在较大差距，缺乏像携程、同程、亿龙、华夏这样的声誉卓著、规模庞大的网络旅行社。在网络时代，利用互联网技术，加强与信息产业的融合，改造传统旅行社产业的商业模式，向复合型企业转变。这将是传统旅行社今后发展的一个重点方向，即实现“旅游电子商务企业＋传统旅行社＝复合型旅游企业”的模式。

（课题负责人：杨望暾 赵跃虎）

陕西国民旅游休闲体系建设现状及发展对策研究

陕西省旅游局
陕西省旅游研究院课题组

一、陕西国民休闲体系建设的背景

随着社会的发展，人们生活水平大大提高，闲暇时间逐步增加，国民越来越注重选择各种休闲活动来度过自己的闲暇时间，追求生活质量的提高和更加“有尊严地生活”，休闲方式日益多样化。但与此同时，休闲设施、管理、服务等尚显不足，制约了国民休闲质量的提高。因此，陕西省国民旅游休闲体系建设现状及对策这一课题极具现实意义。

本项目的研究基于以下背景：一系列政策的出台为国民休闲提供了政策保障；综合国力的提高为国民休闲提供了经济基础；旅游社会功能的加强为国民休闲提供了市场支持；“美丽中国”的建设为国民休闲提供了环境与内容；旅游业转型升级为国民休闲提供了新的平台。

二、陕西国民休闲体系的现存问题诊断

为了了解陕西国民休闲体系建设状况，本项目组通过查阅文献资料、问卷调查、深度访谈三种方式进行了调研。

从调研中了解到，我省国民休闲体系建设取得了显著成就，具体表现为六个方面：第一，休闲产品体系日益完善；第二，休闲的社会功能日益突出；第三，休闲产业提档升级取得新成效；第四，休闲市场秩序日益规范；第五，休闲产业营销效果良好；第六，信息化程度日益提高，智慧旅游的建设初见成效。

本项目组认为陕西国民休闲体系建设存在以下问题，表现为七对矛盾：总体上，强烈的休闲愿望与较低的休闲满意度之间的矛盾；时间上，公共假期的有限与带薪

假期的有待落实之间的矛盾；空间上，参与的广泛性与场所的有限性之间的矛盾；方式上，总体上的升级与个体活动的低层次之间的矛盾；发展上，新型休闲方式的出现与相关规范的滞后之间的矛盾；品质上，休闲的社交需要强烈与社区参与的欠缺之间的矛盾；范围上，休闲的福利性与特殊群体覆盖的不足之间的矛盾。

三、陕西国民休闲体系建设理念与框架

建设国民休闲体系，要处理好四对关系：休闲和工作的关系；大型项目和小型项目的关系；当地人满意和旅游者满意的关系；市场和政府的关系。

本项目组在文献研读和实证调研的基础上，提出陕西国民休闲体系建设框架。陕西国民休闲体系系统包括四个子系统：第一，需求系统——休闲时间制度；第二，供给系统——休闲设施建设；第三，中介系统——行业管理；第四，支持保障系统——社会服务。

四、陕西国民休闲体系建设对策

在陕西国民休闲体系的系统框架下，本项目组从休闲时间制度的完善、休闲设施的建设、休闲产业管理的优化和休闲社会服务的提高等四个方面提出建设对策。

（一）休闲时间制度的完善

研究发现目前我国城市居民休闲时间普遍较少，居民普遍对目前的休闲时间不满意，且休闲时间对居民休闲满意度有重要影响，目前我国存在的节假日旅游井喷现象对交通、休闲地都造成了不同程度的冲击。为此，建议针对现有的假日政策作出调整。

1. 继续完善带薪休假制度

当前影响休闲质量的一个重要原因就是消费时间的不足。解决问题的关键是要落实职工的带薪休假制度。因此，首先要强化全社会依法休假的理念，将带薪年休假制度落实情况作为劳动监察和职工权益保障的重要内容，推动机关、企事业单位加快落实职工带薪休假制度。二是鼓励职工结合个人需要和工作实际分阶段灵活地安排带薪休年假。三是在教学时间总量不变的情况下，高等学校可结合实际调整寒、暑假时间，中小学校可按有关规定安排放春假，为职工落实带薪休年假创造一个良好的条件。

2. 现有公共假期制度的完善

如前所述，虽然带薪假期制度是休假时间制度安排的长期趋势，但考虑到我国

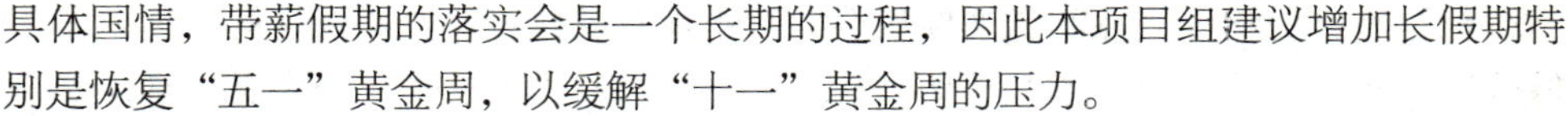

具体国情，带薪假期的落实会是一个长期的过程，因此本项目组建议增加长假期特别是恢复“五一”黄金周，以缓解“十一”黄金周的压力。

3. 其他方式

除了法定假日和带薪假期的保障，也可以通过其他方式满足国民的休闲需求，如设定“市民日”，推行弹性工作制等，平缓现有集中休假带来的交通、服务、设施压力。

（二）休闲设施的建设

1. 完善国民休闲基础设施

第一，提高旅游交通的可到达性。要完善各交通节点的接驳体系，建设包括出租车、公交车、地铁在内的多元化的公共交通工具体系。

第二，建设满足乘客观光需求的旅游观光车。应设计出不同主题的多条线路满足不同游客的不同兴趣；运营车辆应突出乘客的观光需要，有便于观赏街景的大窗式观光车或双层敞篷式观光车。在实际运营上，既有全程不落地的游览车，也应有在沿线站点随时上下的游览车，应采取单一票价或者限时（24 小时或 48 小时不限次数）使用卡，并在全程多点销售；应提供全程导游现场解说服务。

第三，一般便利设施建设；完善自驾车旅游服务体系，继续推广和完善公共自行车服务，建设休闲绿道及自行车专用道；推广“长安通”公交卡，提高充值等服务的便利性。

第四，建设绿地、广场、城市公园等开放性休闲场所；鼓励城市综合体、主题公园、休闲街区、艺术园区、购物场所等项目建设。

第五，加大图书馆、文化馆、艺术馆、博物馆、展览馆、动植物馆的开放力度，提高国民休闲质量；加快建设和完善公共标识系统和解说系统。

第六，鼓励开放学校和单位体育馆、操场等设施，作为公共性休闲设施的必要且重要的补充。

第七，降低或免除各类公共休闲设施的使用价格，鼓励景区或其他休闲场所推出灵活的门票制度，使得当地市民能够更多地享受城市发展的成果。

第八，建设面对残疾人士的无障碍设施，在公交车、地铁及各种公共区域完善无障碍设施，在城市内有目的地开放无障碍公园等。

2. 促进社区休闲健康发展

应充分考虑本地区居民的使用特点，建设街心广场、社区广场、公园绿地以及各类室内休闲场所等，应布局于主要居民聚居区周边，方便进入，为居民日常休闲提供场所。

第一，从硬件层面来说，要从居民使用特点出发，规划好绿地、景观系统和文化体育设施，保障社区休闲的硬件条件。对于现有硬件设施较差的社区，要结合旧城改造，有针对性地进行维护更新。在户外，要建设小区（村）公共休闲活动场地及相关设施；在室内，要建设社区（村民）活动中心。

第二，促进社区休闲健康发展，更重要的是从软件层面，做好长期性的社区休闲建设与服务，包括社团组织的建设和管理、文娱场所的利用、社区文化活动的开展等等。

3. 培育适合城市休闲发展的空间环境

第一，各地应有大体量空间主要用于城市居民的大型节庆集会、展览演出以及部分外来游客的旅游休闲，大体量的休闲空间应尽量体现当地特色，集中展示当地文化，为外来游客提供一个独具地方魅力的休闲旅游场所，为当地居民提供休闲娱乐空间。

第二，营造适宜的人居环境，使居民身心获益，并愿意到户外进行休闲活动和休闲消费，从而提高休闲发展水平。为此，要积极改善城市自然环境，加强对自然环境的保护和绿化，具体包括城市绿地覆盖率，增加绿化面积，拓展绿化空间，治理大气污染，加强噪声监测和治理。

（三）休闲产业管理的优化

必须通过优化产业管理，规范休闲产业市场秩序，引导休闲产业健康发展，营造休闲产业健康发展的大环境。

1. 继续规范休闲行业市场秩序

第一，加大执法力度，继续对现有制度的执行和实施状况进行监督、检查和处理，依法查处串通涨价、哄抬价格和价格欺诈的行为，积极营造诚实守信的消费环境。

第二，利用现代信息技术，加强舆情监控，及时了解居民在休闲过程中的动向，对投诉做出及时反馈。

第三，利用微博、微信等平台，完善休闲服务质量监督机制，与去哪儿、携程等网站合作建设网络评价体系。

2. 对新兴休闲方式的管理和规范

第一，立法部门应尽快建立户外旅游安全的法律法规，在发生户外安全事件时，相关方能够做到有法可依、权责清晰、及时处理。

第二，建立市场准入制度。可借鉴国外的做法，对自助穿越旅游活动的参与者，特别是领队，要建立进入许可制度，并按照旅游地的风险等级要求参与者的资质条件、设备配备条件等，同时将其与保险赔偿进行关联，从而约束穿越者的个人探险行为。

第三，应督促景区主管部门完善游客引导服务，做好旅行线路中可能存在的风险提示，适时组织常态化的安全演练，建立完善的户外旅游安全事故部门联动、营救安置及善后处理的应急管理机制。

第四，教育游客从自身做起，提高安全防范意识，做好行前规划，留意景区工作人员的提示及相关规定，不要擅闯非旅游区域；选择户外旅游线路时，时刻做好安全防护准备；尽量选择有户外旅游组团资质的机构，提前购买保险，仔细阅读相关合同内容中相关条款。

3. 小微企业的鼓励和引导

由于国民休闲习惯多样性极强，在休闲产业引导之中也必须注意行业内企业的多样性。如住宿设施方面要有高星级酒店、中端酒店、经济型酒店、主题酒店、民宿客栈构成的多层次、多类型住宿业态。因此除了大中型企业之外，必须为小型、微型企业提供足够的发展空间，优化其生存的制度环境。

4. 地方传统文化产业的扶持

第一，为传统艺术形式争取更多的市场机会。可通过各种推介活动扩大传统文化的影响力，或将传统艺术展演与文化遗产活化联系起来，鼓励传统文化实现市场化运作，并通过市场化的提高吸引年轻人的参与以实现文化的传承。

第二，目前创新能力不足已经成为制约我省地方传统文化产业的重要因素。华县皮影、华阴老腔传统艺术形式等也必须在剧目、演出形式上提高创新能力才能在传承中展现活力。

（四）休闲社会服务的提高

1. 休闲技能培训

休闲发展的较高要求不仅要提高居民休闲参与度，还要提升居民的休闲技能，如进行公益性的体育项目培训等。

2. 提供公共休闲信息的便捷性

第一，要加强与携程、同程、蚂蜂窝等专业旅游服务网站的合作，主要服务于省内居民的长线旅游。

第二，与西安同城网、西安妈妈网、百度榆林贴吧等网站合作，及时发布地方休闲信息，提高当地居民休闲信息的易获得性。

第三，继续推进各地市旅游局、各景区微博、微信等平台的建设，完善平台内容，提高粉丝关注度和活跃度。

3. 休闲公共安全机制建设

第一，完善各种公共安全服务设施。

第二，做好休闲安全监测工作，建立休闲安全预警机制，特别是在节假日等要协同各景区做好客流检测，及时发布各种客流信息。探索建立客流实时监测的方式，提高休闲体验水平，做好休闲安全预警。

第三，在现有基础上加强紧急救援体系的建设，建立紧急救援的机制，完善救援网络。

4. 加强休闲方面的教育与科研

要提高休闲服务水平，必须加强休闲方面的教育与科研工作：

第一，鼓励高校开设休闲专业课程，并加强产学一体化，鼓励企业与高校展开多种类型的横向合作，为我省休闲产业发展培养人才；

第二，鼓励高等院校、社会科研机构、民间协会等多开展休闲方面的科研活动，为政府制订休闲产业的相关政策提供理论依据。

5. 福利休闲

第一，制度建设方面，可成立专门的社会福利休闲管理机构，建立和完善社会福利休闲补助体系，为实施社会福利休闲的企业建立退税体系。

第二，企业支持方面，可引导旅行社针对不同目标人群的需求和经济能力进行社会福利旅游的产品开发，旅游景区对弱势群体实行门票减免，并完善和改进无障碍旅游设施。

第三，为外来务工人员、下岗职工和其他低收入者提供更多的休闲资源。在规划和建设城市公益性休闲资源时，要考虑到他们的使用需求和使用特点。同时应制定相关规定，保障现有的城市休闲场地和设施能向特殊群体开放，并切实考虑他们的消费能力，出台相应的优惠政策。

（课题负责人：王晓华　朱耀勋）

陕西省修学旅游市场提升策略

陕西省旅游局
西安文理学院课题组

一、修学旅游发展背景

修学旅游是以学生（不限于狭义的在校学生，还包括其他伴有学习目的的人）为主体，集旅游、学习为一体，以增进技艺、增长知识为目的，以线路旅游的形式组织到居住地以外的国家或地区进行观光游览、生活体验、学习特定知识等的主题旅游活动。从国际视野看，修学旅游可以分为入境游、出境游和国内游；按行为模式可分为团体修学旅游和个人修学旅游；按学科分类可分为自然科学修学旅游和人文社科修学旅游；按体验程度可分为单向体验修学旅游（听讲、观光等）和双向体验修学旅游（互动和参与等）。

随着中国经济的腾飞、文化教育事业的发展、与世界各国交流合作日趋频繁，在俄罗斯、美国、日本、韩国等国家的大学里，汉语系报考竞争非常激烈，为获得更多学习汉语的机会，很多学生选择来中国进行修学旅游。2012年、2013年我国海外留学生在校学生人数分别达到157845人、174806人，预计2020年将突破50万人 。这些留学生来自190个国家和地区，分布在我国的31个省、自治区、直辖市的高校和科研院所。2013年国家颁布《国民旅游休闲纲要》，《纲要》是引导大众科学健康休闲，提高大众生活质量和幸福感的纲领性文件，面向所有的中国公民。在改善国民旅游休闲环境中提出，把修学旅游列入了中小学教学大纲，针对学生提出以课程、学分设置和学假安排等方式开展研学旅游（又名：修学旅游），逐步推行中小学生研学旅游。目前开发修学旅游资源，推出修学旅游产品具有突出的重要性，全国各省市纷纷响应，修学旅游得以高度重视。2014年8月国务院发布的《国务院关于促进旅游业改革发展的若干意见》明确指出要将研学旅行、夏令营、冬令营等作为青少年爱国主义和革命传统教育、国情教育的重要载体，纳入中小学生日常德育、美育、体育教育范畴，增进学生对自然和社会的认识，培养其社会责任感和实践能力。支持各地依托自然和文化遗产资源、大型公共设施、知名院校、工矿企业、科研机构，建设一批研学旅行基地，逐步完善接待体系。鼓励对研学旅行给予价格优惠。陕西是我国的教育资源、科技资源、旅游资源大省，接收海外留学生主要集中在西安交通大学、陕西师范大学、西安外国语大学、西北大学等高校，人数逐年递增，从 2001 年的 1214 人增加到 2005 年的 2711 人、2009 年的 4866 人、2013 年的 6749 人，位列全国各省份前 10 名。分布在省内和国内其他省份的规模数以万计的入境留学生为我省发展入境修学旅游提供了潜力巨大的市场。

二、陕西省修学旅游市场存在的主要问题

（一）陕西省入境修学旅游市场有待拓展

依托中国古老的历史文化和丰富的旅游资源，陕西具有拓展修学旅游市场的先天优势，但是修学旅游市场开发现状，尤其是入境修学旅游市场的开拓方面，陕西需要下大力气进行拓展。

（二）入境修学旅游的宣传存在问题，地区差异较大

通过对陕西省进行入境修学的外国学生问卷分析，发现陕西修学旅游宣传力度有待加强，急需拓展信息获取的渠道；其次陕西各地市修学旅游区域联动和发展层次存在较大的断层；再者进行修学旅游的外国学生旅游花费偏低，这主要是修学旅游产品与各地特殊文化发展结合度较低，娱乐型产品有待加强。

（三）缺乏专门推进入境修学旅游的部门与机构

虽然陕西省入境修学旅游发展潜力大，但陕西省缺乏专门进行指导与推进入境修学旅游的部门与机构，研究协调和解决陕西省入境修学旅游发展过程中的重大问题。

（四）缺乏鼓励发展修学旅游的优惠政策

陕西省针对入境修学旅游没有相关政策的支持，针对签证难办等关键性问题没有明确政策指示；入境学生也不能享受同国内学生一样的优惠待遇，整体价格水平偏高，严重地制约了入境留学人员将陕西作为目的地的选择。

（五）各部门对于修学旅游的思想认识不高，配合不足

很多部门和学校对修学旅游发展的重要性在观念和认识上存在差距，对修学旅游抱着事不关己的态度，片面强调安全，使得出游空间及内容受限。

三、陕西省修学旅游提升策略

（一）政府方面

1. 加强海外入境修学旅游宣传力度

（1）加大宣传力度。要在现有的接待条件下，调整接待资源，增加海外宣传的资金投入，加大宣传力度，扩大宣传的范围。例如，建立专门的“陕西省入境修学旅游网站”，及时、快捷、准确地在海外传递赴陕西省进行修学旅游的详尽信息，首先要把产品线路做得丰富详细、内容充实，并注重学生特点来设计交流平台，使得修学旅游在开发中得到一定的反馈信息或建议；其次要对陕西省发展入境修学旅游的人文环境进行宣传，重点是陕西省的入境留学生优惠政策及奖励政策的宣传；再者是要对陕西省丰富的教育资源加大宣传，陕西省共有各类高校80余所，拥有包括第四军医大学、西安交通大学、西北大学、陕西师范大学、西安外国语大学等一批实力雄厚的院校。

（2）分层次进行宣传。在宣传方式上，可通过研讨会、展览等多种形式让世界的媒体、旅游界、学校了解陕西省丰富的高校资源及深厚的历史文化。做大做强修学旅游，除了独特的产品外，多渠道的宣传营销是必不可少的。积极发展旅游网络营销，旅游企业或政府部门可以建立专门的网站宣传修学旅游产品，要充分利用大众媒体，尤其是校园网、教育机构及学生感兴趣的报纸、杂志，或在市区繁华点、学校相对集中的地区设立“修学旅游问询中心”等；必要时在深受欢迎的报纸、杂志、期刊上开辟名人名家的随笔、旅游感悟等栏目，刺激读者旅游动机生成，最终促成其旅游行为的产生。针对近几年来陕西修学旅行的团队主要来自日本、韩国、美国、新加坡、马来西亚以及中国的港、澳、台地区的市场现状，对陕西省的入境修学旅游开展分层次地进行宣传。首先要重点开发日、韩、美市场，结合丝路经济带建设，拓展中亚市场；新加坡、马来西亚以及中国的港、澳、台地区来陕西修学旅游的人数也在逐年增加，对其市场要有计划的开发；欧州国家目前来陕西修学旅游的人数还较少，对这些国家可分阶段进行宣传开发。

2. 建立推进机制，加强与国外旅游机构和相关部门的合作

为了尽快有效开发日本、韩国、美国及丝路经济带沿线国家旅游市场，拓展陕西省的入境修学旅游市场，建议设立“陕西省修学旅游指导小组”“青少年修学旅行绿色通道”，加强与国外旅游机构和相关部门的合作。制定相关入境修学旅游团队免签政策，出台出境和入境签证、旅游机构资质的专项政策，提升陕西修学旅游的发展空间。

3. 实行区域合作和政策优惠战略

为了更好地发展修学旅游，应加强西安与周边地市的合作，高度重视各地市的旅游协作，力争开发多样主题的修学旅游产品，满足不同修学旅游者的需求，打造多条品牌修学旅游线路。在交通方面给予学生优惠，在门票上让国外学生能享受同国内学生使用学生证购买学生优惠票，同时扩大学生免票景点的范围，不仅仅只局限于博物馆、爱国主义教育基地、自然保护区等；对于开展修学旅游项目的旅行社，有关部门应从社会效益出发给予税收、线路安排等方面的优惠和照顾；此外，还可以培养一批专业的经营修学旅游项目的旅游企业，并给予一定的资金支持。政府还可以采取多样化的融资模式，设立学生旅游的专项资金，鼓励旅行社开拓学生旅游市场，也可借鉴国外先进经验，采用政府引导、企业投人的形式，增大对修学旅游产品的投人，开发一批修学旅游的综合旅游设施，如学生社会实践基地等，推行修学旅游制度。

4. 实行入境修学旅游规范管理，加强安全保障体系建设

一方面应该加大行业管理，严格执行行业管理规章制度，并树立良好的、可信赖的旅游社形象，塑造品牌意识，提升自身竞争能力。另一方面要提高从业人员的服务质量，要全面加强所有旅游服务人员的服务意识、职业道德、业务水平、知识结构等方面的培训，从而提高整体服务质量，培育一个良好的旅游市场。由于修学旅游者以青少年为主，人数多、停留时间长，青少年又活泼好动，安全问题是旅行社发展入境修学旅游重要的制约因素。因此要完善相关的保险制度，从设备设施建设到工作人员的思想意识都要坚持“安全第一”原则，降低风险。

（二）教育部门方面

1. 培养开拓修学旅游市场的专门人才

入境修学旅游项目对文化的内涵要求较高，参加入境修学旅游的学生一般都有较强的求知欲，他们都有较高的文化水平，乐于接受新思想，乐于与人切磋交流。因此要全方位加强修学旅游人才的培养，配备一批专业的外语导游，不断提高旅游从业人员，特别是导游人员的素质，使修学旅游者在游览中不仅能得到美的熏陶，而且能学到广博的知识并得到道德情操的升华。其次，从人员配备角度修学旅游人员的配备除一定的专业的外语导游外，还要培养研究修学旅游市场的专门人才，进一步提高从业人员的素质，使他们能充分了解教育的特点和教师、学生的心理，努力把服务做到位。此外，还应聘请旅游目的地的一些教师学者或当地学生担当讲解或承担接待任务，加强旅游交流，促进互相学习和增进了解。

2. 为国内学校与国外学校间的国际合作搭建有效平台

教育部门要鼓励学校大力开展国际合作，并为之搭建有效平台。应该大力支持陕西省的初中、高中、大专院校与国外的学校建立定向培养的合作项目，重点向日本、韩国的修学旅行团开放包括高中、职业中学、中专、技校等类别国际教育服务，扩展合作范围，对海外加强陕西省各类学校的海外宣传等。结合不同学校的专业设置和学科特点，针对性的开发校园文体交流、科技旅游、文物古迹游、民俗文化参与体验旅游等有特色的体验性旅游项目。

（三）修学旅游产品设计方面

1. 主题突出，塑造品牌

利用陕西省丰富的历史积淀、多种教育资源，制定出鲜明主题的旅游产品，在不同时期推出不同主题，也可以不同企业间拥有自己不同方面的优势，根据自己特色产品来制定策略。充分运用品牌策略，保持顾客的忠诚度，不断将新产品推向市场，提高市场竞争力，吸引更多的海外修学学生。陕西修学旅游的产品可以围绕“大秦岭人文生态旅游度假圈”、以西安为起点的丝绸之路风情体验旅游走廊、高 A 级景区旅游板块展开。重点培育华山、骊山、终南山、太白山等秦岭北麓生态旅游景区，整合金丝峡、南宫山等陕南生态旅游景区，展现“华夏龙脉”秦岭的大好风光。通过加强民俗文化深度开发，深化山水文化，建设特色旅游商品集散基地，形成集自然观光、休闲度假、科考探险、三国文化、民俗体验、乡村旅游于一体的特色旅游聚集区，让修学成员能够真正地亲近大自然，集旅游、学习为一体，达到增进技艺、增长知识的目的；搭建丝绸之路国际旅游国际化平台，采取创新营销的方法，宣传陕西在古丝绸之路开拓、繁荣、变革中的特殊地位，推广陕西旅游提档升级中的新业态、新形象、新理念，以古都西安为中心，依托秦始皇帝陵博物院、华清池、大雁塔、大唐芙蓉园、汉阳陵、大明宫遗址公园等核心景区，重点培育能够反映彰显和提升陕西作为丝绸之路起点的地位的文化特色的景区，让修学成员在实践中学习历史知识，感受文化气息；进一步扩大陕西旅游的知名度和影响力，重点推出“复活兵马俑游陕西”“丝路起点·陕西旅游美食”“丝路民俗风情·千年历史古都”“剪窗花送祝福”等创意活动，为开拓陕西的海外修学旅游市场进行有效宣传。

2. 突出地方特色，实现产品的差异化与多样化

陕西是十四朝古都，包括了中国历史上最为辉煌的周秦汉唐，因而陕西拥有丰富的历史文化资源，地域特色突出。要把各地的优势发挥出来，通过旅游商品的设计与生产，形成与其他地区商品的差异化，最终形成陕西旅游商品的特色和品牌。可根据留学生有较高的文化水准这一特征，设计出差异化的旅游产品、制定游戏规则，开发出旅游费用适中的留学生文化旅游专线，将学习与旅游紧密结合起来，让学生在旅游的同时能学到知识，要注意休闲性与修学的严肃性有机结合，融知识性、参与性与趣味性于一体，游与学的结合深度要适宜，既要克服常规旅游项目的肤浅性，提高旅游活动的参与性，学习功能镶嵌在旅游过程的每一环节；另一方面要侧重教育功能，以注重熏陶，积累沉淀为宗旨。做到以游助学，让外国学生在陕西省游览的同时能较深刻地领略到陕西省独特悠久的民俗风情，感受中国的历史文化。

（课题负责人：崔琰 戴卫红）

陕西省高 A 级景区容量调研与管理

陕西省旅游局
西安文理学院课题组

一、陕西省高 A 级景区分布与运营现状

2006 年经全国旅游景区质量等级评定委员会审核批准，西安市秦始皇兵马俑博物馆、西安市华清池景区、延安市黄帝陵景区晋升为首批国家 5A 级旅游风景区。截至 2013 年底，我省共有 A 级旅游景区 253 家，各 A 级旅游景区共接待国内外旅游者 12286.69 万人次。西安市拥有 61 家 A 级旅游景区，位居榜首。其他依次是咸阳市 36 家、宝鸡市 31 家、延安市 20 家、安康市 20 家、汉中市 20 家、渭南市 19 家、商洛市 17 家、铜川市 11 家、榆林市 10 家、韩城市 5 家、杨凌区 3 家。全部 253 家 A 级旅游景区中，自然景观类 77 家，历史文化类 65 家，博物馆类 47 家，休闲度假类 19 家，红色旅游类 16 家，主题游乐类 11 家，工业旅游类 4 家，乡村旅游类 2 家，科技教育类 2 家，其他 10 家。2014 年经全国旅游质量等级评定委员会公布，我省新增 5A 景区 1 家，经陕西省旅游质量等级评定委员会公布公布，我省新增 4A 景区 23 家。截至 2014 年 12 月，西安市拥有 5A 景区 3 家、4A 景区 20 家，咸阳市拥有 4A 景区 6 家，宝鸡市拥有 5A 景区 1 家、4A 景区 11 家，延安市拥有 5A 景区 1 家、4A 景区 4 家，汉中市拥有 4A 景区 7 家，安康市拥有 4A 景区 6 家，渭南市拥有 5A 景区 1 家、4A 景区 3 家，商洛市拥有 4A 景区 4 家，铜川市拥有 4A 景区 3 家，榆林市拥有 4A 景区 3 家，韩城市拥有 4A 景区 2 家，杨凌拥有 4A 景区 2 家，合计有高 A 级景区 77 家。

2013 年全省 5A 级旅游景区旅游者接待量为 3718.06 万人次，占全省 A 级旅游景区接待总量的 30.26%；4A 级旅游景区旅游者接待量为 4812.65 万人次，占全省 A 级旅游景区接待总量的 39.17%。5A 级旅游景区实现总收入 178652.00 万元，占全省 A 级旅游景区总收入的 30.74%，平均每家 5A 级旅游景区收入 35730.4 万元；

4A 级旅游景区总收入 219707.25 万元，占全省 A 级旅游景区总收入的 37.81%，平均每家 4A 级旅游景区实现收入 4577.23 万元。这说明高 A 级旅游景区对旅游者具有更强的吸引力，已成为旅游者出行的主要目的地。

二、高 A 级景区容量管理的必要性和意义

我省由于景区分布相对的集中在关中地区，关中地区的 5A 景区关中占到了全省 5A 景区数量的 83%，4A 景区占到 68%。因此上述景区接待量季节变化明显，对于景区接待能力具有较强的冲击，甚至造成破坏。比如 2014 年“十一”黄金周期间，秦始皇帝陵博物院共接待旅游者 40 多万人次，最高日接待量超过 10 万人次，景区门前车流量 1.5 万辆，直接导致旅游者的旅游体验严重下降。更有甚者，2012 年国庆节期间，由于华山游客数量激增，超过华山缆车运送能力，造成大量游客一度滞留山顶。现场多名游客均表示当晚景区工作人员还与他们发生过冲突，随后网传景区出现游客与工作人员的打斗事件。

根据最新颁布的《旅游法》中明确指出：景区必须实行流量控制，公布核定的最大承载量，要制定和实施流量控制方案，在可能达到最大承载量时，应当提前公告并向当地人民政府报告，及时采取疏导和分流措施，景区可以采取门票预约方式，对景区接待旅游者的数量进行控制。《国务院关于促进旅游业改革发展的若干意见》指出会更加强调旅游发展的质量，让游客游得放心、游得舒心、游得开心。因此为了更好地经营管理我省的高 A 级景区，有必要通过在上述法律法规的指导下，通过调控游客停留时间、游客分流等措施，科学疏导游客量，来探讨景区旅游环境容量问题，维持景区可持续发展。

三、陕西高 A 级景区容量管理的主要建议

（一）引导旅游者的需求变化

景区其他各种职业旅游者的组成比例相差较大，多样的职业组成意味着多样的旅游需求，要求多样化的旅游产品。旅游者游览行为的高度自由性特征为我们进行游客分流提供可行性前提，因此，我省高 A 级景区应该顺应旅游者的多样化发展趋势，增强景区的观赏性和可体验性，适应人们日益增长的娱乐、教育、逃避现实和审美的体验需求，满足观光与深度旅游诉求，最终提升景区的市场竞争力，实现景区管理、游客分流的管理目标。

（二）提高景区的旅游供给能力

1. 景区资源空间和环境承载力的整体性拓展

从整体看，景区不平衡发展的趋势日益严重，需要全面规划整体地适度开发。政府应斥资全面启动景区的整治工作，这样大规模的整治工作可以为其旅游环境带来根本性的改善，实现景区的平衡发展和整体环境的良性利用，并会极大地扩容景区的通道，提高景区资源空间和生态旅游环境承载力。景区内还应建设一些连串各个景点的小道，一方面可以解决现有道路的车辆、行人压力；另一方面也为游客提供更多的游览路线和游览的环境空间。需要注意的是，不仅需要增加建设一些“热门”景点之间的非机动车道路交通，还要完善经常超载景点和弱载景点之间以及弱载景点之间的非机动车道路体系的建设，利于游客流动，不会因为“不顺路”的问题而影响客流的疏散。

2. 建立并完善景区内部的疏散机制

一日之内，游客往往集中于某些时段进入，游客在景区内部的游览逗留时间也长短不同。这容易导致多数景区客流日内波动明显，经常出现游客高峰期超载现象。除了特定的景点存在观赏时间的特殊要求外，高峰期的形成究其原因主要是游客的出行时间、路线的相似及起居、饮食等生活节律所导致的。所以，即使在总量上没有超载，但在局部地段、局部时刻就很可能超载。因此需要对景区内的瞬时容量进行控制，可以通过对游客的进出数量进行动态监控，判断逗留在景区内的人数是否超载，并相应采取控制措施。还需要对景区内部的各景点游客进行引导疏散。具体方法可考虑：设计不同的游览活动线路（从不同出入口进出、调节旅游活动的内容顺序）、控制游客分时段进入景区、延长开放时间、加大可能导致高峰期的班车时间间隔、对热点景区单独出售、在景区内及时向游客传递游客空间分布信息等。

3. 开发品牌化的旅游活动项目

加大低热度景点和新产品的替代分流作用，一般景点与新兴景点由于游客数量少、资源环境的破坏相对较小，长期远离饱和状态，与著名景点经常过度饱和形成鲜明对比。所以，应当对这些旅游地加大开发力度、宣传力度，以价格促销、产品形象重新包装、与主打产品联合营销等方式，将一部分游客从知名度高的景点分流，可选择游客体验水平接近、但在时间价格上更具竞争力的旅游项目进行替代性开发，通过丰富多彩的“品牌”活动，提升整个景区形象的同时增加旅游供给能力。

4. 加快游览区和非游览区的客流运转

主要是要核心景区内道路建设或者扩建现有的游览通道，设法增加游客容量。

另外，也要综合考虑，统筹规划好核心景区的游览路线，形成景区内部人流合理化的设计，加快客流的运转速度，避免人流出现混流现象。在非游览区要增加环保专用车的数量，避免客流集中的区域造成车流的拥堵。同时，尽可能扩建各景区停车场的面积。

5. 使用职能交通系统，引导交通需求的行为

利用先进电子技术、信息技术以及计算机网络、景区道路上的摄像头、大型可显示的大屏幕等设备，科学地控制和引导全景区的交通流，要把景区内交通管理从点控制升级到线控制层次，景区综合筹划治理，对景区交通状况进行有效管理。

6. 为自助游客选择行为创造条件

根据上述分析，旅游景区人流拥堵现象深刻原因在于旅行社、导游等利益群体的影响，如果游客能够充分按照自己的出游意愿来安排自己的行程，不受旅行社、导游的影响，这部分游客的分散可以成功实现游客分流，大大降低景区的交通压力。因此，可以通过针对散客发行旅游指南，或者通过手机短信等方式实时向散客发布各景点客流量信息等措施来引导游客的选择行为。

（三）提高政府宏观调控能力

旅游地政府的管理水平的高低直接影响了旅游区环境状况的好坏，是旅游环境容量的一个重要影响方面，也是旅游景区容量调控的关键。而影响旅游地管理水平高低的主要因素有管理的组织水平、管理的技术手段等。

地方政府通过信息化、智能化手段，可采取互联网、电视、广播等动态媒体的渠道构架景区一级指挥调度系统。由交通与公安等部门牵头，对通往景区的外围道路入口和主要集散中心（地）进行流量监控，在景区外部进行引导、分流和截流。同时，旅游景区与地方政府实现联网，进行信息实时共享，根据外部信息反馈及时做好调控预案。

利用信息化技术建立旅游景区游客流量调控系统，对出入口、卖票区、道路狭窄区、停车场、热门景点等区域进行实时监控，在客流高峰期（如黄金周及各类假期）采取提高门票价格、游客分流、引导以及车辆调度等相关的调控和调度措施，来缓解景区内的拥挤状况，并将信息反馈至地方政府一级总调控系统，内外联合管理和调控，实现游客旅游活动安全有序进行。

加强对景区游客容量阈值管理的公共监管平台建设。为了能够确保科学规划的合理落实，并且严格控制景区的功能区布局，由此实现科学分流旺季时段的游客压力。应主动尝试建立一系列的公共监督管理的开放平台，进而实现大遗址景区管理在公共监督下建立一系列环境容量及资源保护措施、追偿措施。目前旅游环境容量可通过分析与定量力求接近其旅游环境容量的真实值，在实践中操作中应该从完善旅游服务设施、游客流量、线路统筹及环境再生的调控角度出发，提出旅游环境容量调控对策。

完善旅游供求信息沟通的建设。目前，电视台及其他传媒在黄金周期间轮番播出主要旅游景点的环境容量状况和游客人数，对引导客流的空间分布起到很好的作用。随着网络的普及，旅游景区或旅游企业应大力加强发展旅游电子信息系统，包括在网上发布旅游地客流信息。另外，针对容易发生超载的主要大遗址景区，逐步推广景点预约制度，开发旅游预售系统，以预定门票的方式解决高峰期的超载现象。

（四）建立景区容量调控机制

由于旅游容量的复杂性，要及时有效地对旅游环境容量进行调控，必须建立科学的调控机制，使不合理的旅游活动及产生的问题得到及时控制，需建立的至少应该主要包括预警机制、决策机制、反馈机制、管理协调机制等。

1. 预警机制

预警的建立主要是依据容量监测指标因子的变化情况及客流数量的增长速度、集中程度等进行的。首先为各个指标确定可以接受的标准，再通过指标向可以接受的极限方向变化的速度和接近的距离来发出预警。依据所选指标现有的总体状况和趋势，预警信号还可以进一步划分成不同的警示级别，如一级、二级、三级等。在景区的入口、通向各个景点的路口、景点内设立电子显示牌，显示不同时段、不同景点之间的客流量大小情况，给旅游者提供最及时的旅游信息；同时，定时或不定时地给旅游者提供建议旅游项目和可选旅游线路，使客流量在同一时段不同景点之间进行合理的调配，避免出现同一时段个别景点人满为患，而另一些景点则门可罗雀的状况。

2. 决策机制

这主要指针对现有的环境问题和预警问题如何处理，即如何作出决定以及决定什么样的调控手段方法的问题。由于提出的可供选择的调控途径手段有很多，涉及的相关知识与相关部门也很多，仅靠景区管理者是难以保证选择出最佳途径方法的。一般来说，应该建立一个由专家学者、管理者、技术人员、社区代表等共同组成的决策组，并征求各方面的意见。

3. 反馈机制

调控效果的及时反馈能够预警指标体系、调控手段的不断优化，反馈的实现主要是通过指标监测的信息反馈实现的，同时还须调查游客及居民等利益相关者的意见。反馈机制的效果在于检验决策的正确性和保障调控措施的实施。

4. 管理协调机制

容量管理调控工作，至少涉及到旅游管理部门、旅游经营商、旅游者、居民等不同人群，旅游管理部门又分为直接主管部门与高层管理部门。各方之间一方面需要互相协调、信息传递；另一方面，相互之间又存在着管理、被管理的关系，所以容量管理调控工作是一个交错复杂的系统性工作。在现实工作中，必须协调利益相关者如旅游经营者（导游、当地居民等）的关系，推进管理调控工作。

（课题负责人：崔琰　郭明历）

陕西省旅游市场环境质量提升对策研究

陕西省旅游局
陕西省旅游研究院课题组

一、旅游市场环境构成

旅游市场环境是指影响旅游市场供求变化的经济、政治、社会、文化教育等状况。旅游市场环境的发展和演替，受自然规律、经济规律以及社会规律的支配和制约。旅游市场环境是相对于旅游自然环境而言的，能反映出在市场各个要素综合作用下旅游业的运行状况和运行效率。

旅游市场环境是由多个环境要素构成的。一般而言，旅游市场环境要素包括：政治环境要素、法律环境要素、经济环境要素、旅游交通环境要素、社会文化环境要素、自然地理环境要素、市场竞争环境要素、旅游营销环境要素。

二、陕西旅游市场环境特征

（一）旅游市场政策环境的特征

陕西省委、省政府高度重视旅游业的发展。从 2013 年全面启动“310 文化产业工程”，即十大重点文化旅游项目、十大重点文化基地项目、十大重点文化设施项目。全省在建、新建旅游重点项目 360 多个，投资累计 700 多亿元，招商引资项目 200 多个、涉及资金 1690 亿元。2014 年 9 月，陕西省政府注资 5 亿元，设立陕西旅游产业发展基金。同年 12 月，由陕西旅游集团发起并联合国家开发银行、平安银行、中信集团等共同成立陕西省首个旅游产业投资基金。总体来看，陕西省旅游市场政策环境特征表现出如下特点：发展思路清晰，重视旅游市场环境的培育；相关部门重视旅游市场环境建设。但是目前各级旅游管理部门的综合协调能力不足，存在条块分割造成的层次过多、职能交叉、权责脱节和多重多头执法等问题，旅游业发展的综合改革探索不足，旅游业发展的“大旅游”工作格局与管理机制不健全；部分市县旅游管理机构没有独立设置；产业发展配套政策不完善。

（二）旅游市场经济环境特征

旅游市场经济环境总体表现出如下特点。第一，旅游经济环境总体发展态势良好。2013 年全省接待境内外游客 28514 万人次，比上年增长 22.5%，旅游总收入 2135 亿元，比上年增长 24.6%。旅游总收入相当于全省 GDP 的 13.3%，比上年提高 1.45 个百分点，相当于全省第三产业增加值的 36.06%，比上年提高 1.86 个百分点。通过发展乡村旅游、开发旅游商品、旅游景区（点）、星级饭店和旅行社等，新增就业 8 万多人，占全省新增城镇就业人数的 19.97%，带动农民收入增加 3.3 亿元。第二，主要旅游客源地经济运行良好。第三，目前旅游门票收入所占比重较大，与上海、浙江、江苏、河南、四川、甘肃等省相比，陕西省 4A、5A 级景区门票价格相对于本省居民收入和生活消费水平而言处于偏高的状态。第四，陕西旅游投融资呈现出多元化趋势，但旅游业投入不足、市场化程度低，旅游投资与融资的政策、法规不配套，旅游融资渠道狭窄，银行融资门槛较高等问题也很突出，投融资环境还需不断优化。第五，陕西旅游业产业关联度不紧密。目前，陕西旅游业的组织结构基本形成了两个三角形的市场组织结构，一是旅游业数量的三角形。少数大型、巨型的旅游业实现了集团化经营，雄踞三角形的顶端，中型旅游业通过专业化居于三角形的中部，大量小型的旅游业则位于三角形的底部，成为大旅游业的外部网络。二是旅游市场份额的逆三角形，旅游业的市场集中度高，然而中小旅游业单体规模小，单位经营规模远远低于其他旅游产业水平。第六，旅游经济竞争环境处于中等水平。

（三）陕西旅游市场交通环境特征

目前，陕西省已初步形成适应旅游业发展的立体交通网络。西安咸阳国际机场是西北地区最大的机场，延安、榆林、安康、汉中等地市均设有机场。形成了“两纵五横四枢纽”的铁路交通和“两环三纵六辐射七横”的高速公路网络，高速公路连接全省所有重要的铁路、公路和航空交通枢纽城市。西安国际港务区内的铁路车站已获准作为临时口岸对外开放，口岸建设强化了陕西国际交流能力。

陕西旅游交通环境存在的问题表现在以下几个方面。第一，景区旅游交通基础设施仍然滞后于旅游业的发展。第二，旅游交通公共服务体系不完善，旅游交通信息化程度不能满足旅游业发展的需要。第三，铁路旅游交通存在不足。缺少依托火车站建设的立体、综合、零换乘的现代化客运交通枢纽；部分线路的始发车次较少，还不能满足旅游旺季的需要；旅游专列不足。第四，航运能力还不能

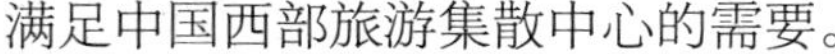
满足中国西部旅游集散中心的需要。

（四）陕西旅游市场营销环境特征

政府主导的旅游营销对陕西旅游推介一直发挥重大作用。近年来，陕西省不断探索新的旅游营销方式为主，开展“旋风式大规模营销”，抓“时间节点营销”，抓“会展营销”，重视拓展国外市场的新营销。从总体来看，陕西旅游营销环境存在的问题：旅游形象和品牌营销创意不足，与其他省份比较，存在要素雷同，形象缺乏创新与连贯性，形象口号缺乏情感共鸣，引导效果不明显的问题；旅游景区缺乏竞争理念；旅游营销与国家法律政策变化存在时滞；多数景区缺少旅游营销专项资金支持；新技术应用滞后；社会文化观念存在制约；交通服务在一定程度上对旅游营销产生负面作用。

（五）陕西省旅游市场法律环境的特征

目前，陕西旅游市场存在的主要违法现象包括零团费、低团费、强制购物、景点缩水、降低接待标准、不负责任“黑导游”、旅行社擅改合同等乱象。某些现象还层出不穷，尤其是零负团费问题更是公众聚集点，组团社、地接社、导游和领队、购物和自费项目经营者之间形成了紧密的利益链条，解决起来有很大难度。

陕西省旅游市场法律环境存在的主要问题表现：旅游联合执法缺乏固定的组织机构和人员；旅游联合执法缺乏联动联勤机制；非常态化的执法机制；综合型职能导致执法的矛盾；缺少对导游人员的有效管理办法。

三、提升旅游市场环境质量的政策建议

（一）提升旅游政治政策环境质量建议

促进各市区旅游管理部门加强政策创新。突出大区域、大旅游、大市场、大产业的整体观，共同构建旅游大板块，将资源优势转化为经济优势，以推动全省旅游经济迅速发展。

加大力度制定旅游扶持政策。制定有关免费景区的财政扶持政策，制定自驾游旅游商品购销扶持政策，制定文化产业与旅游产业融合的政策。将旅游业发展用地纳入土地利用及城市总体规划，抓好供地协调保障工作，满足旅游项目用地需求。结合实际制定税费优惠政策，提高企业发展旅游的积极性。抓好招商引资，加强与大企业、大集团的合作，实现资源与资本的有效对接。从引导资金、金融支持、旅游用地、财政税收等多个方面，加快出台针对韩城计划单列城市、铜川资源型城市旅游转型发展、汉中全域旅游发展等不同类型城市的优惠扶持政策。

建议各市区设立专门的旅游局。根据本省特点，借鉴省外经验进行旅游管理

部门设置改革，建议各市区设立专门的旅游局。

推进旅游市场政策环境网络信息化。重视开展旅游市场政策环境网络信息化的建立和推广使用工作，通过网络媒体采用先进的信息技术进行旅游政策的宣传营销，逐步实现旅游政策的互联互通和资源共享，树立全省优秀旅游城市品牌。

加快适应成立陕西省旅游发展委员会的体制建设。陕西省旅游发展委员会的成立，势必会使陕西省的旅游工作机制发生根本性转变。重点强化旅游发展委员会的组织和统筹协调职能，完善部门联动协调机制，进一步整合行政管理资源，理顺行政管理职能。

加快稳定导游队伍建设。针对导游队伍存在不稳定的状况，加快落实稳定中、高、特级导游队伍的八项措施，建立省、市、县三级导游协会，落实导游薪酬和保险制度，培训提高导游素质。

（二）提升旅游经济环境质量建议

加大对旅游业的投资建设，增加旅游融资渠道。充分发挥政府的宏观调控作用，引导旅游企业规避风险，进行正确的资源配置。在招商引资的过程中，将旅游项目进行细化，保证投资者有足够的能力进行投标，还可以通过培育实力较强的旅游企业上市，以此拓宽旅游的投资与融资渠道。

尽快促进陕西旅游门票经济转型。借鉴国内外经验，可将景区分为公益型、市场型、混合型等三种类型，每种类型景区的门票价格进行区别对待，形成产权安排清晰、责任归属合理的科学的景区门票价格机制。公益型景区实行国家全额或差额补贴，实行免票或者低门票价格；市场型景区门票进行市场化定价；混合型景区由政府实行市场指导价或最高限价管理。

加快旅游业与多产业的融合，拓展和延伸旅游产业链条。

此外，还要进一步拓宽国内外主要客源市场，开辟新兴客源市场。

（三）提升旅游交通环境质量建议

加快拓展国际旅游航线。积极创造条件开辟西安直达欧美旅游大国的国际航线，进一步促进一线旅游大城市的国际航线向西安延伸，增设经停西安通往主要客源国的国际航线航班。开发航空与旅游融合的一体化服务产品，对乘坐国际航班从陕西入境或出境的境外游客在景点门票、酒店住宿等方面给予价格优惠。

提升旅游交通信息化水平和公共服务能力。扩大道路沿线通讯信号及网络覆盖面，增加通讯信号塔台，消除道路沿线信号盲区，提升移动网络服务质量。开发自驾游个人智能移动终端与车载终端服务系统，提供自驾营地信息服务、旅游景区信息服务、道路交通信息服务、旅行社信息服务、电子商务服务、实时定位信息服务、应急信息服务。完善干线公路沿线的旅游信息标识系统，提升服务区的旅游信息与公共服务能力与水平。

加强旅游交通枢纽建设，完善无缝化旅游交通服务。加快综合性交通枢纽的旅游服务体系建设，提升旅游服务能力，特别在高铁、机场等对外交通枢纽完善自驾车租赁服务系统，在有条件的城市和景区加快公共自行车服务系统的建设和完善。

加快建设西安中国西部国际旅游集散中心。逐渐开展更广范围的国际旅游业务，使客源分布遍及全球，丰富游客构成，加强陕西与中亚、欧洲国家的旅游合作，打造陕西丝绸之路旅游走廊。

（四）提升旅游营销环境质量建议

加强旅游网络等新营销方式。在传统营销的基础上，大力推进网络、多媒体、微信、微博以及微电影的旅游营销，同时开展旅游品牌整合营销。

建立多部门联合营销架构。组建含文化、文物、外事、宣传、广电、商贸、体育、会展、旅游等多部门联合营销陕西旅游的架构，制定多部门联合营销的长效机制。

完善旅游营销金融支持政策。进一步完善旅游营销金融优惠政策、制定旅游营销金融与财税保障政策，拨付旅游营销专项资金和经费奖励旅游企业营销创优、奖励各县（市、区）政府的旅游营销。对积极参与陕西省旅游营销的开发和运营的大财团、大企业，给予税收优惠、税收抵免等财政补贴，形成政府政策引导、市场运作、多方投资的旅游营销开发新机制。

拓宽旅游市场宣传渠道。印制多语种宣传品，多途径宣传，强化新媒体推介力度，加强网络营销手段，有效利用网站、微博、微电影等新媒体宣传推广陕西旅游产品；与境外旅游、宣传机构合作，建立长效促销机制，开展互惠双赢的旅游宣传营销。

构建入境旅游营销新平台。借鉴“中美省州旅游局长合作发展对话会议”平台模式，延伸至各主要客源国，面向境外旅游业界和公众推介陕西旅游。此外，还应组建第三方解决旅游营销中的文化和商业利益之间的矛盾。

（五）提升旅游市场法律环境质量建议

建立健全旅游综合执法机构。陕西省的旅游执法应从联合执法向综合执法过渡，综合执法有跨部门职权的常设组织机构和执法队伍。建议尽快成立陕西省综合执法局，整合了各个部门的执法权限，旅游者遇到的问题并不仅仅是行业问题，是与各部门有关的问题。

建立健全多元化协调机制体系，建立和完善大交通机制、大项目机制、大市场机制、大安全机制、大通关机制等。

深化综合协调机制层级网络体系。将旅游综合协调机制的建立健全全面铺开，在市县一级要加强布局和推进，将执法任务深入到基层，将权力给予到基层，完善层级网络，各层级协调发展。

完善基层旅游投诉统一受理机制。建议建立统一投诉平台，统一投诉平台可以与政府直接管理或者由综合执法局直接管理。

拓宽投诉举报渠道。在书信、电话、和来访投诉的基础上，开辟网络投诉举报平台，多渠道受理群众诉求和解决旅游纠纷。

督促各旅游经营企业设立旅游投诉机构。引导和督促各景区、旅行社、酒店等经营企业设立“旅游投诉服务站”，争取在第一时间处理旅游纠纷，防止事件扩大升级。

及时受理和查处投诉举报案件。监督各级旅游执法机构及时受理和查处投诉举报案件，完善“投诉必接、举报必查”的案件查处机制，确保对群众投诉举报案件做到“有投诉、有处理、有回复”。

加强陕西旅游标准化建设。瞄准新的旅游业态、旅游服务需求加强陕西旅游地方标准的制定工作，争取在短时间内形成系列化的标准和规范。

（课题负责人：李开宇　李霆）

陕西省智慧旅游建设发展对策研究

陕西省旅游局
长安大学课题组

2011 年 7 月，我国国家旅游主管部门公开表达了开展智慧旅游的愿景与目标。2012 年，国家旅游局组织编制《智慧旅游建设导引》，中国旅游景区协会启动《全国旅游景区建设指南》，标志着我国智慧旅游开始步入建设与实施阶段。与此同时，国家旅游局对“智慧旅游城市”试点工作进行了部署，先后两批确定了 33 个智慧旅游试点城市。截至目前，我国已有 19 个省、43 个市制定了智慧旅游发展计划。2015 年 1 月，在国家旅游局《关于促进智慧旅游发展的指导意见》中提出，到 2016 年，建设一批智慧旅游景区、智慧旅游企业和智慧旅游城市，建成国家智慧旅游公共服务网络和平台，这些都标志着我国的旅游业发展正积极迎来“智慧旅游新时代”。

一、发展现状

（一）数字旅游建设初见成效

目前，陕西省旅游局已建立陕西旅游官方网站——陕西旅游资讯网，并推出了官方微信和微博，为数字旅游奠定了坚实的基础。陕西省各地市也正着力筹建旅游信息咨询中心（其中以西安市建设工作尤为突出），以满足大数据时代社会公众的信息需求。

对陕西省 76 个高 A 级景区进行信息化调查研究发现，89% 的景区建设有自己的景区官方门户网站，49% 的景区门户网站研发有在线订票系统并对游客开放，31% 的景区配备虚拟旅游技术，10% 的景区进行了电子导游机的普及。此外，对陕西省的 4 星级和 5 星级酒店调查研究发现，84% 的酒店拥有自己的官方门户网站并在网站内提供在线预订客房平台，57% 的酒店已开通自己的官方微博并定期推送相关资讯。

（二）通信运营商发挥重要作用

随着国内旅游市场发展的日益兴旺，各大通信运营商也瞄准这一市场，相继开展针对旅游的新业务，将其传统业务延伸至旅游服务领域。陕西省 12301 旅游服务热线主要开通的功能有咨询、投诉、紧急救援、信息发布等，并设有对应服务机构进行服务与维护使用。

（三）旅游电子商务初步发展

陕西省旅游景区、旅行社等涉业群体大部分已建立自己的旅游电子商务网站，约 30% 的景区与著名旅游电商，如携程旅行网、同程旅游网、去哪儿网、艺龙旅行网、驴妈妈旅游网、途牛旅游网等签订了门票代理协议。陕西浪游网、陕西骏途旅游网等本土旅游电商正在逐步发展壮大。

（四）信息标准尚未确立

陕西省各地市在智慧旅游建设中做了相关工作，但是由于智慧旅游目前尚处于探索阶段，在数据库建设、网上预定与支付等方面缺乏统一标准，因此造成不同部门在数据共享、实时观测上具有一定难度，因此统一智慧旅游建设标准势在必行。

（五）专业人才匮乏

从总体来看，随着智慧旅游的发展，既懂旅游又懂电子商务的综合性人才缺乏，由于旅游产品生产和消费的同时性等一系列特点，旅游电子商务不同于其他商品的网上营销，如何寻找市场卖点及商机，需要旅游和电子商务的有效结合。

二、发展目标与建设项目

（一）总体目标

以“数字陕西，智慧旅游”为主题，拟用 3—5 年时间，建设一个库（陕西旅游信息数据库），开发一个标准系统（自助旅游查询与预订系统），建好两类网（陕西旅游资讯网、陕西旅游电子商务网），完善两个中心（应急指挥信息中心、12301 呼叫中心），推进“四个数字”（数字景区、数字酒店、数字旅行社、数字乡村），开发推广“一卡一屏一游戏”（一卡通、触摸屏、陕西旅游游戏软件）。

通过这些“智慧旅游”项目的建设，实现省域内全区域、全方位、全时段覆盖，集实用、便捷、经济、高效等于一体，为海内外游客和本地居民提供专业、及时、准确、多语种的查询以及预定等综合性服务；为旅游企业提供产品发布与营销的政策环境与信息平台；为政府提供行业监管与规范的实时数据与依据。

（二）总体框架

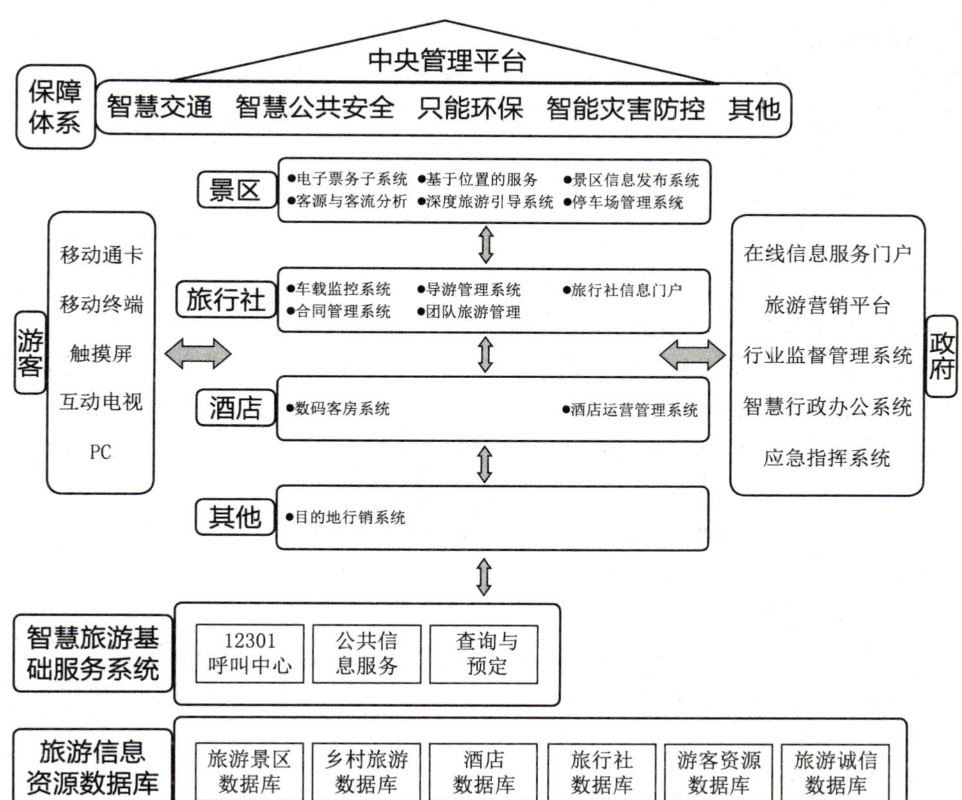

智慧旅游总体规划架构图

（三）建设项目

1. 组织机构与基地建设

第一，建设“陕西省智慧旅游信息服务中心”。该机构以公益性服务为宗旨，以建设旅游信息数据库为核心，借助数据资源目录及数据交换共享技术，梳理并整合原先分散在旅游景区、旅游企业、旅游管理部门及相关机构或组织中的旅游资源信息、服务企业信息、服务对象信息、服务渠道信息，形成有序、集成、准确的各类信息库，为游客、政府部门、旅游企业提供公共信息、行业监测、规范标准等。

第二，建设“陕西省智慧旅游信息服务基地”。该服务基地以公益性服务与商业服务结合为宗旨，以政府部门与现代企业（例如中兴、同程、华为等企业）共同建设为方式，梳理并整合原先分散在旅游景区、旅游企业、旅游管理部门及相关机构或组织中的旅游资源信息、服务企业信息、服务对象信息、服务渠道信息，政府与企业分工协作，政府提供公共信息、行业监测、规范标准等；企业进行网络营销等商业运作，建设“陕西省智慧旅游信息服务基地”，为游客等各类需求者提供公益信息或商业信息。

2. 旅游信息数据库建设

旅游信息数据库属于智慧旅游后端支撑体系，是为游客、旅游企业及政府管理部门提供公共信息服务平台的基础。数据质量的详略程度、数据的组织是否合理直接影响信息平台功能与性能的发挥。

从长远、整体和全局出发，陕西省应重点规划和建设一批宏观性、战略性、基础性、公益性的旅游信息数据库，制定数据库标准与规范，整合和改造现有的各种旅游信息资源，在全省范围内建立有效的旅游信息共享机制，分级管理与维护数据资源。

内容包括旅游交通数据库、景区数据库、酒店数据库、旅行社数据库、乡村旅游数据库等等。

3. 自助旅游查询与预订系统

以旅游交通与天气查询、旅游景区查询与门票预订、旅行社线路查询与预订、酒店客房查询与预定等为核心内容，制定查询与预订系统标准与规范，帮助游客了解旅游目的地概况，完成相关旅游安排。

4. 网站建设

陕西旅游资讯网是我省唯一为国内外游客、相关旅游运营商、旅游企业提供旅游信息的省级官方公益性网站，属于智慧旅游的前端应用载体。在未来建设中，建议名称直接改为“陕西旅游公共信息服务网”，以陕西省旅游信息数据库为核心依托，链接自助旅游查询与预订系统，以公益服务为主导，提供旅游目的地交通、天气、租车等各方面信息，完善与官方微博、微信等平台的运行机制，同时为旅游景区、旅行社的网路销售提供平台和接口。

此外，应大力扶持陕西浪游网、陕西骏途旅游网等本土旅游电子商务营销商，发展在线旅游服务，实现网络营销、网络预订、网上支付，以陕西省旅游信息数据库为依托，提供基础服务；以自助旅游查询与预订系统为核心依托，进一步拓展其业务，为陕西省内景区、乡村旅游点、酒店、旅行社、长途客车、出租车等旅游产业及相关产业的各种服务提供宣传与销售平台，使这些本土旅游电商成为陕西旅游产品的旗舰店与综合营销商，带动全省旅游电子商务发展。

5. 两个中心

建设应急指挥信息中心：在旅游旺季及节假日，通过与旅游景区、交通部门、公安部门协作，实时监控重点路段、重点景区的旅游状况，发布旅游目的地相关信息，并配备相应应急方案，合理引导游客分流，预防安全事故的发生。

12301 旅游服务热线中心：完善其功能，提升其知名度和应用范围，配备相关人员，使其成为陕西旅游的形象窗口。

6. 四个数字建设

第一，建设数字景区。率先在 4A、5A 级景区建设电子票务子系统、景区信息发布子系统、基于位置与身份识别的服务子系统、客流趋势与预警子系统、停车场管理子系统等等。其中电子票务子系统是首要建设内容，主要包括以下项目。

RFID 电子门票验票系统：使用 RFID 电子门票，游客在通过验票口时，读卡器可以自动感应到电子门票，并可对游客信息进行实时统计。在客流量大时，将缩短游客检票时间，实现快速通关。此外，通过把游客信息（如手机号码）与 RFID 门票进行绑定的方式，可以为游客提供更加多样化、个性化的服务，例如为游客发送景点介绍、景区地图、娱乐购物促销等方面的短信或彩信。

二维码门票验票系统：使用二维码门票，游客可以预先通过在线预订的方式，通过手机或其他移动终端获得门票的二维码，实现异地取票、实时取票。发票部门可以通过电信运营商的服务，解决售票网点的不足，并实现无纸化出票，低碳票务。

条形码门票验票系统：使用条形码门票，可以利用邮政系统的明信片进行发放。借助遍布全国的邮政网络，既可以实现异地取票，也可以达到为景区做宣传的目的，使门票兼具收藏价值。

第二，建设数字旅行社。数字旅行社建设主要包括建立电子合同管理系统、导游管理系统、车载监控系统三个方面。

电子合同管理系统：电子合同是旅行社和游客所签署合同的电子化。有两种签订模式，一是旅行社通过平台开展业务自动生成电子合同，加盖电子印章后打印，在本地与游客签订；另外一种方式是，异地游客在网上订购旅游产品，和旅行社在平台上直接签订。电子合同由于是在平台上通过业务产生，使用了数字证书和电子印章，不仅具有法律效应，还具有唯一性和易查证等特点。电子合同不仅保障了游客、旅行社的利益，还可大大提高旅游部门的监管效率。

导游管理系统：为方便导游管理，同时做到人性化的相互选择，建立导游电子档案并与导游证编号相互关联，提高导游行业纪录和资质情况信息度，同时也实现对导游的信息化管理。

车载监控系统：该系统主要针对旅游大巴、旅游专线公交等车辆，通过 GPS 定位等技术进行实时跟踪管理。该系统的应用，能够及时发现安全隐患和异常情况，并采取相应措施，例如汽车司机违规驾驶、行车路线偏离预定行程、异常停车、突发交通事故等采取警告、询问、报警、营救等方式。

第三，建设数字酒店。其主要包括搭建酒店运营管理系统和数码客房服务系统。在酒店实体和游客之间搭建一个统一的信息发布与共享平台，包括酒店信息查询、入住预订、餐饮预订、其他服务预定、服务评分等。

数码客房服务系统：酒店客房内的智能终端，包括酒店信息、周边景区、周边商业网点、周边餐饮、交通一键通等服务内容。

第四，建设数字乡村。对于乡村旅游目的地建立相关网站和预订系统，游客活动区域实现全 Wi-Fi 覆盖。

7. 一卡一屏一游戏

一卡：大力开发推广“陕西旅游一卡通”，为游客提供“全程优惠服务”和“电子支付服务”，使游客在景区、酒店、公交系统等相关消费方面更加快速、便捷。

一屏：在火车站、机场、商业广场等人流密集处，设置陕西旅游触摸屏，以陕西旅游信息数据库、自助旅游查询与预订系统为支撑，为游客提供自助导览、网上订购等服务。

一游戏：以陕西旅游相关的历史事件或人物为蓝本，开发系列游戏软件，延伸陕西旅游产业链。

三、陕西省智慧旅游发展的实施路径

（一）政策扶持

成立智慧旅游发展的专门组织机构，强化统筹协调职能，消除信息壁垒；加强智慧旅游建设的统一领导和宏观决策，建立有利于发挥信息化重要作用、分工合理、责任明确的智慧旅游体制；积极开展各地各级智慧旅游专项规划工作，作为智慧旅游建设的基本纲领。

（二）相关法律法规建设

编制《陕西省智慧旅游发展纲要》，在现有旅游行业规章的基础上，加快推进城市智慧旅游综合立法工作，规范、保障、引导旅游资源开发与保护，旅游产业运行，旅游市场秩序维护，旅游监管体制建立与运行以及景区日常管理。

（三）人才培养和引进

制定和完善智慧旅游人才的培养与引进政策；激励和引导有条件的高等院校

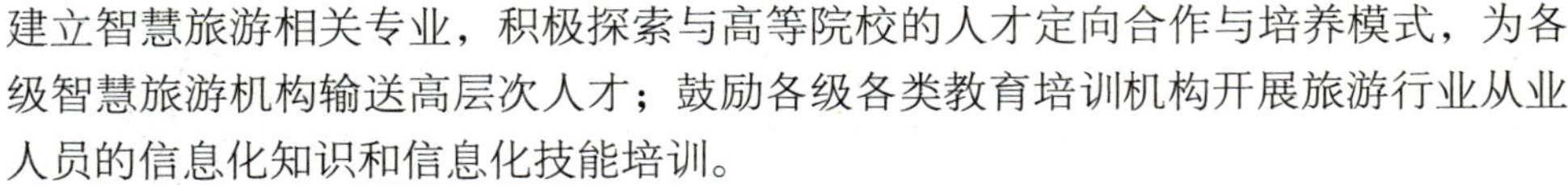

建立智慧旅游相关专业，积极探索与高等院校的人才定向合作与培养模式，为各级智慧旅游机构输送高层次人才；鼓励各级各类教育培训机构开展旅游行业从业人员的信息化知识和信息化技能培训。

（四）资金投入

设立智慧旅游发展专项基金，加大对智慧旅游建设重点领域、重点项目的投资力度，加强资金使用的统筹管理与监督审核，提高智慧旅游资金的使用效率；建立和完善多元化投入机制，形成政府投资、外资和民间资本等多渠道投融资体制，按照“政府主导、企业运作”的基本原则，有效、有序地推进智慧旅游建设。

（五）扶持本土，借势发力

除扶持陕西浪游网、陕西骏途旅游网等本土旅游电商外，陕西旅游要借势发力，从政府、景区、乡村旅游目的地等各个层面加大与携程旅行网、同程旅游网、去哪儿网、艺龙旅行网、驴妈妈旅游网、途牛旅游网等知名电商的合作，突出陕西特色和主题产品，加大市场营销的力度和规模。

（课题负责人：丁华　陈梦榆）

丝绸之路经济带对深化陕西旅游文化产业多重价值研究

陕西省旅游局
西安交通大学课题组

一、陕西旅游文化产业的大背景和总体特点

（一）中国传统旅游文化的总体特点及现代性转变

旅游文化是由旅游观确定的。西方现代的旅游观强调旅游的休闲娱乐功能，体现了“游”的含义，即身心愉快；中国传统的旅游观则重视旅游的认知实践功能，体现了“行”的含义，即知行合一。这些都构成了陕西旅游文化的大背景。省旅游局杨忠武局长在 2014 年的讲座中指出：“旅游的本质就是一次经历、一次阅历、一次体验，也就是旅游者离开家门到达旅游目的地，然后再回去的这样一次差异化体验，是一种异地的生活方式体验。”因此，中国传统旅游文化方式，正在从背负着历史使命感的沉重旅行，迈进了娱乐休闲为主的轻松旅游。

（二）陕西传统旅游文化资源的整体特点、局部亮点及开发战略

陕西历史悠久厚重，不仅意味着它曾经是全国的政治中心、经济中心、文化中心，也意味着它是全国交通和旅游的枢纽。丝绸之路经济带将陕西作为新起点，是由多种优势共同决定。陕西的历史文化优势可以简称为“都”，地缘地理优势可以简称为“路”，生态地质优势可以简称为“岭”。陕西旅游局为此制定了三大战略，取得了很突出的成果。

1. 关于“路”的战略

国家丝绸之路经济带概念已足够说明路的重要，省旅游局 2014 年明确部署：“积极构建以西安为起点的丝绸之路风情体验旅游走廊。认真贯彻落实中省关于构建丝绸之路经济带的部署和要求，用好‘丝绸之路起点’这块金字招牌，把打造丝绸之路起点旅游作为全省旅游发展的重点。”

2. 关于“都”的战略

陕西在辉煌历史中留下了无数的文化遗址，这些是“都”的一部分。甚至红色

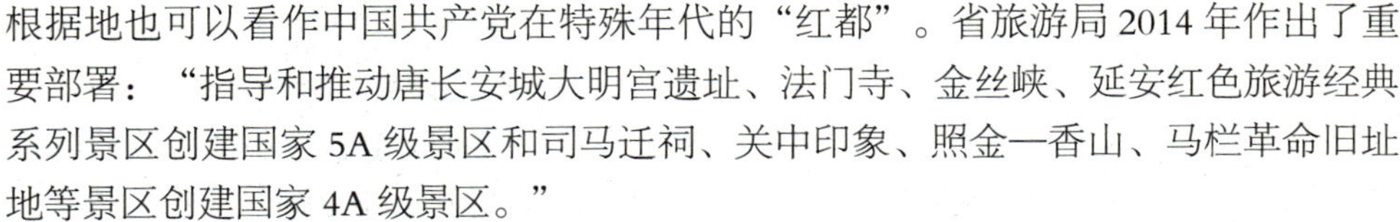

根据地也可以看作中国共产党在特殊年代的“红都”。省旅游局2014年作出了重要部署：“指导和推动唐长安城大明宫遗址、法门寺、金丝峡、延安红色旅游经典系列景区创建国家5A级景区和司马迁祠、关中印象、照金—香山、马栏革命旧址地等景区创建国家4A级景区。”

3. 关于“岭”的战略

岭，就是秦岭山水、华山等生态区旅游。省旅游局2014年对“岭”的布署是：“加快培育大秦岭人文生态旅游度假圈。把大秦岭绿色生态、周秦汉唐文化和现代休闲功能融为一体，刷新现代休闲旅游模式，给世人一种全新的旅游感受，唱响‘中国人的中央国家公园’旅游品牌。”这个战略不仅在秦岭南北的关中和陕南之间开辟了新的旅游空间，也在关中的东府和西府之间，及陕南的汉中、安康和商洛之间开辟了新的旅游通道。

当然，“路”“都”“岭”都是陕西固有的传统资源。这并不意味着陕西旅游仅仅立足于传统，它同时还注重发现和创新。比如陕西的乡村旅游发展模式成为全行业典型，形成了袁家村、马嵬驿、青木川、沙·沙河4个乡村旅游发展模式。2013“中国旅游日”陕西举行“秦岭与黄河对话”，此次活动围绕“父亲山”和“母亲河”主题，采取旅游专家与文化名人联动、旅游文化宣传与旅游产品推广结合的方法，进一步打造“山水人文·大美陕西”旅游品牌，这些都是立足于陕西传统旅游文化资源基础上出现的新亮点。

（三）中国当代旅游文化产业的微观思路和宏观思路

21世纪的科技进步开启了人类旅游的新纪元。互联网技术、手机通讯技术的日益进步，促使物流、电子商务等方便快捷的流通方式和营销方式成为市场的主流。

目前，中国进入深化改革开放的重要时期，旅游的过程是实质上已变成不同文明交往的过程，不同文化传播的过程，不同地区资源重组的过程。

因此对中国而言，旅游整合世界、旅游整合营销是两个非常重要概念，旅游整合世界是从宏观出发的，旅游整合营销是从微观出发的。

1. 旅游整合营销

旅游整合营销是从旅游文化产业角度出发的产业重组，与大数据概念联系在一起，实质上是将“旅游”变成一种崭新视角，即以旅游者需求为中心整合区域产品，以旅游者成本为中心整合零售价格，以旅游者便利性为中心整合销售管道，以旅游者心目中的整体形象为中心整合促销工具。

2. 旅游整合世界

旅游整合世界包括世界、国家和地区三个层面。对世界而言，旅游的整合力促进了人类各种文明的融合，将各种产业整合在一起。换言之，旅游文化产业的价值，是由它的整合力决定的。

对中国而言，旅游文化产业正成为产业投资的热点领域。2009 年 12 月 1 日，国务院 41 号文件第一次把旅游业纳入了国家战略，同时赋予旅游业两个重要的定位：国民经济的战略性支柱产业和人民群众更加满意的现代服务业。

对地区而言，旅游产业正在成为区域经济和区域发展规划的重要引擎。《关中—天水经济区发展规划》就指出，以西安为中心，把经济区建成国际一流的旅游目的地。在全国一些地方出现甚至出现旅游驱动的城镇化。

（四）陕西当代旅游文化产业的微观措施和宏观视野

1. 陕西旅游文化产业如何整合营销

首先，要打造陕西的旅游理想目的地。陕西关中、陕北、陕南的文化差异性很大。对此，省旅游局的布署以项目建设为抓手，从 2015 年开始推进汉唐帝陵、商於古道、司马迁祠等 10 个省级重大文化旅游项目建设，推进 31 个省级文化旅游名镇建设，进一步提升陕西旅游业的文化内涵和核心竞争力。

其次，陕西旅游整合营销要坚持以旅游者为中心。2014 年全省旅游行业大力开展“旅游服务质量提升年”活动，来陕游客满意度有了较大的提高。

再次，陕西旅游整合营销坚持融合式发展。省旅游局按照全省《关于推进文化与金融、科技、旅游融合发展的意见》的要求，强调“只有整合旅游要素，推动旅游业与其他产业融合发展，才能做大做强旅游业，实现旅游业与其他行业的共赢”。2014 年陕西区域旅游电商平台骏途旅游网上线运营，标志着陕西旅游在互联网、电商时代的服务创新升级，是全省 2014 年智慧旅游的重大成果。

2. 陕西旅游文化产业如何整合世界

陕西旅游文化产业整合世界，听起来很大，其实它符合陕西旅游的发展特征。无论是丝绸之路经济带起点，还是国际化大都市的目标，都意味着陕西不再是一个独立的区域，而是拓展的区域。既把眼界和理想投注在全世界，也让全世界把眼光和想象投注到陕西。前者是一种发散力，后者是一种聚合力。2014 年，陕西旅游文化产业的国际知名度不断扩大，率先在全国举办了以丝绸之路为主题的国际性旅游博览会。

二、陕西旅游文化产业的多重性问题研究

陕西旅游文化产业的多重性，就是指它在应对各种现实问题时发挥的作用。

（一）陕西旅游文化产业应对的现代人问题和各种生态问题

旅游文化产业的兴起与中国现代人的心理需求和精神需求相关。据《中国社会发展年度报告（2014）》统计，2014 年中国城市居民的生活需求结构有发生重大转

型的趋势，中国社会发展的阶段性特征凸显。中国城市居民对心理和精神生活的不满意度首次超过了对物质经济生活的不满意度。旅游文化产业能够满足的最深层需求，就是致力于人与自然的和谐、人与环境的和谐、人与自我心灵的和谐、人的各种观念与激情的和谐、人的幸福观与价值观的和谐。陕西旅游文化产业在自然山水游方面具有很大的地理优势和开发空间，可以起到解压和调解的作用。

（二）陕西旅游文化产业应对的城市化问题

城市化不仅包括乡村地区的城镇化，也包括对旧城市的改造。在城镇古旧建筑中寻找和发现旅游的亮点，可以在城市观光活动中开辟新的旅游空间。

陕西旅游文化产业在城市观光旅游方面起步很早。比如西安的书院门、回民坊、城隍庙等在 20 世纪 80 年代就开始围绕文化、饮食、小百货等主题，将老旧街道打造成闻名全国的城市旅游观光胜地。

陕西乡村在城市化的同时，也应该保留具有特色的乡村街道，给城市人带来浓浓的乡村情结和山林的志趣。比如秦镇、凤凰镇等古镇乡村游已成热点，很多乡村原来没什么特色，经过不断打磨和宣传也能成为旅游热点，比如礼泉袁家村、周至水街等等。

综上所述，让乡村人到城市观光，让城市人到乡村放松，不仅提高了陕西旅游业在省内的消化能力，而且巧妙利用城乡差异开发旅游项目，可以实现省内游、短途游或短期游。城市化进程总是伴随着交通业的发展， 这些经济、人口、交通等因素又会带动大旅游观念的发展，其相关建设都属于文化产业的考虑范畴。

（三）陕西旅游文化产业应对的历史名胜重建问题

陕西在历史上多次辉煌过，周秦汉唐四个最著名的朝代都是在陕西建都的。从旅游资源的开发上讲，陕西的辉煌是一笔巨大的财富。陕西旅游文化产业在这方面的挖掘工作已经取得了不少成绩，大唐西市、大唐通易坊就是借历史地名打造的文化主题商业区。在遗址基础上开发的名胜更是陕西文化产业的亮点，比如曲江文化遗址公园、大明宫遗址公园等，不仅带动了周边的房地产业，也兴旺了旅游市场。

这些思路说明，城市本身也是旅游重要的增长点；而历史名城的开发利用，离不开风俗传统、文献资料等文化因素的支撑。当然与其他地区的对比，我们也能看到自身的问题。

1. 与国内其他地区相比

陕西旅游文化产业的优势就在于保留丰富的文化遗址，但是，全国许多地区提前动手，甚至将历史文化地位不是很突出的地方，也能打造成一片旅游胜地。那么，陕西旅游文化产业在竞争中，是盲目地追求项目数量呢？还是在保护基础上有步骤地开发？

2. 与国际重要的旅游地区相比

陕西西安与开罗、罗马、雅典等古都齐名，它的价值举世公认。然而，国际上对文化遗址保护的原则不是重建，而是保持原风原貌。这种“原来的才是真实的”的观念，肯定会影响旅游文化产业的发展。问题是如果文化遗址一味地迎合产业发展的需要，不断进行改造，失去真实感的文化产业还有文化吗？

（四）陕西旅游文化产业应对的旅游 GDP 问题和价值观问题

世界旅游组织研究表明，当人均 GDP 达到 6000 美元时，精神满足取代物质追求，社会就步入了旅游消费增长期。据陕西旅游局统计，2013 年陕西旅游总收入相当于全省 GDP 的 13.3%，比上年提高 1.45 个百分点。对优化全省产业结构、扩大消费发挥了积极作用。省旅游局这几年相继推出了近百项旅游惠民措施，能够在提升 GDP 的同时，做到让利于民，以民为本，充分说明陕西旅游背后有着价值观支撑。

（五）陕西旅游文化产业应对的教育发展模式问题和人才兴旅问题

陕西高校林立，各种游学活动开展好多年了。但是，陕西旅游业虽然经常在高校推广旅游营销，并没有巧妙利用高校资源，主动寻找旅游与游学的结合点。世界发达国家的教育模式中，都在组织学生的游学活动，增长知识和见闻。而中国很多学校出于安全考虑，怕担风险，无法保证学生游学成为常态活动。那么旅游行业应该主动与各种学校合作，开发这个巨大的文化产业增长空间。对旅游行业自身而言，通过与高校的合作，可以提高自身的业务素质。2014 年省旅游局通过人才兴旅战略，培养了一批全省急需的旅游业专业人才。

（六）陕西旅游文化产业应对的文化品牌问题和差异化问题

陕西旅游文化产业不是独立的行业，它有责任和使命打造和提升我省和城市的文化品牌，其关键就在于突出差异化。这样的旅游就不是一般意义上的旅游，而是推介陕西强项的旅游。杨忠武局长在 2014 年工作会议上就提出：“狠抓提档升级和品牌建设。”目前，陕西旅游局打造的“山水人文·大美陕西”品牌在海内外的认知度和影响力不断扩大，国内外游客来陕旅游的意愿越来越热切。

（七）陕西旅游文化产业应对的地区竞争问题和文化意识问题

随着市场经济的深化，各地都在加快区域规划；但也导致严重的地区竞争，造成利益和势力的分割，这对于区域协同发展是非常不利的。陕西动作迟钝的特点在区域竞争中暴露出来了，这是需要反思的一个重要问题。

媒体的宣传、介入与协同，对地方旅游文化产业的影响极大。比如 2014 年肖云儒作为中央电视台的特邀学者，对一路一带进行了文化考察，为陕西未来打通一路一带做出文化准备；又作为陕西电视台的特邀嘉宾参加了“丝绸之路万里行”活动，对丝绸之路沿线进行了实地考察，这些活动都是良性的。但是陕西的旅游行业更应该有自觉的文化意识，这些工作完全可以是由西部的旅游局牵头来做。

无论陕西旅游文化产业在地区竞争中暴露的缺点，还在在媒体宣传方面的不够自觉，归根到底都是缺乏一种文化意识。对于文化产业而言，文化意识就意味着商机。

（八）陕西旅游文化产业应对的体制改革问题

十八大后深化改革已成为各行业的发展主题。杨忠武局长在 2014 年全省旅游工作会议上提出："各市区要简政放权，结合实际深化旅游业改革。"总之，陕西旅游文化产业的体制革新是一项大工程，需要政策要素、经济要素、文化要素、管理要素和科技要素的支撑。

三、丝绸之路经济带深化陕西旅游文化产业的多重价值

（一）丝绸之路经济带与陕西旅游文化产业项目成果要突破的难点

丝绸之路经济带是一个关系到国家整体发展的新概念，陕西旅游文化产业是一个关系到地方发展方式转型的概念。两个概念能否兼容，能否实现利益统一？这个难题具体表现为五个冲突。（1）传统文化观念与现代社会理念的冲突。丝绸之路尽管是在历史上形成的，丝绸之路经济带却是一个现代社会的发展理念。同样，陕西旅游文化产业也同时包含着传统因素和现代因素。（2）地方经济与市场经济的冲突。丝绸之路经济带和陕西旅游文化产业虽然划定了发展范围，但是在市场经济的大背景下，它们都不属于地方，而是属于市场。地方经济强调保护，市场经济强调开放。（3）西部人情社会与现代制度社会的冲突。丝绸之路经济带和陕西旅游文化产业同属于西部，传统积淀深厚，同时人情社会的顽疾与现代法制社会不兼容。（4）民族多元化与全球一体化的冲突。丝绸之路是一条多民族共同生活的区域，体现了民族多元化的特点；又是全球一体化发展的结果。这种特点深深影响着陕西旅游文化产业的结构性发展。（5）地方利益与国家利益的冲突。丝绸之路经济带代表着国家整体利益；陕西旅游文化产业是国家经济增长方式转型指导下的一个地方性战略，代表着地方局部利益。

（二）丝绸之路经济带新起点定位深化陕西旅游文化产业的区位优势

陕西是丝绸之路的起点。绵延 7000 多千米的丝绸之路，成为当时世界的"黄金走廊"。

从规划上说，陕西省委、省政府提出了建设成为丝绸之路经济带新起点的战略定位。围绕这一定位，着力推进建设"五个新起点"：交通物流新起点、科技创新新起点、产业合作新起点、文化旅游新起点和金融合作新起点。

从方案上说，西安市也已出台了《关于加快建设丝绸之路经济带新起点的实施

方案》，将着力打造丝绸之路经济带开发开放高地和金融商贸物流中心、机械制造业中心、能源储运交易中心、文化旅游中心、科技研发中心、高端人才培养中心。

（四）丝绸之路旅游热深化陕西旅游文化产业的发展模式

随着丝绸之路旅游热，构建以西安为起点的丝绸之路风情体验旅游走廊，把陕西打造成丝绸之路经济带上的国际文化旅游高地，争取举办丝绸之路国际旅游产业发展合作会议，加快“丝路起点——西安”和宝鸡周文化旅游景区建设。

（五）丝绸之路主题活动扩大陕西旅游文化产业的国际影响力

搭建国际化平台，进一步扩大陕西旅游的知名度和影响力。国家旅游局把 2015 年确定为“美丽中国—丝绸之路旅游年”。陕西省旅游局将举办好 2015 丝绸之路国际旅游大会，力争在旅游项目的国际合作和可持续发展方面取得成果；继续举办好中国西安丝绸之路国际旅游博览会；争取在西安举办中国“印度旅游年”开幕式。

（六）丝绸之路经济带深化陕西旅游文化产业项目的创新性

关于文化产业的研究，国内外的观念差距甚大。国外将文化产业看作人类精神生活层面的需求，而国内将文化产业主要理解为娱乐业、旅游业等，这忽略了历史文化积淀和文化软实力的作用，用单纯的市场效益来定位文化价值。丝绸之路经济带为陕西旅游文化产业提供了新的想象空间和创新空间，是未来经济发展的新亮点。

（课题负责人：李建群　郭明历）

陕西省旅游业“十三五”人才发展规划研究报告

陕西省旅游局
西安财经学院课题组

一、旅游业人才发展背景

从全国来看，根据世界旅行与旅游理事会最新发布的《旅行与旅游对中国经济的影响（2014）》报告，2013 年中国旅游产业直接就业人数为 2278 万人，占全国就业总人数的 3%；旅游业就业总人数为 6441 万人，占全国就业总人数的 8.4%。旅游业已是现代服务业的重要组成部分。

从全省来看，中央全面深化改革、加快推进新型城镇化、共建丝绸之路经济带等重大战略部署，给陕西带来了新的发展机遇，我省参与“一带一路”建设并承担了重要角色。全省旅游业形成了突出创新和服务“两个重点”，实施培育大秦岭人文生态旅游度假圈、构建以西安为起点的丝绸之路风情体验旅游走廊、打造高 A 级景区“三大战略”，强化人才、科技、政策“三个支撑”，坚持规划引领、项目开发、标准建设、宣传促销、市场监管、旅游惠民“六个抓手”的“2336”发展思路。到 2015 年，陕西的国内旅游人数将达到 3.5 亿人次，年均增长 20%；入境游客 400 万人次，年均增长 13.5%；旅游业总收入进入全国前 10 位，相当于全省 GDP 的 15%；就业人数达到 60 万人，带动相关产业就业突破 300 万人。我省正在从“旅游大省”向“旅游强省”迈进。

二、陕西省旅游业人才发展成效与问题

“十二五”期间我省旅游人才发展取得了明显成效，主要表现为旅游人才总量增长较快、从业人员结构逐步合理化、学历层次不断提升、旅游人才培训力度不断加大。启动了“百千万”人才培训工程，2014 年实际培训旅游行政管理人员 212 人、旅游企业管理人员 2383 人、旅游基层服务人员 14725 人。印发了《全省导游员培

训计划》；开展“走进名校”活动。高素质的旅游人才不仅是旅游业发展的首要资源，更为陕西旅游创新发展创造辉煌积蓄了源源不断的能量。

但是，我省旅游人力资源整体开发水平相对其他国家、地区还有一定差距。一是 产业领军型人才、高层次创新型人才匮乏；二是人才职业化水平和整体职业能力不强；三是人才结构层次和布局不尽合理；四是人才发展体制机制障碍尚未消除；五是人才资源开发投入不足，人才工作基础相对薄弱。

三、陕西省旅游业人才发展的指导思想与发展目标

（一）指导思想

以邓小平理论和“三个代表”重要思想为指导，深入贯彻落实科学发展观和科学人才观，以“科学兴旅，人才强旅”为战略指引，遵循人才发展规律，着力实现旅游人才发展从满足旅游业发展需求向引领旅游业发展转变；从注重人才单项、分散开发向注重人才系统、整体开发转变。适应旅游业转型升级、新业态快速发展需要，坚持“政府引导、部门合作、企业主体、广泛参与、市场化运作”的旅游人才开发运作机制，不断优化人才发展环境，促进旅游人才结构调整，破解影响和制约旅游人才发展的机制体制难题，努力搭建人才发展平台，为把旅游业建成国民经济的战略性支柱产业和人民群众更加满意的现代服务业提供人才保障。

（二）陕西省旅游业人才发展目标

到 2020 年，我省旅游业人才发展的总体目标是培养和造就一支素质良好、规模适当、结构较为合理、与旅游业发展相匹配的人才队伍，旅游人才效能显著提高，旅游产业领军人才突显，旅游人才竞争力显著增强，形成创新人才富集、创新创业活力充沛的人才高地，为陕西实现旅游强省奠定人才基础。

四、陕西省旅游业人才发展的任务

（一）全力提升旅游人才职业发展空间、职业能力水平

建立现代旅游职业标准体系和人才评价制度，全力拓展旅游人才职业发展空间。建设现代旅游人才培训体系和多元培训平台，全面提高旅游人才职业能力水平。加大培训力度，通过多渠道、多形式、多层次的教育培训、全面提升我省旅游行政管理人才、企业经营人才和专业技术人才队伍的整体素质，为规范管理行业发展提供人才保障和智力支持。

（二）全力推动现代旅游人才培养体系、机制的建立

建设现代旅游人才培养体系和人才培养机制，全力推动旅游教育与产业无缝对接。建设社会化旅游人才服务体系和市场化保障机制，大力提高旅游人才配置效能。建立产学研人才培训基地。

（三）全力发挥重点人才的引领、带动作用

建设领军、骨干和急需紧缺三类旅游人才队伍，充分发挥重点人才引领带动作用。落实国家和产业发展要求，深入开展丝绸之路经济带、陕北陕南人才开发帮扶支持。

（四）全力完善旅游人才工作制度、保障机制

旅游人才工作制度和经费保障机制，真正确立人才优先工作格局。建立旅游人力资源调查统计和预测发布制度，积极探索旅游人才大数据管理与应用。加强旅游人力资源、资本和人才工作基础研究，开拓创新旅游人才开发平台。

五、陕西省旅游业人才发展重点工程与具体措施

（一）示范性行业人才培训基地建设工程

以陕西师范大学、西北大学、西安外国语大学、西安财经学院、长安大学等重点旅游院校和知名企业为依托建设一批旅游高技能人才培养孵化基地，建设一批示范性旅游职业教育集团和旅游职业教育示范/骨干院校，实施一批校企合作、产教对接示范项目。

在具体措施方面，第一，旅游专业要细分，专业化要增强。调整旅游院校的人才培养方案，中职、高职、大专、本科、研究生教育要设定不同层级的人才培养目标。根据行业发展需要，增设一些旅游专业，如会展与大型策划、景区开发与管理、旅游电子商务、旅游环境保护专业等。第二，增强实训教学，深化校企合作，实行“工学结合”培养模式。改变现有教学内容重理论轻实践的现状，以职业技能为考核重点，注重案例分析，模拟训练和校外实训，培养专业技能过硬、理论基础扎实的专门人才。第三，有步骤地发展旅游硕士学位培养，逐步实现博士生和博士后工作站的校企流动机制，进一步提升旅游专业的学历层次，为旅游业储备高层次管理人才奠定基础，鼓励优秀旅游企业管理人才进入高校深造，攻读博士学位；也鼓励优秀、大型旅游企业开展博士后培养工作，形成以大专、应用型本科、研究生教育为主体的教育系列，有针对性地培养适应不同岗位需求的人才。

（二）旅游职业教育体系建设工程

按照教育部门相关工作部署和《国务院关于加快发展现代职业教育的决定》的

要求，构建中职、高职、应用型本科、专业硕士四级层次完备、功能有机衔接的旅游职业教育体系；大力加强旅游 MTA 教指委和旅游行指委工作能力建设，充分发挥旅游职业教育改革发展指导作用和沟通校企、产教桥梁纽带作用；建设我省旅游职业教育基础信息数据库，开展旅游职业教育人才培养质量研究与评价。

在具体措施上，一是安排教师到旅游企业定期进行实践，以培养学科带头人的方式重点培养一批既有理论素养，又有熟练技能、丰富经验的双师型教师；二是政府和学校从政策和制度上吸引各类旅游高级人才来充实教师队伍；三是完善现有教师的知识结构，实施一系列优惠措施，鼓励教师在职进修、脱产深造。

（三）旅游产业领军人才建设工程

该工程就是要培养一批具有战略思维与国际竞争力的高层次领军人才。整合我省社会优质教育培训资源，借助西安交通大学管理学院、西北大学经济管理学院等，为行业高层管理者提供良好的学习交流平台，努力提升行业“领头羊”的学习力，为旅游产业发展破除瓶颈、转型创新提供了强有力的人才支撑和智力保障。

在具体实施上，实行“一流人才、一流待遇”，鼓励和吸引优秀人才到旅游行业就业；建立健全人才激励机制，改善奖励政策和分配制度，形成以收益分配为基础，以政府奖励为龙头，以行业激励为主体，多层次、覆盖面广、时效性强的鼓励人才创业创新的机制；对政府特殊津贴专家和有突出贡献的中青年专家的选拔培养，要紧紧围绕高层次急需人才展开；要建立省内高层次人才信息库；改善和完善专家培养管理办法，进一步发挥专家在旅游发展和人才培养中的积极作用。

（四）职业经理人队伍建设工程

加快推进旅游职业经理人标准培训认证工作，加强旅游企业领军人才和高级管理人才队伍建设，加强旅游高技能人才培养，提升我省职业院校技能大赛的行业影响力和人才培养效能。

在具体实施上，旅游主管部门创造有益于职业经理人队伍发展的政策及法律环境；旅游企业建立起有利于职业经理人队伍发展的制度环境。实行市场化运作，改善企业治理结构，实施经营权和所有权分离，为职业经理人制度奠定前提条件。合理使用和有效激励是职业经理人运行机制的关键环节。要充分发挥职业经理人的效能需要做到适才适用，充分授予经营权，再给予尊重与信任的同时从内部约束和外部约束完善职业经理人的约束机制。以旅游企业目标实现度与效益为主要指标，使个人奋斗目标与企业发展紧密结合。通过年薪、奖金制度、股票期权等物质奖励以及社会认可度和培养激励性企业文化等精神奖励相结合，对达标经理人进行有效激励。

（五）旅游人才评价制度建设工程

建立完善旅游人才评价制度，推动导游管理体制改革，建立健全导游评价制度，落实导游薪酬和社会保险制度，逐步建立导游职级、服务质量与报酬相一致的激励机制。大力提升导游队伍素质，完善导游职业水平评价机制，探索建立特级／特聘导游荣誉制度，开展高级导游研修和导游全员培训。

在具体措施上，完善资格证书制度，严格就业准入控制，规范劳动力市场，完善企业用工制度。要严格执行“对口聘任持证上岗”制度，通过严格的就业准入控制，来激发社会、学校、学生和有关鉴定单位开展技能培训和技能鉴定的积极性，真正使“职业资格证书”成为求职就业的“通行证”。加强职业技能鉴定机构的业务建设和组织建设，鉴定质量是职业技能鉴定的生命线，也是提高职业资格证书社会认可度的基本前提。首先要依据市场需求制定职业资格考试标准，公开、公平、公正地组织考试；其次要加强鉴定质量，严把通过率，提高职业资格证书和专业证书的含金量和可信度。将中高级资格证书的获取与薪酬待遇、岗位聘任结合起来，这是提升现有旅游业从业人员素质的重要手段。只有形成终身学习的观念，随着晋升不断有进一步学习培训的主动需求，才能从根本上引导从业人员从低到高逐步提高自身素质。

（六）丝绸之路国际旅游人才建设工程

要充分利用我省地缘优势和科技文化的优势，以构建“丝绸之路旅游带”为契机，形成辐射“丝绸之路”沿线的其他国家的旅游人才交流与合作。做好服务于“丝绸之路经济带”建设的人才需求培养工作，依托我省孔子学院及高校教育平台，探索各类非通用语言类旅游专业学历人才的交流、输出机制。发挥好旅游人才作为国家之间文化交流与合作的文明种子及世代和平友好的中坚力量作用，促进“丝绸之路经济带”健康持续发展。

在具体实施上，一是从业人员中挑选优秀人才，利用高校、专家库等资源，开展有针对性的培训；二是加快小语种导游培养工作，继续鼓励小语种人才报考导游，并给予一定优惠政策；三是结合丝绸之路经济带开发，将我省作为重要的旅游人才培养和输送基地，尤其是适合非通用语言旅游人才的培养与交流合作。

（课题负责人：郝俊卿 郭宝才）

大旅游视角下陕西旅游产业协同发展研究

陕西省旅游局
西北工业大学课题组

一、研究背景及研究意义

（一）研究背景

陕西是全国旅游大省，文物资源总量居全国首位，旅游资源量居全国第三位，但在中西部 13 个省市中，陕西省的旅游收入只排在第七位，海外游客在陕平均停留的时间仅为 2.9 天，旅游购物品收入仅为 678 万美元，仍然存在着精品数量不足、区域发展不平衡等诸多病症。

（二）研究意义

促进产业结构调整和优化；改善投资环境，促进招商引资；提高人们的物质文化生活水平；为社会提供大量就业机会。

二、“大旅游”内涵及产业特征

“大旅游”是一个具有开放性的多向互动的具有综合效益的整体系统，具体包括旅游客体、旅游主体、旅游中介多个系统，具有一种新的价值取向，谋求的是综合整体效益。大旅游是一项包含经济、社会、文化、政治诸因素在内的综合型新产业模式，是符合科学发展观的可持续性旅游业。

“大旅游”需要各产业协同整合，产业协同特征主要有四个特点：第一，超综合性；第二，延展性；第三，载体性；第四，民族特色性与国际性。

三、灰色关联性和偏离 – 份额分析法分析

本课题组采用灰色关联分析与偏离 – 份额分析法分析结合更准确的测算出陕西旅游业与国民经济、旅游业相关行业间的关联性，有效地为产业融合提供可靠的定

量支持。由计算可知，陕西旅游业与第二产业的关联性最大。陕西省的工业是支撑陕西省经济增长的核心力量，是陕西省国民经济持续健康发展的重要支柱。旅游自然资源的开发与利用、邮电通信系统和交通运输系统的完善等，都直接或间接地需要工业产品或半工业产品的支持。工业旅游的兴起，不仅满足游客了解现代工业知识的需求，而且还可以为工业生产注入资金。旅游基础设施的配备在很大程度上取决于建筑业和建材业的综合实力。而陕西旅游业的发展，促进和带动了本省建筑业和建材业的发展，二者在互动中共同成长。值得注意的是，工业、建筑业等方面过分的发展，在一定程度上会造成对环境、地貌、气候等自然资源的破坏，从而影响生态型旅游业的发展。

陕西旅游业与第一产业关联性居中。农业为旅游制品业提供原材料，并为旅游市场提供旅游产品，如茶叶、水果水产品以及各种土特产；农业旅游的出现既是拓宽旅游业发展领域的最佳选择，又是实现高效农业、生态农业和持续农业的重要途径。近年来，陕西省的农业综合生产能力在不断增强，现代农业产业体系进一步提升，特色产业初步形成。陕西农业以果品、畜牧业为重点，推动农业产业化进程。

陕西旅游业与第三产业关联性最小。旅游业是第三产业的重要组成部分，旅游活动由“吃、住、行、游、购、娱”等六要素构成，所以旅游产业的变化，会波及与旅游业有直接或间接的产业，如公共设施服务业、娱乐服务业、餐饮住宿业、零售业、交通运输业、邮电通信业、租赁服务业、旅行社业及零售与批发贸易业等，进而又引起交通制造业、食品制造业、旅馆建筑装修业、旅游商品生产及其相关行业发生变化。总之，旅游业促进了第三产业的发展，而第三产业的发展为旅游业提供更好的服务，二者在互动中共同成长。但是随着时间的推移，陕西省国民经济的发展变化，旅游业与三产之间的关联性也要随之发生变化，并不是一成不变的。根据国际经验，陕西旅游业与第三产业的关联性会加大，而与第二产业、第一产业的关联性会逐渐缩小。

偏离－份额分析法计算可以得出，陕西的住宿餐饮的增长速度相对高于全国同行业水平，尽管全国该行业结构效益较差，而陕西的住宿餐饮的结构效益相对于全国较好，并具有一定的竞争优势，但相对于整个旅游产业而言，其结构效益较差且竞争优势较弱。陕西批发零售的增长速度相对低于全国同行业水平，因而该行业与全国相比缺乏竞争力和优势。陕西国际旅游产业的交通邮电的结构效益相对全国同行业的发展，处于竞争的不利状态。因而基础产业部门结构调整和优化是关系陕西国际旅游产业结构效益的重要问题。陕西国际旅游产业中还没有结构分量和竞争分量均为正的部门，可见陕西还没有结构效益相对较优并具有竞争优势的行业，所以陕西应加大力度培养优势行业，增强竞争力。

四、促进陕西省旅游产业融合发展对策

（一）宏观层面

1. 树立旅游产业大融合的发展理念

《国务院关于加快发展旅游业的意见》（以下简称《意见》）将旅游业定位为国民经济发展的战略性支柱产业，指出“要强化大旅游和综合性产业观念，要大力推进旅游与文化、体育、农业、工业、林业、商业、水利、地质、海洋、环保、气象等相关产业和行业的融合发展。”这既是对全国旅游业发展确定的方针，也给陕西省旅游业的发展指明了方向，即大融合才有强旅游。现代旅游业的发展已经远远突破传统旅游业的发展范围，旅游业已经交叉渗透到许多相关产业，《意见》的出台从政策层面对旅游大融合、大产业做出了很好的解读。为推动陕西旅游业融合发展的进程，从“小旅游”向“大旅游”转变，拓宽、加厚、延深旅游产业链，必须确定全域旅游理念，发展“全产业链”现代旅游服务业。从宏观层面上拓展区域经济发展的思路，真正重视并推动旅游产业与文化、商贸、工业、农业、教育、体育等多个行业及美食、会展等旅游业内部各行业之间融合的发展，重新认识旅游产业融合的重要作用和发展方式，从而使文化旅游、商务旅游、工业旅游、生态旅游、农业体验旅游、会展旅游、奖励旅游、美食旅游、葡萄酒旅游、自驾游、旅游装备制造等得到较大的发展与提升，使旅游业成为西安建设国际一流旅游城市的先导性、支持性产业。

2. 充分考虑旅游产业融合发展需求制定城市规划

城市是重要的旅游目的地，是旅游活动开展、组织接待与游客集散的中心，因此，必须重视城市化建设与旅游业发展的互动关系，在城市规划中需特别考虑旅游业拓展的需要。坚持既宜居又宜游的发展道路，在城市建设中自觉、充分考虑旅游发展需求，将旅游业科学地融入目的地建设中。除城区外，陕西市郊各区县应实施差异化发展策略，鼓励旅游与相关产业融合发展，强化特色、突出重点；实现强强联合，来丰富城市旅游发展的层次与内容。

3. 加大金融业支持旅游业力度

2012年，国家旅游局颁布了《关于鼓励和引导民间资本投资旅游业的实施意见》，坚持旅游业向民间资本全方位开放；鼓励民间资本投资旅游业；提高民营旅游企业竞争力；为民间旅游投资创造良好环境；加强对民间投资的服务和管理。与此同时，若采取一定的经济激励措施，可以降低各类投资者对于旅游项目投资风险的担忧，会起到更好的引资效果。

4. 推行旅游用地优惠政策

应该首先考虑与其他产业融合发展前景好的项目，给予土地优先使用的政策，简化旅游用地报批手续，降低旅游业用地综合成本。在充分论证的基础上，考虑设立旅游用地，将相关旅游业用地从其他细分类别中分离出来，归到旅游用地之下，并将新兴旅游业态的用地需求范围纳入其中。旅游用地政策必须与陕西旅游业的发展战略相一致，旅游用地政策的制定必须考虑产业融合发展过程中旅游业的实际需要。

5. 鼓励创新商业模式

产业融合过程中，旅游企业必须努力满足跨产业的旅游需求，纵向上加长旅游产业链，提高旅游服务的附加值，横向上拓展产业宽度，主动融合其他主流产业，在创新旅游产品的同时，注重设计旅游企业自身的商业模式而不是沦为他人的附属。在产业融合发展的初期与中期阶段，可在税收、信贷等方面给予优惠政策，对于发展成果较大的企业给予一定补贴或奖励。旅游产业应主动寻求与金融业、房地产业、制造业、游轮业、文化产业、创意产业等行业的积极融合，积极利用各行各业的资金，使其为旅游产业服务。科学培育和管理产业融合所产生的现代旅游新业态，推广融资租赁，发展多种形式、各具特色的在线旅游业态，如分时度假、产权式酒店、大型旅游实景演艺、航空租赁、游艇旅游、游轮旅游、自驾车旅游、商务会展旅游等新业态，不断将新鲜的元素、丰富的资源与多彩的活动注入旅游产业发展中，通过模块化运作，赋予其旅游的功能，并探索新的经营方式与盈利模式。

6. 推进旅游发展民生化

为了满足人民群众跨领域、多层次的旅游需求，陕西旅游发展、建设的思路从经济效益转移到服务民生，形成文化类、商务会展类、休闲生活类等复杂多样的旅游产品，进一步重视与市民、旅游者休闲相关的基础性建设，在引导投资中实现融合，重视建设兼具旅游、文化、休闲、美食、购物等为一体的综合性游憩中心区；大力发展旅游社区、文化创意基地，为旅游与其他产业的融合奠定现实的物质载体。不仅关注外国（地）人来陕游，同时，也应关注本地居民出境（陕）游，了解、掌握市民旅游需求，通过旅游产品升级改造，优化城市自然、人文环境，主动将外需转化为内需，使整个陕西变为真正的旅游、休闲之地。

（二）微观层面

1. 提升第三产业比重

在旅游资源聚集的地区，围绕旅游业的“吃、住、行、游、购、娱”六大需求，调整优化第三产业结构，狠抓产业链的形成，大力发展现代服务业。以西安为中心，在发挥中心城市辐射作用上实现新突破。加快培育商务聚集区，着眼于区域性现代化中心城市建设，着力打造业态新颖、特色突出、规模较大、竞争力较强的现代服务业集群，在更大空间、更大范围、更高层次的互动发展中，拓展城市服务功能和影响力、辐射力，努力形成区域性现代服务业中心。大力发展金融业，引进国内、国际现代金融、保险企业，不断促进新的金融产品和服务发展，培育和建立与经济发展相适应的金融体系，使之成为经济发展和第三产业发展的重要推动力。同时，要积极推动金融市场开放，加快银行、证券、保险等三大行业的同步发展，构建多层次、多元化金融服务体系，优化金融行业结构，提高融资能力。

2. 加大旅游业与农业融合的深度

陕西省农业资源优势突出，种类齐全、风格迥异的农业旅游资源为陕西省农业旅游的开发奠定了资源基础。但是在发展过程中出现旅游产品单一、形式简单、发展无序、极具文化内涵的农业旅游产品没有得到充分的挖掘等问题，说明旅游业与农业的融合还要加大力度，挖掘深度，寻找新的发展视野，在农业旅游上做足文章。第一，大力发展观光农业。陕西省农村田园风光优美，南北地域特色鲜明，尤以国家农业高新技术产业示范区杨凌为代表。第二，开拓乡村民俗旅游。陕西民俗文化旅游资源丰富，悠久的民间文化丰富多彩，有关中民俗风情，也有陕北黄土高原民风民俗村落，除了展示外，还应增加民俗体验内容。第三，提高农家乐、渔家乐的品质。农家乐、渔家乐是农业旅游的传统产品，但存在低水平、重复建设的问题，应依托各地农村的地域文化特色开展丰富多彩的农家乐、渔家乐，使农家乐、渔家乐真正“乐”起来。第四，适时开展乡村特色餐饮旅游。陕西饮食文化源远流长，乡村特色餐饮有着丰富的食材基础，饮食文化丰富多彩。乡村旅游、餐饮服务应以建设特色餐饮村为基础，以健康绿色餐饮吸引游客。

3. 加强旅游业与文化产业融合的创新度

陕西是中华民族文明和华夏文化的重要发祥地，曾有十三个王朝在此建都，陕西拥有一大批垄断性、多种类、高品位、高密度的文化旅游资源：大雁塔、世界八大奇迹之一的秦始皇兵马俑、唯一珍藏佛祖指骨舍利的法门寺、西安古城墙、革命圣地延安及黄帝陵等，但是旅游与文化的融合不够深、不够精，让陕西旅游搭上“文化创新快车”，打造陕西“文化旅游品牌”是旅游业与文化产业融合的创新之路。第一，创建文化产业集聚区。以红色旅游、生态旅游、科幻主题公园、创意基地、影视后期基地为主建设文化产业集聚区。第二，文化旅游综合试验区。把世界级的旅游资源建成文化旅游综合试验区。第三，非物质文化遗产体验园。由非物质文化遗产资源开发的历史文化园、历史名人园、历史文化主题公园、历史文化类博物馆、文化类展览馆，形成文化旅游共生共荣、共同发展的良好局面，提高陕西省文化软

实力。

4. 积极推动旅游与其他产业融合发展

旅游产业的关联性与渗透性决定了旅游业与其他产业融合的必然趋势，积极推进旅游与其他产业融合发展，进一步拓展旅游发展空间，开发多元化的旅游新产品。陕西省在推进旅游业转型升级中，积极发展壮大电子信息、生物、节能环保、新材料、新能源汽车等产业，旅游业加强与联通、移动、电信等企业的合作，有利于推进旅游信息化与产业化融合发展，提高我省旅游的科技含量和信息化水平；加强与水利系统合作，利用全省丰富的河流、湖泊、水库等水利资源，大力开展滨水和水上旅游；加强与林业、住房城乡建设、国土资源等部门合作，依托国家森林公园、风景名胜区、世界地质公园等生态景观资源，开展森林休闲、风景览胜、地质科考等专项旅游；借助全国及我省特色景观旅游村镇创建及评选活动，积极开展特色景观村镇游。

（项目负责人：刘建朝 朱耀勋）

派驻旅游行政管理部门纪检监机构履行监督职责研究

陕西省旅游局课题组

一、派驻旅游行政管理部门纪检监察机构履行监督职责的科学定位

（一）纪检监察机构监督职能定位

党的十八大以来，中央纪委要求各级纪委大力推进纪检监察机关转职能、转方式、转作风。新党章明确规定了纪检监察工作的“三项主要任务”“五项经常性工作”。《行政监察法》第十八条规定，监察机关要“检查国家行政机关在遵守和执行法律、法规和人民政府的决定、命令中的问题”。这些都给纪检监察机关赋予了法定的职责。

（二）派驻纪检监察机构监督职责定位

2004年以来，中央逐步对国家机关的派驻机构、省级纪检监察派驻机构全部实行统一管理，对派驻机构的主要职责权限作了明确规定。最近，党中央关于完善派驻机构统一管理的改革中，对纪检监察职责作了明确定位，要求派驻机构继续履行“监督”“执纪”和“问责”三项职能，进一步强化“监督”第一职责，加强对驻在部门领导班子及其成员自身党风廉政状况及其落实党风廉政建设主体责任的监督；进一步加大案件查办力度，负责调查驻在部门管理范围权限范围内干部违反纪律的案件；进一步加大责任追究力度，对驻在部门领导班子履行主体责任和本派驻机构干部履行监督责任的失职渎职行为进行责任追究。

（三）派驻旅游纪检监察机构监督职责定位

派驻旅游纪检监察机构监督职责是指依照法律法规、党章党纪，对旅游行政机关及其公务人员以及旅游行政机关任职的其他人员的执法、守纪、廉政、效能等情况进行监督。具体包括：（1）监督驻在部门领导班子落实党风廉政建设主体责任，指导驻在部门及其直属单位的纪检监察工作，推动驻在部门党组（党委）履行主体责任；（2）监督检查驻在部门领导班子及其成员维护党的政治纪律、贯彻执行民主集中制、选拔任用干部、落实中央关于作风建设的规定以及廉政勤政

等情况；（3）了解掌握驻在部门遵守和执行党章以及其他党内法规，遵守和执行党的路线方针政策和决议、国家法律法规等方面的情况；（4）调查处理违纪案件、各种申诉、旅游政务公开、旅游行风建设以及旅游法、行政法规等由旅游行政管理部门纪检监察机构行使的其他职责。

党的十八大以来，各级派驻纪检监察机构全面履行党章赋予的职责，在抓好驻在部门党风廉政建设中，发挥了重要作用，取得了显著成效，但由于受运行机制、管理体制等因素的影响，工作中遇到的困难问题还比较多，还存在体制改革不到位，制约了监督职能的发挥；相关配套制度不健全，导致了监督责任难落实；主体责任意识不强，造成了监督责任“错误定位”；具体业务不介入，执纪监督难深入等问题，导致派驻纪检监察机构角色定位不够准确、工作放不开手脚，监督作用发挥的不够理想。

二、对策建议

立足现有机制体制，从操作层面上讲，应结合旅游系统纪检监察工作的实际，在应用、巩固传统监督手段的同时，要大力创新工作方式和程序。具体来说，可以采取以下措施。

第一，及早提醒。纪检组组长或监察室主任每年至少要与驻在部门机关处室和直属单位主要负责同志进行一次廉政谈话，针对存在的问题和不足提出建议和要求；纪检组组长对驻在部门新提拔、调整、任用的处级领导干部进行任前廉政谈话；发现领导干部在政治思想、履行职责、工作作风、道德品质、廉政勤政等方面存在的苗头性问题，应及时对其进行提醒谈话。

第二，事先干预。驻在部门党组（党委）作出重要决定、出台重要政策、使用大额资金，派驻纪检组认为存在重大纪律或廉洁风险时，可提出意见或建议，驻在部门党组（党委）应暂缓实施并认真研究解决。

第三，传导压力。向驻在部门领导班子及时通报中央和上级纪委有关反腐倡廉工作的重要会议精神、重要工作部署，提出贯彻落实意见建议，并对贯彻落实情况进行监督检查；定期与驻在部门领导班子成员就贯彻落实党风廉政建设责任制、执行廉洁自律规定等情况交换意见；利用驻在部门组织的警示教育活动，及时通报全国查处的违法违纪案例，常敲警钟。

第四，风险防控。加强对驻在部门廉政风险防控机制建设工作监督，建立廉政风险防控项目库，每年确定一至两个防控重点，集中精力解决某一重点领域的突出问题，统一规范工作流程，完善工作制度；对权力部门、重要岗位在旅游规划项目资金划拨，旅游形象推介招标等容易发生权钱交易的问题进行风险防控；在元旦、中秋、春节等重要时间节点，通过深入到商场、宾馆、酒店、会所以及容易出现违反八项规定、群众反映强烈的问题，有针对性地开展重点督查。

第五，专项督查。不定期督促驻在部门开展"庸懒散"专项治理，整治"不作为、乱作为"和效率低下等问题，提高行政效能；开展"黄金周""小长假"旅游行风建设情况专项检查，解决损害游客利益的突出问题；开展八项规定执行落实情况专项督查，严肃查处党员领导干部到私人会所活动、变相公款旅游问题；根据上级纪委和驻在部门有关部署，协调相关业务处室共同参与其他专项监督或专项治理工作。

第六，明察暗访。随机确定时间和对象，不打招呼对旅游饭店星级评定、复核管理工作程序和相关规定执行情况，旅游景区质量等级评定管理工作程序和相关规定执行情况，相关干部职工工作作风情况（包括工作时间打麻将、赌博、打游戏、上网聊天、网购、炒股、工作迟到早退、溜岗缺位、值班脱岗或值班不负责任、贻误工作等情况），《行政执法人员规范》执行情况进行检查。

第七，日常监督。根据工作需要不定期派员参加星级酒店评定、A 级景区评定、导游员资格考试等业务工作，对职能部门履职情况开展跟踪监督；通过上级行政权力网络运行系统和电子监察系统对导游资格证核发、出境游组团社经营、旅游执法等权力运行情况进行实时监督；通过调阅会计凭证和帐簿等方式对驻在部门专项资金拨付使用情况进行督查；对驻在部门直属单位经济责任内审工作进行审计监督等。

第八，社会监督。扩展群众参与监督渠道，注重发挥信访、新闻媒体、互联网等举报监督作用，鼓励和保护实名举报，多维度、立体式发现违纪现象和案件线索。

第九，执纪问责。督促驻在部门贯彻落实党政领导干部问责制度，按照《关于实行党政领导干部问责的暂行规定》（中办发〔2009〕25 号）等相关规定对领导干部进行问责；严格执行函询、"一岗双责"和"一岗双查"制度，对党风廉政建设不检查、不部署、不落实等追究主体责任等。

第十，通报曝光。对群众反映强烈的违纪行为，要及时向社会反馈查处结果；对违纪违法线索及案件，要及时向驻在部门党组（党委）汇报的同时报上级纪委。做到发现一起、惩处一起、曝光一起，形成震慑。

三、切实履行监督职责，更好发挥监督作用

从切实解决制约旅游纪检监察机构履行监督职责问题，更好地发挥监督作用层面上讲，应大力推进体制机制改革，在加强制度体系建设、明确两个责任、创新履职方式、注重自身建设等四个方面着力，促进派驻旅游纪检监察机构更好地履行监

督职责。

（一）推进体制改革，进一步加强体系建设

十八届三中全会对派驻机构统一管理，进一步横向延伸提出了明确要求，做到中央一级党和国家机关全覆盖。下一步也应抓紧搞好纵向延伸，推动地方派驻机构统一管理的指导意见和实施办法，从体制机制上进一步保障派驻机构相对驻在部门的独立性、权威性，进一步增强派驻机构对派出机关的责任意识和归属意识。

建立健全派驻机构加强管理和履职的配套制度，明确和规范派驻机构的工作职责、工作定位、工作关系、教育管理和工作保障等，从制度层面解决派驻机构职责定位模糊、与驻在部门职责分工不清、监督重点不突出、关系不顺畅等问题，使派驻机构能够依法履行职责，驻在部门也能够依法支持配合派驻机构积极履职。

明确和完善派驻机构与驻在部门的工作责任制度，明确哪些工作应由驻在部门完成，哪些工作应由派驻机构独立、协助完成，列出责任清单，确保各责任主体主动作为，各司其职。派驻机构要明确自身角色定位，切实履行责任担当，既要对驻在部门实施监督，督促驻在部门党组（党委）认真履行党风廉政建设主体责任，又要正确处理与驻在部门的关系。驻在部门党组（党委）要落实党风廉政建设主体责任，以实际行动支持配合派驻机构履行监督职责。

（二）明确“两个责任”，进一步增强担当意识

贯彻落实“两个责任”要求，必须准确把握“三转”的内涵，紧扣“三转”的重点任务，统筹兼顾，处理好各种关系，有序推动“三转”的要求落到实处。

1. 准确把握派驻机构与驻在部门的关系

处理好派驻机构与驻在部门的关系是一个事关派驻工作能否顺利开展的大问题。首先，要科学把握监督与参与的关系。派驻机构如果不参与驻在部门业务分工，可以集中精力加强监督，但也容易被边缘化，形成两张皮；如参与分工过多，便于了解情况，但容易过多分散精力，形成角色错位。处理好这个问题的实质是着眼于加强监督、有利于党风廉政建设和反腐败工作开展，关键是要把握度，区分好监督与参与、参与和承担的界限。总的说应当是适度分工、大胆参与、全面监督。要根据监督需要介入相关业务活动，在参与中了解驻在部门相关工作的程序和环节，密切同驻在部门党员干部的接触，把握监督重点，有针对性地及时提醒干部，预防不公不廉问题。其次，要正确把握监督与协助的关系。派驻机构既不能沿用双重领导的模式依附于驻在部门，也不能只强调独立性而忽视同一性。派驻机构应与驻在部门党组（党委）建立一种“和而不同”的关系，既有监督又有合作，牢记监督职责，在尊重理解、沟通协调和参与服务中强化监督。第三，要正确处理手段与目的的关系。派驻机构加强监督和协助都是手段，而目的是加强驻在部门的党风廉政建设和反腐败工作，这是派驻机构与驻在部门合作共事的基础，也是共同的目标。所以，派驻机构各项工作都要从这一目标出发，工作手段上与驻在部门“和而不同”，工作目标上双方始终统一。

2. 科学界定主体责任与监督责任的关系

落实“三转”要求，厘清派驻机构与驻在部门的工作职责，明确各类责任主体，明确规范哪些工作应由驻在部门完成，哪些工作应由派驻机构协助完成，哪些工作应当由派驻机构单独完成。驻在部门党组（党委）要加强对党风廉政建设和反腐败工作的统一领导，主要负责人要认真履行 “第一责任人”的职责，种好自己的“责任田”。派驻机构要认真履行好监督责任，属于派驻机构牵头的工作，责无旁贷，属于其他部门牵头的工作，决不越俎代庖，做到协助而不干预、牵头而不包办、监督而不替代。同时，要搞好工作衔接，把握节奏和时机，防止出现监督的真空和断层。

3. 正确处理“裁判员”与“运动员”的关系

派驻机构要坚决站准裁判员的位置，坚决从运动员的角色中抽身出来。长期以来，派驻机构管了许多不该管、管不好、管不住的事，既背离了纪检监察主业的要求，也使自身陷入了监督的困局当中。落实“三转”就是要求派驻机构必须找准职能定位，回归本位、干好本职，决不能既当“裁判员”又当“运动员”。要统筹兼顾，科学安排，做到有所为、有所不为，将牵头抓、协调抓、具体抓有机结合起来，切实当好“裁判员”。

（三）创新履职方式，进一步科学规范监督程序

全面履行监督责任，必须转变派驻机构大包大揽、单打独斗的惯性思维，按照“三转”的要求，创新监督理念，转变监督方式。

第一，对专责工作，在牵头抓总中体现作为、落实监督。纪律建设、作风建设和查办案件是派驻机构的主责主业，责无旁贷。要做到有所为有所不为，知其可为而善为，集中优势兵力，综合运用各种措施和手段，及时发现和纠正驻在部门存在的突出问题，回应社会关切的热点问题。

第二，对协同工作，在组织协调中发挥作用、落实监督。对需要驻在部门多个处室共同完成的工作，派驻机构要做到牵头不包办、监督不替代、协调不越位。特别是在查办案件过程中，要通过建立健全制度，完善反腐败协调工作办法，充分发挥自身的职能作用。

第三，对驻在部门党风廉政建设工作，在强化指导中提供支持、落实监督。派驻机构应当充分发挥作为专门机构的优势，对驻在部门反腐败工作存在体制机制漏洞或工作薄弱环节的，要及时提出改进和完善的意见；对政策界限不清、把握不准的，要及时提供政策指导，支持和帮助驻在部门更好地开展党风廉政建设工作。

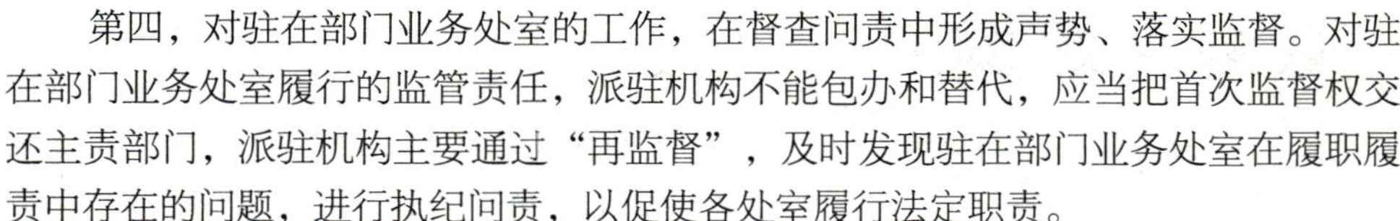

第四，对驻在部门业务处室的工作，在督查问责中形成声势、落实监督。对驻在部门业务处室履行的监管责任，派驻机构不能包办和替代，应当把首次监督权交还主责部门，派驻机构主要通过“再监督”，及时发现驻在部门业务处室在履职履责中存在的问题，进行执纪问责，以促使各处室履行法定职责。

四、结语

切实履行监督职责，确保权力在监督中运行，是新时期党风廉政建设和反腐败斗争工作的必然要求，是建立人民更加满意的现代服务业的现实需要，是服务旅游业健康持续发展的重要保障。本课题以陕西省各级旅游行政管理部门为样本，围绕“三转”，做了认真的调查分析和研究，也针对问题提出了对策、建议，但是履行监督职责的良性运转是一项系统工程，涉及到思想文化、人员素质、监督程序、体制机制等方面，需要在理论和实践上不断完善和探索。由于在研究中的个案选取主要以陕西省为例，就全国而言，可能存在一定的片面性，同时具体举措的阐述也有待进一步补充和改进。

（课题组负责人：韩升良）

专题报告·调查篇

陕西省温泉旅游调研报告

陕西省旅游局

为了贯彻落实2014年全省旅游工作会议精神，全面实施“2336”发展战略，促进全省旅游业持续快速发展，2月10日至3月17日，杨局长率省旅游局办公室、规划处先后赴宝鸡、渭南、西安、咸阳等市调研全省温泉旅游发展情况，调研组考察了法门寺温泉、太白山凤凰温泉、华山御温泉、华山长生天沐温泉、楼观道温泉、东大南山温泉、大秦温泉、蓝田碧水湾温泉、华清池温泉、华清爱琴海温泉、咸阳海泉湾温泉、地热城等，期间召开了四次座谈会，了解企业发展情况、存在的困难和问题，与相关地市和温泉旅游企业一同研究温泉旅游业发展的路径和亟待解决的问题。

一、我省温泉旅游发展基本情况

（一）温泉、地热资源的分布情况

陕西是温泉之乡，全国发现的第一个温泉就在陕西，陕西也是国内温泉资源较为富集的省份之一。据普查，陕西省的地热资源主要分布在秦岭北麓山前基岩断裂地热带、盆地中部新生界砂岩地热田和渭北古生界碳酸盐地热田。整个地热资源东起潼关，西到宝鸡，南起秦岭北麓山前一带，北界为乾县—三原—蒲城—韩城一线，包括西安城区、临潼、蓝田、华阴、咸阳、眉县、勉县、合阳等市县，分布带长达450千米，面积约9000平方千米，可采储量近5.37亿立方米。另外，在我国地热分布图上，秦巴山区被划为中低温热水带，表明这一地区也有蕴藏温泉资源的可能性。在汉中市西乡县三泉村、勉县定军山和佛坪龙草坪，均发现了温泉资源，安康岚皋县龙爪子也曾打出过温泉试验井。陕北榆林吴堡也勘探到地热资源。目前，全省已打出的地热井有304口，并发现了24处露头温泉。

根据省地质勘探局2003年3月《陕西省秦岭北麓地热资源开发前景评估报告》，我省关中盆地地热资源可大致分为三个板块。一是秦岭北麓山前基岩断裂地热带。沿秦岭北麓山前大断裂，西起宝鸡益门村，经眉县汤峪、周至楼观台、北折至临潼、东至潼关，长约450千米，宽约2千米左右范围，总面积为900平方千米。这一区域地热资源埋藏相对较浅，水温一般在30℃～73℃之间，流量从10立方米/时。到200立方米/时。二是盆地中部新生界砂岩地热田。主要分布在盆地中部的凹陷地带，西起宝鸡硖石、东到潼关港口镇、南至长安东大镇、北至三原西阳镇，总面积近5500平方千米。目前，已打成地热井130多眼，一般井深1500～3000米，最深超过4000米，地热出水量20立方米/时到200立方米/时，水温40℃～113℃，氟、溴、碘、偏硅酸、偏硼酸含量等多项指标达到医疗热矿水标准，具有很好的保健作用。三是渭北古生界碳酸盐岩地热田。主要分布于渭北碳酸盐岩三角地带，西起泾阳云阳镇，东到黄河一带，南起大荔渭黄交界，北至韩城下峪口，总面积为2600平方千米。水温一般在25℃~41℃之间。现已打成地热井13口，一般井深300~900米，出水量30立方米/时到430立方米/时，部分偏硅酸、氟含量可达医疗热矿水标准。

根据以上勘探成果，我省适宜进行旅游开发的地热资源主要分布于关中盆地的南沿，地热埋藏深度一般为300～1200米，温度在30℃～80℃之间。总体上看，陕西地热资源储量较为丰富，埋藏深度较浅，含有多种对人体有益的微量元素，具有较高的医疗保健价值和旅游开发价值。秦巴山区、陕北地区温泉条件较差，开发难度也较大。

（二）温泉、地热资源的开发利用情况

陕西是温泉之乡，温泉利用历史最为久远，“天下第一温泉”华清池享誉天下。但是，在2000年以前，陕西温泉旅游处于原始阶段，温泉地热资源利用主要集中于疗养院、温泉度假山庄和大众浴场，布点分散，规模小、档次低，资源利用率低，从严格的意义上说，没有温泉旅游。

2002年省委、省政府高瞻远瞩，从发展休闲度假旅游的战略高度，提出要充分发挥我省丰富的温泉资源优势和温泉洗浴文化的历史优势，打造温泉旅游产品，推动全省温泉旅游大发展。省政府组团分别赴日本、韩国调研温泉旅游产业发展情况。省地质勘探局对秦岭北麓地热资源蕴藏情况进行了勘察。省旅游局组织编制了《陕西省温泉旅游开发规划》，全省确定了华山御温泉、唐华清宫温泉、楼观道温泉、太白山凤凰温泉、蓝田汤峪温泉、咸阳地热城、勉县月亮湾温泉等7大重点温泉旅游开发项目。省政府协调落实建设土地、水、电、路等基础设施，加大专项资金扶持力度，为确保重点项目顺利建设奠定了基础。近年来，华清爱琴海温泉、华山御温泉、咸阳海泉湾、楼观道温泉、太白山凤凰温泉等一大批温泉旅游产品建成投入使用，使我省的温泉旅游发展迈上了一个新的台阶。

目前，全省已投入运营的温泉旅游产品主要分布在秦岭北麓沿线，西安、宝鸡、咸阳和渭南等市，共计有50多处，日接待规模约4.5万人次。在建的约有20余处。

华清爱琴海温泉、华山御温泉、咸阳海泉湾、楼观道温泉、太白山凤凰温泉、合阳处女泉等运营良好，管理规范，效益显著。临潼度假区悦椿温泉酒店、华山长生天沐温泉、太白山温泉欢乐谷、太白山天沐温泉、西汤上镜温泉中心、逸景生态温泉酒店、秦岭生态主题社区温泉中心等项目正在加紧建设，唐华清宫温泉、勉县月亮湾温泉以及榆林吴堡横沟温泉等都尚处在前期开发阶段。2013 年，华清爱琴海温泉接待旅游者 10 万人次，综合收入 3000 万元；华山御温泉接待旅游者 42.9 万人次，综合收入 4462 万元；咸阳海泉湾接待旅游者 30 万人次，综合收入 6000 万元；楼观道温泉接待旅游者 26 万人次，综合收入 1400 万元；蓝田碧水湾温泉接待旅游者 106 万人次，综合收入 6000 多万元；太白山凤凰温泉自去年 10 月份开业以来，接待旅游者 2 万人次，综合收入 400 万元。温泉旅游已成为全省旅游业新的增长点。

二、我省温泉旅游发展存在的问题

我省温泉旅游经过十多年的发展，取得了很大的成绩，产业雏形已基本形成，正逐步走上发展轨道。但我们仍然应该清醒地认识到，温泉旅游发展还存在着很多问题，主要表现在以下几个方面。

（一）温泉、地热资源缺少有效的保护规划和办法

温泉资源是一种有限资源，无序、无限地开采、利用将给我省温泉资源带来无法恢复、再生的损害。现在我省自流温泉已经很少，出水量严重不足。现有可用的主要是深井地热资源，而且井越打越深，水量越来越少。

第一，缺少温泉、地热保护规划。目前，我省仍然没有温泉、地热的保护条例、规划、办法等规范性的文件，实际存在着大量无序、随意开采的情况。如不加以限制，制定保护措施，温泉、地热资源早晚存在枯竭的危险。

第二，温泉、地热资源使用效率低。西安、咸阳等城市存在大量温泉、地热洗浴场所，对温泉、地热资源缺乏有效的管理，温泉、地热资源使用效率低，不能充分发挥温泉、地热资源的作用。

第三，缺乏有效统一的管理。现在的温泉、地热资源的开发随意性比较强，有些非市场化的部门占用资源，低效开发使用，严重影响了温泉、地热资源的有效开发利用和良好的市场形象。临潼的温泉、地热资源就存在着严重的乱採、乱用现象。一些部队疗养院大量占用温泉、地热资源，不遵守规划，随意乱搭乱建，严重制约了临潼温泉旅游的发展。

（二）温泉旅游基础设施严重滞后，影响温泉旅游的发展

总体来讲，围绕着温泉旅游发展，我省的旅游基础设施严重滞后，包括通往温

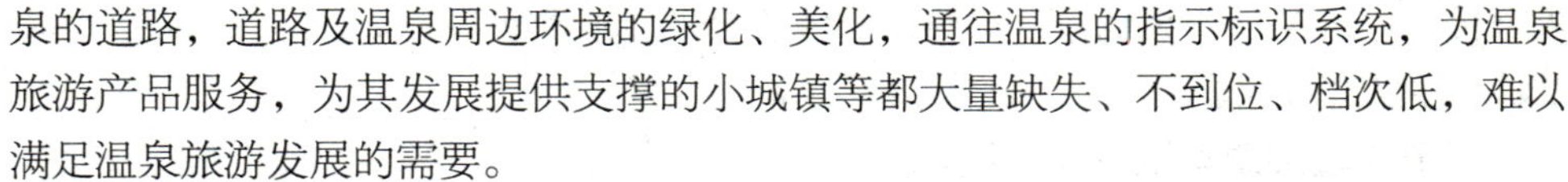

泉的道路，道路及温泉周边环境的绿化、美化，通往温泉的指示标识系统，为温泉旅游产品服务，为其发展提供支撑的小城镇等都大量缺失、不到位、档次低，难以满足温泉旅游发展的需要。

（三）温泉旅游产业化程度低

温泉旅游是一个大产业，符合休闲度假旅游的发展方向，前景广阔，潜力巨大。但是，我省的温泉旅游产业化程度比较低，分散，各自为政，难成气候。

第一，我省温泉旅游产品数量比较少，总共不足 15 家，其余大部分都是温泉洗浴，与温泉旅游产品尚有较大的差距。现有温泉旅游产品规模也都比较小，营业收入比较少，自我良性发展尚未走上轨道。

第二，围绕温泉旅游产品，其上下游产业链都未形成。现在我省的温泉旅游产品就以温泉泡汤为主，围绕温泉旅游产品的医疗、保健、养生、饮食、住宿都未形成规模，产业链短，经济效益不高。

第三，没有形成温泉旅游拳头产品。我省温泉旅游规模小，档次低，没有打造出具有全国甚至有世界影响力的温泉旅游产品。“御温泉”，陕西才是它的源头和正宗，但是，我省现在的温泉旅游产品无论是规模、质量、服务都与国内先进的温泉旅游产品无法相比。缺少拳头产品就缺少吸引力、影响力，也难以推动温泉旅游业的整体发展。

第四，温泉旅游产品同质化现象比较严重。我省现有的温泉旅游产品基本上都是温泉泡汤加住宿的模式，特色不鲜明、不突出，到哪一个温泉都差不多，差异化发展不够。

（四）温泉旅游产品缺乏市场影响力

发展温泉旅游产品是核心，市场是关键。没有形成有效的基础市场，温泉旅游也就失去了发展的基础。

第一，市场营销严重不足，影响温泉旅游的发展。无论是总体形象宣传，还是温泉旅游产品宣传都非常少，使得我省现有的温泉旅游产品也都养在深闺人未识，很少有外省的旅游团队或旅游者来我省进行温泉旅游。

第二，没有形成温泉旅游品牌。我省温泉旅游缺少明确的主题形象，温泉旅游产品也是小、弱、散、差，没能打造出国内外知名的温泉旅游品牌。

第三，没有培育出固定的本地温泉旅游市场。温泉旅游要大发展，本地温泉旅游市场是基础，没了这个基础，温泉旅游要大发展是不可能的。尽管我省是温泉洗浴的发祥地，但是，市场化的温泉旅游我们却是小兄弟，发展的时间短，缺少先进的温泉旅游发展思想和理念。更为重要的是我们缺少群众基础，大多市民还是将温泉当做一种洗浴方式，而不是当做一种新的生活方式，不是一种必需的消费品，洗澡就没有必要花那么多的钱。如此，本地的温泉旅游消费群体没有形成，发展温泉旅游就失去了基础。

（五）发展温泉旅游缺少政策支撑

我省温泉旅游还处于开发建设的初期，市场发育的很不成熟，没有形成比较统一的温泉旅游市场。因此，需要政策支持，以推动温泉旅游加速发展。诸如土地使用、温泉资源保护、基础设施建设、宏观市场调控、统一市场开发等等方面，都需要政策的支持。

三、加快我省温泉旅游发展的思路

陕西温泉旅游应该说还处在起步阶段，需要我们开拓思路，发挥优势，统筹协调，加大投入，强化保护，拓展市场，打造品牌，变温泉旅游短板为优势，通过发展温泉旅游推动全省旅游业加快发展。

（一）资源优势明显，发展潜力巨大

陕西是温泉资源大省，温泉洗浴始于周，兴于汉，盛于唐。陕西是温泉洗浴文化的重要发祥地，早在2800多年前，骊山温泉就被发现，西周时周幽王在骊山修建了“骊宫”，历史上称为“星辰汤”。秦始皇修有“骊山汤”。东汉张衡讲道：“遂适骊山，观温泉，浴神井……壮厥之独美，思在化之所原……览中域之珍怪兮，无斯水之神灵。”唐玄宗李隆基有诗云：“桂殿与山连，兰汤涌自然。阴崖含秀色，温谷吐潺湲。绩为蠲邪著，功因养正宜。愿言将亿兆，同此共昌延。”唐玄宗在这首诗的序言中写道：“唯此温泉，是称愈疾，朕不能独享其福，思与兆人共之。”这些都说明中国温泉洗浴文化的起源在陕西，中国温泉洗浴文化的最高成就在陕西，中国温泉洗浴文化的最早大众化在陕西。

我省的温泉、地热资源主要集中在秦岭北麓及渭河两岸。温泉、地热资源较为丰富，矿物质含量比较多，特别是含有氡（号称温泉贵族）等微量元素，使我省的温泉、地热资源的品质较好。这里，依山傍水，景色秀丽，毗邻大城市，交通便利，为大规模开发建设温泉旅游产品提供了良好的条件。

当前，我国的人均GDP已经超过6000美元。旅游的休闲时代已经到来，传统观光旅游与现代休闲度假旅游并驾齐驱，共同发展成为了旅游业发展的主旋律。温泉旅游产品作为休闲度假旅游产品的主打产品，必然会有一个黄金发展期。

（二）研究温泉旅游的发展模式

温泉旅游发展前景广阔，动力充足，要善加引导，科学发展。从发展模式上要重点注意研究以下几种模式。

1. 集群发展模式

温泉旅游发展初期，没有形成稳定的基础旅游客源市场，单一的温泉旅游产品投资高，风险大。同一地区同时开发几个温泉旅游项目，大家抱团取暖，共拓市场、共御风险、集群发展，比较容易取得成功。

2. 温泉小镇发展模式

温泉产品依托小城镇，带动小城镇；小城镇服务温泉，为温泉旅游发展提供支撑和帮助。我省许多温泉都不在城市之中，需要依托小城镇来进行开发建设和管理。发展温泉旅游也可以为小城镇带来客源，同时带来物流、资金流、信息流，推动小城镇发展，带动当地农民脱贫致富。

3. 景区融合发展模式

单一的温泉难以吸引足够的旅游者，温泉旅游产品开发靠近大景区，与景区形成互相支持的合作关系，融合互补，可以更快地适应市场。

4. 综合发展模式

大型温泉旅游产品应走综合发展的路子。泡汤形式多样，多池子、多种类、多功能，适应不同人群的需要。同时，温泉洗浴与康体、养生、饮食、购物相结合，围绕温泉把产品做大。

（三）加大投入，推动发展

我省的温泉旅游产品小、散、弱、差，缺少规模化、有一定影响力的拳头温泉旅游产品。目前，通过各种途径争取资金，加大对温泉旅游产品的投入力度是当务之急。我省的温泉、地热旅游资源因其历史久远、水质优良、景色秀美而颇具吸引力。要积极发挥各方优势，广开投资渠道，吸引各方投资者来陕西投资温泉旅游，打造温泉旅游拳头产品，做强做大温泉旅游产业。

（四）强化市场推广，打造温泉旅游品牌

市场是温泉旅游发展的核心和关键，抓住了市场就抓住了发展温泉旅游的钥匙，失去了市场就失去了温泉旅游发展的动力。陕西发展温泉旅游必需牢牢抓住市场这个核心，动员组织各种力量，全力以赴，开展温泉旅游市场推广，打造温泉旅游品牌，推动温泉旅游大发展。

第一，加强对温泉于人体健康的理论研究，为温泉旅游大发展提供依据。温泉有益于人体健康古人早有论述，神农氏尝百草就发现了温泉的用处；唐玄宗讲："唯此温泉，是称愈疾，朕不能独享其福，思与兆人共之。"说明古人对温泉的疗养作用有了一定的认识；近现代对温泉的作用有了更加深入的了解，知道温泉可以治疗许多皮肤疾病。但总体讲，对温泉知识的研究、普及程度不够，人们对温泉的了解还很表面很感性，没有与身体健康相联系，更没有上升到生活必须的程度，这也是

温泉旅游市场化程度不高的根本原因。加强对温泉的理论研究，普及温泉保健知识，为建设多样性的温泉旅游产品提供依据，是发展温泉旅游的一项基础性、战略性的工作。

第二，加强与旅行社的联合，拓展旅游客源渠道。现在的温泉旅游还处在买方市场，温泉旅游企业应该积极地开展促销工作，宣传温泉旅游产品，特别是要加强与旅行社的合作，争取更多的团队客人消费温泉旅游产品。旅行社应充分认识到温泉旅游对旅游者是有益的，旅游者是需要的，在旅游行程中安排温泉旅游对全省旅游业的发展是有重要意义的，同时，对旅行社自身也是有很好的经济效益的。所以，要积极向旅行商、旅游者推荐温泉旅游产品。

第三，加强温泉旅游电子商务建设，适应市场发展要求。电子商务已经成为现代服务业的一种非常重要的服务方式。在我省温泉旅游企业中广泛应用、推广电子商务，为广大旅游者提供方便、快捷的服务，是推动温泉旅游加快发展的必然要求。

第四，加强与温泉旅游产品互补性强的相关旅游产品的开发建设，做到产品类型互补、淡旺互补。发展温泉旅游产品还要跳出温泉看温泉，孤立地发展温泉旅游产品难以取得理想的效果。要大力发展与温泉旅游相关的旅游产品，与温泉旅游产品形成时间互补、淡旺互补、游歇互补。变单一产品为复合产品，互相补充，互相推动，良性发展。

第五，高起点策划，高质量建设，高水平管理，高品质服务，打造陕西温泉旅游品牌。要彻底改变我省温泉旅游产品小、乱、散的不利状况，着力推出一批理念新、规模大、有特色、管理好、服务优、效益佳的温泉旅游产品。没有这样一批温泉旅游产品，就不会形成影响力和吸引力，就不能推动温泉旅游大发展。

要坚定不移地坚持引进国际、国内一流温泉旅游管理品牌的思想理念，通过它们引进先进的管理、高水平的人才和吸引源源不断的省外、境外旅游者。

（五）坚持服务至上理念，以服务促发展

温泉旅游产品是一种休闲度假型旅游产品，它的核心要素就是服务。要坚持服务至上的思想理念，以服务赢得市场，以服务打造品牌。“御温泉”的牌子在国内很响亮，但追根溯源，“御温泉”应该是我们陕西温泉的名牌，因为“御”代表着皇家，是至高、至尊、至圣的。珠海叫“御温泉”，名不正，言不顺。但是，历史不代表现在，我省现有温泉旅游产品无论规模、档次，特别是服务与“御”字没有任何关系，有再好的历史文化也不能为我所用。所以，强化服务，以服务赢得市场是我们应该始终坚持的原则。

温泉旅游产业无论在国内还是国际上，都属于一个比较新的产业，都在摸索发展的方式，积累管理和服务的经验。日本的温泉沐浴文化学于中国，但形成了自己

独特的发展模式。日本的温泉产品不以大、以全取胜，它是一个多火山的国家，温泉资源十分丰富，遍地都是，所以，形成了小而多，多而精的温泉产品发展模式。许多酒店住宿与温泉融为一体，温泉成为了住宿的重要组成部分，成为了酒店的特色，甚至是酒店的一种必需的服务项目。我们没有日本那么丰富的温泉资源，不可能像日本那样，酒店即温泉，温泉即酒店。国内基本上都走的是大而全的温泉、地热旅游的发展路子。这就要求一是要项目全，一个温泉旅游产品什么项目都有，可以满足各种人群的需要；二是要服务好，以服务取胜，赢得更多的顾客。“御温泉”之所以闻名全国，就是因为它的服务。我省发展温泉旅游也只能走项目全、服务优的路子。要充分发挥我省的历史人文优势，高举“历史”“皇家”两面旗帜，重树我省“御”温泉的大旗，以优质的服务赢得市场、赢得游客。

要根据我省的温泉旅游发展情况，推动温泉旅游企业标准化建设，重点是温泉企业标准，使我省的温泉旅游企业服务标准化、优质化，塑造良好的温泉旅游形象。

（六）坚持开发建设与保护并重的发展思路

温泉资源是一种不可再生的资源，开采量长期大于补给量，温泉、地热就会逐渐枯竭。我们现在还没有掌握温泉补给技术，我省原有许多自流温泉，但现在可利用的自流温泉已经基本没有了。有些地热井水位下降了几百米，抽取地热井水已经越来越困难了。因此，加强对温泉旅游资源的保护是非常重要的。要积极采取各种措施，保护我省的温泉旅游资源可以用、补均衡，长期、可持续利用。

第一，加强立法保护，对温泉、地热资源加强保护势在必然。应通过省人大、省政府制定我省温泉、地热资源保护条例、办法等法规及规范性文件，对我省的温泉、地热资源进行普查，对不同地区、不同资源、不同的开发建设水平进行立法保护，避免随意开采、恶意竞争、重复开发、低效使用、浪费资源。

第二，制定限用措施。现在温泉、地热的使用随意性是比较强的，只要有热水井，就可以随意抽取使用，不管用量，不问用途。长此下去，温泉、地热资源总有枯竭的时候。应采取一定的限制性措施，限时、限量用水，以保障我省的温泉、地热资源可以永续利用。

（七）制定政策，促进发展

我省温泉旅游发展已到了一定的阶段，初具规模，也有了一定的影响。但是，总体上 讲，仍然处在发展的初期阶段，市场发育不全，规模较小，影响较弱，亟须制定政策，大力推动全省温泉旅游的快速、健康发展。

第一，制定规划。编制全省温泉旅游发展规划，温泉富集的城市也应该编制城市温泉旅游发展规划，加强温泉旅游发展顶层设计，做好温泉旅游发展整体布局，确定温泉旅游发展的路径和模式，研究温泉旅游发展的市场特点，为温泉旅游健康、快速、持续发展打牢基础。

第二，加强对温泉旅游基础设施建设的支持力度。我省温泉、地热产品周边环境差，基础设施薄弱是其发展缓慢的重要原因。各市要加大对温泉旅游发展的支持力度，大力改善通往温泉旅游产品道路两旁的绿化、美化，大力改进温泉旅游产品的基础设施、服务设施建设，大力支持温泉旅游产品周边的小城镇建设，为我省温泉旅游发展创造良好的发展环境。

省旅游局及各政府相关部门、各市都应积极采取措施，加大资金支持力度，改善温泉旅游产品的基础设施、服务设施水平，推动我省温泉旅游的大发展。

第三，加大温泉资源市场化工作力度，协调解决部门分割的问题。温泉资源市场化是解决温泉旅游部门分割，互相影响，效益低下的重要途径。要切实制定相关政策，推动温泉、地热资源市场化，发挥市场配置资源的决定性作用，扭转部门分割，滥用资源的不良局面。

发挥政府在旅游业发展中的主导作用，协调解决临潼温泉旅游中存在的部门分割问题，给临潼温泉旅游一个整体良性发展的机会。

总体而言，我省发展温泉旅游还是具有一定优势的，目前的工作重点是要整合资源，突出特色，加大基础设施建设力度，提高管理服务水平，努力使其成为全省旅游产业发展的一个新亮点。

（第一调研组）

丝绸之路旅游发展调研报告

陕西省旅游局

一、丝绸之路旅游发展现状

（一）丝绸之路旅游资源现状

旅游资源是旅游业发展的前提，是旅游业的基础。丝绸之路旅游资源丰富多样，既有独具风格的自然类旅游资源，又有史诗般壮丽的历史古迹类旅游资源，还有引人入胜的民俗风情类旅游资源。丝绸之路是我国旅游资源最为丰富和集中的跨区域的最具知名度的旅游线路之一。

2006 年以来，在联合国教科文组织的倡导和推动下，我国与中亚有关国家开展了丝绸之路跨国系列申报世界遗产工作。2013 年 1 月，中国与哈萨克斯坦、吉尔吉斯斯坦三国联合审议项目已正式报送联合国教科文组织，申请于 2014 年列入《世界遗产名录》，现已申报成功。在我国首批申遗名单的 22 处遗产点中陕西省占 7 处、河南省 4 处、甘肃省 5 处、新疆维吾尔自治区 6 处遗产，遗产区总面积达 28421 公顷。

陕西作为丝绸之路的起点，省内旅游资源丰富，尤其是文化遗产类旅游资源不仅数量多，而且价值极高。因此，在丝绸之路申遗的大名单中，陕西拥有的申遗点最多。丝绸之路陕西申遗点主要包括汉长安城未央宫遗址、唐长安城大明宫遗址、大雁塔、小雁塔、兴教寺塔、张骞墓、彬县大佛寺石窟。

甘肃省、新疆维吾尔自治区、宁夏回族自治区、青海省、河南省也都是丝绸之路沿线的重要节点省份，有着各具特色、丰富多彩的丝绸之路旅游资源产品。

总之，我国丝绸之路沿线区域旅游资源得天独厚，文化遗产与自然风景齐备，古老文化与现代文明共存，具有资源总量大、类型齐全、资源等级高、功能多样性等特点。

（二）丝绸之路旅游产品开发现状

1978 年改革开放以来，国家旅游局始终坚持把“丝绸之路”作为中国旅游的黄金路线和精品进行打造，在国家旅游局公布的中国观光国线中，第一条就是丝绸之路。同时，丝绸之路旅游也是世界旅游组织向国际旅游市场着力推介的世界级旅游线路产品之一。自 20 世纪 90 年代起，联合国教科文组织就与世界旅游组织合作，将丝绸之路立项，并予以指导及项目支持。丝绸之路沿线各省也都围绕丝绸之路主题推出了相关的旅游产品。

早在 1996 年，世界旅游组织就曾在西安举行丝绸之路论坛。陕西作为丝绸之路的起点和丝路文化的核心，借助丝绸之路品牌推出了一系列的观光、度假旅游产品。

从旅游产品涉及的范围来看，丝绸之路旅游产品可以分为广义和狭义两大类，狭义上的丝绸之路旅游产品是指紧扣丝绸之路核心主题，还原丝绸之路特色的旅游产品。譬如作为丝路起点重要遗址的大唐西市，现已经成为陕西省和西安市“十一五”“十二五”重点建设项目和文化产业发展重点项目，以及包括大慈恩寺、唐大明宫等在内的 7 个申遗点。陕西省还推出了很多丝绸之路相关旅游产品，诸如以华清池、昭陵—乾陵、法门寺等项目为基础开发了唐文化旅游产品；以汉阳陵、茂陵等为本底开发的汉文化旅游产品；围绕黄土高原风情民俗、陕南民俗、关中地区民俗和皮影、剪纸、戏曲等开发的民俗旅游产品，等等。

广义上的丝绸之路旅游产品，包括了众多景区以及购物、美食、文化演出、观光、休闲、度假等旅游产品构成的完成的产品体系。如遗产观光类的秦始皇陵及兵马俑景区、陕西历史博物馆；文化演出类的《仿唐乐舞》《长恨歌》；度假休闲类的曲江大唐不夜城、华清宫温泉、爱琴海温泉度假山庄等等。

（三）丝绸之路旅游市场发展现状

1. 国际旅游市场

近年来，由于全球金融危机和中日关系波动以及新兴旅游目的地的兴起和分流等因素的影响，导致中国入境旅游市场增速减缓，甚至出现衰退。但是，陕西省入境旅游市场相对比其他省份发展较好，入境旅游人数增长速度较快。

2013 年陕西省国际旅游入境 352 万人次，同比增长 5.02%；旅游外汇收入 167620 万美元，同比增长 4.93%。其中排在入境旅游前三位的客源国分别是美国、韩国、日本，接待人次分别是 27.4 万、25.1 万、12.4 万，同比增长分别是 4.75%、10.69%、−32.72%。

2. 国内市场

随着入境旅游逐渐趋向平稳，国内旅游市场成为刺激旅游业持续发展和增速的主要推力。2013 年，陕西省国内旅游人数 2.8 亿人次，比 2012 年同期增长 22.75%；国内旅游收入 2031.1 亿元，比 2012 年同期增长 26.19%。陕西省国内游客市场构成中，省内游客占到 45.87%，周边省份（四川、河南、山西等）占约 30%，

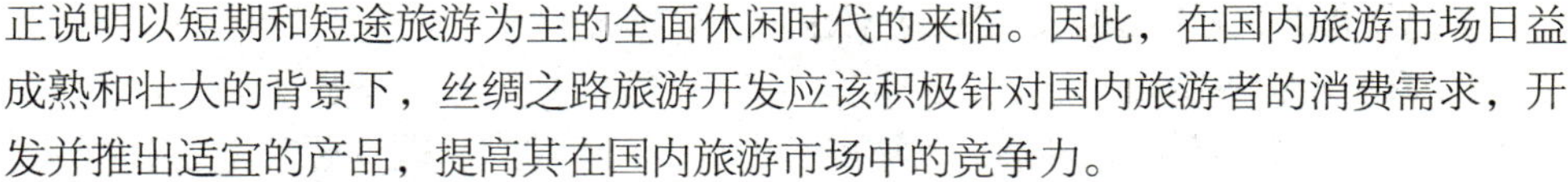

正说明以短期和短途旅游为主的全面休闲时代的来临。因此，在国内旅游市场日益成熟和壮大的背景下，丝绸之路旅游开发应该积极针对国内旅游者的消费需求，开发并推出适宜的产品，提高其在国内旅游市场中的竞争力。

3. 专项旅游市场

随着私家车的普及，我国自驾车旅游和自助游逐渐成为旅游者出行的主要方式。2013 年来陕西省的游客构成中，散客达到 85.52%，其中自驾车 40.31%，其他 45.21%。作为以往主要旅游方式的旅行社组团游仅占 14.48%，因此，可以说中国旅游进入了自驾车和自助旅游时代。丝绸之路（国内段）跨越 6 个省份，沿线风光雄奇，历史遗迹遍布，非常适合开发自驾游和自助游，市场潜力巨大。

二、存在的问题

虽然国家旅游局在 20 世纪 80 年代初期就推出了国家级旅游精品线路——丝绸之路旅游，也刺激了西部地区的旅游业发展。然而，由于丝绸之路跨越多个省份和国家，无论是旅游资源开发方式，还是产品构成与市场规模等都凸显出很多亟待解决的问题。

（一）丝绸之路旅游产品存在的问题

1. 旅游产品结构单一，层次低

丝绸之路沿线旅游产品趋同，结构单一，简单的、低层次的观光旅游产品占有很大比重。目前的丝绸之路旅游在会议旅游产品、商务旅游产品、节庆旅游产品、会展旅游产品以及其他休闲、科考、健身、度假、体育、文艺娱乐等参与型、体验型的旅游产品的开发利用程度还很低。丝绸之路旅游总体还处在以观光旅游为主的初级旅游产品阶段，其旅游资源的开发利用属于粗放式的开发，旅游产品结构单一，旅游产品竞争力不强。

2. 旅游产品散乱，尚未形成产品体系

当前开发过程中存在的最突出的问题是地方政府各自为营。在资源互补的背景下缺少深层次的相互合作，游客所购买的产品是松散性的景点组合，而不是有机结合为整体的丝路旅游线路产品（体系）。

3. 产品缺乏创新

有关统计数据表明，丝绸之路沿线各省、区的客源流失非常严重，比例高达 40%~70%，真正最后完成丝路产品全线旅游者不足旅游人数的 20%。观光产品居多，且缺少变化，产品价格高昂，竞争力逐年递减。陕西省也是以古都旅游、历史文化旅游居多，而配套的产品没有从根本上去进行深层的改变和完善。

（二）丝绸之路旅游市场存在的问题

1. 市场定位不明确

由于国际金融危机的影响，入境旅游市场一直不景气，国外游客现在来中国旅游更多的是一种理性消费。所以目前而言，主要是做好国内的丝绸之路旅游和周边国家和地区的旅游，如周边的日本、韩国、东南亚国家以及港澳台地区是应明确的市场重点。

整个丝路旅游在根据客源年龄结构进行定向挖掘开发方面还需要进一步提高。有学者从2006—2007年前后4次对丝绸之路沿线旅游热点城市入境游客市场调查，调查结果表明年龄在45岁以上的游客占丝路旅游市场非常大的一部分。因此，当前只是把中老年人作为主要客源，而没有从持续发展的长远角度去挖掘潜在的中青年客源市场。

2. 品牌形象塑造不足

由于沿线不同省区在丝绸之路发展的历史中扮演的角色不同，加上地域之间本来存在的差异性，使得各个省区的丝路旅游也各具特色。丝路旅游的开发尚未形成合作机制，在旅游形象宣传上各自为政，最终导致丝绸之路旅游的整体形象不突出。

3. 旅游宣传促销合作机制尚不成熟

在丝绸之路营销中应该建立旅游宣传促销合作机制，加强与文化、宣传、外事、商务、新闻出版等相关部门合作；积极推动争取在上海合作组织框架内，发展丝路国内段同中亚各国的旅游合作宣传关系；与世界旅游组织深度合作，以中国（西安）丝绸之路国际旅游博览会、丝绸之路国际旅游大会为平台，打造丝绸之路旅游产品品牌，优化整合丝绸之路旅游资源和产品；鼓励旅游企业积极加强外联，扩大宣传力度，广开旅游客源；加强与丝绸之路沿线省区的旅游宣传促销合作，统一打造丝绸之路精品线路；加强境外旅游宣传促销合作，实现入境旅游和出境旅游的良性互动。

三、发展建议

（一）制定旅游发展系统规划

由于丝绸之路旅游带沿线区域众多、路线漫长、文化多样，必须通过统一的规划进行协调。丝绸之路在中国境内的长度超过了一半以上，编制统一的丝绸之路旅游发展规划尤为重要。通过规划引领丝绸之路旅游发展，使各省区在资金、技术、管理、法律、信息等方面相互协调，最终将丝绸之路打造成为具有国际影响力的洲际旅游带。

（二）创新区域旅游合作模式

陕西省作为丝绸之路起点，一方面，应该在丝绸之路旅游发展中起到引领、带头和主导作用，积极推动并建立丝绸之路旅游的区域合作机制，创新区域旅游合作模式，把地缘毗邻优势、经济互补优势、旅游资源优势转化为合作优势，打造利益共同体，形成“丝绸之路旅游合作组织”，共同打造丝绸之路国际旅游品牌。另一方面，应着力改善区域旅游合作环境。如在交通方面积极沟通沿线各省市，对丝绸之路专列、丝绸之路大巴、丝绸之路包机等予以政策优惠和倾斜，调动各方合作的积极性。

（三）立足市场需求，打造国际统一优质大品牌

陕西省应依托具有国际竞争力的历史文化旅游产品，针对不同国际市场，包装设计不同旅游形象与线路，进一步提升国际知名度和市场占有率。针对北美西欧市场，主打中国历史文化精华、中国经典旅游线路等旅游产品；针对日本、韩国客源市场，主打中国盛唐文化、三国历史文化等传统文化遗迹旅游产品，辅助以朱鹮、大熊猫等自然生态旅游产品；针对港澳台和东南亚市场，主打宗教文化旅游产品。同时，积极拓展新兴市场。在澳大利亚、新西兰、印度、俄罗斯、巴西、南非以及东欧市场，加大宣传推广力度，以经典文化旅游产品和线路为依托，强化陕西旅游形象宣传，扩大知名度，确实提高“丝绸之路”旅游品牌的知名度。

沿线各省区在品牌打造的过程中需要统一标识、宣传口号等；联合发行一本书（画册）、一本杂志、一部系列纪录片；制作一个门户网站、开发一个官方微博；共同举办一年一度的丝绸之路文化旅游节等最终提升“丝绸之路旅游带”品牌整体竞争力。

（四）构建丝路旅游立体交通体系、促进丝路旅游一体化建设

交通是旅游业的三大支柱之一，在共建丝绸之路旅游带的过程中，加强道路联通，打造立体交通系统是重中之重。具体可从以下几方面开展工作：完善“丝绸之路”旅游包机和航班；全力打造“丝绸之路”旅游专列；完善“丝绸之路”自驾游体系；开通西安—乌鲁木齐双向对开的“丝绸之路”旅游大巴。

（五）加强国际旅游合作，提升丝路旅游核心竞争力

成立沿线城市旅游联盟，如西安、敦煌、乌鲁木齐、伊斯坦布尔、雅典、罗马等；开展“陕西走进中亚、西亚”旅游推介活动、召开“丝绸之路国际旅游大会”、成立丝绸之路国际旅游合作联盟等活动；建立沿线各城市旅游信息共享网络，并逐步实施旅游咨询、投诉、救助一体化服务。

（六）加强丝绸之路产品升级与转型

大力开发丝绸之路国际旅游系列产品，共同打造沿线城市旅游线路。可以利用沿线铁路交通的便捷性和沿线旅游资源的互补性，搭配组合以西安—洛阳—开封—郑州等以古都为主的古都游，以少数民族风情为主的民族风情游，以及以文化内涵为核心的宗教、修学、探险、美食、休闲度假等项目产品。

做好非物质文化遗产的传承和保护，建立丝绸之路沿线非物质文化遗产保护体系，促进“丝绸之路’非物质文化遗产的可持续发展。

（七）加强安全管理，建立高效管理体制，实现有序发展

丝绸之路牵涉到国内外很多国家和地区，即使是国内段也牵涉到 6 个省份和自治区的各级政府管理部门、企业、景区等主体，各方都有自身的利益诉求，如果这种诉求不能有效协商解决，必然会导致丝绸之路旅游合作开发只是一种口号。因此，应建立高效发展机制，优化软环境，理顺旅游管理体制，强化监管，优化服务，提高素质，树立旅游行业文明、诚信、礼仪、和谐的良好形象，这也是推进“丝绸之路”旅游长期健康发展的有力保障。

（八）发挥企业主体作用、注重旅游人才培养

企业是发展丝绸之路旅游的主体。跨区域旅游合作的推进，不仅需要政府出台措施和政策进行保障，更需要发挥旅游企业的主动性。陕西省可以充分调动旅行社、旅游景区等市场主体在产品开发和市场营销中的促进和协作功能。通过企业先行、政府扶持、媒体跟进的步骤，依托“东方快车”“长安号”等极具市场吸引力和号召力的旅游交通方式，着力把陕西打造成“丝绸之路”国际、国内旅游客源重要的集散地。

建设一支规模宏大、素质优良、结构合理、与旅游发展相匹配的旅游人才队伍是确保丝绸之路旅游发展的重要人才保障。目前，丝绸之路旅游突出的人才问题是缺乏小语种的外语导游，且导游人员素质参差不齐。因此，必须提高丝绸之路沿线导游的整体质量，增加多语种导游，以满足不同客源国游客的基本旅游需求。

（第二调研组）

陕西省文化旅游名镇建设情况调研报告

陕西省旅游局

文化旅游名镇建设是陕西省委省政府加快城镇化进程、统筹城乡一体化发展的重要抓手，也是壮大县域经济、推进经济结构调整、发展旅游产业的有效手段，通过文化旅游名镇的建设，不仅可以促进商贸型、农业产业型小城镇的发展，而且可以创造一批重要的旅游目的地和新型城镇化的示范基地，使其在旅游强省建设和“三个陕西”目标的实现上发挥重要作用。

一、我省文化旅游名镇资源情况

我省的31个文化旅游名镇，承载了大量的历史、文化记录，留存了丰富多彩的文化遗产，具有独特的历史文化价值、观赏价值和科学研究价值，是重要的旅游吸引物，其旅游内涵非常深厚。就文化价值而言，如岐山凤鸣镇的周文化、大荔朝邑镇的义仓文化、青木川镇的古建筑文化、漫川关镇的秦楚通衢文化、陈炉古镇的陶瓷文化、照金镇的红色文化、户县祖庵镇的道教文化、双石铺镇的羌文化、铁边城镇的边塞文化等等，荟萃了物质和非物质文化，在陕西乃至全国都享有盛誉，具有不可限量的开发价值。就文物价值而言，31个文化旅游名镇共有国家级文保单位21处，省级文保单位42处，市县级文保单位88处。就建筑风格而言，陕南的青木川镇、漫川关镇、蜀河镇、凤凰镇、桥儿沟镇、云盖寺镇等以明清古街巷建筑风格为主，关中的祖庵镇、厚畛子镇、凤鸣镇、永平镇、九成宫镇、朝邑镇等则以厚重的历史人文景点而著称，陈炉镇则独树一帜以陶罐墙为主要建筑风格，陕北的铁边城、安定古城、波罗古镇等以防御城墙为建筑特点。青木川镇、照金镇因其独特的建筑风格入选了全国特色景观旅游名镇。陈炉镇、青木川镇、凤凰镇、蜀河镇还入选中国历史文化名镇，就旅游资源禀赋而言，我省的31个文化旅游名镇自然生态特色各异，陕南三市的古镇多数地处水陆交通要道，并且多数分布在森林公园、珍惜动植物保护区、南水北调水源地等，自然生态资源得到有效保护，有小桥流水的江南古镇韵味，是文化旅游名镇旅游开发建设的重要资源基础。关中地区地处八百里平原，没有明显的自然山水资源优势，但是作为历代帝王建都的风水宝地，人文历史文化厚重。陕北总体上地处黄土高原和沙漠戈壁的过渡地带，以黄土文化和边塞文化为主，民族风情浓郁，总体而言，分为陕南山水、关中平原和陕北黄土地三个板块。在我省的 31 个文化旅游名镇中，很多都有 3A 甚至 4A 级景区，有的则以 4A 级景区为依托，旅游资源禀赋优良，发展潜力巨大。

二、文化旅游名镇建设情况

（一）政策支持到位，组织保障得力

作为全面推进城镇化的重要抓手和实现我省“三个陕西”目标的重大部署，省委省政府于 2011 年在全省遴选了 31 个文化旅游名镇重点支持，示范引领全省新型城镇化发展。2012 年省政府出台了《关于加快推进城镇化的决定》，对加快文化旅游名镇建设，促进旅游业成为城镇化发展的战略支柱性产业，起到了非常重要的作用。2013 年，省委省政府出台了《关于进一步加快文化旅游名镇（街区）建设有关事项的通知》,《通知》规定:“从 2013 年起，我省全面启动 31 个文化旅游名镇（街区）建设工作，并决定从 2013 年至 2015 年，省上分批次给予每镇（街区）200 亩城乡建设用地增减挂钩指标，省级财政给予每镇每年 500 万元资金专项支持。文化旅游名镇（街区）的建设工作被纳入省委、省政府对各市（区）的 2013——2015 年度目标责任考核。省上每年评出 10 个文化旅游名镇（街区）建设先进镇，年终给予每镇 100 万元奖励。”《通知》还要求发改委、交通、建设、教育、文化、旅游、文物等相关部门在建设项目和资金上予以支持。省旅游局也非常重视文化旅游名镇建设，2013 年出台了《关于加快全省 31 个文化旅游名镇建设的指导意见》，进一步指导建设工作，并计划在旅游项目建设方面予以倾斜。

按照省委省政府关于 31 个文化旅游名镇建设的统一部署，各有关县也成立了以县长为组长的文化旅游名镇建设领导小组，以协调各有关部门，统筹使用各方面的资金资源，形成推进文化旅游名镇建设的合力。各相关镇成立了以书记镇长为组长的文化旅游名镇建设领导小组，负责文化旅游名镇建设。为推进文化旅游名镇建设工作，各市、县、镇创新体制机制，除了用好省财政专项资金外，市、县财政也分别配套一定的建设专项资金以及一定的建设用地指标。

（二）科学编制规划，引领名镇建设

2011 年，省住建厅和省旅游局共同制定了《陕西省文化旅游名镇建设规划编制技术导则》，指导全省开始了文化旅游名镇的规划编制工作。文化旅游名镇建设规

划是文物保护、旅游发展和城镇建设三者结合的综合性规划。全省31个文化旅游名镇，有7个镇是所在县的城关镇，按照文化旅游街区进行规划，其余24个镇规划范围是整个镇域。各镇按照“规划引领、保护修复、完善功能、开发利用、产业支撑、打造特色”的总要求，深入挖掘古镇文化，合理确定名镇形象定位和发展目标，科学制定规划。省住建厅主持、我局参与对31个文化旅游名镇规划进行了审查，对于不合格的规划责令其重新做，经过反复多次的规划审查，31个文化旅游名镇均完成了规划编制。各镇规划目标定位准确、布局合理、项目设计科学严谨。根据规划，各镇组织专家策划制作了文化旅游名镇建设项目展板和全景沙盘，强力推进文化旅游名镇建设。在《陕西省人民政府关于突出重点提档升级推动旅游业大发展的意见》中明确提出：“集中力量建设31个文化旅游名镇，打造区域性热点旅游景区，力争培育出2~3个具有国际水准的旅游名镇。”

（三）项目建设顺利，旅游开发成效明显

各镇按照规划，大力招商引资，陕旅集团、陕文投、陕煤集团以及陕西和谐投资有限公司先后投资到我省文化旅游名镇建设。如陕文投、陕煤化先后投资近8.2亿元用于照金镇的红色旅游基础设施、陕甘边革命纪念馆、城镇服务配套设施建设等项目建设，陕西和谐投资有限公司重点投资武功县武功镇和永寿县永平镇的文化旅游建设项目。在推进建设项目过程中，漫川关镇的“一切围绕旅游抓建设”的理念，和“一套班子一抓到底、一个项目一名领导、一个工程一本台账、一个月实行一次督查”的项目建设工作机制发挥有效作用，漫川关镇旅游基础设施建设、古街及文物修复、城镇设施建设等建设工作进展顺利，效果明显。2013年，31个文化旅游名镇按照年度目标要求完成了“五个一工程”，即一本宣传册、一部宣传片、一副沙盘模型、一套项目施工展板、一个富有特色的镇区环境。项目建设进展顺利，镇区环境进一步提升，旅游产品和旅游配套设施进一步完善，旅游宣传初步展开。2013年，31个文化旅游名镇共完成建设项目近200余个，完成投资28.1亿元。

今年春节假期，我省着力打造的文化旅游名镇成为游客的重要旅游目的地。照金镇开展的红色旅游、宗教祈福活动吸引游客35.1万人次；宁强青木川古镇借电视剧《一代枭雄》的热播，连续五天出现了井喷，单日接待人数突破2万人次，创历史新高，春节假期共接待15.3万人次；凤凰镇、华阳镇、漫川关镇等也是人流如织。据统计，2013年，全省31个文化旅游名镇共接待游客1280万人次，旅游总收入约58亿元。

（四）打造旅游产品，完善旅游体系

各镇深入挖掘文化内涵，在建筑景观设计、旅游街区建设、旅游纪念品制造、文化节目、饮食文化以及旅游服务等，吃住行游购娱各个方面彰显文化特色，真正达到古色古香，一镇一特色。各镇还根据规划设计中的功能区划分，总体上按照“旅游区＋服务基地”的模式打造，旅游区包括人文景区景点、自然生态景区、体验观光景区等，服务基地主要在镇区，围绕游客吃住行游购娱的需要，重点针对游客交通、住宿、饮食、娱乐、购物、咨询等环节，开通旅游巴士、新建旅游宾馆、打造特色化旅游特色产品和旅游接待饮食等，完善旅游产品体系。旅游资源富集的镇还设计了“一日游”、“两日游”等多种旅游线路，延长游客停留时间，增加旅游收入。有些镇依托旅游景区，开发旅游配套服务产品，形成优势互补的良性发展态势。有些镇（如漫川关镇、凤凰镇）深入挖掘文化内涵，积极保护和弘扬非物质文化遗产，精心编排特色鲜明的文化演出和节庆活动，以吸引游客。有些镇（如双石铺镇、永平镇、凤翔城关镇、林皋镇等）立足乡村资源和农业优势大力发展休闲农业和乡村旅游，积极创建乡村旅游示范村，进一步丰富了文化旅游名镇的旅游产品体系。

（五）旅游环境迅速提升

2013年文化旅游名镇建设“五个一”工程明确提出要建设“一个富有特色的镇区环境”，各县各镇按照这一要求，整合城建、交通、环保、园林等部门的资源，重点在旅游标识、文化墙、文化小品、旅游厕所、垃圾收集站、服务中心等旅游基础设施上下功夫，综合整治镇区环境，优化美化镇区的旅游环境。随着“十八大”提出的“推动生态文明，建设美丽中国”战略的实施，我省也开展了美丽乡村建设，各镇也适时地抓住机遇，迅速改变镇区面貌。

各镇面貌虽然得到较大改善，但也存在不少问题。一是建设进度参差不齐，总体发展不平衡。2013年度31个文化旅游名镇检查评比过程中，排名前十位的镇领导重视，措施得力，投入力度大，文物保护、旅游开发及城镇建设成效显著，排名靠后的镇建设情况相对较差，进度较慢。二是建设标准有待提高。由于有些镇规划起点不高，影响到建设标准的提升。三是建设资金缺口普遍较大。在省市县三级配套资金支持下，大多镇加大了招商引资的力度，建设进度较快，但有些镇还存在“等靠要”的思想，资金缺口较大。四是文化资源的挖掘、保护和展示不够。重视有形的物质的文化保护和打造，忽略无形的非物质的文化挖掘和展示，文化与旅游产品的结合方面缺乏深度和灵活性，特色不够鲜明。五是旅游产品单一，乡村旅游发展相对滞后。六是宣传推介力度较弱。缺乏知名度、没有形成较大的市场影响力，缺乏具有震撼力的重量级产品。

三、文化旅游名镇建设的对策措施

十八届三中全会、中央城镇化工作会议、中央农村工作会议和我省召开的文化旅游名镇工作会议等从顶层设计的角度对农村土地流转、城镇化原则和新农村建设做出了系统的安排，为文化旅游名镇的建设开启了巨大的空间，提供了强大的政策支持。小城镇是农村经济发展中心，是龙头，旅游城镇是现代小城镇发展的主要模式之一，也是当今小城镇发展的流行趋势，通过文化旅游名镇的建设，保护弘扬文化，打造出一批休闲度假、观光游览式的精品旅游名镇和社会主义新农村建设的示范基地。在建设过程中要重点抓好“文化支撑、产业支撑、环境支撑、精神支撑和精品支撑”，要坚持“以城镇为依托，以文化为形象，以旅游为路径”的方针。具体来讲应在以下几个方面下功夫。

（一）增强文化自信，确立旅游为导向的统筹城乡发展路径

省上确定的 31 个文化旅游名镇，是散落在三秦大地上的璀璨明珠，荟萃了古建筑文化、陶瓷文化、民俗文化、宗教文化、边塞文化、红色文化等，在陕西乃至全国都享有盛誉，具有不可限量的开发价值。要充分发挥这些文化资源优势，在保护传承的基础上活化文化，加快古镇文化旅游产业发展步伐，让文化在弘扬和发展中造福当地群众。要认真贯彻落实省政府关于突出重点提档升级推动旅游业大发展的《意见》，推进旅游富民工程，集中力量建设文化旅游名镇，打造区域性热点旅游景区，使之成为“山水人文 · 大美陕西”的名片。要把发展名镇旅游产业作为市县统筹城乡发展的基本路径，增加农民收入，提高农民素质，改善人居环境，促进镇域经济社会全面快速发展，把文化旅游名镇培育成全省统筹城乡发展的先行区和示范区。

（二）发挥规划引领作用，着力打造特色品牌

要在文化旅游名镇建设总体规划的指导下，按照协调发展、突出特色、与其它规划相衔接的原则，抓紧编制好详细规划。在开发建设中，要突出文化体验和休闲度假功能，在打造特色品牌上下功夫，增强核心竞争力。一是彰显景观特色。坚持保护与开发并重，按照“修旧如旧、古香古色、保持历史原真性”的原则，尽量保护古镇传统风貌和生产生活状态，该拆的拆，该保的保，可以采取“拆今护古”的措施，新建的功能性项目要与古镇风貌相协调，形成“一镇一品，一镇一景，一镇一貌”。二是彰显文化特色。文化是文化旅游名镇开发的灵魂，古镇旅游实质是文化旅游。研究并创新旅游与古镇文化融合发展的新方式新途径，使静态文化动起来，使沉寂的文化活起来，塑造古镇的文化品牌。要深入挖掘历史记载、历史遗迹、历史文物、历史人物、历史典故，不断丰富古镇文化内涵。要注重博物馆、展览馆、文化院落、民俗表演等文化展示平台的建设，要在牌楼、楹联、雕塑、建筑小品、文化墙、旅游标识、旅游住宿、餐饮等方面展示古镇文化，旅游服务人员要弘扬、传播古镇文化，使游客体验文化、享受文化并自觉保护、传承文化。要深入挖掘非物质文化遗产，积极申报遗产传承人，采取措施保护延续古镇的传统的生产生活状态，增强古镇的生命力。三是彰显服务特色。要以优质的服务赢得天下游客。推出文化旅游名镇的传统饮食精品，让游客吃得有特色；推出当地民居式的住宿设施，让游客住得有特色；推出文化色彩浓郁的旅游商品，让游客购得有特色；推出参与性强的文化活动项目，让游客玩得有特色。要培养文化专家型的导游人员，使古镇既有看头，又有说头。省旅游局将研究制定文化旅游古镇服务标准。四是彰显生态文明。推进古镇绿色开发，搞好生态环境建设，利用自然优美的镇域生态资源大力发展乡村旅游，使历史文化体验游和美丽乡村游互为补充，使历史文化与优美环境相互辉映、相得益彰，实现人与自然和谐发展。

（三）突出抓好项目建设，建立健全投融资机制

要坚持“政府主导、部门联动、市场运作、社会参与”的原则，鼓励多元投资。要按照古镇建设规划，精心策划包装和实施项目，争取每年建成2~3个重点项目。古镇开发建设要以县为主体，设立专项资金，市上也要加大对古镇建设的投入力度；省旅游局将积极会同省发改委、住建厅、财政厅，加快省上补助资金的拨付进度；进一步解放思想，按照“谁投资谁受益”的原则，加大招商引资力度，引进有实力的集团、企业和个人投资古镇开发；有条件的地方可以组建旅游投资公司，搭建融资平台，形成多渠道、多元化的投资格局。省旅游局将积极支持协助古镇开展旅游招商引资，在西洽会、旅游产业博览会上重点推介古镇项目。将古镇旅游项目建设纳入全省旅游景区项目补助范围，对成效显著的给予补助和奖励。

（四）要将文化挖掘与展示放在文化旅游名镇建设的首位

一是挖掘和保护物质的和非物质的文化资源。对于古街古建筑的修缮，要按照“修旧如旧、古色古香、保持历史原真性”的原则，严格按照文物保护规划，划定控制区域，控制区的建筑风格要协调一致。在古镇街巷修复过程中还要重视非物质文化遗产的保护和活态文化的传承，要深入挖掘非物质文化遗产，积极申报遗产传承人，采取措施保护延续古镇的传统的生产生活状态，增强古镇的生命力。二是将旅游与文化有机结合起来。研究并创新旅游与古镇文化融合发展的新方式新途径，使静态文化动起来，使沉寂的文化活起来，塑造古镇的文化品牌。要深入挖掘历史记载、历史遗迹、历史文物、历史人物、历史典故，不断丰富古镇文化内涵。要注重博物馆、展览馆、文化院落、民俗表演等文化展示平台的建设，要在牌楼、楹联、雕塑、建筑小品、文化墙、旅游标识、旅游住宿、餐饮等方面展示古镇文化，旅游服务人员要弘扬、传播古镇文化，使游客体验文化、享受文化并自觉保护、传承文化。

（五）大力发展乡村旅游，丰富古镇旅游产品体系

文化旅游名镇建设要坚持旅游导向型的发展之路，文化旅游名镇要打造文化、生态和乡村旅游并举的旅游产品体系，使游客在欣赏古镇文化的同时感受自然生态和乡村恬静之美。各镇要充分利用国家大力发展美丽乡村，提升乡村人居环境的契机，出台措施、投入资金，突出各地乡村旅游的特色，提升乡村旅游环境，改善旅游交通条件，完善旅游接待设施，提供特色化乡村旅游服务，使古镇文化和乡村文明交相辉映，促进城乡统筹一体化发展，打造区域性热点旅游目的地。

（六）加强宣传促销，提升知名度和美誉度

精心制作文化旅游古镇的专题片，选择国内外知名媒体进行持续性宣传。加强市场促销，结合古镇历史文化、民俗文化策划举办特色旅游活动，塑造特色鲜明的旅游形象，扩大市场影响力。各古镇要积极参加旅游博览会、旅游促销会，省旅游局从今年起将把古镇旅游列入促销计划和线路开发规划，予以重点扶持。

要坚持边建设边宣传的原则，创新宣传促销方式。借助新媒体搞好宣传，顺应新媒体时代发展要求，用好旅游官方微博、微电影等手段，扩大宣传范围。设立名家创作室，邀请他们定期度假创作，形成名人宣传效应。利用保存完整的古街古镇建筑风貌和鲜活的风土人情，开发影视剧拍摄基地、写生基地、摄影基地、创作工作室等，进一步提高知名度，扩大影响力。选好主题，举办文化论坛，塑造文化品牌。

（七）加强组织领导，形成工作合力

要把推动文化旅游古镇建设摆到重要位置，建立健全主要领导负总责的组织机构。借鉴外地经验，各县应成立古镇开发建设管理委员会，具体负责规划实施、招商引资、项目建设、环境保障等工作。成立古镇开发建设领导小组，定期召开联席会议，及时协调解决开发建设中遇到的困难和问题。各市、县（区）旅游局要将古镇开发建设纳入发展规划和年度工作计划，积极争取地方政府和财政、建设、文物等部门的支持和配合，尽快制定推进文化旅游古镇建设的实施方案，做好项目建设、资金筹措等服务工作。要把古镇建设纳入年度目标考核任务，加强督促检查和指导，形成务实高效的工作推进机制。结合开发建设和发展需要，进一步创新古镇管理方式，探索建立旅游导向型的古镇管理体制。

（第三调研组）

陕西省旅游服务质量提升活动调研报告

陕西省旅游局

按照国家旅游局《旅游服务质量提升纲要（2009—2015）》精神，为全面实施我省“2336”发展思路，进一步提升我省旅游服务质量，以纪检组组长郝占延为组长、副巡视员孟宝民为副组长，监管处处长赵跃虎、稽查队队长李霆、监察室副处级纪检监察员孙超为组员的第四调研组，于2月12日、13日，3月3日至6日分别前往西安市、商洛市、延安市进行调研，听取了西安市旅游局、商洛市旅游局、延安市旅游局关于旅游服务质量提升的情况汇报，召开了相关景区、旅行社、星级饭店负责人参加的座谈会，实地查看了各市区旅游服务质量提升活动情况。这次调研旨在以党的十八届三中全会精神为指导，以“游客为本，服务至诚”旅游行业核心价值观为导向，全面贯彻落实《旅游法》，加强旅游服务质量监督管理，强化旅游企业和从业人员的质量意识，优化旅游服务环境，树立旅游行业良好形象，加快我省旅游业提档升级步伐，不断发挥旅游产业在经济社会发展中的支柱产业作用，为推进陕西旅游产业跨越式发展打下扎实基础，现将有关调研情况报告如下。

一、基本情况

西安市：在全市开展的旅游服务质量提升活动中取得了显著成效，首先完善提升旅游服务质量体系，制定并发布《西安市贯彻落实国民旅游休闲纲要（2014—2020）的实施意见》，完善旅游基础设施和旅游公共服务，完善旅游产品体系，优化旅游环境、提升旅游行业自律水平。其次，组织开展了各项旅游质量服务提升活动，包括发布游客满意度状况信息，定期发布旅游投诉信息，提升旅行社、旅游饭店、旅游景区、导游、乡村旅游的服务质量，进一步开展旅游市场秩序整顿工作，实现旅游业的规范发展，实施鼓励旅游业发展的扶持政策，促进发展。再次，提升服务质量基础工作，启动智慧旅游城市建设工程，实现超越发展，加强旅游人才的队伍建设。

临潼区按照“一个中心，两个平台，三个系统”的旅游综合服务体系建设要求，2011年成立了旅游综合服务中心，中心以服务临潼旅游、服务来临旅游为宗旨，受到社会各界的一致好评。区委区政府按照“国际级景区、五星级服务”的发展理念，把景区服务上升为区域化环境营造和服务管理，创造出了旅游宏观管理方面的“临潼经验”，受到旅游市场的广泛好评。中共陕西省委书记赵正永为此专门批示，要求旅游部门总结推广临潼的做法，促进西安国际一流旅游目的地建设。2013年下半年，临潼着手实施“智慧旅游”建设项目，通过互联网、移动互联网，为游客量身定做、提供适需对路的旅游产品。在加大导游人员管理的同时，强化队伍建设。全年无重大服务质量投诉事件发生。

商洛市：依托良好的秦岭生态环境，县县通高速的区位优势，以打造大秦岭中央国家公园核心区和创建秦岭美丽乡村为抓手，不断提升“秦岭最美是商洛”的城市品牌知名度和影响力，生态旅游产业在较短时间内实现了规模化、跨越式发展，商洛市旅游服务质量得到了较大幅度的提升，旅游景区景点服务更加规范，景区建设提档升级，住宿餐饮服务流程科学到位、规范有序，旅行社业务日趋规范，乡村旅游、农家乐经营步入正轨，美丽乡村和特色名镇创建步伐不断加快。在金丝峡、牛背梁、天竺山三家4A级龙头景区以及塔云山、九天山、丹江漂流、柞水溶洞等一大批重点景区的带动下，商洛已经成为西安一小时经济圈和陕鄂豫地区的旅游热点城市。2013年以来，商洛市通过全面提升旅游景区服务质量、高度重视旅游服务标准化创建、贯彻质量兴市战略，规范整顿商洛旅游市场秩序，丰富旅游产品，完善旅游服务体系，加强舆论宣传导引，提升公民文明旅游素质等方方面面在旅游服务质量提升工作中取得了一定的发展。

山阳县天竺山旅游景区远程视频监控系统通过对景区任意监视地点画面的实时获取，以便景区管理部门全时段全天候的监视景区关键区域的动态情况，及时准确了解景区内重点区域的情况，对异常状态进行及时准确的指挥和处理。这一系统极大缓解了山岳型景区内景点分散、现场环境复杂等情况给日常管理及服务工作带来的困难，提高了景区服务质量。

延安市：近几年以来，延安市围绕提升游客满意度工作，以“游客到延安，满意到圣地”为目标，以“争创游客满意单位”活动为载体，扎实开展了旅游教育培训、行风建设、行业监管、环境大整治等，进一步完善设施、优化环境，规范市场、提升质量、树立形象，不断提升延安市旅游服务质量和产业素质。首先，延安市通过抓教育培训，提升人员素质结合文明旅游工作和创建文明城市的工作，开展了系列文明创建活动，提升了整体旅游服务水平。其次，通过抓行风建设，营造良好的环境，广泛接受新闻媒体的监督报道，进行全程监督、检查和指导。再次，围绕开展“争创游客满意单位”活动，着重在抓标准、抓规范和在“管好”上下功夫，广泛宣传《旅游法》。延安市还通过抓环境整治提升了游客的满意度，抓示范带动，树立先进典型，把旅游服务质量提升工作作为一项长期的、系统的工程和年度重点工作。

延安通过旅游投诉与质监平台的完善有效推动了城市游客满意度的提升，明确人员、夯实责任，真正把网络评论及舆情工作落到了实处，游客投诉的即时处理是对旅游服务质量的基础性考核，也是影响游客满意度的关键因素，延安通过组建网评办公室，24 小时进行网络监控，游客投诉问题能够在第一时间得到相应处理，这点很值得同行业借鉴和学习，加强网络评论与舆情监控是创新思路的体现，也是进一步提升游客满意度的有力举措。

二、存在的问题

第一，山岳型景区经常出现驴友走失情况。近年来兴起了穿越这项运动，许多驴友在秦岭穿越的过程中，不从景区进入，或者是不按照指示牌行进，出现走失的情况，景区要花费大量的人力来进行援救。

第二，高速公路景区指示标示少。有不少景区指出，高速公路指示牌上关于旅游景区的指示非常的少，这样也会导致游客走过景区出口的情况。

第三，旅游从业人员的素质整体不高，人才匮乏。景区设备在不断地更新，但是相对应的景区内人才的匮乏让软实力相对落后。旅行社缺乏综合素质良好的复合型人才，酒店的招聘难、留人难、普遍素质不高，导游人员素质普遍不高，从事旅游业的人员参差不齐，学历偏低。干导游的社会地位下降，很多人都认为导游的进入门槛降低，造成素质整体下滑，社会声誉下降，投诉不断增多。导游人员薪金制度不合理，而导游人员收入总体偏低在一定程度上阻碍了导游职业的发展。中、高、特级及小语种导游人才稀缺。

第四，延安黄金周的停车问题。新区在建、老城区改造，导致路况不好，延安在旅游旺季出现停车难问题。秦岭北麓环山公路节假日高峰时段拥堵情况较为严重。目前周六、周日到秦岭北麓的车流量有 5 万多辆，清明、“五一”、“十一”小长假期间，车流量在 10 万辆左右。当前交通拥堵的原因，主要是周六、周日及节假日早上从主城区去秦岭北麓的出行比较集中，下午返回主城区的车辆较多。

三、几点建议

旅游业的竞争，很大程度上是旅游服务质量的竞争。

第一，建立健全旅游标准化体系，构建旅游景区建设、旅游企业、旅游从业人员为基本内容的旅游标准化体系。旅游景区要以提档升级打造精品为目标，为游客提供合格的产品；旅行社要以全程优质服务核心，让每个游客满意；星级饭店要以细微化服务为主题，为游客提供周到细致的服务。要通过评比全国“百强”、全省“十强”旅行社，举办导游员大赛和选拔百名“金牌”导游员，开展星级饭店服务员技能大赛，重新编写导游词，对全省导游员进行全面培训教育，坚持明查暗访，对旅游景区、星级饭店进行评定和年度复核等一系列有效手段，推进全行业整体服务质量的提升，以此增强我省旅游的吸引力和亲和力。

第一，加强综合执法和联合整治。落实旅游管理责任制、培育发展旅游中介组织、完善游客满意度评价机制等途径，着力解决好“黑车”、“黑导”、无证经营、挂靠承包、强迫消费等问题，进一步规范旅游市场秩序，提升旅游服务质量。建立以游客满意度为核心的旅游服务质量评价体系，建立旅游服务诚信体系。依法公正处理旅游投诉，完善旅游投诉机制，不断提高投诉受理率、办结率和满意率，健全非诉讼的争端解决机制。

第二，加强旅游导游人才队伍建设。依照《旅游法》，督促有关市区尽快建立健全相关旅游行业组织机构，明确工作职责，切实承担导游的管理、培训、服务等职责；充分发挥主流媒体舆论宣传导向作用，通过评选建立一批全省骨干导游队伍，在行业每年开展评选最佳导游（领队）活动，树立典范，不断调动导游人员的工作积极性；积极与劳动、人事管理部门协调，确保导游人员在劳动保障、劳动报酬等方面的权益。制定年度以及中、长期培训、轮训计划，通过投入资金，联合旅游专业院校对骨干导游队伍进行在岗培训；鼓励旅行社、旅游行业组织采取各种培训措施加强对导游人员的培训，不断提高导游素质。制定激励措施，提升中、高、特级导游人员比例。制定出台相关政策，奖励积极报名并考取中、高、特级导游资格人员；同时，在下一步创建国家A级旅行社当中，要把导游资格等级人数作为重要的评比、参考指数；鼓励旅行社等企业在劳动报酬方面，与导游资格等级相挂钩。建议省政府设立导游专项资金，解决导游队伍的稳定与健康发展。

第三，不断做优旅游服务。把“游客为本，服务至诚”的理念落实到每一个细节，让每一位游客都有宾至如归的深切感受，陶醉其中、流连忘返。要推进服务信息化，借助网络、微信、微博等新兴媒体，及时向旅游者提供交通、气象、安全、医疗等必要的信息服务。要突出服务个性化，做好“定制化”市场、“新生代”市场、“银发”市场等未来主流消费群的个性化服务。要推广服务标准化，积极引进和转化国际标准、先进技术、管理经验、服务模式。

第四，服务手段信息化。要适应旅游业发展的新形势，加快建立信息化网络服务体系，大力发展旅游电子政务、电子商务，提供机（车）票、酒店、旅行社、旅游产品等网上查询、预售和结算服务。规划建设一批“智慧旅游城市”和“智慧旅游景区”，推广数字管理与服务技术，实现车辆调度、自动引导、安全监控等功能，以科技化、信息化、个性化服务提升旅游产业的现代化。

第五，加大投入力度，协调交通等部门，统筹完善旅游标识体系建设。推进建设通往景区及各类旅游服务设施的旅游交通引导标识，完善重要交通节点、换乘点等的旅游交通导览图，打造规范、简洁、实用、国际通行的旅游交通引导标识系统。

第六，推进完善自驾游服务体系。加快推进秦岭北麓生态停车场建设，推进完善高速公路服务区的旅游服务功能。推进规划建设一批自驾车旅游服务区、自驾车营地与汽车旅馆，为自驾车旅游提供咨询、住宿、餐饮、娱乐、购物、加油、维护保养等服务。

（第四调研组）

陕西乡村旅游发展模式之一：关中文化旅游体验地袁家村

陕西省旅游局

近年来陕西礼泉县袁家村火爆的乡村旅游人气引起了社会各界的广泛关注，全国各地慕名观摩与学习者每日络绎不绝。在每日熙熙攘攘涌入袁家村的人群中，至少有20%以上是多次走进袁家村的“回头客”，这一现象在许多地方非常少见。随着乡村旅游的持续发展，袁家村也逐步建立了独具特色的乡村旅游产业链，彰显了“一点促全县、一村带十村”的巨大旅游带动效应。

一、乡村旅游引领袁家村成功转型

袁家村位于陕西省咸阳市礼泉县烟霞镇，现有村民62户，286人，集体土地630亩。袁家村的发展一直紧跟着共和国前进的步伐。

20世纪70年代，在全国“农业学大寨”热潮中，为了改变袁家村长期以来的贫穷落后面貌，在时任村党支部书记郭裕禄带领下，全体村民大办农业，苦干实干了四年后，村里面貌大变，袁家村第一次名声大震，这是第一次成功的转型。

十一届三中全会为袁家村第二次转型发展再次插上了腾飞的翅膀。郭裕禄和他的支部一班人带领村民们大力发展集体经济，通过创办石灰窑、水泥厂、砖瓦厂、硅铁厂、印刷厂等村办企业，实现了从农业兴村向工业富村的成功转型。2003年该村人均收入剧增至8600元，资本积累达到1.8亿元，成为全国闻名的小康村。

尽管袁家村属于多元化经营，集体积累可观，但是国家整顿关停“五小”企业的背景和市场不景气所带来的诸多问题使袁家村的村办企业陷入困境。年轻的村支书郭占武的上任，给袁家村迎来了第三次转型，转型发力点是依托关中民俗兴办农家乐与民俗体验相结合的特色化乡村旅游。

袁家村发展乡村旅游的设计理念与当时各地已如火如荼、以农家乐为特色的乡村旅游发展模式完全不同，它将乡村旅游启动点定位为“两轮驱动，相互支撑”，即以相对整齐、村容村貌良好的村民居住区——关中农家四合院为依托，引导、鼓励村民大力兴办以农家饭菜、农家宾馆、农家体验、农家服务为特色的乡村旅游，将自家居住院落变为乡村旅游经营场所，实现足不出户型的旅游致富；另一方面从打造特色、聚集人气角度出发，依托村边的集体土地，策划建设以关中传统建筑、传统作坊、传统民俗、传统文化展示为特色的全新式民俗体验式景区——袁家村关中民俗体验地，即“康庄一条街”，从而形成新建街区以关中民俗吸引游客，为原住区农家旅游项目输送消费人潮，原住区众多农家乐为新建景区游客提供食宿服务，两者角色明确、相互支撑的乡村旅游发展路径。而正是这种路径，后来不但为袁家村乡村旅游的快速启动进而逐渐走红奠定了良好基础，也为之后袁家村持续打造新型旅游模式、实现差异化旅游发展以及旅游产业链的逐渐形成打下了坚实的基础。

为了有序推进以兴办旅游业引领全村共同致富的目标，村上先后出台了一系列乡村旅游的支持政策，如先行启动农家乐的农户装修改造，费用村上补贴一半；由村上筹集资金实施旅游新街建设，凡是进入街区的商户全部免收租金和其他费用；外来资金投入袁家村旅游项目，村上免费提供土地，并给予大力支持等。为了将有限的资金用于环境建设和旅游项目启动，村上所有干部均不拿任何报酬，全身心服务于旅游发展。

村干部一心一意为村民谋利益的精神和实际行动感动了村民，农家乐与新型旅游载体——康庄一条街得以顺利建设。2007 年 9 月，以“袁家村关中印象体验地”为名称的袁家村乡村旅游项目得以正式运营，此后在各方大力支持下袁家村乡村旅游一路高歌猛进。在此过程中，袁家村在坚持特色化发展的同时，不断扩大旅游规模，丰富民俗体验项目，完善产业要素，打造乡村旅游产业链，使得袁家村逐渐成为陕西乡村旅游的一面旗帜和人气较旺的景点之一，顺利实现了袁家村历史上的第三次转型。

2013 年袁家村共接待游客 165 万人次，旅游总收入达 6500 万元，两项指标均列陕西乡村旅游之首，成功获评国家 3A 级旅游景区，被授予“全国生态示范村”“全省新农村示范村”“陕西省著名商标”“中国最有魅力休闲乡村”“国家特色景观旅游名村”“2013 年度全国最美乡村”等荣誉称号。

二、政府支持与村庄的自觉意识

袁家村旅游的快速发展和典型凸显，是新时期政府主导与村庄自觉意识完美统一的结晶。

袁家村所在的礼泉县历史文化厚重，境内拥有昭陵和建陵两座唐代帝王陵。同时该县还是全国著名的果业大县，遍地果园是该县的一道亮丽风景。

为了利用县域优势发展旅游产业，县上将乡村旅游作为实施旅游突破的重要撬动点，先后成立了以县委、县政府主要领导为组长的乡村旅游发展工作领导小组；作出了《关于加快旅游业发展的决定》，出台了陕西首部乡村旅游规划；从政策、机制、措施、环境、基础设施等多方面积极扶持县域旅游发展，为袁家村营造了良好的旅游发展环境。县上先后投资 2 亿多元，新建和扩建了袁家村旅游专线以及秦琼路、敬德路等多条旅游道路，拨出专款为其筹建游客中心，开通了咸阳、县城至袁家村的旅游专线和公交专线，为袁家村旅游发展创造各种条件。袁家村旅游逐渐火爆之后，每遇到小长假和“黄金周”时，县上领导与县级众多部门几乎全体出动，公安、交警更是一马当先，为袁家村旅游安全和假日秩序保驾护航。

袁家村旅游自起步到发展的 7 年间，各级政府、省市县旅游主管部门等，始终给予高度关注和大力支持，这些支持包括政策扶持、项目支持、基础设施投入、旅游环境营造、营销活动策划、机制体制创新等。

为了适应袁家村旅游规模不断扩大后与周边村庄的更多互动，2013 年县上特别成立了袁家社区，涵盖包括袁家村在内的 10 个村；2014 年礼泉县又决定设立大袁家景区管委会，以袁家村为中心协调区域旅游发展。而在这一过程中，袁家村党支部、村委会也始终齐心合力，持之以恒推进乡村旅游不断转型升级，从而有效保障了袁家村的原真性、特色化和品质性，实现了天时、地利、人和共同促进旅游发展的最佳环境。

三、村委会与村民面对愿景的和谐共荣

乡村旅游是依托田园风光、民俗文化、农家特色而发展起来的一种旅游业态，其业态主体是村庄和农民，那么村民的参与度就成为乡村旅游发展之先决因素。

袁家村是一个远近闻名的老先进典型，传承下来的精神就是“一个人富了不算富，大家富了才算富”。村党支部一班人为了帮助村民致富，抛弃和牺牲了自己与家庭的利益，走村串户动员群众依靠家庭院落发展乡村旅游，村支书郭占武凭借自己对全村未来旅游愿景的坚持，逐家逐户进行建筑与装饰、经营与特色的指导与培训，支部委员与村委会成员一心为大家谋利益，获得了村民的广泛支持。

袁家村村委会认为，把旅游做成产业，引导村民参与其中就是带领大家共同走上致富之路。为了达到村委会与村民意识的有效统一，村干部一次又一次召开各类会议，向群众作动员工作。但是万事起头难，开始兴办乡村旅游初期，村民们对创办农家乐缺乏信心，村上就组织村民赴外地参观，让大家学习先行者。村干部走进农家做工作，将“支部引领、党员示范、骨干带头、群众参与”作为一种启蒙模式。

经营 22 号“稼和居”农家乐的张淑玲是全村最早开办农家乐的两户人家之一。

目前她家的经营面积达 700 多平方米，餐厅可接待 200 多人同时就餐，客房床位达到 40 多张，现在遇到节假日每天收入都在 2 万元以上。她心怀感激地说："现在想起来，如果当初没有村干部的开导和支持，谁家也不可能像现在一样坐在家里挣这么多钱。村干部心里想的是大家，现在他们的话全村人没有不听的。"

随着康庄一条街的日趋火爆和开办农家乐的农户越来越多，袁家村乡村旅游的发展模式也在不断创新和日趋完善。为了让村民们共享乡村旅游成果，村里又将农业公司下属的 8 个作坊的股权出让给了村民和商户。

如今全村开办农家乐 58 户，占全村比例 95%；从事乡村旅游的人数 200 多人，占全村劳动力的 80%。2013 年袁家村传统农业收入 500 万元，乡村旅游收入 6500 万元，旅游业已成为袁家村名副其实的支柱产业和富民产业。

为了加强村委会和各农户之间的联络和沟通，及时听取村民对各种决策的意见和建议，2013 年村里为每位村民配备了苹果手机，建立了"关中印象——袁家村 QQ 群"。近日中国联通专门为袁家村架设的光纤通讯已开始联试，金融单位还为每家商户安装了 POS 机，精心设计的"袁家村旅游消费一卡通"也将开始运营。

"快乐挣钱，幸福生活"。在村委会与村民意愿的高度统一下，与袁家村旅游发展相同步的精神文明与物质文明成果也备受各方关注。全村提倡文明用语，诚信待客，邻里关系融洽。村里还建起了夜校，每周两次对村民开展培训，提高大家为游客服务的水平，凝聚健康发展正能量，激励年轻一代努力奋斗，把袁家村的明天建设得更加美好。

四、袁家村的旅游产业链

旅游业是新型的经济产业，只有形成了与市场相适应的产业链，才会实现其规模、效益的稳定增长。由于乡村旅游以农户为经营手段，常规情况下形成完整的产业链非常困难，而这一普遍性的困难，在袁家村旅游的发展中逐渐得到了有效破解。

袁家村旅游业态分为三大板块：一是以村民原住地四合院为主的农家风味饮食和农家宾馆接待区域，这一区域属于村上指导，村民自主经营；二是以新建康庄街、小吃一条街、酒吧街、文化创意与休闲娱乐等为重点的关中印象体验地，这一区域属于村上规划建设、统一管理，吸纳各式特色商户自主经营；三是以丰富旅游内容，为袁家村整体旅游的发展提供配套、布局和建设在上述两区域之外的宾馆饭店、观光农业以及其他招商项目，这些项目由村上提供土地，进行项目审核，建成后提供其他配套服务，而投资与经营则由第三方负责。

袁家村乡村旅游发展过程中，逐渐形成了相对合理的旅游业配套发展、相互支撑、良性循环、成果共享的发展机制，而这一机制也为旅游产业链的形成打下了良好基础。课题组对这种机制所形成的相互支撑与产业链关系概述为：第一板块为第二板块提供农家接待服务，而又是第二板块产品的直接采购方；第二板块是第一板块客源的供给方，同时也是原生态无公害原料的供应商；正在形成的第三板块属于市场多元需求和产业链的延伸区，也将会成为袁家村与周边村庄的融合发展、旅游规模和产业链拓展的巨大空间。

如今，袁家村已经组建了两大领军公司和各方参股的 8 个“前店后厂”实体子公司。2013 年，豆腐、辣子、醪糟、制醋、酸奶等专业公司利润率平均超过了 50%。随着旅游业的持续发展，袁家村未来还将组建更多的股份制公司，并全面实施消费“一卡通”业务。

需要说明的是，袁家村现在的 8 个股份制企业，都是由康庄一条街上的小手工作坊发展而成，由于生意极好，每日供不应求，于是在扩大规模之后建成了股份制企业。未来依托公司规模实现村内销售与城市销售相互补，就是一个传统小作坊的华丽转身。可以说袁家村现在的每个业态，都可能是一个带动相关产业发展的孵化器，进而可以延伸到更大规模、更大市场。

这种产业链的直接效应即完全的产销一体制，让整个产业链与乡村旅游完美融合、互相扶持，乡村旅游带动了整个产业链中的产品供给，而农副产品的畅销又在一定程度上促进了旅游业的转型升级。这种互相给养的保障铸就了“袁家村”乡村旅游品牌，这也是袁家村之所以持续发展并逐步扩大规模的关键所在。

五、一个旅游典型的带动效应

袁家村旅游的快速起步并一路成功走来，获得了社会各界的充分肯定和旅游市场的广泛认可，其直接和间接带动效应更被各界传为美谈。

袁家村旅游所产生的巨大带动效应可以总结为四个方面：一是直接带动全村人走上了共同致富之路。因为发展乡村旅游，全村形成了家家有饭店，户户人气爆的景象，据官方资料显示，2013 年袁家村人均可支配收入为 3.6 万元，农家乐、农家宾馆、乡村旅游持股等年收入超过百万者预计至少占到全村农户一半以上。二是在劳动就业和周边村庄带动方面贡献巨大。袁家村吸纳直接旅游就业 2800 余人，引领全县各地乡村旅游直接和间接就业 2.8 万人，众多农村人口在袁家村的带领下开始发展乡村旅游，并走上了致富之路。三是直接带动了全县旅游业快速发展。礼泉县过去依托文物景点吸引游客，旅游人气始终不旺，自从袁家村旅游逐渐火爆，城市居民纷纷慕名而至之后，礼泉县很快成为陕西旅游的热点地区，2013 年全县接待游客 485 万人次。四是促进了县域经济转型升级。乡村旅游带活了礼泉县的商贸流通、宾馆饭店、交通运输，改善了城乡环境，对县域品牌提升、招商引资等也做出了巨大的贡献。礼泉原来是果业大县，如今依托袁家村旅游人气，全县大力推广“旅游＋果业”相融合的发展方式，“四季御果之旅”已成为全省特色品牌。礼泉县以袁家村为龙头，实施“一村带十村”战略，推动全县乡村旅游迈上了新台阶。现在乡村旅游已延伸至烟霞镇、西张堡镇、烽火镇、史德镇、城关镇、建陵镇等 9 个镇、18 个村；全县现已发展农家乐 386 户，建成农业果业观光采摘园 85 个。

袁家村旅游的蓬勃发展也带动了本村村民和外来投资者对更多旅游业态的投资热情，村民们不但把每年所挣的钱用于扩大投资规模，外来客商也不例外。来自咸阳的商户郭新海，几年前，骑着摩托车来到袁家村寻找项目，他从经营茶坊开始滚雪球式地发展，盈利后又投资建设了咖啡、酒吧和生活客栈一期、二期两家体验式精品酒店，现已拥有员工 100 多人，年销售收入超过 1000 多万元。

如今，每日前往袁家村考察学习的全国各地“取经者”不断，要求与袁家村合作，进行袁家旅游发展模式复制者也较多。在袁家村的带动下兴平马嵬驿、周至水街等一批新兴民俗旅游项目也面世，更多的古镇与村庄，都在从袁家村旅游的发展中吸取经验，希望通过乡村旅游这条康庄大道，在新时期实现华丽转身。

六、“袁家村模式”与典型示范价值

综上所述，乡村旅游发展的“袁家村模式”可以概括为以下几点。

第一，依托乡村，融汇民俗，活化文化，用民俗展示还原乡村特点，用体验实现文化价值，开拓了传统乡村旅游的提档升级之路；

第二，统一策划，严格把控建设风格和经营特色，有效管控了乡村旅游发展过程中的“差异化”特色，始终保持了高涨的人气指数；

第三，在发展中不断寻求体制机制创新方法，通过组建专业化公司逐渐完善乡村旅游产业链，使商户、农户通过股份制改造形成利益共同体，确保了乡村旅游的可持续发展；

第四，政府主导方式与村民意愿融为一体，在实际推进工作中彰显出不同的角色意识，高度凝聚的“正能量”是这一成功模式的关键所在；

第五，以生态文明为引领，以传统文化为核心，袁家村旅游在促进新农村建设、新型城镇化建设、带动农民致富等方面走出了一条既成功，又可示范全国的典型之路。

“袁家村模式”是在各级党委政府重视与支持下，在旅游等多部门共同指导下，

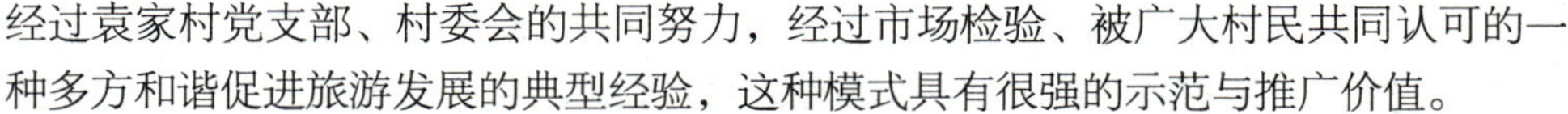

经过袁家村党支部、村委会的共同努力，经过市场检验、被广大村民共同认可的一种多方和谐促进旅游发展的典型经验，这种模式具有很强的示范与推广价值。

（一）乡村旅游必须走特色化发展之路

中国是农业大国，农民是全国主力人口。广阔的田野、村庄和各地不同的乡俗特点为发展乡村旅游提供了巨大的空间，但也为乡村旅游的“同质化”提供了温床。袁家村的成功在于紧紧抓住了都市人对于乡村旅游的心理需求，将民俗与乡村旅游发展紧密结合，在博采众家之长的基础上独辟蹊径，统一规划乡村旅游的发展方向，使民俗、乡俗、村俗有机融合，从而放大了特色，获得了广泛的市场推广效应。在杂志、网络、微信联合开展的“你所喜欢的袁家村”问卷调查中，游客满意度高达80%，而通过他人推荐到袁家村旅游的占到受访人群的69%。显然，因地制宜、差异化明显的乡村旅游受人青睐，市场前景非常广阔。

（二）妥善处理乡村旅游与原住村民的利益关系，走共同富裕之路

乡村旅游的特点是依托农村的田野、乡俗、农舍、景观而发展起来的新兴旅游业态，村庄与农民是主要的载体。因此，促进乡村旅游的发展必须妥善处理好旅游与原住村民之间的利益关系，倡导以乡村旅游带动共同致富，这样可以最大限度地凝聚各方正能量，确保乡村旅游健康发展。袁家村在发展乡村旅游过程中让村民变为老板、变单一经营户为乡村旅游公司股东，提倡“一人富不算富，全村致富才算富”的理念，通过村务公开、开放式决策等措施，让农民成为旅游业的参与者、服务者和成果、利益分享者的做法有效凝聚了人心，进而形成了“家家诚信待客、人人维护全村荣誉”的风气，值得学习和推广。

（三）循序渐进打造乡村旅游产业链

乡村旅游是一种新型业态，这种业态的特点大多以农户为独立经营个体而运营，因而规模大小、经营方式等均由农户确定，具有竞争力的乡村旅游产业链很难形成。袁家村在发展旅游之初统一规划，坚持新建街区经营项目不重样，而对精心挑选的商户则采取免收租金、“放水养鱼”的吸引措施。游客人气聚增后这些商户因供不应求而要求扩大规模，这时此前的“孵化器”就形成了颇具规模的专业化公司，而原商户、原住民等也变成了利益共同体，经过整合后的产业链和利益共同体，对于袁家村旅游的持续发展和旅游经济的规模化进程将起到巨大的保障作用，这种经验对于全国乡村旅游的发展具有很好的借鉴意义和示范价值。

乡村旅游的特殊属性决定了村党支部、村委会在发展过程中的突出作用。袁家村旅游的成功，既有老班子积淀的好传统，更有现任领导班子廉洁自律、一心为民、望眼长远的优秀品质所带动。村干部自始至终严格把控发展特色，统筹规划、运营、标准、质量，全力推进乡村旅游的产业化进程，有效化解了旅游发展过程中的突出矛盾，因而获得了村民的广泛支持，这是促进乡村旅游又好又快发展的前提。

（四）大力发展乡村旅游，加大政府对乡村旅游的引导和投入

党和国家高度重视旅游业在推动城镇化、农业现代化、带动农民致富和社会就业方面的重要作用，在国务院刚刚下发的《关于促进旅游业改革发展的若干意见》（国发[2014]31号）中，特别把大力发展乡村旅游作为“拓展旅游发展空间”中的重要内容。“袁家村”乡村旅游的发展过程，凝结着各级党委、政府、旅游部门和相关行业的众多关心、支持，特别是县委、县政府为支持袁家村旅游发展，在基础设施、旅游环境、宣传营销、假日旅游协调指挥方面投入了大量人力、物力和财力；在体制改革和创新方面给予大力支持，这是袁家村旅游快速发展过程中“政府主导”与“政府服务”之重点，而政府、村庄、村民意愿的高度融合和统一，则是袁家村发展乡村旅游典型经验与示范价值之核心。

七、袁家村旅游发展的问题与对策

袁家村旅游发展之路，是一条以乡村旅游统筹农村发展、带领村民致富、实现传统经济转型的成功之路。但是，袁家村旅游因为受到众多主客观因素影响，目前也存在诸多问题。从打造大景区、营造大环境、培育大市场、综合大带动等长远目标出发，对袁家村旅游的发展提出如下建议。

（一）设立陕西关中民俗旅游区，打造中国名村名镇

以袁家村关中印象体验地为核心，设立包括昭陵博物馆、昭陵陵山景区、关中环线以北自然村在内，以关中民俗展示与体验、唐文化探秘与观赏、观光农业与农家体验相兼备、休闲与度假项目相配套的陕西关中民俗旅游区，成立县级管委会，统筹旅游区规划、开发、管理、执法事项，并争取使之赋予部分旅游示范区的权利；同时组建陕西关中民俗旅游开发公司，整体负责旅游开发、招商融资、经营管理等工作，彻底改变袁家村目前土地捉襟见肘，对外协调困难等瓶颈，借鉴袁家村模式，放大成功经验，带火区域旅游。通过规划引导、项目支撑、政策扶持，实施重点突破，探索积累经验，为打造中国名村名镇提供借鉴和示范。

（二）按照国家5A旅游区标准，促进袁家村旅游产品与服务管理全面升级

按照国家5A级旅游区创建标准，对袁家村关中印象体验地景区、袁家村农家乐集群、涵盖范围内的现有景区、村庄等进行统一策划与规划；依托关中民俗深度挖掘，合理布局民俗体验项目，增加游客互动与演艺项目，延长游客停留时间，提高人均消费水平，完善景区配套，改善发展环境，在此基础上提出3~5年行动计划，并将其列入省旅游局督办的市级重点旅游项目，为袁家村模式复制与经验推广提供更加广阔的空间和更高层次的平台。要把袁家村作为一个旅游产品，整合提升、整体包装现有景区资源，并按照行业最高标准，进一步规范旅游企业管理、提升旅游服务质量、完善旅游设施配套、健全旅游产品体系、优化旅游整体环境，努力把袁家村打造成独具魅力的关中印象原生地。

（三）全力推进专业化、市场化、规范化的运营模式

为将袁家村乡村旅游上升为全面景区化的运营管理，就必须建立专业化的运营公司，形成管理、运营、监督、销售、评估、考核等科学体系，同时要按照现代企业制度要求，对现已形成的旅游公司和各专业公司进行市场化运营，使其在袁家村旅游产业链各环节发挥最大作用，为投资方和股东赢取最大效益。

（四）建立现代营销平台，为旅游发展提供市场支撑

从问卷调查结果分析，袁家村目前的客源成分多为西安及咸阳周边地区，占比高达 76%；省外客源占比 20.3%；国外客源仅占 3.09%，这与调查中因他人推介而到袁家村旅游的选项占比 69% 有直接关系，客源结构和传播渠道与袁家村旅游之火爆程度不相适应，市场空间较为广阔。因此，应快速建立袁家村旅游的现代营销平台，整合性推广袁家村旅游项目，同时为各专业公司搭建线上线下互动式销售平台，努力使袁家村成为国内旅游的知名景点，使现在的半日游延长至一日游或两日游，全面提升袁家村旅游的经济效益和社会效益，为全省乃至全国乡村旅游发挥更好的示范作用。

（陕西省旅游局综合法规处）

陕西乡村旅游发展模式之二：记得住乡愁的休闲体验旅游目的地沙·沙河水街

陕西省旅游局

沙·沙河水街是西安市周至县的一个新建景区，于今年5月1日试开园。据景区统计，仅“五一”三天小长假，景区就接待游客69万人次。上半年，景区接待游客已超过500万人次，成为全省接待游客规模最大的景区。

为什么沙·沙河水街能够在游客心中“一夜爆红”，引爆2014年全省国内旅游市场？经过对沙·沙河水街开发经营模式进行深入调研和剖析后发现该景区的许多理念和做法打破了旅游业的很多常规认识，跳出了秦岭北麓旅游资源开发的传统模式，开创了旅游开发的一个全新典型，打造了一个全新的乡村旅游升级版，探索了以旅游为引擎的新型城镇化发展之路。

一、沙·沙河水街的建设背景

周至县是西安市下辖县，距西安市区68千米。沙·沙河发源于秦岭北麓，是一条流经周至县城的季节性河流，平原段全长21千米，其中县城段全长4.6千米。过去多年来，该河道已经废弃成为垃圾倾倒点，变成垃圾河、排污河，严重影响着周至县城的市容环境和周边群众的身体健康。每到汛期，该段河道经常发生险情，威胁到群众的生命财产安全。

为改善沙河生态环境，提升县城品位，周至县委县政府围绕西安市“八水润西安”的总体规划，于2010年起分一、二、三期实施沙河县城段综合治理工程，倾力打造沙河湿地公园项目。“沙·沙河——中国第一水街”就是沙河治理的三期工程。县政府充分发挥市场在资源配置中的决定性作用，通过采取企业运作的形式，由周至县本地民营企业家齐凌风先生投资建设“沙·沙河——中国第一水街”项目。

2012年12月，“沙·沙河——中国第一水街”正式破土动工建设。为了抢抓工期，投资方在天气已寒冷的情况下，首先开展了为期三个月的河道垃圾清理工作，总共清挖垃圾44万立方米，清理河道4.6千米。

“沙·沙河——中国第一水街”就是沿着4.6千米河道，通过对河道、河床、河边滩地进行综合开发利用，合理布局水岸河道、水面景观及相关配套商业设施，打造集市民休闲、亲水体验、儿童娱乐、生态休闲、关中民俗展示、民居生活文化为一体的开放式大型民俗文化旅游生态区，是北方版的“丽江”、关中版的“清明上河图”。

二、沙·沙河水街景区特色

沙·沙河位于周至县城南2千米处，距离秦岭脚下不到10千米。走进沙·沙河水街，一条宽宽的浅河扭着曼妙的腰身，载着碧绿的河水静静流淌，水面上一只只竹筏和一行行戏水的白鸭悠闲地游来荡去。两岸绿柳婀娜，青砖碎石铺就的小路沿着河道曲折延伸。沿岸是记忆里只有20世纪六七十年代前才有的关中民居，用泥瓦、原木、老砖垒砌的房子和院墙讲述着那个“粗糙”时代的故事。这一条让人似曾相识的水街，有江南水乡的影子、有关中乡土的调子。对每一个初来乍到的游客来说，在这里都会有种既现代又古朴，既陌生又熟悉的感觉，让游客流连忘返，回味无穷。中央城镇化工作会议提出的城镇化建设要求“尊重自然，顺应自然，让居民看得见山，望得见水，记得住乡愁”，在这里得到了实践。

（一）真实还原关中民俗文化形态——充分实现文化与旅游融合发展的特色

沙·沙河水街是一个关中民俗文化主题非常鲜明的怀旧景区。目前，水街上已经建成关中农居院落文化节点约100个，大多是复原关中地区各种不同风格和不同时期的关中农家建筑、市民院落。这里每一个院落房屋都是民间工匠按照过去建设民居时的感觉，收集过去的旧木料，根据地形和生活需求，自由发挥想象力和创造力完成的作品，如同村子里一家一户的房屋，各有特点，少有雷同。在一种看似粗放式的建设下，每一个细节的摆设和处理又都独具匠心，小品景观无处不在。院落里摆设有各种过去使用过的农具和家具，手推磨、辘轳井、铡草刀、马车、土炕、土灶，包括窗台花盆里种植的辣椒苗等，真实再现了原汁原味的关中民间乡土风格，既保留了历史文化遗产，又成为互动性极强的怀旧景观，让人们重温儿时的老家味道。

水街上的庭院房屋按功能分成三类，第一类是临街小商铺，主要销售小吃和工艺品、旅游纪念品。按照“一店一品”的设计，景区从全国各地遴选民俗特色工艺品引进到水街商铺中，每个店铺都有不同的经营主题，使这里成为一个全国民俗文化的大观园；第二类为二层商铺，主要以餐饮店、酒店为主，店铺规模小巧简约，极富亲和力。餐饮店集中了全国各地的美食菜系，同样按照“一店一品”

的布局，每个店经营一种特色风味；第三类建筑形似四合院式，其中有私家宅院、相声茶馆、演艺场所、名家字画及古玩玉器展销等。这些店铺在"以关中民俗文化为主，包容全国民俗文化"的主题思想下，既满足了游客吃、住、购、娱的消费需求，也抓住了人们普遍存在的怀旧情节，满足了游客的精神诉求，增强了景区的软实力。

（二）创造了一个让游客尽情观赏体验的最美生态——充分满足游客休闲度假的旅游需求

水街除了具有浓郁的关中民俗文化特色之外，首先还是一个以水体景观和亲水体验为核心的水主题景区。景区建设首先考虑到西部缺水地区的人们想亲近水的渴望，充分利用河水打造水体景观，创造亲水环境，把水元素发挥到极致，营造了一个以水为中心的让游客尽情观赏体验的最美生态环境。

为充分满足游客的亲水需求，水街河道的设计独具匠心，河道宽度在100~160米之间，然而水深仅仅0.6米左右，即便有儿童不慎落水也不会发生危险。景区还在一些河段专门建设了水深不足0.1米的水域，大人和儿童可以光着双脚在水里尽情踩水嬉戏。

水街的水无处不在，有喷泉水舞、有长河瀑布，有流水景观，河堤旁有河流、湖泊，小路。街道上有溪流，游客可以走在小溪里逛街，可以坐在竹排里喝茶赏景，可以坐在水边漫无目的地发呆；儿童可以在河道里打水仗，可以买只大水枪随时随地灌水射击，亲水情结得到充分满足。

（三）创新了景区经营运作模式——充分发挥了旅游惠民的作用

沙·沙河水街是陕西省乃至西部第一家真正免费开放的水主题景区。除了免门票外，景区周边还建有可容纳6000辆汽车的停车场向游客免费开放，覆盖整个景区的无线Wi-Fi同样供游客免费使用。把景区环境和基础设施提供给游客无偿使用，极大地提升了公共服务的水平和能力，满足了广大游客多样消费的需求。

在水街的基础设施中，最大的特点就是供游客免费使用的公共设施多。一是可供游客坐下来休息的设施很多，隔三差五就会有一处石凳、木椅设置在凉亭下或者门庭前，其造型不一、用料不同，既是一个小景观又是可供游客随时坐下来休息的座具。沿河的百米长廊两侧，大桥下的水上茶吧等，让游客能够坐下来，慢慢让身心融入到美景当中；二是供游客免费使用的卫生设施多。水街上的公共卫生间很多，隔上百余米就有一处同样民风别致的房屋是公共卫生间，游客完全不用因内急而远寻如厕之所。街上的自来水龙头同样很多，庭院旁、围墙边、柳树下，总不难找到一处用老砖或盘石垒砌的水池，游客可以随时打开水龙头使用，这一股股"不经意"间的清凉让游客心中感受到的是温馨。从整体来看，这些基础设施从建筑形式到外

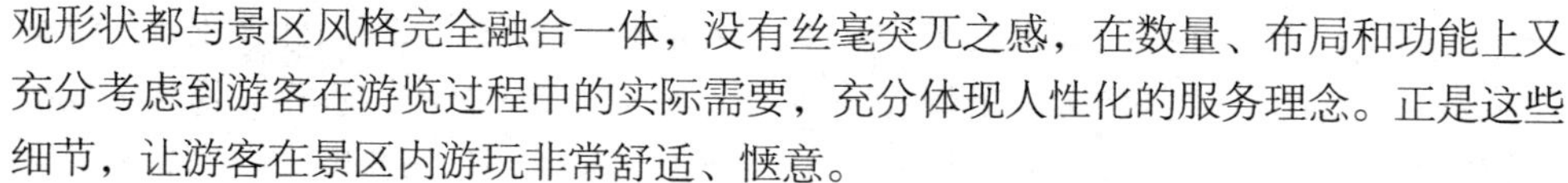

观形状都与景区风格完全融合一体，没有丝毫突兀之感，在数量、布局和功能上又充分考虑到游客在游览过程中的实际需要，充分体现人性化的服务理念。正是这些细节，让游客在景区内游玩非常舒适、惬意。

三、沙·沙河水街的示范经验

沙·沙河水街从一个垃圾场转身为一个知名景区，进而通过景区产出的巨大客流带动周至县域经济社会的全面快速发展，其旅游资源开发的理念打破了旅游业内很多常规认识和做法，开创了一个以市场为导向的旅游产品开发的全新路径，实践了以旅游为引擎的新型城镇化发展之路。其示范经验体现在以下四个方面。

（一）实现了品牌的价值

旅游的品牌效益，反映为对城市、地域品牌的宣传与提升作用。自沙·沙河景区开园以来，5、6、7 月份周末平均游客在 8~15 万人次，周内每天平均 2~3 万人次。据统计，上半年，沙·沙河景区接待游客就已经超过 500 万人次，对比 2013 年周至县全年的游客接待总数不到 200 万人次。

巨大的人流带来的信息流使全省迅速知道了周至，重新认识了周至，景区每天的微信达到 5 万人次，微博粉丝达到 30 万人次；人流带来的资金流使景区周边的居民和景区内的商业从业者快速致富，仅卖肉夹馍、凉皮的小摊一天的营业额都在 1 万元以上，景区内的一家食府年 50 万的房租，仅三个月就收回了投资，水街周边的地产、商铺更是大幅度升值。人流带来的新思想、新观念快速激活了周至的民俗、地域文化，使周至的知名度和美誉度得到了快速提升。

（二）实现了旅游的价值

大众化的休闲度假需求是目前旅游客源市场变化的新趋势、新特点，以市场为导向，极大地满足游客休闲度假消费需求，不仅是旅游产品开发的方向，也是提高旅游综合消费的突破口。

开发景区一定要有资源，一定要卖门票，一定要大投资，一定要有大规划吗？这些传统的认识都在沙·沙河水街的开发及运营中被颠覆了，它证明了另一个事实：即使没有传统资源，只要以市场为导向，不仅可以搞旅游业开发，而且能打造成精品。

没有开发景区之前，在人们的心里沙河连同两岸的荒滩与旅游景区无半点关联。沙·沙河水街建成后之所以能够成为游客喜爱的景区，关键就是景区有一个鲜明的主题和符合游客需求的表达形式，激发了游客内心对休闲度假的渴望，让西安、宝鸡、咸阳等周边城市市民内心萌动的休闲度假欲望得以爆发和落地。

在旅游业转型升级中，我们始终不缺的是市场，永远缺乏的是适应市场需求的产品。事实证明，水街的模式正是迎合了人们休闲度假的需求，因此才出现景区建设被游客催着走，未经宣传、就爆棚的现象。景区巨大的客流量也正是反映出游客休闲度假的需求极其旺盛。水街模式必将成为一剂催化剂，加速整个陕西省从观光旅游到休闲度假旅游的转化进程。

（三）实现了生态的价值

保护环境，美化环境，提升环境不仅是旅游业发展的前提，也是建设美丽中国的根本要求。沙·沙河的开发实践表明，旅游业发展离不开良好的生态环境，旅游业的发展更能促进生态环境的美化。

周至县委、县政府启动沙·沙河水街的项目建设，首先是周至环境整治工程的一部分。整个工程分为三期，一期、二期工程共治理河道 1.6 千米，河道宽度 70 米，主要实施河道疏通、河堤加固、河道内外绿化等。三期工程改造全长 3 千米，与一期、二期已改造河道连为一体，建设成为全长 4.6 千米的沙·沙河水街景区。为了形成循环水源，景区在沙·沙河上游建设引河，把黑河水库流下来的水引到沙·沙河中，再由沙·沙河下游归入黑河。

改造后的沙·沙河不只是环境优美，所形成的广阔湿地环境更是如同一个良好的循环系统，保持了当地的湿度和降雨量，影响到整个周至县城，使这里的夏季气候更加凉爽宜人。因此，沙·沙河景区的开发最大成效就是改善了环境、美化了环境，进而经营了环境。正是沙河通过对生态环境的整治和民俗文化、地域文化的整理，才实现了生态的价值和效益。

（四）实现了社会的价值

沙·沙河景区的运营证明旅游业不仅是一种产业经济，一种城镇化促进经济，还是一种社会综合协调经济。通过旅游业的发展不仅增加了居民收入，安排了就业，还能给当地居民及游客带来视野上的开阔、生活上的享受和精神上的愉悦，从而提高生活质量，促进社会和谐。

沙·沙河水街与周至县城相距 2 千米，紧密相依。景区开放后带来的巨大客流量，迅速带动了周至县城的餐饮、酒店、房地产、加油站、水果店等一系列产业的兴旺。用老百姓的话说就是“周至县城里说普通话的人多了”。县城如同一个庞大的游客服务中心，与沙·沙河水街景区形成互补，既为游客提供各种接待服务，又直接收获游客消费带来的经济利益。今年上半年，周至共接待游客 570.70 万人次，同比增长 504.25%，综合收入 7.8 亿元，同比增长 609.2%，一个景区引爆了一个县的区域经济。

外来游客的消费需求和外界信息的带入，推动着周至城乡快速发展。目前，沙·沙河景区附近的城乡居民依托景区直接和间接得到就业岗位上千个。过去一直从事传统农业，保持较低收入的农民转移到个体经营或者相关服务业中，大大增加了收入。

景区的建成，有效推动了周边新农村建设的进程；对于周至县城的居民来说，景区建成后带来的民俗文化氛围和旺盛人气，让周至人拥有了展示传统文化的更大空间，从而也极大带动了县域文化产业的发展。城乡居民经济收入的增加、环境的改善、文化氛围的提升，为周至县城建设和谐社会打下了稳固基础。

四、沙·沙河水街的终极目标

在 4.6 千米水街的成功模式上，景区将沿着沙·沙河向上游和河岸两侧扩展，形成吃、住、行、游、购、娱要素完善的大型休闲度假区。目前的“沙·沙河——中国第一水街”只是一期规划中的一小部分，整个一期规划在建项目还包括：戏水平台区、儿童游乐园、水上竞技区、寻宝乐园、水上游乐区、生态森林、关中农居博物馆、自然湿地、40 万株银杏林、10 万株翠竹林等生态游乐项目；关中民俗风情水街、关中味道小吃集市、民间收藏博物馆、生态写生基地、主题客栈、咖啡茶秀酒吧街区、民俗特色餐饮区、湖畔餐饮区、温泉度假酒店、度假养生墅等商业消费项目。

在一期项目完成的基础上，“沙·沙河——中国第一水街”还将陆续进行二期、三期项目的后续建设，强化文化主题。二期项目总用地面积约 0.67 平方千米，共分为关中古镇（含关中民俗村）和国际艺术街区两大板块。关中古镇占地 34.8 万平方米，其中关中古镇 17.5 万平方米，民俗村 17.3 万平方米，配套商业建筑面积 24 万平方米。将通过仿古修缮方式建设具有关中风情的古建小镇以及小镇附属的关中风情农村，并赋予古老的百年气息。国际艺术区总规划面积 31.8 万平方米，将吸纳国内一线画家、书法家、收藏家等知名艺术家，以及民间知名艺人、表演家等群体在弘扬传统文化的基础上充分吸纳世界文化精华；三期项目将在一期项目以西的河道、河滩以及开挖的平原大湖上进行建设，共分为西部国际水上乐园和老西安·关中影视城两大板块。二期、三期项目落成后，从周至县城沿着沙·沙河到秦岭脚下的十多千米河岸两侧，将形成文化主题突出，特色鲜明，适合各种消费群体的综合性休闲度假旅游产业带。

“沙·沙河——中国第一水街”的成功模式，绝不仅适用于一个企业或一个地区，而是极具普遍性的经验探索，它表明了旅游产业的带动价值不仅局限于动力源的经济带动，还能改善生态环境，增加居民收入，增加就业人口，提高幸福指数，保护传统历史民俗文化，提升城市品牌，促进城乡统筹与综合社会价值。

（陕西省旅游局综合法规处）

陕西乡村旅游发展模式之三：有山有水有故事的文化旅游古镇青木川

陕西省旅游局

电视剧《一代枭雄》在今年春节的热播，引爆了青木川的旅游，春节假期连续五天青木川出现井喷，单日接待人数突破2万人次，春节假期接待人数达15.3万人次，比上年同期增长了12.8倍，一床难求，一餐难求，是青木川旅游火爆的真实写照。今年上半年，青木川古镇接待游客65.1万人次，实现旅游综合收入2.7亿元，同比分别增长178%和182%。青木川旅游业发展为什么能够取得骄人成绩，他们的优势和成功经验是什么？为此，省旅游局专门对青木川古镇的旅游业发展情况进行了调研。

一、青木川古镇基本情况

青木川古镇位于陕西、甘肃、四川三省交界处，素有“鸡鸣三省”之美誉。古镇历史悠久，始建于明朝中叶，成型于清朝后期，在民国年间达到鼎盛时期，距今已经有500余年的历史。小说《青木川》中的魏辅唐就是解放前、后生活在青木川的一位传奇人物。如今的青木川依然完好保存着古镇面貌，是陕西省政府重点建设的31个文化旅游名镇之一。

青木川全镇总面积208平方千米，辖9个村49个村民小组，2173户，总人口10900人。2013年全镇GDP2.3亿元，农民人均纯收入7234元，全年游客量41万人次，实现旅游综合收入1.2亿元。古镇民风淳朴，古建筑保存完好，雕梁画栋的古建房屋、古祠堂、古庙、古栈道比比皆是。《一代枭雄》中的主角何辅唐在青木川的原型——魏辅唐留下的多处古建筑及其真实故事引人入胜。

二、青木川古镇旅游特色

（一）文化支撑：多元文化融合并行

三省交界的青木川是秦蜀文化荟萃之地，当地文化风俗亦川亦陕，并带有部分陇南文化特色。青木川还是远古氐羌民族活动地，在长期的羌、汉民族杂居生活中，使这里保留了多元文化融合发展的形态。民国时期形成的“乡绅文化”对青木川也产生了深远影响。各种文化并行碰撞、交相辉映是青木川文化的最大特色。

青木川民居建筑既有陕南、秦巴风格，体现了楚汉文化和巴蜀文化的主格调，又充分吸收了徽派建设的特点，富有地方特色，部分民国时期建筑还体现了中西合璧的特色。明成化年间所建的回龙场古街，街长 868 米，宽 4 米，总面积达 4 万余平方米，保存完好度达 85% 以上。古街有 108 户明清时期的四合院，二进二出的两层结构，建筑风格有明清时期的旱船式，也有西方教堂式。整条古街“平盘端凳、雕窗扇门、院落集中、四水倒堂”，极具人文内涵和保护价值。

（二）精神支撑：传奇人物魏辅唐的真实故事

青木川古镇因开明绅士魏辅唐而充满传奇色彩。现实中的魏辅唐生于 1902 年。1925 年加入地方民团当壮丁，后来成为青木川民团团总，开始管理、统治青木川的历史。

魏辅唐是个充满争议的人物，既有他狭隘的一面又有超前的社会责任感。他任民团团总后一方面多渠道敛财，先后建起自己的豪华大宅院两处，另一方面又大兴开堰抬天（田）、修桥筑路等惠及相邻之事。先后主持开凿渠堰 4 条，总长千余米，修建石桥 3 座，修青木川至广坪道路 30 多千米；他在青木川开设大烟馆，但是他本人不抽大烟，并禁止本镇人抽大烟；他在镇上开有“唐世盛”绸缎庄、“同济堂”中药铺、“辅友社”手工制革厂、银行等多处店铺。为繁荣地方经济，他制定了很多亲商政策，不许当地人欺负外地客商；他尊师重教，普及义务教育，不仅出资盖学校，要求全镇 7 岁以上适龄儿童全部免费上学，并广泛接收周边陕、甘、川三地的学生来校免费读书；他推行素质教育，在学校里开设英语课，设秦腔、京剧等艺术课。他还出资送许多优秀学生到汉中、武汉、重庆、成都等地的中学或大学深造。

如今，魏辅唐当年建设经营的“唐世盛”“同济堂”“辅友社”“荣盛魁”等店铺依然保存完好，尽管物是人非，却依然能够看到当年的影子。尤其是他建设的辅仁中学，如今依然是一所正在使用的学校，设有幼儿园、小学和初中。学校里那座大礼堂完整的保留着当年的面貌，门楣上当年留下的“普及义务教育”几个大字让人不由得肃然起敬。魏辅唐的真实故事成为青木川旅游的精神支撑，耐人寻味。

（三）项目支撑：旅游元素健全

当地政府为了丰富古镇旅游内涵，在积极挖掘当地传统文化的基础上增强休闲娱乐功能，推出自行车环镇骑行、“农人抬轿”、羌文化歌舞、打锣鼓草、莎朗舞篝火晚会等娱乐项目。在各种节庆活动中还能够看到过刀山、下火海、傩戏、川剧、秦腔、跳关公、独角戏等多种民俗艺术形式。结合周边的旅游资源，还打造了青木川野外拓展训练、金溪河峡谷漂流等新项目，丰富了古镇的旅游内涵。

青木川古镇虽经城市生活的洗礼，在历史的积淀中留下的商业气息依然存在。当地政府指导和甄选具有传统特色的经营品种入驻古镇，增加了古镇的文化特色和观赏内容。古镇店铺里经营的核桃馍、麻编鞋、古法酿造、千锤酥糖、羌绣等小吃或手工艺品绝大多数是普通街市里少见的品种。“十大碗”、“辅唐宴”、回龙鱼、凉粉等都是让游客回味无穷的地方美食。这些非常有特色的经营品种成为让游客能够看到、尝到、体验到，并且带得走的旅游吸引。

（四）产业支撑：综合带动作用明显

旅游业的兴起带旺青木川古镇上的店铺，各类餐饮、住宿、休闲娱乐、购物等店铺如雨后春笋般兴起，已经发展到 100 余家。 仅拿 2013 年和 2014 年相比，一间普通店铺去年的年租金为 2000 元，今年的年租金已经涨到 15000 元，依然紧俏。

青木川核桃馍是用当地产的核桃和面粉烤制而成美食，营养丰富又便于携带，是游客非常喜爱的特产。古镇上几家制作售卖核桃馍的店铺一天至少能够卖出 2000 个，毛利润就是 2000 元；根据当地传统宴席菜肴“十三花”研发“辅唐宴”被央视《文明密码》栏目评为“中国乡野五大家宴”之一；当地特产千锤酥、腊肉、土蜂蜜、萝卜干、香菇、天麻、手工鞋垫、羌绣等一大批特色商品和工艺品既成为重要的旅游商品又直接为当地农民增收。今年，青木川镇还成立了羌绣合作社，为鼓励当地农民致富、发扬传统文化艺术起到较好的推动作用。

青木川古镇文化旅游与秦岭生态旅游相互补充，成为撬动秦岭冬季旅游市场的重要推手。 2014 年春节黄金周期间，每天涌向青木川古镇的游客都在万人以上，让这个陕西最西边的古镇炙手可热。截至 8 月底，今年青木川古镇接待游客已经超过 70 万人次，仅门票收入逾 700 万元。目前，在青木川镇区居住的当地人口有 5000 多人，外地入驻青木川古镇从事经营的人员就有 3000 多人。如今，镇上居民家家都有游客接待能力，全镇有 8000 多张床位可供游客住宿。青木川景区主干道沿线的农家乐生意火爆，成为农民增收致富的重要途径。

青木川古镇旅游的兴旺引起相邻的四川、甘肃等地政府的高度关注，纷纷提出要借助青木川的影响力和人气，带动周边地区旅游的发展。今年 6 月份，甘肃省副省长带队到青木川考察，并决定加快打通青木川到甘肃阳坝景区之间的道路，使两个景区连成线路；四川省广元市市委书记 7 月份也带队到青木川考察，筹划广元明月峡景区与青木川景区以及 200 千米外的九寨沟景区之间的旅游线路互通。

三、青木川古镇发展的示范经验

（一）科学定位，确立以旅游为导向的城镇化发展路径

青木川古镇历史文化积淀深厚，古建筑文化、民俗文化、自然生态文化荟萃，具有不可限量的开发价值。2013年，青木川古镇被省政府列入全省31个文化旅游名镇名单，宁强县委、县政府紧抓这一机遇，把发展古镇旅游产业作为县统筹城乡发展的基本路径。县、镇两级政府充分发挥文化资源优势，在保护传承的基础上活化文化，深层次实施文化旅游资源开发，加快古镇文化旅游产业发展步伐。

青木川旅游业早在2006年已经起步，然而2008年的汶川大地震中，距离汶川200多千米的青木川也遭受了严重的地震破坏。在灾后重建中，当地政府把对古建筑的保护和修复纳入重点重建项目。县财政每年为青木川镇配套500万元以上扶持资金，按照“修旧如旧”的原则，陆续恢复了回龙场老街、魏氏庄园、辅仁中学等明清古建筑。这些古建的保存和保护成为发展青木川旅游的坚实基础。

在古镇开发中，宁强县按照“规划引领、保护修复、完善功能、开发利用、突出特色、宜居富民”的总体要求，大力实施“四大工程”。一是修复古建“护魂”，精心实施文物古迹、历史建筑、传统民居保护和修复工程，坚持古香古色、古风古韵，全景再现古风古貌；二是改造基础“通经”，按照古镇格局风貌，实行统一规划、统一施工，先后完成了新街民居、建筑“穿衣戴帽”和老街上的水、电、路、讯、消防等基础设施改造工程，基本实现少留现代痕迹；三是保护产业“壮骨”，制定产业发展保护措施，从政策、资金方面倾斜扶持、培育发展古镇传统商业、贸易、特色产业、限制发展与古风古貌不相适应的经营业态，再现古镇昔日商贾云集的繁华盛景；四是整治环境“活血”。从药检、工商、物价、城管部门抽调人员，组建景区综合执法队进行联合执法检查，着力营造良好的旅游发展环境。通过“四大工程”，古镇的人文环境和城镇化水平得到极大改善和提升。

（二）发挥规划引领作用，着力打造特色品牌

要古镇开发建设上，宁强县按照“旅游强镇、文化名镇、传奇古镇”的发展地位，坚持规划引领，着力把青木川古镇打造成为“中国西部独具传统文化特色的美丽小镇”“三省交界处休闲度假的旅游胜地”的旅游特色品牌，增强核心竞争力。

县上聘请专业团队精心编制完成了青木川城镇建设、旅游发展总体规划和文化旅游名镇建设规划，把城镇化建设与旅游名镇建设相结合，对镇区的修复修缮、分片改建、包装改造与整体控建相结合。在景区景点规划上，依托自然风光、结合历史遗存，规划了青木川老街建筑群、魏氏庄园、羌人墓地等国家重点文保单位为节点的历史文化景观带，以自然保护区、金溪河、南坝影视基地为主的自然生态景

观带，以白龙湖、广坪烈士陵园、金山寺抗震地为主的环线旅游景观带。三大景观带规划以文化为支撑、以环境为支撑，使历史文化与优美环境相互辉映、相得益彰，充分体现人与自然的和谐统一。

（三）突出抓好项目建设，建立健全投融资机制

按照古镇建设规划，青木川镇政府和县主管部门联合，精心策划包装项目，通过县政府审核、专家组审定，规划古镇建设项目有 52 个，总投资 4 亿元。

为了保证建设资金到位，县、镇两级政府按照“捆绑安排、各记其功”的原则，通过“政府主导、多元投入”筹措资金，充分整合文化、旅游、扶贫等项目资金，实施倾斜安排，合力推进古镇建设。2013 年落实配套资金 1000 万元，2014 年预算安排资金 1500 万元。同时，依托城投公司平台，广泛开展招商引资，采取企业垫资、吸纳融资等方式，积极引导民间资本、社会资金投入古镇开发建设。2013 年已经实施 15 个项目建设，完成投资 9490 万元。

围绕国家 4A 景区创建，目前，镇上已经完成了游客服务中心、停车场、景区标识系统、步道维修、古建筑内饰布置等项目，截止目前已累计投资 5600 万元。通过招商引资启动的三大酒店建设项目也进展顺利，酒店投入使用后将大大提升青木川旅游接待水平和接待能力。

青木川古镇距离宁强县 136 千米山路，为了加强青木川古镇的可进入性，宁强县政府投资 2.7 亿元改造了宁（强）—青（木川）路三级路面。针对县、镇之间路途较远，容易使游客产生疲劳的实际，去年宁强县政府又投资 6000 万元在“宁青路”两旁栽种竹子及观赏花卉等植物，着力打造“百里生态长廊”，并在沿路选风景较好的地段建立旅游节点，修建小型景观、配备卫生间等设施，方便游客在中途停车休息。“百里生态长廊”在宁强县和青木川之间形成了一条绿色的人性化纽带。

（四）加强宣传促销，提升知名度和美誉度

自 2013 年电视剧《一代枭雄》在全国多家电视台热播之后，青木川又走上央视《百山百川行》栏目，影响更加广泛。宁强县紧抓这一时机，坚持边建设边宣传的原则，充分发挥电视剧的辐射带动效应，一边加大市场宣传营销，一边通过策划活动、举办文化论坛、设立名家创作室等形式不断提升知名度和美誉度。

为借助作家叶广芩之笔深入挖掘青木川文化内涵，镇上专门建立了叶广芩工作室，邀请她经常到青木川进行文学创作。今年，宁强县又邀请了《一代枭雄》中何辅唐、魏正先等原型人物的后人及群众召开了“《一代枭雄》青木川原著素材研讨会”，组织了“看《一代枭雄》，游青木川古镇”摄影采风活动等，还邀请汉中电视台文化旅游频道“天汉茶馆”录制青木川专题节目，持续增强游客吸引力。

在西汉高速涝峪口、洋县口和京昆高速与蓝海高速立交等处，“看《一代枭雄》，游青木川古镇”的大型户外广告牌极为醒目，让游客迅速记住了“青木川”的名字。在西安大唐西市春节庙会、第十八届西洽会等热闹的活动中，青木川的形象给群众留下深刻地印象。

青木川距离城市较远，公共交通也不太方便，过去，到青木川的游客主要以散客为主，规模较小。为了解决这一困扰，宁强县旅游局经过认真考察，筛选出西安、汉中、广元等三省多地的42家旅行社签订团队合同，并设计规划了“看《一代枭雄》，游青木川古镇”旅游线路。在旅行社的拉动下，到青木川古镇的团队游客激增，逐渐从散客为主转变为自驾游与团队平分秋色的态势。在小长假、黄金期间，旅行社组团游有力带动了青木川旅游发展壮大，今年上半年就接待组团330多个，成为宁强县旅游新亮点。

（五）强化组织领导，形成工作合力

2013年以来，宁强县政府把推动文化旅游古镇建设摆到政府工作的重要位置，县政府采取“政府主导、部门联动、社会参与”的方式，创新古镇管理方式，建立了务实高效的工作推进机制，调集各方力量资源，齐心协力推进古镇建设。

县上成立了由县长任组长的青木川文化旅游名镇建设工作领导小组，组建专门班子，全面负责指导、协调古镇建设工作。领导小组对在建项目严格落实领导包抓责任，实行月通报、季点评、年考核制度，坚持每季度召开一次文化旅游名镇建设现场推进会，及时安排部署名镇建设工作，协调解决具体问题。县上还为青木川镇配备了专业城建副镇长，及时组建了青木川派出所和消防队，协调各部门、单位抽调40名工作人员，全力协助做好古镇建设、管理和旅游服务工作。2014年初，汉中市政府又成立了副县级编制的青木川管理委员会，委托宁强县政府管理。

去年，宁强县政府提出创建青木川古镇国家4A级景区的发展目标，强化精品支撑，以4A景区创建为抓手，统领省级重点镇、省级文化旅游名镇建设融合发展。县政府成立了4A创建领导小组，委托旅游策划公司编制了《青木川古镇景区创建国家4A级旅游区实施方案》，按照方案明确了45个相关部门和单位的创建工作任务。县旅游局成立了青木川古镇景区管理处，聘任23名工作人员加强景区管理及服务工作。自启动青木川国家4A级景区创建以来，县委、县政府和县人大、政协的领导多次带领相关部门前往青木川镇，召开景区建设现场会，不断加强政府对景区发展的主导作用和统一管理，督促协调创建工作。

四、下一步发展目标

宁强县将以打造“国内一流、国际知名”古镇的目标，全方位加快建设。在县

财政每年配套1000万元以上建设资金的基础上，广泛开展招商引资，积极吸引民间资本投入古镇开发建设。同时还将深度开发羌文化、地方民俗文化和魏辅唐传奇文化，打造文化品牌。

在开发建设古镇镇区之外，青木川镇政府还将利用镇内优越的自然生态资源优势，着力打造古镇周边的青木川自然保护区、龙池山、金刚峡、白龙湖等景区，与古镇形成五大景区相互支撑、互补的旅游产品。届时镇内将形成“两日游”“三日游”线路，极大延长游客停留时间，进一步使古镇旅游产业做大做强。

（陕西省旅游局综合法规处）

陕西乡村旅游发展模式之四：一个让游客有尊严、有品质、有温暖民俗文化体验园马嵬驿

陕西省旅游局

位于兴平市的马嵬驿民俗文化体验园（以下简称马嵬驿），是陕西乡村旅游的一个新面孔。该项目于2012年动工建设景区之前曾经是一片荒无人烟、人迹罕见的黄土沟壑。景区一期工程于2013年10月1日建成后正式对外开放。2014年“五一”小长假，马嵬驿接待人数超过26万人次。2014年“十一”黄金周马嵬驿接待游客达110万人次，创省内旅游景区最大接待量。

为什么一个新建的乡村旅游点有如此大的吸引力和如此高的人气？这不是数据的简单膨胀，而是景区以游客为导向，着力培育了一个游客和市民共享的民俗文化园区的结果。

最近，我们专程进行调研，深入解析其发展中的成功经验。

一、马嵬驿的基本情况

站在黄土塬上向下望，一条古朴的街巷顺着由高到低的沟壑自然延展，青砖灰瓦的房屋和各色迎风飘舞的旌旗招牌，还有夹杂食物香味的蒸汽袅袅升腾，一幅热闹而温暖的现代“清明上河图”豁然出现在眼前。

马嵬驿景区总占地15.5万平方米，是一个集马嵬古驿站文化展示、文化交流、原生态餐饮、民俗文化体验、休闲娱乐、生态观光于一体的新概念园区。园区建筑借助自然地势错落有致、古朴素雅，建设有4条民居古街：民俗作坊街、民俗小吃街、民俗文化展示街、大唐文化街。其中有马嵬驿文化广场、百果园、雕塑艺术馆、驿栅城、珍禽园、垂钓园、茶楼、戏楼、农具展示馆、城门楼观景台、娱乐园、祈福殿等12个配套景点。

二、马嵬驿的景区特色

兴平市的旅游资源极其丰富，境内有著名的汉武帝刘彻的陵寝茂陵、有杨贵妃

被赐死后的贵妃墓、有咸阳市现存规模较大的道教场所黄山宫等三处老景区。尽管资源丰富，但是多年来兴平市的旅游业始终不温不火，旅游经济未能发挥出应有的作用，然而马嵬驿景区的建成却为兴平带来了空前的人气，成为兴平旅游的破题之作。

（一）就地取材，点石成金

2011 年，兴平市政府整合全市旅游资源进行整体规划。在这个规划里，以杨贵妃墓为核心，连接黄山宫和马嵬驿共同形成一个大景区。而那时的马嵬驿所在地还仅仅是当地李家坡村在几十年前整体搬迁后剩下的一片了无人烟的废弃地。

马嵬驿与黄山宫紧密相连，黄山宫与杨贵妃墓又相隔不足一公里。当时兴平市政府的规划初衷是以杨贵妃墓的大唐文化、黄山宫的道教文化带动马嵬驿的民俗文化。2012 年 9 月 28 日，马嵬驿景区动工建设，景区合理利用这一带自然的台塬地势、沟壑地形和李家坡原来的旧窑洞院落，改造建设为一处极具关中民俗文化特色的旅游景区。

在兴平市委市政府的大力支持和政策倾斜下，马嵬驿景区以其鲜明的文化特色、开放式的经营形式和科学的管理方式迅速“走红”旅游市场，完全形成了以马嵬驿带动杨贵妃墓和黄山宫两个老景区的“逆袭”局面。

（二）文旅融合，主题鲜明

民俗文化是发展乡村旅游之魂，马嵬驿取得成功的关键就在于抓住了文化精髓并进行了深化和活化。景区以游客喜闻乐见的形式进行民俗文化展示，主要有四类：一是地方传统小吃经营；二是传统生产工艺作坊；三是展览馆陈列展示；四是文化演艺活动。通过这四种形式，让民俗文化看得见、听得到、能品尝、可体验、能传承。

1. 地方传统美食

走进马嵬驿民俗小吃街，一间间经营地方传统美食的店铺不仅色、香、味撩人，其完全开放式的制作过程，如同一幕幕返璞归真的民俗文化展演，给人以感官和精神的双重享受。粉汤羊血、礼泉烙面、乾县锅盔、关中搅团、贵妃糕、蓼花糖、云团馍、酸梅汤……一种种你吃过或没吃过的地方小吃都汇集在这里，刺激着游客的味蕾。这里近百家经营户，按照景区“一店一品”的要求经营着上百个餐饮种类，汇聚在一起就是一个囊括陕西传统小吃的“满汉全席”。

醪糟你一定吃过，但是醪糟是怎么制作出来的你知道吗？在这里你不但能吃到正宗的醪糟蛋花汤，还能看到由江米制成醪糟的全过程。游客到这里不只是贪恋一道道美味，更被这些传统工艺的魅力所吸引，极大地满足了中老年人的怀旧情结和年轻人的好奇之心。

2. 能体验的民间生产文化

关中深厚的民俗文化是陕西旅游资源的瑰宝。除了美食街外，马嵬驿民俗文化

村的另一道风景是民间传统生产工艺的展示。这些行将消亡的传统制作工艺在马嵬驿里焕发出新时代的文化光芒。

马嵬驿里有七八家传统手工艺生产作坊。榨菜籽油的作坊里，传统的压榨设备是一根近十米的巨大圆木杠杆，木头直径双手难以搂抱，令人叹服。榨油时，一人踩在水车一般的轮动上，牵引杠杆一下一下砸在另一侧的压榨槽里，菜籽油就从这里流淌而出；豆腐坊里，一口口大缸中存放着真正的卤水，卤水点豆腐的奇妙变化过程让游客们惊叹不已，浓郁的豆花香吸引着游客驻足不前；农村手工土织布是一种已经很少见的民间手工艺。马嵬驿里特别设立了土织布作坊，古老的木质织布机在年长村妇灵巧的操作下发出咣当咣当的声音，整个织布过程就是一道现场演艺的风景。

3. 看得见的民俗艺术文化

马嵬驿景区的“前生”是被废弃的李家坡村，村里有很多老窑洞遗存。景区恢复保护了老窑洞遗址 16 口，在窑洞里建设了民俗文化展览馆，主要展示了自唐朝以来马嵬驿的历史典故和关中泥塑工艺品，另外还有一部分主要展示关中农村生产生活中的主要场景和用具，收藏老农具及生活用品等 20000 余件，充满浓郁的农村生活气息。此外，景区还利用雕塑形式，展示了“十二生肖”故事和唐文化传说等，丰富了景区文化内容。

4. 生动鲜活的文化演艺

在马嵬驿的文化广场上，每天都上演多场秦腔、川剧变脸、皮影戏、杂耍等小而精的剧目。简约的小戏台上，三五个老艺人凑在一起吹、拉、弹、唱，各自亮出绝活。川剧变脸艺人则走进游客中间，随时随地为游客奉上精彩的变脸表演，让这一古老而奇妙的艺术与游客零距离。虽然没有大舞台上的华丽，但是这种在游客身边的小戏反而更加亲和，容易让游客产生共鸣。接地气的表演让非物质文化显示出巨大的魅力，成为吸引游客的一大亮点。

马嵬驿通过对传统民俗文化的挖掘，让很多濒临消失的传统文化得以保护和传承。老艺人们通过各种传统小吃制作、传统手工艺作坊、传统剧目表演等，带动年轻人对非物质文化的继承和发扬，也让更多游客对民俗文化有了更加直观的认识。

（三）精细管理，温暖游客

马嵬驿的餐饮店与通常的餐饮店不同，这里每家店铺都把后厨直接置于厅堂之上，整个加工过程均展示在游客面前，也处于游客的监督之下。

1. 统一采购的好食材

马嵬驿里的餐饮店所用食材全部是游客看得见的真材实料，厨师在现场加工制作，汤锅里放的什么肉和菜，配的什么调味品都让游客一目了然。

为了保证小吃经营户所有食材的品质，景区采取由商会统一购买原材料再原价卖给经营户的形式，从源头入手保证食品质量。景区经营户一律不准外带食材进入，也不能外带加工好的食品用以销售，必须使用景区统一供应的原材料现场加工。另外，景区还有自己的养鸡场，饲养的鸡必须在一年后才能出栏，经营户所用的鸡全部来源于这个养鸡场。周边的农村里有景区指定的蔬菜基地，为景区菜店提供绿色无公害蔬菜。这些固定的肉、菜供应基地为景区提供了健康可靠的原材料。

2. 干净整洁的好环境

马嵬驿内虽然都是一间间各自经营的小店铺，但是给人的第一感觉是干净！很多游客甚至感叹这里的小吃店比自家的厨房还要干净、整洁。厅堂、灶台、调料容器、餐具都一尘不染，整整齐齐。更为突出的是，这里所有的服务员和厨房操作人员都戴着明档口罩为客人服务，这一做法除了在高端酒店采用外，在陕西的景区大众餐饮场所可谓独树一帜。

好食材做出来的真味道，加上一流的卫生环境，味道和卫生牢牢抓住了游客的胃和心。

3. 以商治商的好机制。

马嵬驿的经营管理秩序井然，但在这里却没有专门的管理人员。景区采取“以商治商”的形式，从各个经营户中选出一部分人员组成商会，商会有一名会长和16名副会长，所有经营户都是会员。商会的职责主要有两项，一是负责统一采购原材料，再按照原价卖给经营户；二是负责对整个马嵬驿经营户进行管理，监督景区规章制度的落实。每一个经营户既是经营者又是管理者，互相监督，共同维护，实现了高度自治。

（四）带动就业，引领区域发展

马嵬驿按照“公司＋农户＋景区＋文化＋产品”的运营发展模式，把农民作为景区经营的主体，使农民华丽转身为经营的老板，成为最大的受益者，为全省乡村旅游扶贫树立了示范。

1. 景区店铺无偿经营

为了吸引农民从事旅游商业经营，马嵬驿主要采取了商铺无偿出租和经营户技术入股两种形式。

在马嵬驿的小吃经营户全部是景区无偿提供的店铺，经营户只需要交纳自己在使用过程中产生的水、电、卫生费用。除了小吃店是无偿出租外，景区还有一部分食品加工作坊，如榨油坊、豆腐坊、辣子碾坊等都实行技术入股的形式，经营户与景区各占50%股份联合经营，这些作坊主要对景区内的小吃经营户提供原材料和为游客提供商品。

2. 带动周边群众就业

景区带动了周边农村从事无公害蔬果种植和生态养殖，建立起水果种植基地、蔬菜种植基地、传统手工编织生产基地、家禽养殖基地等马嵬驿农副产品生产基地，解决了1600多名农民的就业问题。通过民俗文化展演、民俗餐饮、民俗体验、休闲娱乐等项目，景区解决了当地500人以上的农民就业，直接增加农民人均收入2万多元。景区不但让农民群众得到直接就业，还在科学而严格的管理下为农民树立起旅游服务意识，提高了群众素质，助推了当地经济社会的全面发展。

3. 成为兴平旅游的引爆点

传统的兴平旅游主要由茂陵、杨贵妃墓组成，这条线路是典型的历史文化线路，尽管文化内涵深厚却缺乏活力，游客能够参与体验的项目也很少。马嵬驿景区正好填补了这一空白，游客在这里既能吃到美食、看到好景，又能买到让人爱不释手的土特产品带回家，客流的大量增加成为兴平旅游的引爆点。如杨贵妃墓景区2013年全年接待人数只有26万人次，由于马嵬驿景区的带动，仅今年国庆假期期间，景区接待人数就达到32万人次。

三、马嵬驿的示范经验

马嵬驿由民营企业家刘红独资建设，并由她亲自经营。她独特的经营理念和管理模式成为马嵬驿迅速占领市场的关键。在她的精细化、制度化管理下，马嵬驿经营户不拉客、不抢客、不欺客，让每一位来马嵬驿的游客都游得有尊严、有品质、有享受，“以人为本”在这里得到了全面实践。

（一）以游客满意度为导向，让游客旅游有尊严

刘红说她的管理是“霸道”管理，有很多硬性条件没商量。第一，马嵬驿里的所有经营户必须是谁报项目谁经营，坚决不允许转手经营。店主就是直接经营人，更是第一责任人。第二，马嵬驿的所有经营户必须使用商会统一采购的原材料。统一采购的原材料不仅包括米面油等主材，也包括肉、蛋、奶、蔬菜及各种调料等一切在加工制作过程中能够使用到的原料。统一采购的原材料由商会和驻马嵬驿的兴平市食品药品监督部门工作人员共同对其质量把关。第三，在商户经营过程中如果违反“五项规定”一律强行关门。这五项规定分别是外带食材进入者强制关门，销售隔夜食品者强制关门，和游客吵架者强制关门，卫生不达标者强制关门，使用添加剂者强制关门。五项规定从产品质量和服务质量上保证了马嵬驿的旅游接待服务始终保持在一流水平。

尽管刘红的管理条款对经营户有点“霸道”，但是这些规定却始终围绕着一个

核心——保证游客利益，让游客满意。这些以游客满意度为导向的规章制度营造出“游客至上”的经营氛围，让游客游得有尊严。

（二）以游客休闲体验为导向，让游客旅游有品质

实行开放式经营的马嵬驿景区不收门票，景区停车场也向游客免费开放。不仅如此，景区内所有的演艺节目和展览馆也全部向游客免费开放。游客除了按照自己的意愿选择商品消费外再没有其它收费项目。开放式的经营为游客充分提供了一个自由、舒适、休闲体验的旅游环境。

马嵬驿的小吃经营店是免费使用的，但可谓“千金难求”。景区按照“一店一品”的原则对经营户所报项目进行严格审查，保证每个店铺都是独一无二的经营品种，且在当地具有一定美誉，以此保证了马嵬驿经营项目的高起点、高品质。几乎所有店铺门前都设有供游客品尝的样品，游客不论买与不买尽可以放心品尝，“先尝后买”的形式让游客倍感温馨。

（三）以游客舒适享受为导向，让游客旅游有温暖

马嵬驿严禁经营户以任何理由和游客吵架，在经营户中牢固树立了“不管什么原因，游客永远是对的”理念。凡是与游客吵架者都会被商会处罚，甚至责令其关门整顿。相反，当游客与经营户发生矛盾时，如果经营户能够以游客利益为重处理好矛盾，景区还会给予经营户奖励，谓之“委屈奖”。在严明的奖惩制度下，经营户宁可自己受委屈也不让游客受委屈。

为了提高经营户的服务理念和服务水平，从周一到周五，每天晚上八点钟景区都要准时召开商会会议，会议内容不仅涉及业务知识和技能的学习培训，还要交流当天发生的各种情况和出现的问题，及时予以解决。由经营户组成的商会通过坚持不断的学习，不断提高素质和理念，共同营造了一个让游客舒适享受的旅游环境。

四、马嵬驿下一步的发展思路

马嵬驿的下一个开发重点是温泉项目，利用这里的地热资源建设温泉度假村，进一步解决游客住的问题。此外，景区还将大力开发文化演艺产品，通过演艺活动充实和展示文化内涵，丰富体验内容，延长游客停留时间和旅游产业链。景区当前正在策划“马嵬驿里过大年”活动，在今年春节前将举办马嵬驿里年货大采购活动，你将亲自观赏到农村杀猪、宰羊的场景。同时，春节期间每天还将有一系列民俗文化展演活动，让你真切感受到农村传统过大年的“有滋有味”。

按照兴平市旅游整体规划，不久的将来，马嵬驿、黄山宫、杨贵妃墓三个景区将连成一体，形成一个大唐文化、道教文化、民俗文化交相辉映的大景区，能够全方面满足游客吃、住、行、游、购、娱多方面需求。随着马嵬驿景区的日益兴旺，相信在它的带动下，必将促进整个兴平市旅游的发展进程。

（陕西省旅游局综合法规处）

专题报告·经济运行篇

全省入境旅游抽样调查分析报告

陕西省旅游局综合法规处　许彤

为科学准确地反映 2014 年全省入境旅游业的总体状况，我局按照国家旅游局的统一部署，于 2014 年 4~7 月在西安、咸阳等市的旅游住宿单位和旅行社，组织实施了“入境游客花费情况抽样调查”。现将抽样调查的有关情况、数据及结果分析报告如下：

一、2014 年入境游客抽样调查情况

“入境游客花费情况抽样调查”是纳入《制度》的国家统计调查项目，调查工作在我省的西安市和咸阳市的 11 家四、五星级酒店和 3 家旅行社进行。调查问卷按中、英、日、韩、俄等 6 种语种发放。

入境游客花费抽样调查的对象是到我省的外国人、香港同胞、澳门同胞和台湾同胞，调查内容主要包括游客的主要特征、在陕停留时间、在陕的旅游花费和构成、入境旅游的方式、在陕的行程和流向以及对旅游住宿单位的选择等。

二、2014 年入境游客抽样调查情况

2014 年度入境游客花费抽样调查陕西地区计划从 11 个星级宾馆调查入境过夜游客样本 1290 个，同时，对 3 家旅行社的 45 个入境团队代收代付旅游费用的构成比例进行调查。实际调查游客样本 1191 个，旅行社入境团队样本 45 个，其中有效游客样本 1185 个，有效团队样本 45 个。

三、抽样调查的基本结果

（一）抽样人数构成

本次调查共获得有效样本 1185 个。样本分布如下：

1. 按客源地分

在1185名入境游客中，外国游客1010人，占85.23%；香港同胞73人，占6.16%；澳门同胞21人，占1.77%；台湾同胞81人，占6.84%。

2. 外国人按国别分

在接受调查的1010名外国人中，人数最多的前10个国家：韩国175人，占17.33%；美国122人，占12.08%；日本108人，占10.69%；法国97人，占9.6%；德国67人，占6.63%；英国57人，占5.64%；加拿大49人，占4.85%；澳大利亚41人，占4.06%；瑞典28人，占2.77%；新加坡26人，占2.57%。上述10个国家的游客占全部外国游客样本的76.24%，其他20个国家的游客240人，占外国游客样本的23.76%。

3. 按旅游方式分

在1185名游客中，团队游客739人，占62.36%；散客446人，占37.64%。

4. 按过夜和一日游游客分

在1185名游客中，过夜游客1160人，占97.89%；一日游（不过夜）游客25人，占2.11%。

5. 按性别分

在接受调查的1185个游客样本中，男性游客618人，占52.15%；女性游客567人，占47.85%。

6. 按年龄分

在接受调查的1185个样本中，14岁及以下的游客7人，占0.59%；15~24岁的116人，占9.79%；25~44岁的426人，占35.95%；45~64岁的，472人，占39.83%；65岁及以上的164人，占13.84%。

7. 按职业分

在接受调查的1185个样本中，服务员/推销员47人，占3.97%；技工/工人41人，占3.46%；家庭妇女95人，占8.02%；军人1人，占0.08%；商贸人员144人，占12.15%；退休人员164人，占13.84%；学生83人，占7.0%；政府工作人员58人，占4.89%；职员274人，占23.12%；专业技术人员182人，占15.36%；其他人员96人，占8.1%。

8. 按旅游目的分

在接受调查的1185个样本中，参加会议的56人，占4.73%；购物的5人，占0.42%；观光游览的689人，占58.14%；进行商务活动的121人，占10.21%；探亲访友的37人，占3.21%；文体科技交流的21人，占1.77%；休闲度假的239人，占20.17%；医疗保健的3人，占0.25%；宗教朝拜的4人，占0.34%，其他目的的

10 人，占 0.84%。

（二）入境游客在陕停留时间及花费构成

1. 按过夜时间算

2014 年过夜游客平均过夜天数为 2.6 天，比上年下降 0.04 天，其中团队游客平均过夜 2.43 天，比上年提高 0.07 天，散客平均过夜 2.95 天，比上年下降 0.17 天。

在全部过夜游客中，98.43% 的游客入住宾馆饭店，入住其他设施的为 1.57%，入住其他设施游客的比例较上年有所下降。在这一点上，团队游客与散客没有明显差异。

2. 按外国人、港、澳、台同胞划分

外国游客 2.59 天，香港同胞 2.95 天，澳门同胞 2.37 天，台湾同胞 2.5 天。

3. 按入境游客性别划分

男性游客 2.64 天，女性游客 2.56 天。

4. 按入境游客年龄划分

14 岁及以下游客 2.11 天，15~24 岁游客 2.50 天 ,25~44 岁游客 2.92 天，45~64 岁游客 2.38 天，65 岁及以上游客 2.63 天。

5. 按游客职业划分

服务员 / 推销员 2.54 天，技工 / 工人 4.52 天，家庭妇女 2.63 天，军人 1.0 天，商贸人员 2.64 天，退休人员 2.38 天，学生 2.34 天，政府工作人员 2.56 天，职员 2.58 天，专业技术人员 2.64 天，其他人员 2.4 天。

6. 按游客旅游目的划分

以购物为目的的游客 4.63 天，以观光旅游为目的的游客 2.39 天，以参加会议为目的游客 2.3 天，以商务活动为目的的游客 3.61 天，以探亲访友为目的的游客 2.26 天，以文化交流为目的的游客 2.93 天，以休闲度假为目的的游客 2.67 天，以医疗保健为目的的游客 2.0 天，以宗教朝拜为目的的游客 2.14 天，以其他为目的的游客 9.53 天。

7. 过夜游客不同停留天数人数构成

停留时间在 1~3 天的占 86.75%，4~6 天的占 11.57%，7~9 天的占 0.61%，10 天及以上的仅占 1.07%。

8. 入境游客的花费构成

入境过夜游客的花费总体构成情况是入境过夜游客花费主要用于长途交通费（占 28.27%）、购物费（占 21.67%）、住宿费（占 16.07%）及其他费用（占 14.46%），上述四项占到游客总花费的 80.48%。占比重最小的三项分别是娱乐费（1.2%）、通讯费（1.3%）和市内交通（3.24%）。

团队游客花费构成与散客明显不同。

团队游客购物花费所占比重（32.54%）明显高于散客（8.83%），散客住宿花费（28.03%）和长途交通花费（39.01%）明显高于团队游客（5.95%，19.18%），此外，团队游客承担的其他费用（如旅行社劳务费等，占 23.03%）明显高于散客（4.33%）。

旅行社全部收费即团队游客一次性缴纳的团费，其使用构成反映团队游客团费的使用构成。旅行社团费收入中代收费占到 89.76%，旅行社劳务费占 10.24%；代收费中各项费用占比重由高到低依次是：长途交通费占 47.32%，旅游门票费 18.25%，住宿费 16.08%，市内交通费 8.52%，餐饮费 8.33%，文化娱乐、保险及其他费用共 1.33%。

（三）入境游客来陕西旅游的次数

2014 年入境游客来陕西次数的总体情况：以第 1 次来陕为主，占入境过夜游客的 81.09%，第 2~3 次来陕西旅游的占 15.39%，4 次及以上的占 3.52%。

其中按游客性别分，77.85% 的男性游客、84.77% 的女性游客第 1 次来陕西；按游客年龄分，14 岁及以下游客中的 88.89%、15~24 岁游客中的 88.24%、24~44 岁游客中的 72.94%、45~64 岁游客中的 84.17%、65 岁及以上游客中的 85.67% 第 1 次来陕西；按游客中的外国人、港澳台同胞分，外国人游客中的 83.93%、香港同胞游客中的 63.11%、澳门同胞游客中的 50.0%、台湾同胞游客中的 69.67% 均为第 1 次来陕西；按游客职业分，服务员 / 推销员中的 71.01%、技工 / 工人中的 83.58%、家庭妇女中的 84.87%、商贸人员中的 76.0%、退休人员中的 86.74%，学生中的 96.91%、政府工作人员中的 88.73%、职员中的 74.89%，专业技术人员中的 86.70%、其他人员中的 88.29% 均为第 1 次来陕西旅游；按游客旅游目的划分，以购物为目的的游客中的 75.0%、以观光旅游为目的的游客中的 87.8%、以参加会议为目的游客中的 55.56%，以商务活动为目的的游客中的 51.11%、以探亲访友为目的的游客中的 70.18%、以文化交流为目的的游客 72.41%、以休闲度假为目的的游客中的 79.45%、以宗教朝拜为目的的游客中的 14.29%、以其他为目的的游客中的 66.67 为第 1 次来陕西。

（四）入境游客的流向

1. 入境游客的来源和去向

本次调查显示，游客来源前 10 位的依次是北京、上海、韩国、香港、台湾、日本、法国、美国、成都、晋中；去向前 10 位的分别是北京、上海、韩国、香港、桂林、日本、成都、法国、杭州、台湾。

2. 入境游客的流向排名

前 80% 游客的流量表明，流量最大的前 10 位：1. 北京来去上海 13.0%；2. 北京来回北京 10.09%；3. 上海来去北京 9.07%；4. 韩国来回韩国 6.68%；5. 上海来回上海 3.67%；6. 香港来回香港 3.36%；7. 北京来去桂林 3.16%；8. 北京来去四川 2.29%；9. 日本来回日本 2.24%；10. 北京来去杭州 1.33%。

全省国内旅游抽样调查分析报告

陕西省旅游局综合法规处　许彤

2014 年 1 月至 12 月，我们在全省 11 个地市按季度对国内旅游情况进行抽样调查，并据此对陕西省国内旅游人数的构成、出游花费等主要经济指标进行测算。现将 2014 年度我省国内旅游抽样调查的调查情况、数据及分析结果报告如下。

一、我省国内旅游抽样调查的主要对象及抽样范围

国内旅游抽样调查对象是我国大陆居民中，离开惯常居住地到其他地方从事游览、度假、参观、探亲、访友等活动（也包括外出治病、疗养、考察、参加会议和从事经济、科技、文化、教育、体育、宗教等活动），旅行距离超过 10 公里、在外停留 6 小时以上来我省出游的人。调查对象不包括以下人员：1. 在外连续停留半年以上的人员；2. 外出以谋求职业并以谋取报酬为目的的人员；3. 到各地巡视工作的部级以上领导；4. 常驻外地办事处的工作人员。调查采取在旅游住宿设施调查过夜旅游者情况为主、以在景点调查旅游者情况为补充的方式进行。根据 2013 年全省各市接待国内游客人数的一定比例来确定各市抽样调查问卷的发放数，然后采用分类、分层、多阶段和随机等距的抽样方法，调查准备离店或离开景点的国内客人。调查内容包括：1. 我省国内游客来源；2. 国内游客的年龄性别职业构成；3. 来我省旅游的目的；4. 国内游客的出游方式；5. 国内游客在我省和各市的停留时间；6. 国内游客旅游人均花费及构成；7. 国内游客旅游人均天花费及构成。经过各地市统计和旅游部门工作人员辛勤工作，本次调查全省 11 个地市按计划现场调查和问卷审核、资料汇总上报等工作。

二、全省国内旅游抽样调查基本情况

本年度抽样调查共回收问卷 28357 份，其中有效问卷 27949 份，通过对有效问卷进行审核、编码、数据录入、数据处理和数据评估，测算出全省本年度国内旅游总人数和国内旅游收入。同时，对各市区的国内旅游人数和旅游收入也进行了测算。

（一）测算原则

以抽样调查的原始数据为基础，充分利用最新经济普查和陕西统计年鉴相关资料，参考 2014 年同期有关统计数据，在对调查数据进行认真评估的基础上，按照国家旅游局和国家统计局国内旅游统计制度的要求和测算方法进行测算。

（二）测算结果

据测算 2014 年度，全省国内旅游总人数 32952.8 万人次，比 2013 年同期增长 17.01%；国内旅游收入 2435.5 亿元，比 2013 年同期增长 19.91%。

1. 国内旅游人数测算情况

（1）星级宾馆住宿人数：94388（床位数）*66.84%（入住率）*365 天 =2302.77（万人天）。

2302.77（万人天）/2.76 天（平均停留天数）=809.47（万人次）。

（2）非星级宾馆住宿人数：501381（床位数）*61.65%（入住率）*365 天 =11281.65（万人天）。

11281.65（万人天）/2.76 天（平均停留天数）=4179.82（万人次）。

（3）居民家住宿人数：4288.83（万人天）/2.76 天（平均停留天数）=1486.91（万人次）。

（4）一日游人数：6540.71+19935.84=26476.60（万人次）。

（5）全省国内旅游总人数：809.47+4179.82+1486.91+26476.60=32952.80（万人次）。

2. 国内旅游收入测算情况

（1）过夜游客旅游收入：据调查，全省过夜游客人数为 6476.20 万人次，平均停留天数为 2.76 天。其中住旅馆业住宿共 4989.29 万人次，住居民家庭 1486.91 万人次，过夜游客人均每天花费 679.14 元。

6476.20（万人次）*2.76 天 *679.14 元 =1213.92（亿元）。

（2）一日游旅游收入：据测算，全省一日游人数为 26476.60 万人次，人均花费 461.38 元，收入为 1221.58 亿。

（3）国内旅游收入：1213.92+1221.58=2435.50（亿元）。

三、费用构成

（一）过夜旅客费用构成

1. 费用构成——基本情况

从费用构成看，过夜旅客购物费占比重最大，平均为 20.93%；其次为住宿，平均为 18.73%；再次为餐饮，平均为 16.74%。这三项占到总收入的 56.40%。

		费用	飞机	火车	汽车	轮船	住宿	餐饮	旅游	娱乐	购物	市内	通讯	其他
数量	全省	679.14	47.3	22.98	15.67	0.31	127.22	113.69	86.4	36.18	142.12	9.79	4.4	73.09
	西安	807.66	89.47	36.35	7.93	0.03	155.38	120.01	109.67	39.35	161.26	14.4	4.26	69.55
	铜川	514.83	32.1	11.24	30.15	0.74	91.52	101.53	46.92	30.84	97.84	8.82	4.96	58.17
	宝鸡	512.71	20.93	15.81	11.8	0.1	84.91	88.54	65.87	32.71	112.81	5.37	2.13	71.74
	咸阳	633.05	46.77	29.49	18.78	0	102.96	101.51	78.07	27.56	131.9	9.82	16	70.2
	渭南	579.04	27.59	10.96	16.23	1.16	94.23	81.23	99.95	13.63	187.7	3.74	0.61	42.01
	延安	637.68	32.47	20.93	16.81	0.07	149.78	112.87	60.71	46.13	116.76	8.93	1.43	70.79
	汉中	504.45	8.53	9.07	14.15	0	101.22	107.06	64.49	22.88	93.3	9.65	5.32	68.77
	榆林	616.93	35.56	17.59	22.6	0.03	117.32	115.12	46.7	41.24	103.28	9.83	1.62	106.06
	安康	614.13	13.01	16.75	17.02	1.17	122.95	131.13	65.19	50.05	115.2	7.52	2.74	71.41
	商洛	668.56	13.26	2.44	34.9	0.31	114.61	136.19	77.37	54.93	109.78	4.37	4.33	116.08
	杨凌	546.56	23.57	35.41	13.93	0	117.19	120.85	54.19	33.3	93.54	5.48	2.2	46.89
构成 %	全省		6.96	3.38	2.31	0.05	18.73	16.74	12.72	5.33	20.93	1.44	0.65	10.76
	西安		11.08	4.5	0.98	0	19.24	14.86	13.58	4.87	19.97	1.78	0.53	8.61
	铜川		6.24	2.18	5.86	0.14	17.78	19.72	9.11	5.99	19	1.71	0.96	11.3
	宝鸡		4.08	3.08	2.3	0.02	16.56	17.27	12.85	6.38	22	1.05	0.41	13.99
	咸阳		7.39	4.66	2.97	0	16.26	16.04	12.33	4.35	20.84	1.55	2.53	11.09
	渭南		4.76	1.89	2.8	0.2	16.27	14.03	17.26	2.35	32.42	0.65	0.11	7.25
	延安		5.09	3.28	2.64	0.01	23.49	17.7	9.52	7.23	18.31	1.4	0.22	11.1
	汉中		1.69	1.8	2.81	0	20.07	21.22	12.78	4.54	18.5	1.91	1.06	13.63
	榆林		5.76	2.85	3.66	0	19.02	18.66	7.57	6.68	16.74	1.59	0.26	17.19
	安康		2.12	2.73	2.77	0.19	20.02	21.35	10.61	8.15	18.76	1.22	0.45	11.63
	商洛		1.98	0.36	5.22	0.05	17.14	20.37	11.57	8.22	16.42	0.65	0.65	17.36
	杨凌		4.31	6.48	2.55	0	21.44	22.11	9.91	6.09	17.12	1	0.4	8.58

2. 费用构成——旅游方式

在旅游方式中，旅行社组织方式人均花费最多775.04元，其中咸阳1194.36元最为明显。

	费用	旅行社组织	自驾车	其他
全省	679.14	775.04	638.23	692.31
西安	807.66	931.97	688.30	845.60
铜川	514.83	503.76	503.70	531.65
宝鸡	512.71	528.31	544.95	449.12
咸阳	633.05	1194.36	542.87	605.29
渭南	579.04	559.50	707.45	441.85
延安	637.68	596.60	604.39	719.07
汉中	504.45	574.13	500.67	503.52
榆林	616.93	697.72	589.47	632.81
安康	614.13	585.69	610.51	624.95
商洛	668.56	632.00	726.97	572.51
杨凌	546.56	636.82	468.24	580.28

3. 费用构成——性别

从数据看，全省女性的旅游人均费用大于男性，其中以西安男性818.75元为首，其次为西安女性796.05元。

	费用	男	女
全省	679.14	665.15	697.67
西安	807.66	818.75	796.05
铜川	514.83	486.91	551.94
宝鸡	512.71	482.76	552.02
咸阳	633.05	639.90	623.33
渭南	579.04	498.41	664.50
延安	637.68	653.39	609.88
汉中	504.45	497.14	518.66
榆林	616.93	610.54	627.03
安康	614.13	640.47	571.76
商洛	668.56	679.42	647.55
杨凌	546.56	555.42	536.58

4. 费用构成——年龄

从数据可以看出，45~64 岁以上旅客旅游人均消费最大，其次为 15~24 岁；其中延安 14 岁以下 919.63 元最为突出。

	费用	65 岁以上	45-64 岁	25-44 岁	15-24 岁	14 岁以下
全省	679.14	601.58	711.94	667.96	675.91	662.26
西安	807.66	761.29	824.88	808.88	767.58	832.12
铜川	514.83	547.08	529.98	517.65	424.28	336.05
宝鸡	512.71	478.97	540.48	513.75	386.54	416.88
咸阳	633.05	698.89	625.31	622.41	750.91	679.36
渭南	579.04	442.18	758.34	513.68	643.71	377.52
延安	637.68	505.51	611.21	662.57	611.13	919.63
汉中	504.45	577.31	468.13	522.54	479.41	370.07
榆林	616.93	464.09	583.51	639.54	619.86	825.68
安康	614.13	472.34	615.65	622.27	590.03	372.46
商洛	668.56	614.80	852.72	593.60	550.12	849.08
杨凌	546.56	698.58	537.43	561.93	476.14	0.00

5. 费用构成——职业

从消费看出，企业管理人员的人均消费最大，其次为服务销售人员；以商洛军人 1289.64 元为首；其次是渭南农民 1077.11 元。

	费用	公务员	企业管理	专业文教科技	服务销售	工人	军人	农民	离退休人员	学生	其他
全省	679.14	523.87	737.93	701.17	719.84	657.91	701.66	641.21	693.2	649.53	663.18
西安	807.66	727.33	903.68	837.96	808.18	714.82	748.47	652.84	852.24	717.06	825.29
铜川	514.83	603.84	491.13	621.68	461.97	518.22	602.24	415.61	564	372.95	540.12
宝鸡	512.71	535.32	556.79	517.71	611.53	488.29	557.48	481.31	447.84	414.66	411.36
咸阳	633.05	719.03	673.98	558.85	706.09	618.83	659.5	524.7	670.58	685.41	524.69
渭南	579.04	244.06	611.95	663.7	750.41	598.75	628.7	1077.11	571.5	603.73	663.87
延安	637.68	584.53	710.39	629.92	607.58	565.57	497.48	392.94	612.4	577.34	769.03
汉中	504.45	453.9	522.55	453.71	525.66	450.11	426.8	484.72	544.48	515.44	521.5
榆林	616.93	588.75	648.82	698.16	657.33	650.01	498.03	508.45	482.62	480.99	625.1
安康	614.13	532.25	677.35	654.75	649.15	599.73	698.07	504.96	564.55	444.39	612.72
商洛	668.56	585.24	756.29	617.46	648.8	900.11	1289.64	646.61	579.9	518.44	510.08
杨凌	546.56	569.7	524.95	640.3	565.1	461.09	502.77	634.18	611.81	565.31	510.58

6. 费用构成——旅游目的

出游人均消费以商务为首，其次是观光游览；以杨凌的商务消费 1106.37 元为首，其次杨凌的会议 1070.45 元。

	费用	休闲度假	观光游览	探亲访友	商务	会议	宗教朝拜	文体科技	其他
全省	679.14	675.47	711.2	567.99	797.54	588.09	499.77	685.05	651.41
西安	807.66	826.62	791.24	654.92	964.39	1045.96	380.06	827.12	887.91
铜川	514.83	548.33	508.94	450.75	560.29	398.84	282.75	520.79	544.91
宝鸡	512.71	489.92	550.74	489.11	539.77	590.03	686.15	478.8	378.54
咸阳	633.05	579.4	729.35	465.65	756.03	769.94	400.76	617.03	534.48
渭南	579.04	555.85	688.64	464.57	796.25	239.14	395.85	608.9	516.39
延安	637.68	542.79	681.34	622.71	943.01	817.95	703.08	586.96	738.06
汉中	504.45	493.96	508.03	444.85	570.46	509.82	778.73	551.72	502.25
榆林	616.93	705.92	658.91	489.16	664.88	555.87	585.6	546.72	645.42
安康	614.13	609.39	551.25	575.25	834.87	664.17	569.31	766.18	699.6
商洛	668.56	603.32	807.48	703.75	576.16	561.79	515.77	586.11	498
杨凌	546.56	469.35	568.88	622.98	1106.37	1070.45	0	468.62	401.84

7. 费用构成——居民身份

城镇居民的人均消费和非城镇居民人均消费基本持平，西安居民和非城镇居民消费最高。

	费用	城镇居民	非城镇居民
全省	679.14	695.86	627.03
西安	807.66	809.07	802.81
铜川	514.83	479.67	599.51
宝鸡	512.71	526.77	462.96
咸阳	633.05	653.52	516.32
渭南	579.04	624.19	481.65
延安	637.68	656.51	569.82
汉中	504.45	505.47	501.61
榆林	616.93	633.8	579.17
安康	614.13	612.49	620.47
商洛	668.56	699.52	576.8
杨凌	546.56	540.13	558.27

（二）一日游费用构成

1. 一日游费用构成——基本情况

从费用构成看，一日游旅客旅游人均消费最大，占总费用的 25.65%，其中延安的购物消费占比最高为 35.54%。

		费用	飞机	火车	汽车	轮船	餐饮	旅游	娱乐	购物	市内	通讯	其他
数量	全省	461.38	2.85	3.09	10.63	0.26	100.74	118.36	26.64	102.39	7.37	2.05	87.03
	西安	503.64	6.31	4.47	14.95	0	106.36	110.55	59.83	111.31	12.73	5.35	71.77
	铜川	334.19	0	0	2.57	0.42	97.99	59.47	10.16	80.3	4.4	0.65	78.23
	宝鸡	455.51	2.49	3.3	9.41	0	90.55	107.51	34.86	139.76	4.16	2.15	61.32
	咸阳	440.26	0	0	9.58	0	113.89	91.59	8	114.38	2.68	3.62	96.51
	渭南	357.26	3.96	3.64	7.12	0	64.23	120.63	1.7	66.03	2.26	0.18	87.52
	延安	557.8	0	6.51	15.1	0	110.75	84.6	10.15	198.22	5.67	0.63	126.17
	汉中	363.35	0	4.25	10.52	0	83.56	108.48	12.94	88.02	16.91	2.17	36.5
	榆林	351.1	1.56	1.45	7.61	0	86.37	113.91	26.74	48.54	11.57	0.16	53.18
	安康	532.99	0	1.25	10.43	5.62	143.47	97.41	35.86	111.61	11.74	1.5	114.1
	商洛	494.2	0	0	17.79	0	105.97	93.21	70.24	124.49	4.68	5.44	72.37
	杨凌	384.87	0	15.86	6.46	0	108.07	84.97	12.92	129.13	1.62	0	25.85
构成(%)	全省		0.62	0.67	2.3	0.05	21.83	25.65	5.77	22.19	1.6	0.44	18.86
	西安		1.25	0.89	2.97	0	21.12	21.95	11.88	22.1	2.53	1.06	14.25
	铜川		0	0	0.77	0.13	29.32	17.8	3.04	24.03	1.32	0.2	23.41
	宝鸡		0.55	0.72	2.06	0	19.88	23.6	7.65	30.68	0.91	0.47	13.46
	咸阳		0	0	2.17	0	25.87	20.81	1.82	25.98	0.61	0.82	21.92
	渭南		1.11	1.02	1.99	0	17.98	33.77	0.48	18.48	0.63	0.05	24.5
	延安		0	1.17	2.71	0	19.86	15.17	1.82	35.54	1.02	0.11	22.62
	汉中		0	1.17	2.9	0	23	29.85	3.56	24.23	4.65	0.6	10.05
	榆林		0.44	0.41	2.17	0	24.6	32.44	7.62	13.83	3.29	0.04	15.15
	安康		0	0.23	1.96	1.05	26.92	18.28	6.73	20.94	2.2	0.28	21.41
	商洛		0	0	3.6	0	21.44	18.86	14.21	25.19	0.95	1.1	14.64
	杨凌		0	4.12	1.68	0	28.08	22.08	3.36	33.55	0.42	0	6.71

2. 费用构成——旅游方式

一日游旅客参加其他的人均消费 513.37 元最大；咸阳的旅行社组织以 972.62 元为首，榆林以 935.66 元次之。

	费用	旅行社组织	自驾车	其他
全省	461.38	391.68	454.56	513.37
西安	503.64	642.84	448.94	605.67
铜川	334.19	178.6	402.55	312.12
宝鸡	455.51	334.83	477.89	422.46
咸阳	440.26	972.62	451.1	312.08
渭南	357.26	347.6	333.68	422.08
延安	557.8	823.53	616.61	360.23
汉中	363.35	623.77	366.41	345.78
榆林	351.1	935.66	346.29	366.11
安康	532.99	893.67	546.73	469.27
商洛	494.2	521.94	473.17	682.63
杨凌	384.87	303.68	415.48	336.65

3. 费用构成——性别

从收入可以看出，一日游旅客中男性人均消费低于女性；男性以安康 628.77 元最高，女性以宝鸡 517.15 元最高。

	费用	男	女
全省	461.38	454.97	470.28
西安	503.64	548.76	460
铜川	334.19	326.13	347.41
宝鸡	455.51	409.4	517.15
咸阳	440.26	446	432.98
渭南	357.26	329.72	397.38
延安	557.8	572.69	504.1
汉中	363.35	358.54	369.46
榆林	351.1	348	355.82
安康	532.99	628.77	430.28
商洛	494.2	499.31	486.8
杨凌	384.87	468.99	304.26

4. 费用构成——年龄

从收入看出，一日游旅客中 65 岁以上人群人均消费为首，其次是 14 岁以下人群；咸阳 14 岁以下 992.47 元为最，而西安 65 岁以上为 822.78 元次之。

	费用	65 岁以上	45-64 岁	25-44 岁	15-24 岁	14 岁以下
全省	461.38	596.27	461.07	447.05	507.22	529.74
西安	503.64	822.78	406.4	561.71	444.15	174.3
铜川	334.19	328.8	200.05	403.62	214.02	0
宝鸡	455.51	534.18	422.46	494.9	367.74	0
咸阳	440.26	467.99	551.62	422.14	334.25	992.47
渭南	357.26	259.59	387.5	310.11	543.27	536.04
延安	557.8	0	572.12	599.64	417.25	0
汉中	363.35	135.35	424.15	336.95	375.92	0
榆林	351.1	788.58	427.1	333.12	304.81	0
安康	532.99	468.24	610.21	524.91	475.58	0
商洛	494.2	655.62	456.48	467.63	697.57	0
杨凌	384.87	0	643.7	278.22	226.24	0

5. 费用构成——职业

从全省来看，军人为一日游的最大人均消费人群；以杨凌的其他人员消费 2505.37 元为首，而商洛的军人以 810.97 元次之。

	费用	公务员	企业管理	专业文教科技	服务销售	工人	军人	农民	离退休人	学生	其他
全省	461.38	337.06	463.51	435.84	449.73	402.7	628.78	506.17	558.37	477.93	563.88
西安	503.64	649.24	484.86	618.76	554.91	401	669.67	484.97	493.85	440.19	450.81
铜川	334.19	251.87	323.23	193.7	352.65	195.86	163.01	144.32	273.53	201.73	634.93
宝鸡	455.51	712.24	406.69	767.99	571.51	315.25	0	342.34	268.79	324.66	410.54
咸阳	440.26	497.26	398.99	495.38	405.2	615.56	356.53	649.38	429.05	318.19	378.99
渭南	357.26	197.13	278.73	166.04	398.08	410.94	770.92	587.99	575.82	512.22	530.99
延安	557.8	565	686.48	635.63	554.9	505.63	0	236.1	471.4	420.32	556.39
汉中	363.35	413.89	339.49	506.07	301.34	311.59	470.77	251.39	442.77	290.38	465.32
榆林	351.1	321.14	466.82	239.43	231.92	358.77	423.73	510.16	543.44	254.39	481.26
安康	532.99	363.89	588.94	565.45	590.98	515.23	0	542.4	504.49	433.55	583.01
商洛	494.2	594.87	526.83	580.63	384.36	439.71	810.97	595.98	524.99	590.6	326.67
杨凌	384.87	375.05	630.14	232.82	303.68	151.84	0	260.3	0	226.24	2505.37

6. 费用构成——旅游目的

从全省看，商务最大人均消费 783.45 元；而以渭南商务消费 2375.42 元为首，西安的会议消费 1586.12 元。

	费用	休闲度假	观光游览	探亲访友	商务	会议	宗教朝拜	文体科技	其他
全省	461.38	448.49	419.56	575.19	783.45	548.69	298.98	707.82	640.76
西安	503.64	451.65	389.98	984.14	763.87	1586.12	532.35	517.62	687.57
铜川	334.19	385.69	264.62	278.29	282.05	0	155.5	186.02	627.05
宝鸡	455.51	464.58	408.48	713.53	445.68	1038.68	263.4	765.65	529.94
咸阳	440.26	468.98	413.62	394.91	786.85	423.39	0	229.03	428.29
渭南	357.26	326.07	298.24	608.37	2375.42	153.02	300.18	798.01	1125.68
延安	557.8	319.46	607.33	507.24	680.37	408.82	302.62	595.82	450.26
汉中	363.35	361.13	343.26	375.31	570.51	470.77	323.65	297.76	418.19
榆林	351.1	425.7	348.51	239	464.29	604.88	306.33	619.05	462.87
安康	532.99	414.08	579.4	489.64	645.72	0	826.78	626.1	1072.4
商洛	494.2	420.9	568.2	617.8	0	1141.63	1083.73	449.75	411.21
杨凌	384.87	404.91	367.61	265.72	253.07	0	0	574.82	0

7. 消费构成——居民身份

全省城镇和非城镇居民消费水平相当；杨凌的非城镇居民人均消费最高为 623.05 元，而城镇居民则以延安 580.18 元为首。

	费用	城镇居民	非城镇居民
全省	461.38	458.58	470.14
西安	503.64	488.16	545.45
铜川	334.19	353.83	205.07
宝鸡	455.51	453.94	460.79
咸阳	440.26	443.24	414.58
渭南	357.26	356.53	359.39
延安	557.8	580.18	434.39
汉中	363.35	376.23	327.21
榆林	351.1	336.12	395.16
安康	532.99	557.89	477.93
商洛	494.2	538.92	434.9
杨凌	384.87	303.21	623.05

四、停留时间及构成

（一）一日游——基本情况

铜川一日游人数最多，为其总人数的 74.03%，汉中为 56.80%。

	总计	一日游人数	%
全省	31626	16202	51.23
西安	6347	3312	52.18
铜川	1236	915	74.03
宝鸡	2892	1355	46.84
咸阳	1932	968	50.09
渭南	5755	2742	47.65
延安	2160	761	35.23
汉中	2890	1642	56.8
榆林	3514	1465	41.69
安康	2470	1242	50.3
商洛	2210	771	34.89
杨凌	215	63	29.38

（二）停留时间——住宿设施

全省住宿星级饭店宾馆最多，平均住宿天数达到了 1 .41 天，西安的 1.70 天为最高。

	停留天数	旅馆招待所	星级饭店宾馆	亲友家	农家乐	其他
全省	2.76	0.74	1.41	0.27	0.19	0.15
西安	3.57	1.14	1.7	0.35	0.22	0.16
铜川	2.28	0.56	1.21	0.28	0.11	0.12
宝鸡	2.19	0.6	1	0.16	0.21	0.22
咸阳	2.52	0.63	1.36	0.25	0.23	0.05
渭南	2.58	0.55	1.55	0.18	0.05	0.25
延安	2.2	0.49	1.35	0.13	0.15	0.08
汉中	2.34	0.6	1.16	0.15	0.33	0.1
榆林	2.46	0.49	0.98	0.59	0.23	0.17
安康	2.46	0.62	1.32	0.3	0.12	0.1
商洛	2.16	0.63	1.17	0.12	0.12	0.12
杨凌	2.89	0.87	1.56	0.3	0.09	0.07

（三）停留时间——基本情况

全省住宿时间 1~2 天达到了 69.58 %；宝鸡 1 天住宿最多为 54.24%，延安 2 日达到 33.99%。

		合计	住宿天数							
			1	2	3	4	5	6	7	>=8
数量	全省	61273	24912	17720	9167	3992	2544	1032	785	942
	西安	14126	2107	4036	3574	2062	1211	436	281	399
	铜川	1451	598	432	196	90	52	36	37	10
	宝鸡	5780	3135	1535	591	207	135	41	66	43
	咸阳	4811	1933	1421	774	271	272	79	44	15
	渭南	8621	4479	2144	953	374	183	162	113	163
	延安	5460	2571	1856	529	202	138	68	48	48
	汉中	6040	2896	1852	796	247	132	56	33	28
	榆林	5182	2660	1269	696	171	188	52	50	89
	安康	5119	2345	1649	582	192	136	38	76	100
	商洛	4170	2053	1406	399	98	67	51	21	39
	杨凌	491	136	121	76	50	27	14	16	16
构成（%）	全省		40.66	28.92	14.96	6.52	4.15	1.68	1.28	1.54
	西安		14.92	28.57	25.3	14.6	8.57	3.09	1.99	2.82
	铜川		41.21	29.77	13.51	6.2	3.58	2.48	2.55	0.69
	宝鸡		54.24	26.56	10.22	3.58	2.34	0.71	1.14	0.74
	咸阳		40.18	29.54	16.09	5.63	5.65	1.64	0.91	0.31
	渭南		51.95	24.87	11.05	4.34	2.12	1.88	1.31	1.89
	延安		47.09	33.99	9.69	3.7	2.53	1.25	0.88	0.88
	汉中		47.95	30.66	13.18	4.09	2.19	0.93	0.55	0.46
	榆林		51.33	24.49	13.43	3.3	3.63	1	0.96	1.72
	安康		45.81	32.21	11.37	3.75	2.66	0.74	1.48	1.95
	商洛		49.23	33.72	9.57	2.35	1.61	1.22	0.5	0.94
	杨凌		27.7	24.64	15.48	10.18	5.5	2.85	3.26	3.26

1. 停留时间及构成——旅游方式

西安的旅行社组织停留时间最长，为 4.38 天，而且榆林的旅行社组织停留时间为 3.83 天次之。

	停留天数	旅行社组织	自驾车	其他
全省	2.76	3.28	2.37	3.15
西安	3.57	4.38	3.24	3.61
铜川	2.28	3.25	2.03	2.49
宝鸡	2.19	3.15	1.92	2.52
咸阳	2.52	3.25	1.97	3.04
渭南	2.58	2.67	2.29	2.97
延安	2.2	2.46	2.1	2.18
汉中	2.34	2.28	2.11	2.9
榆林	2.46	3.83	2.18	2.67
安康	2.46	3.22	2.16	2.97
商洛	2.16	2.09	1.99	2.56
杨凌	2.89	1.86	3.08	3.06

2. 停留时间及构成——性别

停留时间西安最长，男性为 3.52 天最长，女性为 3.62 天。

	停留天数	男	女
全省	2.76	2.72	2.82
西安	3.57	3.52	3.62
铜川	2.28	2.24	2.34
宝鸡	2.19	2.25	2.11
咸阳	2.52	2.41	2.7
渭南	2.58	2.85	2.35
延安	2.2	2.15	2.3
汉中	2.34	2.35	2.32
榆林	2.46	2.36	2.63
安康	2.46	2.4	2.57
商洛	2.16	2.11	2.26
杨凌	2.89	3.05	2.73

3. 停留时间及构成——年龄

全省 65 岁以上停留时间 3.01 天最长；榆林 14 岁以下停留时间 10.17 天为最长，杨凌 15~24 岁为 4.15 天次之。

	停留天数	65 岁以上	45-64 岁	25-44 岁	15-24 岁	14 岁以下
全省	2.76	3.01	2.77	2.74	2.8	2.58
西安	3.57	3.91	3.76	3.54	3.32	2.7
铜川	2.28	2.2	2.27	2.3	2.4	1.44
宝鸡	2.19	2.31	2.15	2.19	2.38	2.37
咸阳	2.52	2.18	2.62	2.51	2.33	1.86
渭南	2.58	2.85	2.3	2.77	2.17	2.39
延安	2.2	2.3	2.3	2.11	2.37	2.03
汉中	2.34	2.34	2.46	2.26	2.6	2.06
榆林	2.46	3.42	2.33	2.47	2.26	10.17
安康	2.46	2.58	2.62	2.31	3.2	1.43
商洛	2.16	2.48	2.13	2.19	1.94	1.64
杨凌	2.89	3.04	3.12	2.62	4.15	0

4. 停留时间及构成——职业

全省公务员停留时间达到 2.94 天；工人在杨凌停留时间为 4.81 天，公务员在渭南停留时间为 3.96 天。

	停留天数	公务员	企业管理	专业文教科技	服务销售	工人	军人	农民	离退休人	学生	其他
全省	2.76	2.94	2.79	2.76	2.69	2.65	2.89	2.61	2.89	2.7	2.76
西安	3.57	3.65	3.54	3.6	3.51	3.4	3.8	3.74	3.85	3.44	3.59
铜川	2.28	2.2	2.68	2.64	2.52	2.41	1.8	1.83	2.17	2.06	1.99
宝鸡	2.19	2.08	2.39	2.18	2	2.05	2.36	1.92	2.33	1.84	2.41
咸阳	2.52	3.13	2.72	2.62	2.65	2.52	2.53	2.9	2.49	1.77	1.94
渭南	2.58	3.96	2.74	2.23	2.17	2.65	2.41	1.94	2.46	2.07	2.14
延安	2.2	2.51	2.14	2.03	2.1	2.15	2.65	2.17	1.86	2.44	2.71
汉中	2.34	2.36	2.33	2.59	2.37	1.98	2.88	2.25	2.41	1.84	2.36
榆林	2.46	2	2.39	2.64	2.62	2.18	2.94	2.22	2.74	2.05	2.76
安康	2.46	2.71	2.47	2.46	2.17	2.23	2.27	2.83	2.36	2.45	2.6
商洛	2.16	1.85	2.14	2.01	2.22	2.17	2.14	2.18	2.9	1.76	2.41
杨凌	2.89	2.74	3.12	2.73	2.67	4.81	3.08	1.64	3.08	2.57	2.84

5. 停留时间及构成——旅游目的

全省会议停留时间达 3.16 天，在渭南停留时间最长达 4.86 天；其次宗教朝拜在西安停留时间为 4.56 天。

	停留天数	休闲度假	观光游览	探亲访友	商务	会议	宗教朝拜	文体科技	其他
全省	2.76	2.85	2.67	2.94	2.67	3.16	2.47	2.57	2.65
西安	3.57	3.61	3.73	3.46	3.18	2.74	4.56	3.69	3.29
铜川	2.28	2.62	2.41	2.37	2.46	1.8	2.97	1.5	1.62
宝鸡	2.19	2.22	2.2	2.4	1.99	1.98	1.55	1.94	2.56
咸阳	2.52	2.34	2.62	2.6	3.04	2.82	2.75	2.01	2.41
渭南	2.58	2.75	2.29	2.68	2.56	4.86	1.99	2.11	2.33
延安	2.2	2.7	2.01	1.8	1.58	2.12	2.36	2.66	2.01
汉中	2.34	2.34	2.15	2.81	2.57	2.14	1.31	2.38	2.5
榆林	2.46	2.15	2.52	2.89	2.68	2.1	1.46	2.5	2.31
安康	2.46	2.32	2.25	3.3	2.48	2.31	3.49	2.51	2.59
商洛	2.16	2.03	2.12	2.32	2.36	2.02	2.86	1.93	2.54
杨凌	2.89	3.33	2.94	2.81	1.68	0.72	0	2.98	3.47

6. 停留时间及构成——居民身份

城镇居民在西安停留最长，为3.55天，而非城镇居民在西安停留最长，为3.65天。

	停留天数	城镇居民	非城镇居民
全省	2.76	2.74	2.84
西安	3.57	3.55	3.65
铜川	2.28	2.31	2.21
宝鸡	2.19	2.19	2.19
咸阳	2.52	2.58	2.24
渭南	2.58	2.52	2.73
延安	2.2	2.14	2.45
汉中	2.34	2.33	2.37
榆林	2.46	2.38	2.67
安康	2.46	2.41	2.66
商洛	2.16	2.12	2.29
杨凌	2.89	2.7	3.32

五、旅客来源

（一）旅客来源及构成——基本情况

旅客来源主要还是省内游客，达到 47.46%，商洛达到 63.47%；去汉中的四川游客最多达到 35.34%，其次是商洛的河南游客为 28.10%。

	总计	省内游客		第一				第二				第三			
		人数	%	代码	名称	人数	%	代码	名称	人数	%	代码	名称	人数	%
全省	27307	12961	47.46	51	四川	1625	11.33	41	河南	1300	9.06	14	山西	1299	9.05
西安	7091	2226	31.39	51	四川	406	8.35	41	河南	380	7.81	14	山西	364	7.48
铜川	886	537	60.61	41	河南	45	12.89	51	四川	36	10.31	62	甘肃	35	10.03
宝鸡	2568	1445	56.27	62	甘肃	248	22.08	41	河南	136	12.11	51	四川	116	10.33
咸阳	2443	1018	41.67	62	甘肃	177	12.42	41	河南	122	8.56	51	四川	115	8.07
渭南	2968	1561	52.59	41	河南	173	12.3	51	四川	157	11.16	14	山西	157	11.16
延安	2350	1171	49.83	14	山西	161	13.66	62	甘肃	148	12.55	51	四川	140	11.87
汉中	2325	1111	47.78	51	四川	429	35.34	62	甘肃	110	9.06	41	河南	77	6.34
榆林	2587	1496	57.83	14	山西	263	24.11	15	内蒙	189	17.32	64	宁夏	95	8.71
安康	1984	1160	58.47	51	四川	119	14.44	42	湖北	109	13.23	50	重庆	64	7.77
商洛	1744	1107	63.47	41	河南	179	28.1	42	湖北	82	12.87	62	甘肃	46	7.22
杨凌	271	128	47.23	41	河南	21	14.68	62	甘肃	17	11.89	51	四川	15	10.49

（二）旅客来源及构成——全省情况

来源省份	人数	%
四川	1625	11.35
河南	1300	9.08
山西	1299	9.07
甘肃	1244	8.69
湖北	754	5.27
山东	752	5.25
河北	611	4.27
江苏	579	4.04
广东	554	3.87
湖南	550	3.84
浙江	483	3.37
北京	458	3.2
宁夏	409	2.86
内蒙	398	2.78
安徽	331	2.31
江西	296	2.07
云南	287	2
上海	277	1.94
重庆	277	1.94
辽宁	269	1.88
福建	265	1.85
吉林	197	1.38
青海	196	1.37
广西	177	1.24
黑龙江	152	1.06
贵州	135	0.94
天津	131	0.92
新疆	124	0.87
海南	124	0.87
西藏	29	0.2
台湾	20	0.14
香港	3	0.02
澳门	1	0.01

六、旅游景点

（一）A 表旅客浏览景点情况

从构成看，全省未浏览景的人数为 37.46%，浏览 2 个景点以内的游客为 36.11%；榆林有 60.45% 的游客没有浏览景点，而汉中有 28.83% 的游客参观了 1 个景点。

表 A

		总计	浏览景点数量						
			0	1	2	3	4	5	>=6
数量	全省	16886	6326	2760	3339	1782	1008	653	1018
	西安	4299	1170	252	566	570	523	414	804
	铜川	557	326	54	91	44	10	16	16
	宝鸡	1581	709	261	344	175	45	28	19
	咸阳	1485	601	166	368	137	108	44	61
	渭南	1986	691	432	495	238	87	25	18
	延安	1637	554	422	210	175	130	83	63
	汉中	1377	455	397	362	122	21	9	11
	榆林	1325	801	211	162	111	17	8	15
	安康	1407	587	286	332	142	44	13	3
	商洛	1047	356	244	371	55	16	3	2
	杨凌	174	74	33	39	15	6	7	0
构成（%）	全省		37.46	16.34	19.77	10.55	5.97	3.87	6.04
	西安		27.22	5.86	13.17	13.26	12.17	9.63	18.69
	铜川		58.53	9.69	16.34	7.9	1.8	2.87	2.87
	宝鸡		44.85	16.51	21.76	11.07	2.85	1.77	1.19
	咸阳		40.47	11.18	24.78	9.23	7.27	2.96	4.11
	渭南		34.79	21.75	24.92	11.98	4.38	1.26	0.92
	延安		33.84	25.78	12.83	10.69	7.94	5.07	3.85
	汉中		33.04	28.83	26.29	8.86	1.53	0.65	0.8
	榆林		60.45	15.92	12.23	8.38	1.28	0.6	1.14
	安康		41.72	20.33	23.6	10.09	3.13	0.92	0.21
	商洛		34	23.3	35.43	5.25	1.53	0.29	0.2
	杨凌		42.53	18.97	22.41	8.62	3.45	4.02	0

（二）B 表旅客浏览景点情况

全省有 71.86% 的旅客浏览了其他景点，而且可以看出兵马俑、大雁塔、华清池等比较受欢迎。

表 B

	样本量			景点一			景点二		
	总计	景点人数	%	名称	人数	%	名称	人数	%
全省	11061	7948	71.86	兵马俑	1123	10.15	大雁塔	888	11.17
西安	2793	2358	84.43	兵马俑	1067	38.2	大雁塔	862	36.56
铜川	336	262	77.98	药王山景区	105	31.25	玉华宫景区	80	30.53
宝鸡	998	719	72.04	法门寺文化景区	280	28.06	太白山国家森林公园	183	25.45
咸阳	969	720	74.3	昭陵博物馆	298	30.75	乾陵管理处	245	34.03
渭南	996	420	42.17	司马迁祠墓	104	10.44	党家村	95	22.62
延安	1079	987	91.47	延安枣园革命旧址	577	53.48	宝塔山景区	462	46.81
汉中	963	730	75.8	古汉台景区	225	23.36	石门栈道风景区	176	24.11
榆林	1271	841	66.17	红石峡生态公园	482	37.92	佳县白云山景区	212	25.21
安康	841	617	73.37	瀛湖风景区	185	22	南宫山国家森林公园	139	22.53
商洛	704	218	30.97	金丝峡景区	61	8.66	丹江漂流景区	61	27.98
杨凌	109	76	69.72	杨凌农林博览园	47	43.12	现代农业示范园区	31	40.79

七、游客构成

（一）AB 表综合情况

1. 游客构成（AB 表）——性别

从全省看，男性比例高于女比例；延安的男性游客平均为 66.24%，而渭南的女性游客平均为 50.13%。

	总计	男		女	
		数量	%	数量	%
全省	27949	16116	57.66	11833	42.34
西安	7094	3688	51.99	3406	48.01
铜川	895	521	58.21	374	41.79
宝鸡	2580	1424	55.19	1156	44.81
咸阳	2455	1480	60.29	975	39.71
渭南	2984	1488	49.87	1496	50.13
延安	2716	1799	66.24	917	33.76
汉中	2341	1524	65.1	817	34.9
榆林	2598	1559	60.01	1039	39.99
安康	2248	1372	61.03	876	38.97
商洛	1751	1116	63.74	635	36.26
杨凌	285	143	50.18	142	49.82

2. 游客构成（AB 表）——旅游方式

全省中自驾车的游客比例最高，占总的 45.71%，宝鸡以 59.69% 为最；延安旅游社组织游客为 21.58%，杨凌其他为 54.73%。

	合计	旅行社组织		自驾车		其他	
		数量	%	数量	%	数量	%
全省	27949	3143	11.25	12775	45.71	12031	43.04
西安	7094	976	13.76	2252	31.75	3866	54.49
铜川	895	71	7.93	478	53.41	346	38.66
宝鸡	2580	223	8.64	1540	59.69	817	31.67
咸阳	2455	273	11.12	966	39.35	1216	49.53
渭南	2984	431	14.44	1464	49.06	1089	36.5
延安	2716	586	21.58	1156	42.56	974	35.86
汉中	2341	108	4.61	1361	58.14	872	37.25
榆林	2598	113	4.35	1215	46.77	1270	48.88
安康	2248	131	5.83	1242	55.25	875	38.92
商洛	1751	191	10.91	1011	57.74	549	31.35
杨凌	285	41	14.39	88	30.88	156	54.73

3. 游客构成（AB 表）——年龄

从全省看，25~44 岁游客占总的 59.34%，汉中为首，达到 63.05%，安康 63.03% 次之。

		总计	65 岁以上	45–64 岁	25–44 岁	15–24 岁	14 岁以下
数量	全省	27949	697	7468	16586	3028	170
	西安	7094	168	1753	4094	1029	50
	铜川	895	35	233	563	52	12
	宝鸡	2580	55	790	1568	163	4
	咸阳	2455	49	713	1465	219	9
	渭南	2984	110	815	1659	341	59
	延安	2716	68	817	1521	294	16
	汉中	2341	49	611	1476	201	4
	榆林	2598	78	608	1602	300	10
	安康	2248	46	552	1417	227	6
	商洛	1751	35	500	1041	172	3
	杨凌	285	3	76	174	28	4
构成（%）	全省		2.49	26.72	59.34	10.83	0.62
	西安		2.37	24.71	57.71	14.51	0.7
	铜川		3.91	26.03	62.91	5.81	1.34
	宝鸡		2.13	30.62	60.78	6.32	0.15
	咸阳		2	29.04	59.67	8.92	0.37
	渭南		3.69	27.31	55.6	11.43	1.97
	延安		2.5	30.08	56	10.82	0.6
	汉中		2.09	26.1	63.05	8.59	0.17
	榆林		3	23.4	61.66	11.55	0.39
	安康		2.05	24.56	63.03	10.1	0.26
	商洛		2	28.56	59.45	9.82	0.17
	杨凌		1.05	26.67	61.05	9.82	1.41

4. 游客构成（AB 表）——职业

全省企业管理游客比例最高 20.86%，延安达到 29.71%；铜川的其他游客有 26.49%。

		总计	公务员	企业管理	专业文教科技	服务销售	工人	军人	农民	离退休人	学生	其他
数量	全省	27949	2074	5831	2885	4473	2709	450	1503	1771	1823	4430
	西安	7094	360	1480	784	1124	617	121	338	485	742	1043
	铜川	895	65	126	42	127	109	7	75	71	36	237
	宝鸡	2580	192	545	332	363	295	42	247	129	84	351
	咸阳	2455	149	403	321	538	299	27	99	180	61	378
	渭南	2984	282	586	236	355	451	81	181	166	259	387
	延安	2716	179	807	274	499	219	26	92	215	165	240
	汉中	2341	176	464	187	381	158	37	101	149	94	594
	榆林	2598	216	488	264	396	241	31	184	163	130	485
	安康	2248	252	506	254	363	137	26	72	140	117	381
	商洛	1751	185	368	161	287	166	44	96	62	111	271
	杨凌	285	18	57	35	42	17	2	15	9	24	66
构成（%）	全省		7.42	20.86	10.32	16	9.69	1.61	5.38	6.34	6.52	15.86
	西安		5.07	20.86	11.05	15.84	8.7	1.71	4.76	6.84	10.46	14.71
	铜川		7.26	14.08	4.69	14.19	12.18	0.78	8.38	7.93	4.02	26.49
	宝鸡		7.44	21.12	12.87	14.07	11.43	1.63	9.57	5	3.26	13.61
	咸阳		6.07	16.42	13.08	21.91	12.18	1.1	4.03	7.33	2.48	15.4
	渭南		9.45	19.64	7.91	11.9	15.11	2.71	6.07	5.56	8.68	12.97
	延安		6.59	29.71	10.09	18.37	8.06	0.96	3.39	7.92	6.08	8.83
	汉中		7.52	19.82	7.99	16.28	6.75	1.58	4.31	6.36	4.02	25.37
	榆林		8.31	18.78	10.16	15.24	9.28	1.19	7.08	6.27	5	18.69
	安康		11.21	22.51	11.3	16.15	6.09	1.16	3.2	6.23	5.2	16.95
	商洛		10.57	21.02	9.19	16.39	9.48	2.51	5.48	3.54	6.34	15.48
	杨凌		6.32	20	12.28	14.74	5.96	0.7	5.26	3.16	8.42	23.16

5. 游客构成（AB 表）——旅游目的

全省观光浏览的游客到达了 31.54%，延安为 40.54% 为首，渭南以 35.15% 次之。

		总计	休闲度假	观光游览	探亲访友	商务	会议	宗教朝拜	文体科技	其他
数量	全省	27949	7727	8814	3543	2747	586	347	1999	2186
	西安	7094	2400	2171	793	634	226	38	380	452
	铜川	895	195	217	137	98	10	14	75	149
	宝鸡	2580	595	798	374	373	44	64	203	129
	咸阳	2455	554	698	376	323	32	12	289	171
	渭南	2984	964	1049	253	143	63	41	245	226
	延安	2716	710	1101	312	255	47	11	125	155
	汉中	2341	639	795	268	292	23	12	150	162
	榆林	2598	481	625	505	237	59	130	227	334
	安康	2248	622	667	350	220	38	18	176	157
	商洛	1751	512	614	135	142	33	5	88	222
	杨凌	285	52	81	39	27	6	0	42	38
构成%	全省		27.65	31.54	12.68	9.83	2.1	1.24	7.15	7.81
	西安		33.83	30.6	11.18	8.94	3.19	0.54	5.36	6.36
	铜川		21.79	24.25	15.31	10.95	1.12	1.56	8.38	16.64
	宝鸡		23.06	30.93	14.5	14.46	1.71	2.48	7.87	4.99
	咸阳		22.57	28.43	15.32	13.16	1.3	0.49	11.77	6.96
	渭南		32.31	35.15	8.48	4.79	2.11	1.37	8.21	7.58
	延安		26.14	40.54	11.49	9.39	1.73	0.41	4.6	5.7
	汉中		27.3	33.96	11.45	12.47	0.98	0.51	6.41	6.92
	榆林		18.51	24.06	19.44	9.12	2.27	5	8.74	12.86
	安康		27.67	29.67	15.57	9.79	1.69	0.8	7.83	6.98
	商洛		29.24	35.07	7.71	8.11	1.88	0.29	5.03	12.67
	杨凌		18.25	28.42	13.68	9.47	2.11	0	14.74	13.33

6. 游客构成（AB 表）——居民身份

城镇居民旅游全省为 75.23%，咸阳为首，是 83.58% 以上；非城镇居民杨凌为首，为 34.39%。

	总计	城镇居民		非城镇居民	
		数量	%	数量	%
全省	27949	21027	75.23	6922	24.77
西安	7094	5511	77.69	1583	22.31
铜川	895	635	70.95	260	29.05
宝鸡	2580	1911	74.07	669	25.93
咸阳	2455	2052	83.58	403	16.42
渭南	2984	1968	65.95	1016	34.05
延安	2716	2207	81.26	509	18.74
汉中	2341	1713	73.17	628	26.83
榆林	2598	1814	69.82	784	30.18
安康	2248	1765	78.51	483	21.49
商洛	1751	1262	72.07	489	27.93
杨凌	285	187	65.61	98	34.39

（二）A 表情况

1. 游客构成（A 表）——性别

全省游客 59.55% 为男性，榆林最多为 67.52%；而女性游客中，杨凌最多，为 52.27%。

	总计	男		女	
		数量	%	数量	%
全省	16888	10056	59.55	6832	40.45
西安	4301	2291	53.27	2010	46.73
铜川	559	330	59.03	229	40.97
宝鸡	1582	863	54.55	719	45.45
咸阳	1486	981	66.02	505	33.98
渭南	1988	1030	51.81	958	48.19
延安	1637	1087	66.4	550	33.6
汉中	1378	919	66.69	459	33.31
榆林	1327	896	67.52	431	32.48
安康	1407	882	62.69	525	37.31
商洛	1047	694	66.28	353	33.72
杨凌	176	84	47.73	92	52.27

2. 游客构成（A 表）——旅游方式

全省其他方式的游客最多为 49.38%，杨凌最多为 72.73%；而延安旅行社组织游客为 15.88%；宝鸡则是自驾车最多为 57.77%。

	合计	旅行社组织		自驾车		其他	
		数量	%	数量	%	数量	%
全省	16888	1490	8.82	7060	41.8	8338	49.38
西安	4301	517	12.02	1270	29.53	2514	58.45
铜川	559	48	8.59	226	40.43	285	50.98
宝鸡	1582	96	6.07	914	57.77	572	36.16
咸阳	1486	88	5.92	500	33.65	898	60.43
渭南	1988	236	11.87	914	45.98	838	42.15
延安	1637	260	15.88	728	44.47	649	39.65
汉中	1378	51	3.7	758	55.01	569	41.29
榆林	1327	53	3.99	531	40.02	743	55.99
安康	1407	62	4.41	653	46.41	692	49.18
商洛	1047	60	5.73	539	51.48	448	42.79
杨凌	176	21	11.93	27	15.34	128	72.73

3. 游客构成（A 表）——年龄

全省 25–44 岁游客达到了 60.40%，杨凌为首达到 65.34%，汉中以 64.22% 次之。

		总计	65 岁以上	45–64 岁	25–44 岁	15–24 岁	14 岁以下
数量	全省	16888	373	4460	10201	1717	137
	西安	4301	73	1052	2584	549	43
	铜川	559	26	164	332	25	12
	宝鸡	1582	30	497	968	86	1
	咸阳	1486	26	434	886	134	6
	渭南	1988	72	525	1137	209	45
	延安	1637	42	452	977	154	12
	汉中	1378	25	340	885	123	5
	榆林	1327	37	300	828	151	11
	安康	1407	19	358	871	155	4
	商洛	1047	20	300	615	109	3
	杨凌	176	2	37	115	19	3
构成（%）	全省		2.21	26.41	60.4	10.17	0.81
	西安		1.7	24.46	60.08	12.76	1
	铜川		4.65	29.34	59.39	4.47	2.15
	宝鸡		1.9	31.42	61.19	5.44	0.05
	咸阳		1.75	29.21	59.62	9.02	0.4
	渭南		3.62	26.41	57.19	10.51	2.27
	延安		2.57	27.61	59.68	9.41	0.73
	汉中		1.81	24.67	64.22	8.93	0.37
	榆林		2.79	22.61	62.4	11.38	0.82
	安康		1.35	25.44	61.9	11.02	0.29
	商洛		1.91	28.65	58.74	10.41	0.29
	杨凌		1.14	21.02	65.34	10.8	1.7

4. 游客构成（A表）——职业

全省22.86%的游客为企业管理，延安最多为29.69%；其他以杨凌最多为28.96%。

		总计	公务员	企业管理	专业文教科技	服务销售	工人	军人	农民	离退休人	学生	其他
数量	全省	16888	1232	3460	1700	2824	1567	255	927	1065	935	2923
	西安	4301	209	888	459	744	387	59	174	297	384	700
	铜川	559	41	71	22	91	77	2	55	52	17	131
	宝鸡	1582	107	305	216	238	154	20	190	75	45	232
	咸阳	1486	84	222	139	330	162	18	55	110	30	336
	渭南	1988	166	425	164	265	290	49	121	104	146	258
	延安	1637	116	486	168	292	130	17	61	147	73	147
	汉中	1378	103	255	129	249	67	20	59	81	43	372
	榆林	1327	118	271	134	205	89	15	103	75	50	267
	安康	1407	152	305	164	236	84	20	45	86	67	248
	商洛	1047	128	201	89	146	117	30	57	31	65	183
	杨凌	176	7	31	18	29	8	2	7	6	17	51
构成（%）	全省		7.3	20.49	10.07	16.72	9.28	1.51	5.49	6.31	5.54	17.29
	西安		4.86	20.65	10.67	17.3	9	1.37	4.05	6.91	8.93	16.26
	铜川		7.33	12.7	3.94	16.28	13.77	0.36	9.84	9.3	3.04	23.44
	宝鸡		6.76	19.28	13.65	15.04	9.73	1.26	12.01	4.74	2.84	14.69
	咸阳		5.65	14.94	9.35	22.21	10.9	1.21	3.7	7.4	2.02	22.62
	渭南		8.35	21.38	8.25	13.33	14.59	2.46	6.09	5.23	7.34	12.98
	延安		7.09	0	10.26	17.84	7.94	1.04	3.73	8.98	4.46	8.97
	汉中		7.47	18.51	9.36	18.07	4.86	1.45	4.28	5.88	3.12	27
	榆林		8.89	20.42	10.1	15.45	6.71	1.13	7.76	5.65	3.77	20.12
	安康		10.8	21.68	11.66	16.77	5.97	1.42	3.2	6.11	4.76	17.63
	商洛		12.23	19.2	8.5	13.94	11.17	2.87	5.44	2.96	6.21	17.48
	杨凌		3.98	17.61	10.23	16.48	4.55	1.14	3.98	3.41	9.66	28.96

5. 游客构成（A 表）——旅游目的

从构成看，全省 A 表的观光浏览占总的 27.13%，其中以延安为首，为 35.80%；渭南休闲度假为 33.80%

		总计	休闲度假	观光游览	探亲访友	商务	会议	宗教朝拜	文体科技	其他
数量	全省	16888	4042	4582	2267	2233	323	96	1742	1603
	西安	4301	1295	1285	414	498	125	23	320	341
	铜川	559	78	105	108	89	8	2	67	102
	宝鸡	1582	288	404	244	306	30	23	187	100
	咸阳	1486	277	284	251	245	16	8	265	140
	渭南	1988	672	584	191	129	33	23	192	164
	延安	1637	352	586	238	217	31	3	91	119
	汉中	1378	296	404	170	235	12	3	143	115
	榆林	1327	259	243	248	173	14	3	207	180
	安康	1407	286	314	281	205	27	3	167	124
	商洛	1047	207	334	99	115	21	3	78	190
	杨凌	176	29	39	22	19	5	0	27	35
构成（%）	全省		23.93	27.13	13.42	13.22	1.91	0.57	10.32	9.5
	西安		30.11	29.88	9.63	11.58	2.91	0.53	7.44	7.92
	铜川		13.95	18.78	19.32	15.92	1.43	0.36	11.99	18.25
	宝鸡		18.2	25.54	15.42	19.34	1.9	1.45	11.82	6.33
	咸阳		18.64	19.11	16.89	16.49	1.08	0.54	17.83	9.42
	渭南		33.8	29.38	9.61	6.49	1.66	1.16	9.66	8.24
	延安		21.5	35.8	14.54	13.26	1.89	0.18	5.56	7.27
	汉中		21.48	29.32	12.34	17.05	0.87	0.22	10.38	8.34
	榆林		19.52	18.31	18.69	13.04	1.06	0.23	15.6	13.55
	安康		20.33	22.32	19.97	14.57	1.92	0.21	11.87	8.81
	商洛		19.77	31.9	9.46	10.98	2.01	0.29	7.45	18.14
	杨凌		16.48	22.16	12.5	10.8	2.84	0	15.34	19.88

6. 游客构成（A 表）——居民身份

从构成看，全省的城镇居民最多，占总的 74.17%，而延安则以 82.10% 为首。

	总计	城镇居民		非城镇居民	
		数量	%	数量	%
全省	16888	12525	74.17	4363	25.83
西安	4301	3341	77.68	960	22.32
铜川	559	361	64.58	198	35.42
宝鸡	1582	1112	70.29	470	29.71
咸阳	1486	1211	81.49	275	18.51
渭南	1988	1272	63.98	716	36.02
延安	1637	1344	82.1	293	17.9
汉中	1378	1023	74.24	355	25.76
榆林	1327	862	64.96	465	35.04
安康	1407	1092	77.61	315	22.39
商洛	1047	801	76.5	246	23.5
杨凌	176	106	60.23	70	39.77

7. 游客构成（A 表）——宾馆星级

从构成看，全省 A 表的其他占总的 42.52%；渭南 3 星以 66.00% 为首。

		总计	5 星	4 星	3 星	2 星	1 星	农家乐	其他
数量	全省	16888	397	1695	4648	1293	69	1604	7182
	西安	4301	269	577	815	34	10	509	2087
	铜川	559	2	20	156	61	9	7	304
	宝鸡	1582	1	18	446	291	5	187	634
	咸阳	1486	0	136	455	44	0	226	625
	渭南	1988	9	102	1312	270	12	16	267
	延安	1637	81	300	257	17	1	75	906
	汉中	1378	0	111	266	153	1	320	527
	榆林	1327	29	162	250	39	4	204	639
	安康	1407	3	107	269	287	11	7	723
	商洛	1047	2	128	351	98	14	20	434
	杨凌	176	0	34	71	0	0	30	41
构成（%）	全省		2.35	10.04	27.52	7.66	0.41	9.5	42.52
	西安		6.25	13.42	18.95	0.79	0.23	11.83	48.53
	铜川		0.36	3.58	27.91	10.91	1.61	1.25	54.38
	宝鸡		0.06	1.14	28.19	18.39	0.32	11.82	40.08
	咸阳		0	9.15	30.62	2.96	0	15.21	42.06
	渭南		0.45	5.13	66	13.58	0.6	0.8	13.44
	延安		4.95	18.33	15.7	1.04	0.06	4.58	55.34
	汉中		0	8.06	19.3	11.1	0.07	23.22	38.25
	榆林		2.19	12.21	18.84	2.94	0.3	15.37	48.15
	安康		0.21	7.6	19.12	20.4	0.78	0.5	51.39
	商洛		0.19	12.23	33.52	9.36	1.34	1.91	41.45
	杨凌		0	19.32	40.34	0	0	17.05	23.29

（三）B 表情况

1. 游客构成（B 表）——性别

从构成看，全省男性旅游大于女性，其中延安的男性为 65.99%，而渭南的女性为 54.02%。

	总计	男		女	
		数量	%	数量	%
全省	11061	6060	54.79	5001	45.21
西安	2793	1397	50.02	1396	49.98
铜川	336	191	56.85	145	43.15
宝鸡	998	561	56.21	437	43.79
咸阳	969	499	51.5	470	48.5
渭南	996	458	45.98	538	54.02
延安	1079	712	65.99	367	34.01
汉中	963	605	62.82	358	37.18
榆林	1271	663	52.16	608	47.84
安康	841	490	58.26	351	41.74
商洛	704	422	59.94	282	40.06
杨凌	109	59	54.13	50	45.87

2. 游客构成（B 表）——旅游方式

从构成看，自驾车游客最多，占总的 51.67%，其中铜川最多，有 75.00%；旅行社组织延安有 30.21%；其他方式西安有 48.41%。

	合计	旅行社组织		自驾车		其他	
		数量	%	数量	%	数量	%
全省	11061	1653	14.94	5715	51.67	3693	33.39
西安	2793	459	16.43	982	35.16	1352	48.41
铜川	336	23	6.85	252	75	61	18.15
宝鸡	998	127	12.73	626	62.73	245	24.54
咸阳	969	185	19.09	466	48.09	318	32.82
渭南	996	195	19.58	550	55.22	251	25.2
延安	1079	326	30.21	428	39.67	325	30.12
汉中	963	57	5.92	603	62.62	303	31.46
榆林	1271	60	4.72	684	53.82	527	41.46
安康	841	69	8.2	589	70.04	183	21.76
商洛	704	131	18.61	472	67.05	101	14.34
杨凌	109	20	18.35	61	55.96	28	25.69

3. 游客构成（B 表）——年龄

从构成看，全省 25~44 岁游客最多，占总的 57.73%，其中以铜川为首，为 68.75%，其次是安康，为 64.92%。

		总计	65 岁以上	45-64 岁	25-44 岁	15-24 岁	14 岁以下
数量	全省	11061	324	3008	6385	1311	33
	西安	2793	95	701	1510	480	7
	铜川	336	9	69	231	27	0
	宝鸡	998	25	293	600	77	3
	咸阳	969	23	279	579	85	3
	渭南	996	38	290	522	132	14
	延安	1079	26	365	544	140	4
	汉中	963	24	271	591	78	0
	榆林	1271	41	308	774	149	0
	安康	841	27	194	546	72	2
	商洛	704	15	200	426	63	0
	杨凌	109	1	39	59	9	1
构成（%）	全省		2.93	27.19	57.73	11.85	0.3
	西安		3.4	25.1	54.06	17.19	0.25
	铜川		2.68	20.54	68.75	8.04	0
	宝鸡		2.51	29.36	60.12	7.72	0.29
	咸阳		2.37	28.79	59.75	8.77	0.32
	渭南		3.82	29.12	52.41	13.25	1.4
	延安		2.41	33.83	50.42	12.97	0.37
	汉中		2.49	28.14	61.37	8.1	0
	榆林		3.23	24.23	60.9	11.72	0
	安康		3.21	23.07	64.92	8.56	0.24
	商洛		2.13	28.41	60.51	8.95	0
	杨凌		0.92	35.78	54.13	8.26	0.91

4. 游客构成（B 表）——职业

从构成看，全省企业管理最多，占总的 21.44%；铜川的其他以 31.57% 为首，其次是延安的企业管理为 29.75%。

		总计	公务员	企业管理	专业文教科技	服务销售	工人	军人	农民	离退休人	学生	其他
数量	全省	11061	842	2371	1185	1649	1142	195	576	706	888	1507
	西安	2793	151	592	325	380	230	62	164	188	358	343
	铜川	336	24	55	20	36	32	5	20	19	19	106
	宝鸡	998	85	240	116	125	141	22	57	54	39	119
	咸阳	969	65	181	182	208	137	9	44	70	31	42
	渭南	996	116	161	72	90	161	32	60	62	113	129
	延安	1079	63	321	106	207	89	9	31	68	92	93
	汉中	963	73	209	58	132	91	17	42	68	51	222
	榆林	1271	98	217	130	191	152	16	81	88	80	218
	安康	841	100	201	90	127	53	6	27	54	50	133
	商洛	704	57	167	72	141	49	14	39	31	46	88
	杨凌	109	11	26	17	13	9	0	8	3	7	15
构成（%）	全省		7.61	21.44	10.71	14.91	10.32	1.76	5.21	6.38	8.03	13.63
	西安		5.41	21.2	11.64	13.61	8.23	2.22	5.87	6.73	12.82	12.27
	铜川		7.14	16.37	5.95	10.71	9.52	1.49	5.95	5.65	5.65	31.57
	宝鸡		8.52	24.05	11.62	12.53	14.13	2.2	5.71	5.41	3.91	11.92
	咸阳		6.71	18.68	18.78	21.47	14.14	0.93	4.54	7.22	3.2	4.33
	渭南		11.65	16.16	7.23	9.04	16.16	3.21	6.02	6.22	11.35	12.96
	延安		5.84	29.75	9.82	19.18	8.25	0.83	2.87	6.3	8.53	8.63
	汉中		7.58	21.7	6.02	13.71	9.45	1.77	4.36	7.06	5.3	23.05
	榆林		7.71	17.07	10.23	15.03	11.96	1.26	6.37	6.92	6.29	17.16
	安康		11.89	23.9	10.7	15.1	6.3	0.71	3.21	6.42	5.95	15.82
	商洛		8.1	23.72	10.23	20.03	6.96	1.99	5.54	4.4	6.53	12.5
	杨凌		10.09	23.85	15.6	11.93	8.26	0	7.34	2.75	6.42	13.76

5. 游客构成（B 表）——旅游目的

从构成看，全省观光旅游人数最多，占总数的 38.26%，以延安为首，为 47.73%，其次为渭南，为 46.69%。

		总计	休闲度假	观光游览	探亲访友	商务	会议	宗教朝拜	文体科技	其他
数量	全省	11061	3685	4232	1276	514	263	251	257	583
	西安	2793	1105	886	379	136	101	15	60	111
	铜川	336	117	112	29	9	2	12	8	47
	宝鸡	998	307	394	130	67	14	41	16	29
	咸阳	969	277	414	125	78	16	4	24	31
	渭南	996	292	465	62	14	30	18	53	62
	延安	1079	358	515	74	38	16	8	34	36
	汉中	963	343	391	98	57	11	9	7	47
	榆林	1271	222	382	257	64	45	127	20	154
	安康	841	336	353	69	15	11	15	9	33
	商洛	704	305	280	36	27	12	2	10	32
	杨凌	109	23	42	17	8	1	0	15	3
构成（%）	全省		33.32	38.26	11.54	4.65	2.38	2.27	2.32	5.26
	西安		39.56	31.72	13.57	4.87	3.62	0.54	2.15	3.97
	铜川		34.82	33.33	8.63	2.68	0.6	3.57	2.38	13.99
	宝鸡		30.76	39.48	13.03	6.71	1.4	4.11	1.6	2.91
	咸阳		28.59	42.72	12.9	8.05	1.65	0.41	2.48	3.2
	渭南		29.32	46.69	6.22	1.41	3.01	1.81	5.32	6.22
	延安		33.18	47.73	6.86	3.52	1.48	0.74	3.15	3.34
	汉中		35.62	40.6	10.18	5.92	1.14	0.93	0.73	4.88
	榆林		17.47	30.06	20.22	5.04	3.54	9.99	1.57	12.11
	安康		39.95	41.97	8.2	1.78	1.31	1.78	1.07	3.94
	商洛		43.32	39.77	5.11	3.84	1.7	0.28	1.42	4.56
	杨凌		21.1	38.53	15.6	7.34	0.92	0	13.76	2.75

6. 游客构成（B 表）——居民身份

从构成看，全省游客城镇居民占总的 76.86%，其中以咸阳为首，为 86.79%，其次是铜川，为 81.55%。

	总计	城镇居民		非城镇居民	
		数量	%	数量	%
全省	11061	8502	76.86	2559	23.14
西安	2793	2170	77.69	623	22.31
铜川	336	274	81.55	62	18.45
宝鸡	998	799	80.06	199	19.94
咸阳	969	841	86.79	128	13.21
渭南	996	696	69.88	300	30.12
延安	1079	863	79.98	216	20.02
汉中	963	690	71.65	273	28.35
榆林	1271	952	74.9	319	25.1
安康	841	673	80.02	168	19.98
商洛	704	461	65.48	243	34.52
杨凌	109	81	74.31	28	25.69

7. 游客构成（B 表）——景点星级

从构成看，全省 3A 景点人数最多，占总分的 40.86%，以榆林为首，为 76.55%。

		总计	5A	4A	3A	2A	1A	其他
数量	全省	11061	874	3458	4520	1117	60	1032
	西安	2793	433	805	735	416	1	403
	铜川	336	5	108	123	92	0	8
	宝鸡	998	28	345	429	141	1	54
	咸阳	969	0	388	313	164	0	104
	渭南	996	232	246	398	91	0	29
	延安	1079	161	424	475	1	2	16
	汉中	963	1	229	411	110	51	161
	榆林	1271	4	228	973	57	0	9
	安康	841	1	312	388	46	0	94
	商洛	704	8	329	213	1	5	148
	杨凌	109	0	44	65	0	0	0
构成（%）	全省		7.9	31.26	40.86	10.1	0.54	9.34
	西安		15.5	28.82	26.32	14.89	0.04	14.43
	铜川		1.49	32.14	36.61	27.38	0	2.38
	宝鸡		2.81	34.57	42.99	14.13	0.1	5.4
	咸阳		0	40.04	32.3	16.92	0	10.74
	渭南		23.29	24.7	39.96	9.14	0	2.91
	延安		14.92	39.3	44.02	0.09	0.19	1.48
	汉中		0.1	23.78	42.68	11.42	5.3	16.72
	榆林		0.31	17.94	76.55	4.48	0	0.72
	安康		0.12	37.1	46.14	5.47	0	11.17
	商洛		1.14	46.73	30.26	0.14	0.71	21.02
	杨凌		0	40.37	59.63	0	0	0

陕西省乡村旅游发展模式研究

兼论陕西乡村旅游转型升级发展路径

陕西省旅游局综合法规处 朱耀勋

乡村旅游发展模式，一般是指在特定的时期内，一个地区乡村旅游产业发展的总体方式，它包括产业发育和演进两层内容。其中乡村旅游的发育是指乡村旅游产业的形成方式，也就是在一定的经济条件下，乡村旅游是以何种方式形成和发展的；乡村旅游演进是指在旅游产业发展到一定时期，以什么样的方式促进产业转型升级，向精品化方向发展。在乡村旅游快速发展的今天，成功的发展模式对于一个区域的乡村旅游发展具有科学性、战略性和示范性的指导作用。

下面，我就结合我省乡村旅游发展实践，谈谈乡村旅游发展的模式，并对袁家村、沙·沙河、青木川、马嵬驿四个乡村旅游热点进行重点剖析，并指出我省乡村旅游的转型升级之路。

一、我省乡村旅游发展的模式

我省乡村旅游发展的模式主要有以下几种。

（一）乡村农家乐型

它是指地处城镇周边的乡村，利用离城市近、交通便利的条件，以乡村生态景观、乡村文化和农民的生产生活为基础，以家庭为具体接待单位，开展旅游活动的发展模式。这种发展模式的特点是投资少、风险小、经营活、见效快。发展这种模式必须注意：一是要克服同质化，防止产品简单重复；二是挖掘文化内涵，提升产品的品位；三是加强对农民的培训，提升从业人员的素质。这种发展模式的典型有长安区上王村、户县东韩村、岐山县西岐民俗村等。

（二）依托景区发展型

这种模式是指把附近旅游景区的部分服务功能分离出来，吸引周边农民参与旅游接待和服务，农民还可以为游客提供旅游商品和农副产品，从而促进农民增收致富和周边农村发展的模式。这种发展模式必须具备的条件：一是必须临近重点景区；二是游客量较大；三是周围农民具备旅游意识和服务意识。发展这种模式应注意：

要加强配套基础设施建设，形成一定的服务功能；培养农民的旅游意识和服务意识，加强对从业农民的组织和引导。这种发展模式的典型有长安区祥峪沟村、临潼区秦俑村、柞水县东甘沟村。

（三）旅游名镇建设型

该模式是指在旅游资源丰富的乡镇，把旅游开发与城镇建设有机地结合起来，建设旅游小城镇，带动乡村旅游发展的模式。发展这种模式应该具备的条件：一是居住条件、基础设施具有一定基础；二是具有独特的旅游资源，旅游吸引力大。这种发展模式应注意：要对小城镇进行科学规划，确保规划实施不走样；立足于可持续发展，正确处理资源保护与旅游开发的关系；要多渠道增加投入，完善小城镇基础设施；要从当地实际出发，充分发挥农民参与小城镇建设的积极性，让农民得到实实在在的好处。这种发展模式的典型有宁强县青木川、柞水县凤皇镇、印台区陈炉镇。

（四）民俗文化体验带动型

它依托自然优美的乡野风景、舒适怡人的清新气候、独特的地理条件，结合周围的田园景观和民俗文化、地域文化，兴建一些观赏、休闲、体验设施，为游客提供休憩、度假、娱乐、餐饮等服务。主要类型有民俗文化园、乡村度假村等。发展这种模式必须注意：一是要挖掘文化内涵，充分展示、活化文化；二是有良好的生态环境；三是推行质量标准，规范服务。这种发展模式的典型有周至县沙·沙河、礼泉县袁家村、兴平市马嵬驿。

（五）农业观光开发型

这种模式是指利用现代农业生产过程的知识性、趣味性、可参与性，开发规划出观光、休闲、度假等旅游产品，满足游客需求，促进乡村旅游发展的模式。这种发展模式必须具备的条件：一是临近城镇、客源市场潜力大；二是有代表现代农业科技水平的项目，满足科普教育；三是农业生产知识性、娱乐性、参与性强。发展这种模式必须注意：要有良好的项目创意和规划；要认真对客源市场进行调研，分析客源市场的需求；要制定可行性研究报告；要加大对项目的宣传促销力度。这种发展模式的典型有杨凌高科现代农业示范园和长安区阳光雨露、沣东现代农业园。

（六）民族风情依托型

它是指少数民族农村地区，以独特的民族风情为基础，大力改善基础设施和旅游接待设施，引导少数民族农民参与旅游开发，促进乡村旅游发展的模式。这种发展模式必须是少数民族具备一定规模；民族风情具有独特性和吸引力。这种发展模式应注意：一是要切实挖掘当地少数民族的风情，提升文化品位和旅游吸引力；二是要引导当地少数民族农民参与旅游接待活动；三是要改善当地村容村貌和基础设

施条件。这种发展模式的典型有凤县的双石铺镇。

（七）现代农村展示型

它是指陕南、关中地区，因势利导，结合移民搬迁，接待游客，展示新农村形象的发展模式。这种模式必须是在生态环境良好、有一定知名度的农村。发展这种模式必须注意：一是要处理好发展旅游与发展其他产业的关系；二是要积极引导农民参与旅游接待活动。这种发展模式的典型有岚皋县龙安村、金台区胜利村。

二、我省乡村旅游发展的典型案例剖析

（一）关中民俗文化旅游体验地——袁家村

1. 模式特色

一是活化文化，彰显特色；二是定位准确，主题鲜明；三是持续创新，创意缤纷；四是精细管理，提升品质；五是精深加工，效益倍增。

2. 示范经验

一是依托乡村，融汇民俗，活化文化，用民俗展示还原乡村特点，用体验实现文化价值，提升了传统乡村旅游的发展方式和内在品质。

二是统一策划，严格把控建设风格和经营特色，有效管控了乡村旅游发展过程中的“差异化”特色。

三是不断寻求体制机制创新方法，通过组建专业化公司逐渐完善乡村旅游产业链和管理模式，使商户、农户通过股份制改造形成利益共同体，确保了乡村旅游的可持续发展。

四是政府主导方式与村民意愿融为一体，在实际推进工作中彰显出不同的角色意识，形成发展的合力。

五是以生态文明为引领，以传统文化为核心，以旅游为产业，打造新型城镇化。

（二）记得住乡愁的休闲体验旅游目的地——沙·沙河

1. 模式特色

一是真实还原关中民俗文化形态——充分实现文化与旅游融合发展的特色。

二是创造了一个让游客尽情观赏体验的最美生态——充分满足游客休闲度假的旅游需求。

三是创新了景区经营运作模式——充分发挥了旅游惠民的作用。

2. 示范经验

一是实现了品牌的价值；二是实现了旅游的价值；三是实现了生态的价值；四是实现了社会的价值。

（三）有山有水有故事的文化旅游古镇——青木川

1. 模式特色

一是文化支撑，多元文化融合并行；二是精神支撑，传奇人物魏辅唐的真实故事；三是项目支撑，旅游元素健全；四是产业支撑，综合带动作用明显。

2. 示范经验

一是科学定位，确立以旅游为导向的城镇化发展路径；二是发挥规划引领作用，着力打造特色品牌；三是突出抓好项目建设，建立健全投融资机制；四是加强宣传促销，提升知名度和美誉度；五是强化组织领导，形成工作合力。

（四）一个让游客有尊严、有品质、有温暖的民俗文化体验园——马嵬驿

1. 模式特色

一是就地取材，点石成金；二是文旅融合，特色鲜明；三是精细管理，温暖游客；四是带动就业、引领区域发展。

2. 示范经验

一是以游客满意度为导向，让游客旅游有尊严；二是以民俗文化体验为导向，让游客旅游有品质；三是以精细管理为导向，让游客旅游有温暖。

以上四个典型案例的共同特点：一是开放型景区，定位准确。做到了综合开发，具有现代企业的管理制度和商业运营模式；二是文化为魂，融合发展。进行了系统深入的文化梳理，主题非常明确；三是把握市场，服务游客。以市场为导向，充分把握旅游市场大众化、日常化、散客化的趋势，并把游客满意度作为景区管理运营的出发点和根本点；四是持续创新，彰显特色。在建设运营过程中不断产生吸引游客的爆破点；五是企业运作，形成合力。

三、我省乡村旅游转型升级的路径

根据《国务院关于促进旅游业改革发展的若干意见》中大力发展乡村旅游的要求，发展乡村旅游要立足国家经济社会发展全局，以景观的视角和旅游吸引物的概念看待乡村，用发展现代服务业的理念经营乡村，将乡村旅游发展与经济社会发展有机结合起来，高度重视，统筹安排，准确把握规律和工作重点，推动乡村旅游快速持续发展，让乡村旅游在我省旅游转型升级中发挥排头兵作用。

（一）培育新型旅游资源，强化主题景观打造

要以现代理念为先导，以创新创意为核心，以资源禀赋为基础，用动态的、发展的、市场的、专业的眼光去审视乡村旅游的资源，把司空见惯的地貌、田园、农耕、气候、民俗等有形、无形资源融入旅游元素，转化为富有特色的旅游产品，形成一

县一品、一镇一貌、一村一色、一户一味。要整合农业、林业、渔业、水利等产业资源、建设人工景观、策划旅游节庆等。通过产业融合，借助科技手段，人工创意并营造能够体现乡村特质的旅游景观与活动。

（二）创新资源依托，寻找乡村灵魂

运用国际化理念设计。创新资源依托，主要是指挖掘、展示、活化乡村民俗文化、地域文化，主要包括传统农耕文化、民居文化、乡土传统知识、民族文化遗产等。文化是旅游的灵魂，纯正的乡土文化才能出特色、出差异、出亮点、出卖点。要从旅游功能的角度，进行文化创意，实现文化旅游化、旅游文化化的文化再创作。目前各地乡村旅游发展对餐饮、娱乐重视有加，而对乡村文化的挖掘利用不足。如何将传统文化、农耕文化和民俗文化自然真实地融汇到乡村旅游产品中去至关重要。

（三）开发创新，注重生产、生活、生态一体化

乡村旅游产品与其他旅游产品的最大区别是兼具生产、生活和生态功能。生产功能就是旅游产品中有一定的粮食、水果、花卉、蔬菜、奶类、蛋品的生产经营，这样既可为游客提供农耕文明的体验，又可为游客提供无公害污染的安全优质鲜活的农副产品；生活功能亦即休闲功能，就是为游客提供乡村观光、休闲、度假的服务和享受，使其亲近自然，放松身心，欣赏自然景色和田园风光，离开尘嚣，调整人心，还可以接触民俗风情和农耕文化，使传统贴近现代，增添知识和乐趣。生态功能，就是营造优美的原始天然乡村自然生态环境，满足游客亲近自然，复归田园、康体养生、生态认知、文化体验等旅游需要，感受人与自然，享受“天人合一”的美妙意境。只有三位一体融合发展，才能充分满足游客的需求。

（四）产业融合促城乡一体，打造一批旅游名镇、名村

古镇、古村承载了大量的历史、文化记录，反映了当地的经济和社会发展变化，具有独特的历史文化价值、观赏价值和科学研究价值，是重要的旅游吸引物，其旅游内涵非常深厚，是打造乡村旅游升级板的潜力所在。要加快文化旅游古镇的建设步伐，实践以旅游为引擎的新型城镇化发展之路。

（五）做好综合开发，形成可持续的商业运营模式

乡村旅游的高层次发展，必然会涉及农业、农民、农村、土地、地产等一系列问题，往往需要政府、投资商、农民三方合力，形成一个一体化方案。如何系统、全面、合理地配置规划要素，如何安排投资商的盈利结构，如何安排农民的富裕模式，如何安排政府的支持因素，如何建立一只高效的管理机构，形成可持续的商业运营模式，是必须要优先解决的问题。这就要求以市场为导向，进行资源配置、产品配置、运营配置以及要素配置。

（六）抓好“六化”发展，提升产业素质

产品差异化，应充分利用丰富的乡村景观、生态、文化、民俗等资源，推广主题生态示范区、主题田园、乡村酒店、采摘篱园、生态茶园、休闲农庄、山水人家、古民居村落、民族风情苑等，引导乡村旅游走差异化、特色化发展之路。营销品牌化，各地应根据自身的生态、文化、建筑、民俗等条件，创建并打响自身的特色化乡村旅游品牌。也可以根据市场情况创建、树立区域性品牌，以品牌促营销，以营销促发展。服务标准化，乡村旅游强调乡土特点，并不意味着可以降低乡村旅游的建设和服务标准。要执行《陕西乡村旅游示范村建设规范》《陕西旅游特色名镇建设规范》《陕西省农家乐旅游星级评定暂行管理办法》等标准体系。同时，要强化教育和培训，不断提升从业人员素质和服务技能，规范从业人员行为。管理组织化，乡村旅游的发展必须向管理的组织化、协会化提升。提高乡村旅游经营主体自我管理和发展的组织化程度，提高乡村旅游专业化程度和集约化水平。同时，要坚持现代管理理念，把现代企业管理制度引入乡村旅游的管理，增强管理的活力和管理的有效性。理念时代化，倡导新乡村主义。城里人是用一种浪漫来想象村庄，是专家所言的“民俗风、山水画、田园诗、文化歌、生活曲、梦幻情”的综合体验，而并非传统意义上的“原汁原味”。发展内生化，乡村旅游发展过程中必须把发展的内生力量看做是一个整体，对其各部分力量进行合理架构，使当地政府、乡村基层管理组织和村民各司其职，相互协调，各尽其能，形成合力，共同推动乡村旅游发展。

乡村旅游发展模式的实践和应用，不仅对乡村旅游转型升级有重要的指导意义，而且对全省旅游业的做大做强有重要的支撑作用，必将在“三个陕西”的建设中发挥更加重要的作用。

围绕重点，提升丝路旅游对外宣传工作水平

陕西省旅游局国际旅游促进处 戴卫红

旅游市场宣传推广是旅游业发展中的一项龙头工作。它是以提升旅游市场效益为核心，以旅游产品推广、旅游形象宣传、旅游氛围营造为重点，以创新推广观念、改进推广方式、完善推广机制为引擎，以强化队伍建设和资金投入为保障的一项综合性工作。

我省有着丰富优质的旅游资源，通过举办交易会、参加旅游展、专题推广、投放广告等既是我们传统的推广手段，也是当前市场工作行之有效的主要做法。那么在当前旅游全球化、产业化、大众化、信息化的时代大背景下，如何更好的挖掘我省独特的地域文化特征，彰显我省旅游品质及个性？如何通过全方位、广视角的展示传播，提高陕西旅游的知名度、美誉度和忠诚度，切实提升我省旅游市场宣传推广工作的整体水平？这是一个需要迫切解决的问题。

一、树立精品意识

精品是指在精神纬度上能直指人心的作品，是寄寓了时代意义、人文关怀和核心价值观的精神产品。旅游和文化艺术是密不可分的，在具有物质性和消费性的同时，其意识形态性的审美性往往是决定游客去留的关键。旅游对外宣传强调精品意识，就是要将旅游产品以精品的形式展现在世人面前，直指人的精神层面，以其强大的思想穿透力和感染力，发挥旅游宣传的导向功能，最终吸引游客、激活市场。我认为这是目前旅游业发展到现阶段，对市场宣传推广工作的一项首要要求。而精品意识，则体现在精品的广告策划、精品的宣传活动、精品的宣传品制作等多个方面。

（一）精品的广告策划

通过周密的市场调查和系统的分析，制定与市场情况、产品状态、消费群体相适应的经济有效的广告计划方案。树立“以调查为先导，以策划为基础，以创意为灵魂”的广告策划理念。从广告的投放形式、投放内容等各方面严格控制广告投放质量，借鉴境内外优质广告片、营销案例的成功经验，严把我省旅游对外宣传广告质量关，以精品的广告吸引境外游客来陕旅游。近年来，我省入境客源国排序中，

韩国稳居第二位，这当然与我省和韩国经贸往来频繁有直接关系，但与我局连续多年在韩国公交车站、公交大巴等媒体投放的高品质陕西旅游宣传广告不无关系。我们计划2015年继续盯准目标消费群体，依托韩国境内最大的旅游集团的优质资源，在韩国境内投放质量高、创意新的高品质广告，通过精准用户营销力求达到宣传效果最大化。

（二）精品的活动策划

宣传活动，即为活动营销，通过策划大型活动而迅速提高品牌知名度、美誉度和影响力。我局今年9月份举办的首届中国西安丝绸之路国际旅游博览会无论是在丝绸之路会展主题策划、专设消费展展区策划，还是围绕展会的各项专题活动包括“买卖家见面会”“丝绸之路主题音乐会”“参展专业培训会”以及多国家主题推介会等都体现出对活动策划的精品要求，也正是因为如此，2014中国西安丝绸之路国际旅游博览会的举办得到了国内旅游业界的广泛认同。也正是基于这样一种精品理念，今年我局在海外知名社交平台Facebook、Twitter、YouTube等开展陕西旅游宣传，在保证贴文数量和质量的基础上，不间断的精心策划推出了“兵马俑复活游陕西”“陕西旅游美食推广”“世界杯有奖问答”等系列主题活动在海内外引起了的强烈反响，保证了我省旅游主页的活跃度、吸引力和粉丝数，这些都体现了精品策划的重要性。

（三）精品的宣传品制作

旅游宣传品能够直接迅速地刺激民众产生旅游动机，是推广旅游形象，促销旅游产品的重要手段之一。精品的旅游宣传品不仅能吸引民众，刺激民众产生旅游动机，更是被游客当成纪念品收藏。以往业界对韩国、澳大利亚、马来西亚、泰国、香港等国家和地区的旅游广告片、推介、电影等都具有较高认知。今年中国国际旅游交易会期间，国家旅游局在交易会开幕前夜举办了名为“游丝绸之路、品美丽中国”旅游推介会。它的形式之新颖、主题之突出、画面之精美、3D等科技表达手段之先进都是前所未有，现场来自世界106个国家和地区的近5000名代表以及广大媒体均给予了高度评价和认可。我想，这样一个宣传精品后续一定会有更大范围的传播和影响，这应该就是精品的力量。也应该是我们下一步工作的努力方向。

二、树立创新意识

精品源于创新。我们的旅游宣传只有不断开拓创新，才能受到民众的青睐，才能触摸民众的心灵，才能用真诚和真实打动人心。千篇一律的广告形式，枯燥乏味，甚至一定程度上会引起民众的反感，创新旅游宣传形式，将信息推送给有旅游意愿的民众，就能很好的解决这个问题。脸谱是在全球月平均活跃用户数量达到 10 亿以上的国际知名社交网站。今年我们基于 Facebook 大数据，定向投放的陕西旅游宣传广告就取得了不错的成绩，这也是由传统营销方式向新兴精准营销的创新转变。国际旅游交易会期间，北京巅峰智业旅游文化公司在上海召开了一个新媒体旅游推广研讨会。会上对全国包括国家旅游局在内的各省旅游局在 Facebook 网站宣传效果及粉丝数进行了评估和排名。中国领先的旅游专页依次排名结果为国家旅游局、山东、成都、杭州、北京、海南、陕西，我省位列第七，而这 7 个用户中只有陕西刚刚运行 1 年，而其他 6 个均运营超过 3 年以上。

2014 年初，我们对人民网陕西旅游 9 语种主页大幅度革新，针对境外游客访问习惯、信息需求，完成原有网页版面设计、栏目设置、专题内容、入口链接位置等项目全面更新调整后，访问量大幅提升，由 2013 年的日均访问量 10 万提升至 14 年的日均 200 万，呈指数级增长。

创新的旅游宣传不仅仅是为民众服务，同时也为旅游企业服务。2014 中国西安丝绸之路国际旅游博览会就是在入境旅游市场不景气的大环境下召开的。为此我们借鉴新加坡旅展以及台湾旅展等大型知名展会的先进经验，专设旅游消费展区，为省内旅游企业降低促销成本，提升产品的市场化水平，扩大宣传效果创造有利条件，展前，省内一些企业对这一参展形式还抱有一定的看法，但展览结束后给予了高度评价和积极认同。

当然在创新、突破的路上我们还有很长的路要走。比如说“旅游推介会”的推介模式我们已经沿用了至少 10 年，怎么在形式上有所突破、在内容上有所创新，是一个摆在我们眼前的问题。这次国家旅游局“游丝绸之路、品美丽中国”的推介形式和表达手法值得学习，也对了我们后续工作是一个很好的启示。

精品源于学习。深厚的文化底蕴、良好的知识结构、开阔的眼界视野、对旅游业的综合认知，这些都是做精品旅游宣传的基础。社会发展、科技进步，我们需要保持不断的学习状态，来适应旅游市场日新月异的变化，始终与文化、科技、社会发展保持同步，做高品质的旅游宣传。

三、树立协作意识

团队协作能调动团队成员的所有资源和才智，激励团队成员朝共同目标努力奋斗，提升整体工作效率，达到团队目标。在旅游对外宣传中，团队协作意识尤为重要。

（一）积极树立工作团队中的协作意识

日常工作中，国际处全体同志致力于营造积极向上、充满正能量的工作氛围，做到相互信任、相互包容、精诚团结、乐于付出、共同进步，调动激发每一个团队成员的工作潜力。

（二）大型活动中的相互协作意识

此次“中国西安丝绸之路国际旅游博览会”，正是在全局同志门的通力协作下，在综合协调组、展会活动组、安全保卫组各组同志相互配合、相互支持，以及与合作方赛美斯（北京）会展有限公司良好沟通和积极合作之下，才得以保证了博览会的圆满成功。

（三）加强区域协作意识

长期以来，我们积极与西北旅游协作区、沿黄河旅游协作区、长城旅游协作区等多个省市旅游部门的交流与合作，针对特定的旅游产品，制定整体宣传推广计划，在多方的支持和配合下，使得我省的旅游推广工作取得了一定成绩。

最后，我想再谈一点，即如何做好我省的旅游推广体系建设工作。国家旅游局在 2013 年年底提出了“建设国家旅游推广体系”概念，核心就是要使国家对整体形象推广、地方对目的地形象推广、企业对产品和服务信息推广的责任分工更加明确，通过建立系统化的旅游推广体系，全面提升旅游推广工作水平。同时要求各地主动融入到国家旅游宣传推广体系中。按照国家旅游局相关精神和我省的工作实际，我对如何构建陕西旅游宣传推广体系，进行了大致梳理，应包含六点核心内容。一是做好各项推广工作，树立陕西旅游品牌形象，进一步增强我省旅游品牌影响力、吸引力和美誉度；二是要做好全省旅游宣传行动纲要的编制工作，把我省旅游市场开发顶层设计工作做好做实；三是推进配套政策制定，找准当前制约和影响入境旅游市场的政策瓶颈，推动有关部门在签证、航空、包机、旅游专列等方面出台更便利、更有吸引力的促进政策；四是做好平台建设，在现有基础上，完善我省外语旅游推广网站、社交网站页面等的开发建设，并与国家旅游局境外网站做好衔接，更好的发挥新媒体的旅游宣传作用。今年我局已经和国家局驻韩国办事处达成合作，将我省的韩语网页直接链接在办事处网站上；五是做好推广活动的宣传效果评估，通过知名度调查、引进第三方评价等，对市场推广工作进行市场调研和综合评估。今年我们已经对几个大的宣传活动包括人民网海外宣传、亚洲摄影家聚焦陕西以及 2014 中国西安丝绸之路旅游博览会等尝试性地开展了评估工作，并取得了不错的效果；六是做好队伍培训，通过开展网上学习、业务训练等多种形式，建设相对稳定、复合型的市场宣传队伍。以上六点也是下一步如何做好我省旅游市场推广工作、提升旅游推广水平的工作核心。

大力实施以项目建设为基础的旅游新业态促进工程，推动全省旅游业转型升级

陕西省旅游局规划发展处 郭明历

2014年是《旅游法》正式实施的第一年，也是决定“十二五”规划确定的各项目标任务能否如期完成的重要一年，规划处全体同志在局党组的有力领导下，认真贯彻落实党的十八大和十八届二中、三中、四中全会及全国旅游工作会议、全省旅游工作会议精神，紧紧围绕“2336”全省旅游发展思路，坚持规划引领、项目带动，以景区建设为核心、全省旅游公共服务体系建设为重点，强化招商引资和标准化建设工作，全处同志团结一心，开拓思路，努力工作，较好地完成了年初确定的各项工作目标任务。

一、2014年各项工作任务完成情况

2014年规划发展处积极推进旅游精品建设，加强对旅游重点建设项目的督促、指导和检查，规划、项目、标准化一体推进，各项工作取得了实效。

（一）旅游精品建设稳步推进，旅游产品供给更加丰富

坚持以项目为抓手，全力推进全省旅游精品建设。共征集省级旅游专项资金补助项目76个，实际补助60个；征集旅游净化工程项目98个，实际补助57个，征集国家旅游发展基金补助项目27个，实际补助17个，全面完成了项目建设工作目标。

为切实保障国家旅游发展基金项目、省级旅游专项资金补助项目的顺利实施，我处与省财政厅相关处室密切协作，与项目单位签订了项目建设责任书，并对2013年度、2014年度的国家旅游发展基金项目、省级旅游专项资金项目进行了检查，省上的检查率超过20%，市上检查率达到100%，保障了各项专项资金确实用于旅游项目建设。

在各市、县，各行业部门的高度重视下，在省旅游局的大力支持、有力指导下，华山、太白山、黎坪、瀛湖、金丝峡、延安红色旅游系列景区、韩城古城、临潼国家旅游休闲度假区等全省重点旅游景区建设富有成效，景区项目不断丰富，吸引力、影响力不断增强。

（二）全省旅游产品体系更加完善

第一，按计划完成了规划工作。（景区）三级，旅游总体规划与旅游专项规划相结合的全省旅游规划体系建设。《大秦岭旅游发展规划》编制完成，报省发改委审批；编制了《陕西省汉唐帝陵旅游专项建设规划》，将为汉唐帝陵旅游大景区建设提供有力的指导；《陕西省旅游公共服务体系规划》《汉江旅游发展规划》《丝绸之路陕西段旅游行动纲要》如期启动，年底编制完成，将有效推动全省旅游业科学发展。

第二，指导、参与编制、评审了《秦始皇帝陵文化景区建设总体规划》等一批文化旅游景区规划。省政府决定启动秦始皇帝陵文化景区、大乾陵文化景区、周文化景区等 10 大文化旅游景区的规划编制及建设工作，省旅游局积极参与了 10 大文化旅游景区规划的编制、评审工作，现规划已基本编制完成，相关景区的开发建设将极大地丰富我省文化旅游产品；同时，省旅游局在上述文化旅游景区建设中，在项目资金上予以全力支持。

第三，对《宝鸡市旅游总体规划》《汉中市旅游总体规划》《安康瀛湖旅游发展总统规划》等一批旅游规划进行了指导、评审。为切实提高全省旅游规划编制质量，严把评审关，使旅游规划在旅游产业发展、景区开发建设当中确实起到指导、规范、推动、保障作用，创新性地成立了全省旅游规划评审委员会，对规划的招标、评审、执行情况进行指导、评估，推进了规划编制、评审、执行的科学化。

一方面在规划工作中我们做了一定的工作，但在实际规划编制、评审、执行过程中也还存在着不科学、不合理、难以执行的情况，既有源头上决定规划编制的主观随意性过强，违反旅游规划编制的规律而造成规划的先天不足；同时也有编制水平不高、规划粗制滥造，难以执行的问题；各级规划管理、评审机构缺乏专业的规划人员，管理、监督不够科学、有效，也在一定程度上造成了旅游规划的困难处境。

（三）A 级旅游景区创建工作取得硕果，全省旅游产品质量不断提升

今年是国家旅游局将 4A 级旅游景区评审权下放到省旅游局的第一年，在局领导的高度重视下，规划处进行了精心准备，制定了《陕西省 5A、4A 级旅游景区评定实施方案》，按照“2336”全省旅游业发展思路，大力开展全省 A 级旅游景区的创建、指导、评定和复核工作。

法门寺佛文化景区经过多年的艰苦努力，最终被评为国家 5A 级旅游景区，使我省 5A 级旅游景区达到了 6 家。

金丝峡景区经过精心的准备，终于通过了国家旅游局 5A 级景区资源评价；太白山、西安城墙、终南山世界地质公园核心景区等 5 家景区由省旅游资源评价委员会进行了资源评价，通过的景区将报国家旅游局正式进行国家资源评价和创建活动。

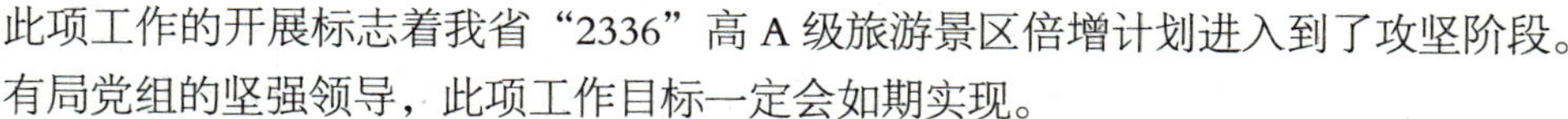

此项工作的开展标志着我省“2336”高A级旅游景区倍增计划进入到了攻坚阶段。有局党组的坚强领导，此项工作目标一定会如期实现。

目前，今年全省已批准的4A级旅游景区8家，通过验收已公示的15家，全年通过的4A级旅游景区将超过20家，成为创高A级旅游景区最多的一年。

今年，全省评定的3A级及以下旅游景区36家，全省A级旅游景区数量达到了300家，占到全省景区数量一半以上，这是一个十分重要的标志，说明我省旅游产品供给已由数量型向质量效益型转变。

对A级旅游景区实施动态管理。按照要求，全省对A级旅游景区进行了复核，数量达到70家，对保持我省A级景区服务质量起到了积极作用。

大力推进景区标准化建设，促使一批高A级旅游景区上档次、上水平。一批高A级旅游景区制定了景区企业标准，使景区的管理和服务水平上了一个新台阶。

（四）旅游公共服务体系建设稳步推进，旅游产业体系日趋完善

为顺应旅游业发展需要，强化全省旅游公共服务体系建设，按照工作计划，编制了《陕西省旅游公共服务体系规划》，以加强对全省旅游公共服务设施建设的指导。西安市旅游集散中心、铜川、汉中、杨凌游客服务中心建设进展顺利；太白山、黎坪、青峰峡、浐灞湿地公园等一批游客服务中心投入使用；在全省各市交通集散中心、景区大力实施旅游净化工程，又有一批旅游厕所建成投入使用，进一步提升了全省旅游环境；宝鸡、渭南等市旅游标识体系建设成效显著，自助旅游者到我省旅游更加便捷；西安、咸阳、渭南、汉中的自驾车营地建设都在稳步的推进当中。

（五）招商引资不断取得新成果

通过积极参加中国东西部投资与合作贸易洽谈会、中国国际旅游商品博览会、中国西安丝绸之路国际旅游博览会、中国旅游产业博览会、陕粤港澳经贸活动周等一系列活动，带动各市、各旅游景区全力开展招商引资工作。目前，全省共计签约旅游招商引资项目128个，签约金额776.3亿元。领导重视，注重投资环境的不断优化，编制精美、内容详实的招商项目册，邀请投资商实地考察等因素形成合力，使我省旅游招商引资工作不断取得新成效。

2014年，全年新建在建旅游项目达到了300个，完成投资400多亿元，比上年分别增长了11.1%和21 %，有效的投入推动了全省旅游业快速发展。

（六）坚持改革创新，凝聚发展动力

规划处全年工作始终围绕“2336”全省旅游业发展思路，以改革促发展，用创新聚力量，用改革创新统领全年工作。

一是出台了《全省旅游规划评审管理办法》，创新性地成立了“全省旅游规划评审委员会”，对规划的招标、预审、评审、施行提供指导、咨询和检查，将对提升全省旅游规划的编制水平，强化规划的执行力起到积极的作用。

二是出台了《陕西省5A、4A级旅游景区评定实施方案》，在国家旅游局上位规定尚未出台的情况下出台《实施方案》，保证了我省创A工作顺利实施。

三是将3A级景区评定权下放给各市旅游局，调动各级旅游部门创A的积极性。同时，也是转变政府职能，简政放权的具体实践。

四是成立了全国第一个省级“旅游商品研发基地”，分全省旅游必购商品展示区和旅游商品研发区两个部分，为进一步推动全省旅游商品业发展搭建了一个创新性平台。

五是在全国旅游商品大赛上，再次取得一金、一银、一铜的好成绩，充分体现了我省近年来旅游商品业的良好发展势头。

六是与人事处合作，大力推进百千万人才培训工程。举办全省高A级旅游景区高级管理人员培训班，首次对全省高A级旅游景区的高级管理人员进行旅游景区开发、建设、管理等学科的系统培训，为旅游景区的提档升级和全省旅游业的大发展做好人才储备。

（七）大力弘扬主旋律，推动全省红色旅游大发展

今年是邓小平同志诞辰110周年，在全国积极唱响主旋律的大背景下，延安及各涉红旅游景区积极挖掘红色旅游内涵，打造红色旅游产品，红色旅游影响力日益突出，发展顺利。一是马栏革命旧址成功创建国家4A级旅游景区；二是“延安保育院”“延安保卫战”等红色旅游演艺项目弘扬主旋律，扩大了红色旅游影响力；三是对红色旅游管理人员、导游员、讲解员进行了培训。2014年全省红色旅游接待人数将达到10500万人次，红色旅游收入达到740亿元，分别比上年同期增长15.1%和16.5%。

（八）认真办理人大建议、政协提案，增进社会各界对旅游的支持和理解

人大代表、政协委员的建议、提案反映了各级各界对旅游的重视和关注。相关建议、提案的答复也对赢得社会对旅游的支持和理解发挥着重要作用。全处同志以认真负责的态度、积极主动汇报沟通的方式、严谨务实的答复，完成了35件人大代表建议、政协提案。

二、2015年工作思路

2015年是“十二五”规划的最后一年，也是“十二五”规划目标能否顺利完成的决定性一年。在《旅游法》深入实施、国务院31号文件精神全面贯彻落实、旅游业在国民经济中的作用日益凸显的大背景下，科学谋划明年的工作意义重大。

旅游业正处在一个全新的发展变化时期，一是旅游业由单一观光旅游形态向多形式休闲度假旅游形态转变；二是由旅游一业态发展形态向旅游与多业态融合发展转变；三是旅游景区建设由新景区新项目向老景区新项目转变；四是旅游者由高度重视游览向注重旅游全过程转变；五是高科技、大数据、物联网的进入使旅游业的产业发展形式出现了巨大甚或是根本性的改变。

在这样的发展大背景下，2015 年的工作必须顺应旅游业发展趋势，以“2336”旅游业发展思路为指导，以“十二五”规划确定的各项目标任务为根本，坚持改革创新，以培育大秦岭人文生态旅游度假圈、丝绸之路风情体验走廊为核心，已规划服务全局为出发点，求真务实，努力拼搏，全面完成各项工作任务。

（一）坚持规划先行，指导全省旅游业科学发展

继续着力推进全省旅游规划体系建设工作，本着重心下移、服务基层、重在实施的原则，充分发挥旅游规划评审委员会作用，努力在全省形成科学规划、规范建设、严谨有序的工作局面。一是要对“十二五”旅游规划执行情况进行科学评估，总结经验，查找问题，结合当前旅游业发展形势，提出“十三五”旅游规划纲要，为编制十三五”旅游规划打牢基础；二是进一步实施《大秦岭旅游发展规划》《陕西省精品旅游景区规划》《陕西省汉唐帝陵旅游专项建设规划》《陕西省旅游公共服务体系建设规划》《汉江旅游发展规划》《丝绸之路陕西段旅游行动纲要》等规划，同时督导市、县及旅游景区规划的实施，使全省旅游业在规划的引领下科学发展；三是重点支持各市、各重点旅游景区编制一批旅游规划；四是充分发挥全省旅游规划评审委员会作用，严把规划预审关，提高规划编制质量。

（二）重点突出，大力推进全省精品旅游景区建设

把握旅游业发展趋势，在做精传统旅游产品的同时，积极科学引导旅游新业态发展，做强做大旅游产业。

第一，全力以赴，推进高 A 级旅游景区倍增计划，增强陕西旅游吸引力。按照突出重点、整体推进的原则，争取创建 1 家 5A 级旅游景区，确保成功创建 8 家以上 4A 级旅游景区，新创 20 家 3A 级及以下旅游景区，使我省 A 级旅游景区总量达到 330 家；进一步强化对 A 级旅游景区的复核工作，严格对 A 级旅游景区的动态管理，对不合标准的 A 级旅游景区坚决予以处理；大力推进景区企业标准的制定、实施工作，为景区提档升级奠定基础。

第二，着力加强全省旅游公共服务体系建设，夯实旅游产业发展基础。现时期，旅游业已向全产业综合协调发展过渡，只偏重景区发展，仅提供旅游产品即可赢得市场的时代已经过去了，更加重视公共服务，让旅游者有更多的自主选择产品的权力，让旅游者游得更加便捷、舒适将成为区域旅游竞争的又一重要方向。一方面，大力加强支持互联网、物联网、大数据的全省旅游基础平台建设，为发展新形旅游提供技术支撑。各市、各旅游企事业单位亦应加强此项工作，做好迎接新技术带来的旅游方式的转变，并有可能形成的市场巨变；另一方面，继续做好游客服务中心、旅游厕所、旅游标识体系的建设，不断提升全省旅游公共服务水平。

第三，大力推进大秦岭人文生态旅游度假圈、以西安为起点的丝绸之路风情走廊建设，以大项目带动全省旅游产业加快发展。大力支持华山、少华山、骊山、翠华山、太白山、青峰峡、黎坪、长青—华阳、瀛湖、南宫山、天竺山、牛背梁以及汉传佛教六大祖庭、楼观台等景区建设，不断推动其提档升级，扩大市场影响力；借大明宫、彬县大佛寺等成功申遗的大好形势，以建设丝绸之路风情走廊为核心，全力打造新丝绸之路经济带陕西旅游产品。重点是以西安城墙—碑林创 5A 级景区为引导，积极推动汉阳陵、乾陵、周公庙、大佛寺、司马迁祠等大景区建设。

（三）创新形式，拓宽渠道，积极做好全省旅游招商引资工作

坚持开放市场，创新招商路径，积累发展动力。打破地区壁垒、行业壁垒，为资本在我省旅游行业的自由进入和流动创造条件；积极引入战略投资者，发展旅游风险投资基金，吸引更多资金进入我省旅游市场；省、市、县应制定招商引资政策，改善投资环境，筑巢引凤，吸引投资；各市应推出 1~2 个 10 亿元以上的旅游大项目，以优质项目招徕投资；各市要狠抓已签约旅游项目的落地工作，变合同为实际的项目；充分利用中国西安丝绸之路国际旅游博览会、中国东西部合作与投资贸易洽谈会、中国旅游产业博览会、陕粤港澳经贸周等平台，积极开展招商引资工作，强化我省旅游项目推介力度，争取更多的资金投入我省旅游业的发展。

（四）狠抓旅游商品业发展，提高旅游经济效益

发挥省旅游商品研发基地的辐射带动作用，强化为基层、为企业服务职能，带动全省旅游商品业的加快发展；推动地市旅游商品研发基地建设；举办第四届陕西旅游商品大赛，提高我省旅游商品市场影响力；推出陕西旅游推荐购买商品，增强旅游者对我省旅游商品的喜好程度；参加国内举办的旅游商品大赛，将我省旅游商品推向全国。

（五）大力推动全省红色旅游发展，为全省旅游业发展提供支持

2015 年是红军长征胜利到达陕北 80 周年、抗日战争胜利 70 周年。要抓住这一有利时机，举办大型活动，增强宣传力度，扩大以延安为核心的我省红色旅游吸引力。一是争取全国长征胜利 80 周年、抗日战争胜利 70 周年启动仪式放在我省延安市举行；二是设计举办一系列纪念活动；三是大力推进延安红色旅游系列景区创建国家 5A 级旅游景区；四是进一步强化红色旅游管理人员、导游员、讲解员的业务培训，为红色旅游大发展提供人才储备。

推动我省旅游服务向优质服务转变 促进标准化和个性化服务上台阶

陕西省旅游局监督管理处 赵跃虎

一、2014 年的工作亮点

2014 年，在陕西省旅游局党组的正确领导下，监管处牵头负责开展了“旅游服务质量提升年”活动。一年来，提升活动在全省上上下下的共同努力下，在各处室的支持参与下，取得了一定的成效，全省服务质量整体水平得到了不断提升，对我省旅游业的健康发展起到了促进作用，受到了省政府领导的充分肯定。

在提升年活动中，监管处重点瞄准了旅游饭店的服务质量提升，在我省旅游饭店业（主要在高端饭店）中开展了宾客满意度测评活动。活动主要利用携程、艺龙、去哪儿等网络评价体系，定期向饭店公布测评结果，对测评结果不达标的饭店，提出相应的整改要求，限期整改。从一至三季度测评结果公布的情况分析来看，我省 73 家高端饭店平均达标率由一季度 75% 上升到三季度 95%，宾客满意度平均分值由一季度 4.2 分提高到三季度 4.3 分（满分值为 5 分）。与此同时，我们在全省 73 家高端饭店又开展了暗访检查活动，抽调专门力量，通过暗访检查，逐家进行了“服务问题”视频拍摄。通过这两项活动，有力地推动了我省旅游饭店服务质量在转型中不断得到提升。为此，《陕西日报》在旅游专版上对这些活动的开展情况进行了通篇报道。

今年以来，针对我省旅游饭店、旅行社企业的经营状况，在开展群众路线教育实践活动中，我们对照“四风”，转变作风，先是与饭店企业座谈，了解企业发展中存在的问题，为积极引导好我省饭店企业的转型工作，我们几次聘请全国著名院校、企业专家给饭店企业专题讲座授课，指导饭店企业转型发展。与此同时，我们又召开了旅行社总经理座谈会，分析旅行社经营运行状况，广泛听取、征求企业在发展中存在的困惑和问题。据此，我们积极联合中国旅游报，针对我省旅行社企业在转型中的一些典范进行了报道，引导旅行社转型步伐。

注重导游队伍建设。针对目前我省导游队伍现状及存在的问题，为切实发挥好中、高、特级导游人员在旅游产业发展中的重要作用，我们经过多次走访、座谈、调研，及时提出了《关于稳定我省中、高、特级导游队伍的八点建议》，经局长办公会研究，已下发各地市贯彻。在最近国家局召开的西部片区座谈会上，国家旅游局领导对我省出台的这些举措给予了积极的评价和肯定。

继去年我省《旅游景区实景演出规范》被省标准委发布为地方标准实施后，今年，我们又趁势而上，成功地将这一地方标准推荐为国家标准。目前，此标准按程序已在国家标准委官方网站进行公示。

在当前旅行社企业竞争十分激烈的情况下，我省中国旅行社总社西北有限公司在省局的大力支持和帮助下，勇于创新、敢于担当、不断进取，连续三年跻身到全国百强社行列，为我省争得了荣誉，为全省旅行社企业树立了好的榜样。

为确保“十二五”我省高端饭店的创星目标，我们采取多种途径引导高端饭店树立品牌意识，开展创评工作。经过各方努力，近日，国家旅游局已批复我省四家饭店荣升为五星级饭店。目前，全省五星级饭店已达 14 家。

按照中省《关于取消和下放行政审批项目的决定》，将旅行社经营入境游和国内游的行政审批从 10 月 1 日起下放地市旅游行政管理部门实施。

全省旅游安全工作在各级旅游部门的重视和支持下，狠抓责任落实，全年我省未发生一起重大旅游安全事故。

二、2015 年工作思路

今年，省局在全省开展了“旅游服务质量提升年”活动，这是我局深入贯彻国家旅游局《旅游服务质量提升纲要（2009—2015）》文件精神所做出的一项重要工作部署。一年来，在局党组的正确领导下，在各有关处室的大力支持和配合下，“旅游服务质量提升年”活动在全省上下开展得有声有色，取得了较好的效果。可以讲，一年来，通过开展旅游服务质量提升年活动，我省的旅游服务质量整体水平得到了不断提升，提升年活动对我省旅游业的健康发展也起到了促进作用，提升年活动成效在上半年得到了省政府主要领导的赞许。

2014 年 8 月，国务院出台了《关于促进旅游业改革发展的若干意见》（国发[2014]31 号文件），这是继去年《旅游法》颁布实施后，促进我国旅游业改革发展又一具有指导性意义的纲领文件。《意见》全文贯穿了改革与发展精神，并对加快旅游服务的转变提出了更高、更具体的目标和要求。为了贯彻落实好 31 号文件中的这些精神，坚定“2336”发展思路，在谋划 2015 年工作中，我们想从这么几个方面来助推我省旅游服务向优质服务转变，促进标准化和个性化服务上台阶。

第一，不断适应旅游新业态及融合发展的形势，加快建立和完善我省旅游地方标准体系，促进标准化和个性化服务的有机统一。国务院 31 号文件在第三章节“拓展旅游发展空间”意见中提出了许多带有战略性的发展路径，比如，提出的旅游与体育如何融合，推动体育旅游；提出的旅游与医疗资源如何融合，推动医疗旅游；提出的大力发展乡村旅游、研学旅游、老年旅游等等，意见中提出的这些发展思路，都涉及到旅游新业态，涉及到融合发展内容，从标准化体系的建设上来讲，也都需要建立和不断完善规范的服务流程和服务标准。国务院 31 号文件，从国家层面又对建立和完善旅游新业态、融合发展的标准化工作提出了明确的任务（文件中附有重点任务分工及进度安排）。那么，从省级层面讲，一方面，我们要认真响应贯彻国家和行业标准。另一方面，我们要结合我省旅游发展的实际，完善好地方旅游标准体系，在地方标准体系建设上，我们主要有这些工作打算：今年年底前，我局要会同省技术监督局完成《乡村旅游示范村建设规范》和《旅游特色名镇建设规范》两个地方标准的最终评审工作，努力使两个标准尽早发布实施；明年，我们将重点完成好两个立项地方标准——《旅游饭店服务质量：前台服务规范》和《温泉水疗服务规范》的起草、修订、评估等工作，力争申报省上评审。同时，我们正积极与四家大专院校合作，力争 2015 年在地方旅游标准项目建设上有新的突破。

第二，坚持在旅游饭店业中开展宾客满意度测评活动，推动我省旅游饭店服务向优质、精细转变。2014 年，在旅游服务质量提升年活动中，我们重点瞄准了旅游饭店的服务质量提升，采取了科学利用携程、艺龙、去哪儿等第三方网络评价体系平台，在我省旅游饭店业（主要在高端饭店）中，开展了宾客满意度测评活动。从一年来开展这项活动取得的效果来看，的确起到了推动我省旅游饭店在转型中不断提升服务质量的作用，也印证了“宾客满意度测评活动”是提升饭店服务质量的一个很有效的抓手。大家知道，饭店业是旅游“吃、住、行、游、购、娱”六要素中的一个重要要素，它在标准化、个性化服务方面能够起到带动示范作用。因此，为了充分发挥好他们的带动示范作用，推动我省旅游服务向优质服务转变，在 2015 年，我们将深化“旅游饭店宾客满意度测评”活动，不断完善测评手段，加大优质服务转变，力争使高端饭店平均达标率和宾客满意度测评分值都有明显提升，为我省旅游业服务的转变当好排头兵。2015 年，我们要进一步引导旅游饭店企业树立品牌意识和竞争意识，力推一批高端饭店开展好星级创建工作。力争“十二五”末，我省五星级饭店突破 20 家。

第三，进一步做好旅行社的监管与服务工作，完善我省旅行社行政审批权限下放后的事中、事后监管事项，不断推动旅行社企业以优质的服务做大、做强。2015 年，我们将从以下几个方面开展工作，推动旅行社企业以优质服务做大、做强。首先，以入境旅游、出境旅游、国内旅游三个行业服务规范标准为抓手，强化旅行社贯标的自觉性，引导旅行社企业服务质量的提升。其次，扎扎实实促进旅行社企业用好《团队境内旅游合同（示范文本）》《团队出境旅游合同（示范文本）》、《大陆居民赴台湾地区旅游合同（示范文本）》和《境内旅游组团社与地接社合同（示范文本）》四个合同范本，引导旅行社企业合法规范经营。最后，今年年底，国家标准《旅行社等级的划分与评定》即将发布实施，这将对促进旅行社企业做大、做强和提升服务质量是一个利好，也将是明年监管与服务工作的一项重点工作。我们要借此标准发布之机，广泛开展新标的宣贯工作，积极引导全省旅行社企业开展创评活动。我们的目标，力争2015年，我省有1~2家旅行社进入全国5A级旅行社行列，3~5家旅行社进入全国4A级旅行社行列，更多旅行社进入全国3A级旅行社行列。通过开展创评活动，推动旅行社企业优质服务转变，推动骨干企业做大、做强，推动传统旅行社企业加快转型发展。

第四，进一步加大对导游、领队人员的培训力度，充分发挥好这支队伍在旅游服务向优质服务转变中的骨干作用。导游和领队这支队伍在旅游业转型升级中仍然是一支中坚力量，从某个层面来看，这支队伍的形象代表着旅游服务的对外形象。因此，加强和提高这支队伍的素质就显得更为重要。2015年，我们计划从以下方面强化这支队伍的素质建设：一，加大对新入职导游、领队的考培工作力度；二，加强对换证领队、年审导游的考培；三，进一步落实好省局关于稳定中、高、特级导游队伍的政策，促进导游队伍素质提升；四，要积极探讨导游职级、服务质量与报酬相一致的激励机制，通过“培训＋机制”的工作方式，不断地提高我省导游和领队人员的素质，充分发挥好这支队伍的正能量作用，树立旅游新形象。

转变营销方式 提升旅游品牌

陕西省旅游局国内（港澳台）旅游事务处 董汉青

2014年，在国家旅游局的有力指导下，在全省各地市党委政府的大力支持下，我局认真贯彻落实党的十八大、十八届三中、四中全会精神，结合全省旅游业发展特点，按照国务院31号《关于促进旅游业改革发展的若干意见》指导精神，围绕我局“2336”发展战略，突出重点、发挥优势、注重特色、创新宣传，超额完成全年工作目标和任务。

一、2014年工作完成情况

（一）高起点策划举办“秦岭与黄河对话·丝路文明”活动

按照节约、朴实、精减的原则，策划举办了“秦岭与黄河对话·丝路文明”新闻发布暨《大秦岭纪事》图书首发式、“穿越大秦岭·聆听黄河风”自驾采风取水活动、“保护华山松”秦岭生态安全公益行动、陕西省旅游行业向“华山卫士”好司机杨京红同志学习动员会、“秦岭·黄河·丝路旅游”线路发布会、“中国旅游日”活动启动仪式、“秦岭与黄河对话·丝路文明”等七项主题活动。宣传效果显著，品牌效应形成，获得旅游业界及社会的广泛好评。一是组织便民惠民的“中国旅游日”系列活动，提升公民旅游意识。对促进就业、传承文化、提高素质等方面的起到积极影响，在全省营造了关注旅游、参与旅游、支持旅游、推动旅游的良好氛围。二是充分展示陕西旅游新形象。通过举办“陕西省旅游行业向‘华山卫士’好司机杨京红同志学习动员会”向全省树立了旅游行业践行社会主义核心价值观的榜样。在华山北峰上举办“秦岭与黄河对话·丝路文明”活动将“生态美、旅游美、山川美”作为“山水人文·大美陕西”的主要宣传内容，良好地展示了陕西旅游的新形象。三是充分调动媒体的主动性。在对话活动序曲“穿越大秦岭·聆听黄河风”大型采风取水活动中，我局组织各家新闻媒体组成了都市媒体黄河队、旅游媒体汉江队、网络媒体渭河队、广播数字媒体丹江队等媒体及志愿者共150人历时三天时间，行程6000千米走访24条江河，全程进行新闻跟随采访，所到之处各地市县媒体也参与其中，开创了旅游主导、媒体联动、比拼影响、协同传播的先例。此外，香港凤凰卫视、陕西卫视以及众多网络与电台现场直播（录播）了2014“秦岭与黄河对话”活动，活动影响力和传播面达2亿多人。通过电视、报刊、网络等宣传方式实现立体互动，国内外刊发、转发此项活动新闻的各类媒体超200家，发布及转发稿件400余篇。后期在台湾东森电视台进行了持续广告宣传，亚洲受众人群1亿人次。

（二）以塑造“山水人文·大美陕西”旅游品牌形象为重点，着力宣传丝绸之路起点游和大秦岭人文生态旅游度假圈

4月9日至13日，陕西省旅游代表团在陈清亮局长的率领下随国家旅游局赴港澳参加了“2014年美丽中国之旅主题宣传推广活动”。代表团成员与港澳两地旅游业界人士进行了广泛交流，就组织丝绸之路旅游专列、丝绸之路旅游大巴、丝绸之路旅游包机等事项达成组团合作协议。我局制作的“中国丝绸之路旅游线路”PPT和旅游宣传大使的精彩宣讲赢得场内嘉宾赞誉，受到国家旅游局的高度赞赏，国家旅游局专门致函予以肯定和感谢。4月26日与陕西日报社合办“梦想中国·丝绸之路”陕西首届书画摄影大赛，作为创新旅游宣传推广方式的一次有益探索，是习近平总书记提出“丝绸之路经济带”构想之后我省举办的首个大型书画摄影活动，大赛通过报纸、网络宣传和展览展示对宣传陕西文化资源，提升陕西省的旅游形象起到积极积影响。我局联合《旅游搜视》频道共同立项完成三大系列纪录片《丝路起点的吃食》《丝路起点的绝活》《丝路起点的古镇》脚本和部分拍摄工作。完成我省七个丝绸之路申遗成功景区的宣传片拍摄和制作，完成《丝路中国·人文陕西》宣传片拍摄和制作。7月2日随国家旅游局赴台湾参加了海峡两岸旅游交流协会高雄办事分处正式成立仪式并在揭牌仪式后代表国家旅游局进行了丝绸之路的推介。国家旅游局监管司司长当场向杜江局长赞扬道，这才是真正的推介会，有精彩的演讲，有丰富的内容，有深远的意义，今后应该大力推广陕西这种宣传推介形式。并在会后盛情邀请我省推介人员同赴法国推介。

（三）整合媒体资源扩大陕西旅游形象宣传覆盖面，打造陕西旅游新形象

一是完成了央视广告、北京户外广告的制作及投播工作在《朝闻天下》《新闻30分》和《新闻联播》前，以及赠播的《第一精选剧场》《下午精品剧场》投放陕西旅游宣传广告，据央视广告效果监测数据显示，3至5月共投放62天期间，累计接触24.4亿人次，覆盖了全国3.87亿观众，深度接触人口1.8亿。全国两会期间，在人民大会堂、首都机场、前三门大街、两广大街、平安大街、国家旅游局、中央党校周边的二环和三环内主辅路及CBD等核心区域投放户外广告，在北京首都机场投放LED、公交候车亭100块灯箱广告，在王府井及城区内投放LED大屏广告。据广告效果分析报告显示，我省旅游广告投放后效果极为明显。二是网络宣传。完成陕西美食网络宣传工作，制作了网络专题线上宣传活动，集中对陕西美食进行展示，征集 100 人吃货团免费品尝陕西美食，在大秦网首页做文字链接征集陕西美食吃货团，在腾讯、新浪、凤凰等 30 家全国知名网站发布题为“‘陕味记忆’招募吃货团”的新闻报道，同时在微博、微信进行联动宣传，在西祠美食、百度美食吧、网易吃货、搜狐美厨房等 20 多家论坛上进行推广。同时与新华网陕西频道联合制作了“丝绸之路起点探梦华夏故里”专题栏目，推荐丝路旅游景区、介绍丝路风情、展示风光图片。三是台湾市场广告。在台北桃园机场发布 D1 灯箱广告一个月，在台北松山机场发布 3 个为期一年的大型 LED 广告及 300 辆公交车车身为其一个月的广告，受众人群达 3000 万人次。获得良好的宣传效果，今年 1 至 9 月台湾来我省旅游人数增长 15.64% 。四是完成我省旅游新宣传片补拍和剪辑工作，完成我省空中拍摄的旅游宣传片的剪辑工作。

（四）借助国家局和各类宣传促销活动平台，举办活动树立我省旅游品牌

一是春季营销大会。大会期间举办了我省四季旅游新业态产品和 31 个文化古镇旅游产品推介会、供需洽谈会和中国西部八城市帝王陵墓联盟会议。10 个省、30 个城市、45 个县、135 个景区，220 家旅行社、55 家新闻媒体等 600 余家单位参会，签订业务协议约 1000 份，100 家新闻媒体和网络对活动进行了多角度报道。

二是 2014 年清明黄帝陵广场旅游宣传促销工作。与延安市人民政府于 4 月 1 日至 10 日，开展“华夏图腾·延安圆梦”——寻根祭祖黄陵游延安旅游宣传周活动。并在黄帝陵庙前区广场举办旅游宣传促销推介活动，组织企业参加圣地延安旅游及周边城市的宣传促销活动。

三是中国（三门峡）国际黄河文化旅游节。5 月 22 日至 24 日，带领我省旅游企业分别参加 2014 沿黄九省（区）对话黄河·智慧旅游峰会、沿黄九省（区）黄河之旅旅游联盟年会、黄河旅游市场推广联盟成立筹备会。10 月 17 日，参加中国黄河旅游市场推广联盟成立大会。

四是全球色彩发现之旅陕西站启动仪式。2 月 27 日，与省妇联联合指导了由中国流行色协会、恒源祥集团发起的全球首个以“探寻色彩文化”为目的，重走丝绸之路的大型文化溯源活动。

五是《大秦岭纪事》图书出版。与德安杰旅游顾问公司合作出版了我局推广“中华父亲山”——大秦岭旅游项目的《大秦岭纪事》书籍，为大秦岭人文生态旅游度假圈建设树立品牌形象。

六是与旅行社合作引入营销机制开展宣传促销。继去年邀请台湾旅行商来我省踩线之后，协助我省旅行社和台湾旅行商销售我省 20 条旅游线路，组团 5000 多人并协助推广销售。在国家旅游局“美丽中国”赴港澳促销活动中，我省代表团与港澳旅游业人士就组织丝绸之路旅游专列、丝绸之路旅游大巴、丝绸之路旅游包机等事项达成组团合作协议，组成了四个丝绸之路专列旅游团，共计 2400 余人。

七是召开陕台旅行商洽谈会。7 月 7 日，由海峡两岸旅游交流协会、台湾海峡两岸观光旅游协会带领台湾旅游业 40 余家旅行社和酒店代表在西安举办“台湾真精彩”自由行业务洽谈会。会上我省七家赴台组团社和台湾旅游业、酒店业代表进行了深入友好的交流与洽谈。陕台两地旅游业界进行了深入的交流，对于两地提升旅游品质，拓宽交流渠道，彼此借鉴经验起到了良好的推动作用。

八是陕港澳旅行商旅游交流合作推介活动。9 月 21 日，作为首届中国西安丝绸之路国际旅游博览会重点活动之一的“陕港澳旅行商旅游交流合作推介活动”在西安成功举办。国家旅游局组织邀请的 50 多家港澳旅行商与我省 40 多家主要旅行社负责人及十几家主要新闻媒体，共 120 多名旅游业界人士汇聚一堂，宣传推介陕港澳三地精品旅游线路，开展旅游合作交流洽谈。

九是举办“丝路使者号新东方快车”出发仪式。9 月 21 日晚 10 时，“丝路使者号·新东方快车出发仪式”在唐长安城大明宫遗址公园圆满举办。国家旅游局副局长杜江、香港旅游事务署专员容伟雄、澳门旅游局局长文绮华、香港立法会议员姚思荣等参加仪式，近 200 名旅行商、媒体及国际游客参加出发仪式。加大了丝绸之路经济带的旅游主题形象宣传，进一步提升了我省的丝绸之路旅游品牌。活动受到港澳旅行商和国家旅游局的高度好评，刘克智司长说工作交给陕西局让人放心，干得好。

十是四川国际旅游交易博览会。9 月 26 日至 29 日，我局组织陕西海外等八家省内旅行企业参加，并出席了“全球旅游新业态发展高峰论坛”“中国智慧旅游发展的探索与展望论坛”“PATA（亚太旅游协会）中国专家委员会乐山诊断会”和“中国自驾旅游发展趋势论坛”，代表团与旅游业界进行了广泛的交流，学习了外省的先进经验。

十一是加第十届海峡两岸旅游博览会。我省展团共设展位 11 个，累计接待人数 3 万人次，发放各类旅游宣传资料约 4 万余册。通过会展的交流，使海峡两岸旅游业界进一步加深了对陕西丰富的人文旅游资源的认识和了解。

十二是精心布展参加第七届中国西部文化产业博览会。9 月 5 日至 8 日，第七届中国西部文化产业博览会在西安曲江国际会展中心举行。陕西旅游展位围绕“山水人文 · 大美陕西”主题，全面展示了我省旅游事业发展改革的整体形象，以“丝绸之路起点——陕西”“大秦岭人文生态旅游度假圈”战略发展规划展示为主题，集中展示了近年来推出的旅游精品线路和以中国首部大型实景历史舞剧《长恨歌》为代表的一系列富有文化创意内涵的旅游文化景区和产品。并组织省内 30 余家旅游企业参加文化产业招商项目推介活动。

十三是第九届海峡两岸台北旅展。11 月 7 日至 10 日，省局组织各市旅游局和旅游企业参展。以“丝绸之路的起点——陕西”和“大秦岭人文生态旅游”为主线，推出多款适合台湾游客消费习惯的新线路和新产品。发放旅游宣传品5万余册，接待4万余人次，主动利用台湾当地报刊、网络等媒体进行大规模宣传促销。我省宝鸡社火脸谱绘制非物质文化遗产传承人薛亚兵，在展会现场展示表演了精彩的陕西民间艺术，成为台北旅展的一大亮点之一，让台湾民众零距离感受陕西民俗文化的独特魅力。旅展期间，分别在台北市、台中市举办“陕台旅行商交流座谈会”，应邀的台湾主要旅游协会、旅行公会理事长和相关旅行社负责人均对今后加强陕台旅游合作交流给予极大期待与厚望。

十四是第四届陕粤港澳经济合作活动周。为积极推动我省旅游产品对港澳市场的宣传推广，巩固和扩大港澳地区在我省入境旅游市场中的基础地位，根据省政府统一安排，陕西旅游推介团于11月18日至22日随省政府代表团赴香港、澳门参加第四届陕粤港澳经济合作活动周。我局局承担了在陕西文化旅游产品推介洽谈会、陕港产业合作对接交流会、推进陕澳合作暨陕西旅游产品交易洽谈会三场活动中推介陕西旅游产业发展、旅游项目招商、旅游产品、和精品线路任务。香港方面邀请了香港旅游发展局副总干事叶贞德，国家旅游局亚洲交流中心副主任张坚钟、香港旅游业议会总干事董耀忠以及20多家香港旅游界人士出席了推介会。11月21日的推进陕澳合作暨陕西旅游产品交易（澳门）洽谈会，由陕西省人民政府主办，由陕西省旅游局牵头，省商务厅、省文化厅共同承办，澳门贸易投资促进局、澳门旅游发展局、澳门中华总商会、澳门工商联会、澳门记者联盟、澳门陕西联谊会、澳门陕西工商联会、香港大公报协办。澳门旅游、工商、文化界人士等200多人参加了活动。洽谈会上，陕西省旅游形象大使孙维向与会嘉宾推介了陕西旅游产业、招商政策和项目；全国十佳导游王海虎用纯熟的粤语将陕西旅游产品和精品线路生动呈现。活动现场热烈，得到澳门与会各方的广泛赞赏，更获得我省两位省政府领导的高度赞扬。为配合第四届陕粤港澳经济合作活动周，省旅游局还在香港市区投放了400辆公交车体广告，在亚洲卫视台、香港国际机场、澳门国际机场、香港电视广播互联网等媒体投放15秒陕西旅游宣传片，在香港大公报旗下的报纸、网络、网刊、LED大屏、微信等平台进行了陕西旅游形象宣传，这些广告的投放吸引了香港广大市民的眼球，有力配合和扩大了第四届陕粤港澳经济合作活动周的影响力。此外国内多家电视、报纸、网络、杂志等媒体也对其进行了跟踪报道宣传。

十五是“数字陕西·智慧旅游”微信营销大赛。作为全国首家以旅游产品宣传推广为主要内容的微信营销大赛活动已于11月上旬启动，活动设立一、二、三等奖和优秀奖。该活动为促进全省各级旅游行政管理部门和旅游企事业单位更好的利用网络微信平台宣传推广旅游产品，提升我省旅游产品的营销推广水平，丰富旅游产品宣传营销方式，提升旅游产品营销的文化性、互动性、智能性和趣味性起到良好的推动作用。从目前报名情况看，参与单位积极踊跃，热情高涨，赢得了旅游业界和民众的普遍关注和肯定。

十六是举办弘扬主旋律推进陕西旅游文化演艺工作座谈会。11 月 11 日，由省委宣传部、省旅游局主办，陕西旅游集团承办的“弘扬主旋律推进陕西旅游文化演艺工作座谈会”在延安举行。省旅游局局长杨忠武、省委宣传部巡视员成立笠，陕西旅游集团董事长张小可，陕西省财政厅文资办主任陈小军出席会议并讲话。西安交通大学人文学院教授韩鹏杰等专家学者和省内文化界、旅游界、新闻界名人以及当年延安保育院的保育生代表和 30 家媒体参加座谈会。会上，陕旅集团董事长张小可就《延安保育院》的编创情况进行介绍。西安、宝鸡、延安市旅游局负责同志以及各界专家、文化名人和旅游界人士就如何弘扬主旋律推进旅游文化演艺工作，各抒己见、畅所欲言。

（五）针对不同客源市场找准定位，精心编制宣传品

一是完成我省旅游宣传品评选办法（草拟稿）起草工作，拟选定时间与省委宣传部联合举办“陕西旅游宣传品评选大赛”评选我省优秀旅游宣传品。鼓励各市区、各部门、企事业单位创新编制更多符合市场需求的高质量旅游宣传品。甄选与国际接轨的迎合旅游市场，实用性强的获奖旅游宣传品投入市场，充分展示陕西旅游资源丰厚的人文历史和文化底蕴。二是印制《来陕西玩》旅游宣传手册。以轻松、活泼的方式和线路展示陕西旅游产品。三是制作港澳市场、台湾市场 PPT。完成 2013 年港澳台旅游市场和国内旅游市场动态调查分析，在此基础上，针对港澳市场和台湾客源市场分别制作旅游推介 PPT。四是完成《北京 2014 版旅游交通图》我省旅游宣传广告印制，印制了央视拍摄的大秦岭纪录片光盘 2000 套，专门针对高端市场进行宣传。

（六）创新思维与媒体开展深度合作，宣传我省旅游品牌形象

与陕西广电网合作推出陕西《旅游搜视》频道。现已覆盖全省 70 万高清用户，受众 200 万以上人口，高清互动电视平台网内用户每月点击率为 52.8 万户，官方网站——www. 旅游搜视 .com 每月点击率为 17 万，微信平台现拥有 2 万固定受众群，微信平台定期发布抽奖参与活动。自 2014 上半年合作以来，《旅游搜视》频道对六大栏目进行了全新的改版，推出《经典旅游》《新兴旅游》《品味西安》《玩味三秦》《旅游惠民》和《书画百家》等六大板块策划并拍摄了一批围绕我省旅游特色文化、风光展示为主题的高清视频片。

二、工作中存在的主要问题

虽然我局今年在旅游宣传推广工作中取得了一定成绩，但也存在着一些不容忽视的困难和问题。一是利用网络等新媒体的宣传力度还不够大，缺乏计划性和系统性，还需建立网络、微博、微信、微电影、电子广告、无线触摸屏一体化的新媒体宣传推广体系，使各媒体相互配合、相互作用，发挥最大功效扩大宣传影响力（缺乏经费）。二是我省旅游宣传推广体系尚未建立完善，需加快推进我省旅游宣传推广战略规划和策划制定，增强宣传推广的计划性、针对性、时效性和有效性。三是对我省旅游线路产品的宣传力度还不大，针对性还不强，需应对新形势和市场格局的变化打造我省旅游线路产品升级，建立完善的旅游线路产品体系，特别是高铁旅游线路产品缺乏，需加强高铁旅游线路产品设计。

三、2015 年工作思路和重点工作

（一）做好品牌营销

创我省旅游品牌，加大丝绸之路起点和大秦岭人文生态旅游度假圈的品牌宣传力度，利用各种媒体和营销渠道做好宣传促销。

（二）做好创意营销

策划好“秦岭与黄河的对话”活动，要有亮点，有新奇，有内涵，有文化，有吸引力，使这一事件营销在世界上产生广泛影响，进一步提升秦岭与黄河的知名度。策划好丝绸之路旅游营销大会活动，面向市场，创新立意，服务企业，搭好平台，提供咨询，做好保障。

（三）做好智慧营销

逐步建立营销体系和现代营销系统，有效利用新媒体传播，从粗放营销向精细营销转变，从分散营销向整合营销转变。利用现有条件做好网络、微博、微信等新媒体宣传。着手做好以下工作：一是利用今年到明年开春的淡季时间，在网上开展冬季游陕西促销活动；二是与浪游网全方位合作开辟我省旅游第二宣传平台；三是指导陕西广电网拍摄好丝路各种专题片，做好视频、网络及微博宣传；四是继续利用我局官网、微博、微信配合各项促销活动宣传；五是运用微信、微博对我局举办的各类推介活动进行宣传；六是策划微博、微信宣传活动，借名博旅游达人增加人气宣传；七是与百度合作在我省建立大数据实验室，掌握游客第一手资料，开展精准营销；八是在百度网建立直达号进入快捷的营销网络；九是策划好丝绸之路起点，丝绸之路文化遗产特别是申遗成功七个景点的移动终端宣传。

（四）做好服务营销和反馈营销

利用我局官网、微博、微信、浪游网（我省旅游第二宣传平台）、百度大数据实验室、百度直达号等平台与游客充分互动，从销售向服务转变，从线上到线下，

以客户为中心，为客户着想，征求客户意见，依据反馈信息，开展咨询和服务，回答客户问题，改进产品，树立形象，以服务促营销。

（五）做好高铁营销

全国高铁时代已经到来。西安至郑州、西安至大同高铁已开通，可连接京、津、冀、沪、汉、闽、广、深等地高铁。西安至成都，西安至宝鸡高铁正在建设。目前，每天从西安发往全国各地高铁和动车 118 辆。明年拟与西安铁路局合作在铁路刊物《信天游》杂志上开辟 12 个页面的“丝绸之路起点旅游”专栏，同时增加高铁旅游线路推介宣传。

（六）做大港澳台市场，加大宣传促销力度

在入境旅游市场不景气的情况下，我省旅游在港澳台旅游市场保持了较好的上升势头，1 至 9 月台湾游客增长了 15.64%，澳门游客增长了 14.97%，香港游客增长了 5.07%，稳定了我省入境旅游市场，减少了入境旅游市场的下滑趋势，我省入境旅游市场平均增长为 3.88%。因此，要进一步做好港澳台市场的营销工作，不断扩大市场占有率。继续参加并做好国家旅游局在港澳台举办的各类宣传促销活动和展览会，充分利用我省开展的陕粤港澳经济合作活动周活动宣传我省形象，做好旅游营销。同时做好港澳台媒体及旅行商的邀请接待工作。

（七）加大力度完善已推出的旅游线路产品，不断打造推出新线路产品，拓宽营销渠道

今年我局推出了丝绸之路旅游线路 4 条、高铁旅游线路 5 条、佛教文化之旅旅游线路 4 条、黄河风情旅游线路 3 条、大秦岭旅游线路 4 条、自驾游旅游线路 10 条、来陕西玩旅游线路 11 条、四季游陕西旅游线路 4 条。考察调研了大秦岭徒步穿越旅游线路 1 条。明年要召开我省旅游线路研讨会，调研、设计旅游线路，并指导、协助旅行社开展线路营销，在各类媒体上宣传促销旅游线路。重点调研推出新增丝绸之路旅游线、大秦岭旅游线和高铁旅游线。同时根据市场需求打造生态健身旅游线和民俗文化旅游线。

（八）加强区域合作，联手宣传促销

拟做如下工作：一是赴陕西周边省份开展宣传促销活动吸引客源；二是与西北五省区和新疆生产建设兵团合作共同打造丝绸之路旅游带，共同促销、形成合力。争取开通常规丝绸之路旅游专列和常规丝绸之路旅游大巴，成立丝绸之路国内段联营公司运营。在明年西北五省区旅游协作会议上，由我局作为轮值主席方提出方案交大会讨论；三是加强沿黄河九省区旅游联盟合作，做好“一路一带”旅游宣传和旅游线路推进；四是做好“9+10”旅游联盟协作区旅游推广工作，客源互送，资源共享，品牌共建，合作打造大区域旅游线路。

着力构建旅游行业大培训格局

陕西省旅游局人事处　郭宝才

当前，全省旅游业正在按照“2336”思路谋局布篇，朝着“三个一”目标提档升级。不管是破解产品结构、精准营销、服务质量、盈利模式等问题，还是贯彻科学旅游观，实现可持续发展，推进旅游治理体系和治理能力现代化，都有赖于建设一支宏大的旅游人才队伍，以人才队伍素质的升级版打造陕西旅游的升级版。基于这种认识，坚持把培训作为突破口和着力点，推动人才兴旅战略落地生根。

一、关于 2014 年培训工作

认真贯彻全省旅游工作会议精神，在陕西省旅游局党组和局领导的重视、支持下，着力强化人才支撑，推进实施“百千万”培训工程，在构建旅游行业大培训格局上进行了探索。

（一）以合作的理念推进培训

第一，与省扶贫办合作，举办安康乡村旅游扶贫培训。10 月 20 日，安康市乡村旅游扶贫培训暨“送教上门”活动在岚皋县滋河镇正式启动。省旅游局、省扶贫办主要领导，安康市政府主要领导和分管领导，安康市旅游局、扶贫办主要负责人，岚皋县委、县政府主要领导，安康市乡村旅游扶贫培训管理人员第一期培训班部分学员，岚皋县各乡镇、有关单位负责人，乡村旅游经营人员、从业人员共400多人参加。这次培训是省市联动、实施精准扶贫的一次创新实践，也是落实国务院 31 号文件精神、推进旅游富民工程的重要举措。人民日报、人民网、中国旅游报、网易新闻、新浪新闻、陕西日报等进行了报道。安康干部群众对这次培训给予高度评价，认为体现了精准扶贫的理念，把好事办到了群众的心坎上，尤其是培训持续开展7年时间、务求实效，彰显了党的群众路线教育实践活动的实际成果。

第二，与北京大学经济学院合作，举办陕西省转变旅游业发展方式培训班。5 月 26 日 –30 日，在北京大学举办了陕西省转变旅游业发展方式培训班。各市（区）旅游局、首批旅游示范县和第二批试点创建县旅游局、重点旅游企业以及省旅游局机关各处室负责人、业务骨干共 54 人参加了培训。培训内容设置科学，授课水平高，使学员们在思想理念、思维方式、发展路径等方面获得了启迪，了解了当前宏观形势和旅游业发展最新动态，学到了在过去一些培训中学不到的知识，达到了预期效果，并形成了持续发酵效应。中国旅游报、陕西日报分别形成二期专版，刊登了学员们的学习心得。国家旅游局和省委组织部、省公务员局对这次培训给予了肯定。

第三，与渭南市合作，举办陕西省贯彻落实31号文件精神培训班。与国家局和渭南市局多次沟通对接，将原定在渭南开展的“送教上门”培训变成举办全省贯彻落实国务院促进旅游业改革发展政策措施培训班。围绕贯彻落实国务院31号文件精神，结合全省旅游业发展实际和转型升级重点，安排了以改革开放增强旅游业发展动力、旅游规划与实践、乡村旅游规划与管理、旅游与文化产业融合发展等内容。8月12日—13日在华阴市举办，全省各设区市旅游局，杨凌示范区旅游局，韩城旅游景区管委会，西咸新区管委会经济发展局负责同志和部分县区旅游局负责同志，共计68人参加培训。大家一致认为，培训内容契合需求，加深了对国务院31号文件精神的理解，进一步明确了推动旅游业改革发展的方向和思路。

第四，与长安大学合作，举办陕西旅游大讲堂。3月8日—9日举办，围绕提高导游素质，保证服务质量的主题，安排了丝绸之路历史及新丝绸之路、智慧旅游、玉文化及玉石赏析、中国伊斯兰文化等内容，邀请的授课人层次高，内容丰富，针对性强。全省中高级导游员、国家和省级优秀导游员、导游骨干师资300余人参加了培训，普遍感到收获很大。

第五，与陕西旅游教育网合作，开展导游年审培训。探索和开展网上年审培训工作，年审培训网上答题共计15499人次。拓宽导游员培训手段，积极开展网络培训，在陕西旅游教育网上传40余个相关视频教学资料，已进行网上视频教学31000余人次。目前，已经培训导游人员46799余人次。

（二）坚持分工负责，推动形成各级抓培训的合力

为了发挥不同主体作用，制定了推进“百千万”人才培训工程实施方案。实行省、市、县联动，明确省旅游局负责培训旅游行政管理人员100名，各市旅游局负责培训旅游企业管理人员1000名，各区县旅游局负责培训旅游基层服务人员10000名，将具体任务分解到各市和17个全省首批旅游示范县（区）、第二批试点创建县以及41个旅游重点县区，提出了落实培训人员和经费、建立师资共享机制、加强考核通报等措施。

省局围绕培训100名行政管理人员任务，共开展了3期培训，培训212人；各市负责培训的1000名企业管理人员，实际培训2248人，加上规划处11月中旬在西北大学组织举办全省旅游景区高级管理人员培训班，每期45人，共三期135人参加，共培训企业管理人员2383人；各县区培训基层服务人员10000名，完成

14725 人。“百千万”工程确定的年度培训任务已超额完成。

2014 年培训工作有两点体会：一是要服务大局，主动作为。要研究中省的决策部署和我局的中心工作，找准结合点，主动开展工作，力争为旅游业发展多出一份力。二是要立足职能，借力发展。要坚持融合发展的理念，把其他行业、部门的资源聚合到旅游业发展上来，争取各方面的支持，解决好资金、平台等问题。

二、关于 2015 年培训工作

面对旅游业发展的新形势，我们的基本想法是：立足“三个适应”，一是适应旅游新常态。当前中国经济由持续高速增长转向不唯 GDP，注重追求有质量、有效益的发展，这是符合发展规律的增长。旅游业也以国务院 31 号文件为里程碑，由以观光为主、重视旅游人数增长转向观光、休闲、度假并重、注重提高旅游综合效益。发达国家的旅游业早已进入这个阶段，这就是旅游新常态。二是适应领导新要求。省委、省政府对旅游业重视程度越来越高，但重视并不像我们预期那样落实在经费、机构上，而是放在了推动融合发展、培育壮大市场主体、构建大旅游格局上。三是适应游客新期盼。当前，对游客而言，旅游产品供给是比较丰富的，应该说可以满足消费需求。从游客投诉和我们掌握的情况看，改善旅游市场秩序和服务质量成为担当，这也是把旅游业培育成人民群众更加满意的现代服务业的关键所在。

实现“三个转变”，一是由省局抓培训向省、市、县联动转变，形成纵向到底、分层培训的格局；二是由旅游部门抓培训向与其他行业合作开展培训转变，这既是拓展培训资金渠道的办法，同时也是推动旅游融合发展的重要切入点；三是由专题培训向系统培训转变，解决好素质全面提升的问题。

（一）落实“百千万”工程要久久为功

这项工作已全面叫响，落实好需要持续用力，把握好以下几点。

第一，设计培训主题。主题突出两个方面：一个是推进融合发展。要按照大旅游、大产业的思路，加快旅游业与其他产业、行业的融合发展，这是做大做强旅游业的必由之路，也是贯彻落实国务院 31 号文件的必然要求。一个是加强行业管理（市场秩序和人才队伍建设）。这几年我们对规划编制、产品开发、宣传促销、品牌建设培训多，对于提高行业管理水平培训不够。行业管理是当前我们旅游业发展的短板，实现“让人民群众更加满意”、延长游客停留时间、增加旅游消费这些目标，必须以钉钉子精神把行业管理搞上去。

第二，落实培训主体。省局继续抓好 100 名行政管理人员培训，各市抓好 1000 名企业管理人员培训，县区抓好 10000 名旅游基层服务人员培训，逐级落实培训任务。设置若干板块，年初印发实施方案，层层分解任务。

第三，完善培训机制。一要充实师资库，既要吸收在理论政策研究走在前沿的专家、学者，同时注意吸收在发展实践走在前列的经营者、管理者，为提高培训水平提供一流师资保证；二要加强检查督促，建立通报制度，我们在培训方面，对基层的指导、检查较少，2015 年要加强这方面工作，了解情况，共同研究培训措施；三要对积极性高的市，省局承担师资费用或给予补助支持。

（二）培训要突出重点，打造“三个品牌”

第一，进一步打响安康乡村旅游扶贫培训品牌。按照分类培训、务求实效的原则，科学设计培训内容。对于管理层既要考虑发展理念的提升、发展思路的引导，又要注意实践经验的学习；既要封闭式集中学习，又要组织现场考察学习。对农户要因地制宜，采取“送教上门”形式，组织小分队，开展乡村旅游实用技术培训，抓好建档立卡，年底就培训效果进行评估。对安康的做法进行总结、完善，探索在全省可复制、可推广的经验。

第二，进一步打响“走进名校”培训品牌。2015 年 4 月份在北京大学以融合发展为主题举办第二期培训班，着力提升旅游行政管理人员和旅游重点企业负责同志推动融合发展的能力。

第三，进一步打响“陕西旅游大讲堂”品牌。已与省旅游协会沟通，2015 年在 3 月份举办一期“陕西旅游大讲堂”的基础上，下半年在 11 月份再举办一期，集中对中高级导游进行高端培训，使导游的知识层次、文化素养、业务能力得到提升。

与此同时，认真贯彻落实《关于进一步做好我省中、高、特级导游有关工作的通知》（陕旅办字〔2014〕102 号）要求，扎实做好中高级导游等级考试考前培训；举办一期援藏培训班，与省局培训结合起来进行；积极创造条件，建议由有关处室牵头，争取与其他部门开展一些培训活动。

（三）培训要实现常态化、长效化，纳入“十三五”全省旅游人才发展规划

2015 年在编制全省旅游业“十三五”人才发展规划时，把培训作为重要内容，以系统思维理出若干板块，从资金、政策、机制上谋求突破，抓好旅游人才队伍素质的提升工作。

完善整治工作机制 优化旅游市场环境

陕西省旅游局稽查队 李霆

今年“十一”黄金周，央视在《旅游法》实施一周年之际，对全国多家著名旅游目的地的旅游乱象进行了集中报导，西安市的旅游乱象也名列其中，对我省旅游市场执法工作“提了醒，敲了钟”，对我们进一步加强旅游市场执法检查工作提出了更高的要求。完善市场监督职能、畅通诉求机制、加强执法检查已成为我们当前的一项重要任务。为认真贯彻《国务院关于促进旅游业改革发展的若干意见》（简称 31 号文件），贯彻落实《旅游法》，提高旅游市场管理和服务水平，切实解决我省旅游市场中存在的突出问题，努力打造“规范、有序、文明、诚信”的旅游环境，加快市场诚信建设，现就完善整治工作机制、优化旅游市场环境提出一些想法。

一、完善旅游市场监督检查机制

（一）坚持“政府主导、属地管理、分级负责”原则

要充分发挥政府的主导作用，强化各级政府的政策引导、宏观管理职责，制定有利于本地旅游发展的政策规定；加强道路、交通、住宿、通讯、厕所等旅游基础设施建设，优化旅游发展环境；统筹规划，在旅游发展方面给予政策及资金扶持，为本地旅游的发展创造良好的大环境。

进一步明确省、市级旅游行政部门在旅游市场秩序管理中的职责定位，建立分工明确、追责有力的管理和责任体系。市级管理是属地管理的基础和落脚点，要进一步推进重心下移，把工作重点和重心落到市级旅游行政部门，充分发挥市级旅游市场执法主体的作用，切实履行日常旅游监管职责。同时，强化省级旅游行政部门在旅游市场监管的协调、督导和制约作用，对造成重大社会影响的案件和涉及跨区域的案件、进行协调处理；对各市贯彻落实中省有关政策、法规和完成任务情况进行检查、监督，按照行政问责等相关规定，对管理和执法中存在的问题进行查处。建立权责明确、监督有力的旅游市场监督检查机制，做到有法必依、执法必严、违法必究。

（二）推动建立旅游市场联合执法长效机制

推动各市严格按照《旅游法》规定，建立旅游联合执法机制。进一步加强完善省整顿规范旅游市场秩序联席会议制度，确保交通、公安、工商、物价等主要成员单位专人专职，定期召开联合执法工作例会，定期组织开展联合执法检查，加强暗访检查力度。进一步完善违法案件跨部门督办机制、违法行为查处信息共享和公告机制。协调发挥旅游部门和相关部门在旅游市场治理的作用，努力构建综合协调、部门联动的长 效机制。

二、畅通诉求表达机制

（一）畅通投诉举报途径

积极推动市、县政府按照《旅游法》的要求建立投诉受理中心，及时受理被投诉人的诉求。旅游行政部门和经营企业要逐步建立网络投诉举报平台，多渠道受理群众诉求和解决旅游纠纷。

（二）建立健全违规行为举报奖励制度

充分利用电视广播、报刊网络等新闻媒体，大力宣传旅游市场违规行为举报奖励制度，鼓励社会监督，引导广大群众依法举报。被举报的违法行为经查证属实，由旅游行政部门按照所举报行为的危害性、社会影响等情节对举报人进行表彰奖励。要通过举报表彰奖励制度，弘扬社会正气，对违规企业起到更大的震慑作用，营造良好的旅游环境。

（三）严格落实值班制度

各级旅游行政部门要严格执行日常值班制度和重大节假日 24 小时值班制度，落实受理投诉举报“首问负责制”，完善“投诉必接、举报必查”的案件查处机制，对群众投诉举报案件要做到快速办理、高效结案。

（四）加大舆情监控力度

要加强对舆情尤其是网络舆情的监控，加强舆情分析和舆论引导，对媒体反映的旅游市场存在问题要及时反应、及时查处、及时公开。将查处的旅游违规典型案例和涉案企业要通过媒体宣传曝光，及时向社会公布。

三、完善执法检查机制

（一）加大暗访与日常检查力度

省级部门要加大暗访力度，定期不定期对旅游企业、重点旅游线路等进行暗访

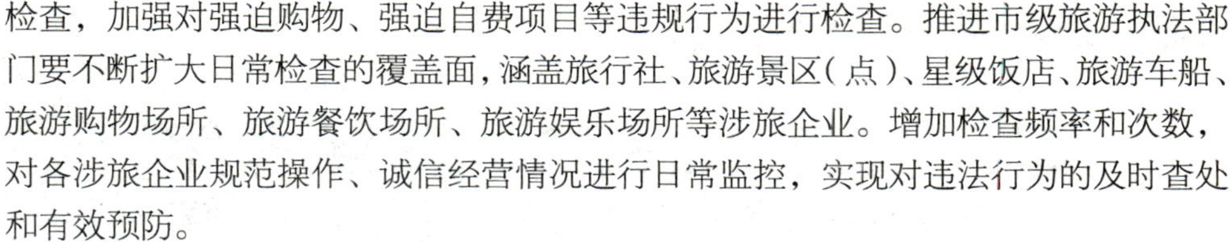

检查，加强对强迫购物、强迫自费项目等违规行为进行检查。推进市级旅游执法部门要不断扩大日常检查的覆盖面，涵盖旅行社、旅游景区（点）、星级饭店、旅游车船、旅游购物场所、旅游餐饮场所、旅游娱乐场所等涉旅企业。增加检查频率和次数，对各涉旅企业规范操作、诚信经营情况进行日常监控，实现对违法行为的及时查处和有效预防。

（二）组织开展专项整治活动

目前我省旅游市场乱象时有发生，低价经营模式尚未根本转变。要积极开展整治旅游市场乱象、低价游等专项活动，对旅游环境存在的问题、旅行社广告宣传和产品报价中的不合理低价等行为进行严厉打击。查处违规的典型案件要重点督办并通报批评，对涉案企业和相关人员依法予以处罚。加强省级督导检查力度。

（三）加强执法队伍建设

积极推动市县旅游部门完善旅游执法机构，要切实解决旅游执法机构不健全、人员不到位、执法力量薄弱的问题。一方面要加强旅游执法队伍建设，进一步落实旅游执法机构的编制、人员配置、完善岗位设置；另一方面要逐步提高日常巡查、日常检查次数，加大日常监督检查力度。

（四）推动旅游经营企业的诚信体系建设

探索建立奖励诚信、惩戒失信的工作机制，在官网上设立诚信旅游公示栏目，公布旅游经营企业的诚信榜和失信榜。一要公布严重失信行为举报渠道，对不诚信的旅游企业和从业人员，将在有关新闻媒体上予以曝光；二要加大对不诚信者的惩处力度，严肃处理虚假宣传、强迫购物、强迫自费项目和甩团等严重失信行为，依法予以处罚，并在行政审批、评选先进、承揽业务等方面予以限制；三是开展诚信旅游单位和从业人员的创建和表彰工作，在宣传引导、优惠政策等方面向诚信旅游企业和从业人员倾斜；四是加强旅游法规和市场监管规则建设，建立不诚信者退出旅游市场机制，进一步完善不诚信曝光、行业禁入等制度。

旅游市场秩序整顿是一项长期的综合性工程，涉及的范围广，涉及的部门多，需要我们加强完善整治工作机制、督办机制、综合执法机制，发挥市县政府的工作积极性，大力整治旅游市场秩序，为来陕旅游者营造良好的旅游环境。

专题报告·旅游工作会议篇

深入实施“2336”发展思路 打造新常态下陕西旅游升级版

——2015年全省旅游工作会议工作报告

陕西省旅游局党组书记、局长 杨忠武

同志们：

这次会议的主要任务是，认真贯彻落实省委十二届六次全会、全省“两会”和全国旅游工作会议精神，总结去年工作，分析当前形势，部署今年任务，围绕中心、服务大局，加快打造新常态下陕西旅游升级版，为富民强省作出新贡献。下面，我代表省旅游局讲三点意见。

一、2014年全省旅游业发展取得显著成效，谱写了建设“三个陕西”的旅游新篇章

2014年，面对经济下行压力贯穿全年的不利局面，在省委、省政府的坚强领导下，全省旅游行业抢抓丝绸之路经济带新起点建设机遇，大力实施“2336”发展思路，旅游业呈现出全面跃升的良好势头，得到了省委、省政府和国家旅游局的充分肯定。全年接待境内外旅游者3.32亿人次，同比增长16.5%，旅游总收入2521.4亿元，增长18.1%。

（一）国际吸引力显著增强

率先在全国举办了以丝绸之路为主题的国际性旅游博览会。娄勤俭省长亲临丝路旅博会巡馆指导。联合国世界旅游组织及巴西、韩国等13个国家旅游机构代表参会，32个国家和地区代表、24个国内省市的34家参展商参会。接待专业观众3000余人，公众30000人次，签约21个旅游项目，总投资105.67亿元。博览会彰显了“突出国际性、呈现全业态、运作市场化、推介更务实、着力惠民生”等特点。重要客源国宣传促销取得重大突破。在美国、加拿大等10个国家开展专场促销。在Facebook、Twitter推特等境外知名社交媒体和人民网9个语种平台设立陕西旅游专页，举办11次宣传促销活动，“复活兵马俑”等内容在海外引起轰动。境外

受众15亿人次。出入境旅游便利化程度明显提升。新开通4条国际航线，西安直飞海外城市达到20个，咸阳机场口岸实行72小时过境免签。“丝路使者号·新东方快车”开通，丝绸之路起点旅游集聚能力凸显。接待入境过夜旅游人数266万人次，外汇收入14.16亿美元，同比分别增长5%和5.5%，入境游接待人数增幅高出全国平均水平6个百分点。国际旅游合作迈出新步伐。与世界旅游组织建立密切合作关系，韩国、日本、新加坡、伊朗等国家旅游机构来陕寻求合作。

（二）国内影响力持续扩大

高A级景区创建增速全国领先。法门寺佛文化景区成功创建为国家5A级景区，新增4A级景区23个，全省高A级景区总数达76个，增速46.1%。“秦岭与黄河对话”成为全国文化旅游品牌。以弘扬和传播丝路文明为主题，举办了第二届“对话”活动，电视媒体覆盖2亿人次，网络媒体受众近亿人次。乡村旅游发展模式成为全行业典型。乡村旅游快速发展，全年接待人数1.15亿人次，旅游收入126.4亿元，分别增长25.2%、28.3%。培育形成了袁家村、马嵬驿、沙·沙河、蓝田汤峪模式，黄金周每天游客流量达到7~10万人次。《旅游法》实施工作受到全国人大执法检查组好评。创新开展“服务质量提升年”活动，全行业上下联动，高A级景区、3星级以上饭店、旅行社的管理和服务水平明显提升，得到娄勤俭省长批示肯定。省整顿旅游市场秩序联席会议制度得到有效落实，开展检查287次，受理旅游投诉438起，旅游市场秩序进一步好转。《陕西省旅游条例》修订进入省人大审议阶段。全国人大常委会《旅游法》执法检查组总结了我省6个方面亮点。标准化建设走在了全国前列。全行业标准化管理水平进一步提高，《陕西省乡村旅游示范村评定标准》《陕西省旅游特色名镇评定标准》地方标准填补了全国空白。旅游商品再获全国大奖。我省选送的作品在第六届中国旅游商品大赛上荣获金、银、铜三项大奖。国内宣传促销力度空前加大。组织开展专场促销50余次。在央视和港台卫视及机场、公交车投放旅游宣传广告，赴港澳台多次进行专场推介活动，受众人群达20多亿人次。陕西省旅游局新浪、腾讯官方微博粉丝分别达到130万和17万，官方微信订阅号粉丝量突破12万，荣获“中国旅游新媒体年度十大潜力奖”，陕西旅游新浪官方微博进入全国十大旅游机构微博。中国旅游报陕西记者站在总社2014年综合考评中名列第二。国家旅游局在全国旅游行业开展了向杨京红同志学习活动。天津、江西、海南、江苏、山西、四川等来陕调研学习旅游业发展的经验和做法。

（三）省内贡献力稳步提升

主动服务全省发展大局，旅游业在稳增长、调结构、惠民生方面的带动作用充分发挥，成为全省经济社会发展的一大亮点。旅游经济在全省占比持续增加。总收入相当于全省GDP的14.3%，比上年提高1个百分点，正在成为我省的战略性支柱产业。通过编制规划、资金支持、协调指导，全力促进30个重大文化项目和31个文化旅游名镇建设，汉唐帝陵大景区、中国革命艺术家博物院、两汉三国文化景区等18个重大项目开工建设。全省在建、新建旅游重点项目330多个，完成投资410多亿元，分别增长11.1%、21.2%。文化旅游名镇开工项目379个，完成投资31.5亿元。旅游富民力度进一步加大。立足促进陕南避灾移民搬迁工程，加快把移民扶贫新村打造成旅游名村，实现群众搬得出、稳得住、能致富，牵头与省扶贫办、安康市政府启动了2014—2020年“十县百村万人”乡村旅游扶贫培训。新增就业4.42万人，占全省新增城镇就业人数的10%。农家乐经营户达1.75万户。旅游品牌建设提升了陕西形象。全方位推介“山水人文·大美陕西”，世人更加向往陕西，越来越多的投资者看好陕西的发展前景，旅游招商引资项目128个，涉及资金776.3亿元。

（四）发展支撑力不断加强

发展平台得到延伸。与西安外国语大学联合成立陕西旅游研究院；与陕文投合作成立陕西旅游商品研发基地，累计完成策划设计200余种，批量生产18种；与陕旅集团合作的旅游电商平台骏途网上线运营，帮助省内景区、酒店、旅行社等3500多家企业形成线下线上一体化营销模式，为27万游客提供了旅游服务。市场主体持续壮大。陕西旅游产业投资基金首期募资规模达50亿元。陕旅集团、陕文投集团、曲文投集团、西旅集团等大型企业快速发展，在调整全省旅游产业布局、转变旅游业发展方式上发挥了引领作用。金融机构、大型国企把旅游业作为转型发展、多元经营的投资方向。旅游改革积极推进。实现了黄金周重点景区游客数量、最大接待量等信息网上实时发布。将3A级景区等级评定、旅行社审批下放到市区，增强了发展活力。队伍建设不断加强。大力实施“百千万”人才培训工程，全年培训63984人次。党的建设工作和党风廉政建设取得新成效，群众路线教育实践活动整改措施全面落实，机关作风持续转变，形成了凝心聚力、干事创业的良好氛围。

各级党委政府更加重视旅游业发展。省委、省政府主要领导和分管领导对旅游业发展提出一系列重要思想、作出重要批示。省政府专题研究贯彻落实国务院31号文件精神，安排5亿元设立陕西旅游产业发展基金；要求统筹协调全省旅游业发展，将省旅游局改设为省旅游发展委员会。娄勤俭省长、江泽林常务副省长、白阿莹副省长、王莉霞副省长出席多项推介活动，省级领导考察、出访都把旅游推介作为一项重要工作。市县政府主导力度进一步加大，着力推进景区开发、宣传促销、基础设施建设，促进了重点项目、重大活动的实施，形成不少工作亮点，旅游发展环境不断改善。

全省旅游业发展成绩的取得，是省委、省政府坚强领导的结果，是各级党委政

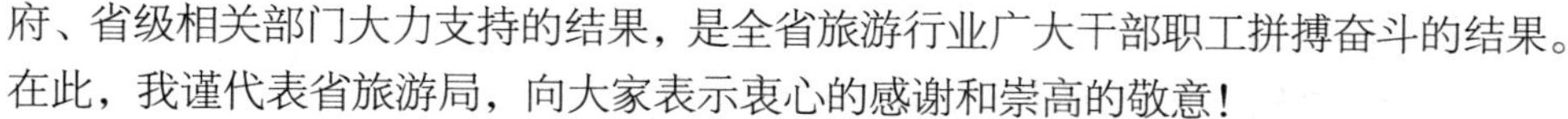

府、省级相关部门大力支持的结果，是全省旅游行业广大干部职工拼搏奋斗的结果。在此，我谨代表省旅游局，向大家表示衷心的感谢和崇高的敬意！

二、坚持以提高发展质量和效益为中心，推动新常态下旅游业转型升级

中央经济工作会议作出了我国经济发展进入新常态的战略判断，省委十二届六次全会、全省“两会”和全国旅游工作会议也对新常态下推动旅游业发展提出了新要求。认识新常态，适应新常态，引领新常态，是当前和今后一个时期陕西旅游业发展必须遵循的大逻辑。

（一）深刻认识新常态下旅游业发展方向

经济新常态呈现出速度变化、结构优化、动力转化三大特点，主要表现为从高速增长转向中高速增长，从规模速度型粗放增长转向质量效率型集约增长，从增量扩能为主转向调整存量、做优增量并举的深度调整，从传统增长点转向新的增长点。在新常态下旅游业如何发展，国务院 31 号文件为我们指明了方向：一是坚持深化改革、依法兴旅，处理好政府与市场的关系，推动形成政府依法监管、企业守法经营、游客文明旅游的发展格局；二是坚持融合发展，推动旅游业发展与新型工业化、信息化、城镇化和农业现代化相结合，实现经济效益、社会效益和生态效益相统一；三是坚持以人为本，营造良好的旅游环境，让广大游客游得放心、游得舒心、游得开心，在旅游过程中发现美、享受美、传播美；四是坚持提质增效，突出旅游消费、年人均出游次数、旅游业增加值等质量性指标，不再强调旅游人次等数量指标。以上几点，要作为定位、谋划、推动旅游业发展的根本导向。

（二）准确把握新常态下我省旅游业发展面临的挑战和机遇

我省旅游业虽然保持快速发展的势头，但还面临着一些挑战：受世界宏观经济和地缘政治因素的影响，陕西作为全国入境旅游重要省份，入境旅游持续增长面临较大压力；国家旅游局开始对地方旅游委（局）业务工作进行评估，全国各省市陆续推出加快旅游业发展的新举措，我省面临不进则退的竞争压力；全省各行各业竞相为建设“三个陕西”做贡献，如果旅游行业没有新的更大作为，在全省的地位和作用就会下降。从产业内部看，还存在一些问题和差距：旅游业发展方式比较粗放，产品结构不够合理，旅游综合效益不高；旅游市场秩序比较脆弱，整治任务依然艰巨；旅游体制机制和人才队伍建设还不能完全适应旅游业快速发展的要求。同时也要看到，我省加快建设丝绸之路经济带新起点赋予旅游业更大使命，省政府即将出台贯彻落实国务院 31 号文件《实施意见》、召开全省旅游产业发展大会，国家旅游局在项目建设、特色品牌打造、旅游体制机制创新等方面推出系列政策措施，这些都

为旅游业发展带来了新的机遇，注入了强劲动力。

（三）加快新常态下旅游业转型升级

牢固树立科学旅游观，促进旅游业从规模增长型向质量效益型跃升，在做优做强上下功夫、求实效。

1. 推动旅游产品向观光、休闲、度假并重转变

丰富和优化产品体系，满足多样化、多层次消费需求。抓好历史文化资源的活化、深度开发，积极构建以西安为起点的丝绸之路风情体验旅游走廊，把人文旅游做精做深；依托陕南、关中、陕北三个气候带、三大自然景观区，推出具有地域特色、富有体验性和参与性的休闲产品，加快推进大秦岭人文生态旅游度假圈建设，把休闲度假做出特色。

2. 推动旅游开发向集约型板块式转变

坚持走内涵式发展路子，宜大则大、宜小则小，集聚旅游要素，着力提升品质，打造精品景区。发展全域旅游，把一市、一城、一镇、一村作为一个旅游目的地来规划和打造，加快形成“山水人文 · 大美陕西”的核心支撑板块。国家旅游局开始实施“中国国际特色旅游目的地”品牌创建活动，各市区要注重打造旅游目的地品牌，西安、延安、汉中力争进入全国首批创建城市行列。

3. 推动旅游经济向全产业链转变

强化“大旅游”理念，拓展旅游业发展空间，推进旅游业与一、二、三产业融合发展，发挥旅游业统筹经济社会发展的引领作用，不断提升旅游业对生产总值、服务业增加值、地方财政收入、社会就业的贡献率。变旅游初级消费为综合消费，推动“吃住行游购娱”要素全面发力，延长上下游产业链条，打造产业集群，使陕西旅游综合收入早日进入全国第一方阵。

4. 推动传统行业管理向统筹协调、引领发展转变

着眼发展现代旅游产业，积极推进旅游治理体系、治理能力现代化。坚持综合产业综合抓，加强规划统筹和资源整合，促进旅游产品有序开发；适应旅游市场散客化、信息化发展趋势，依靠科技进步和现代管理手段，提高经营服务水平；深化旅游业改革，创新体制机制，发挥市场对资源配置的决定性作用；顺应依法治国和建设法治政府要求，善于运用法治思维、法治方式，研究和解决发展中的问题。

三、深入实施“2336”发展思路，迈出旅游强省建设新步伐

按照省委、省政府和国家旅游局关于旅游业发展的部署安排，2015 年旅游工作的总体要求是主动适应经济发展新常态，以贯彻国务院 31 号文件精神为主线，

全面落实省委十二届六次全会、全省“两会”和全国旅游工作会议精神，突出“丝绸之路旅游年”主题，深入实施《旅游法》，按照“2336”发展思路和“三个一”目标，大力推进旅游业转型升级、提质增效，让旅游更安全、更便利、更文明、更舒心，为加快建设丝绸之路经济带新起点、提高人民生活水平作出新贡献。

全年旅游业发展预期目标：接待境内外旅游者3.8亿人次，同比增长14.5%；旅游总收入2925亿元，同比增长16%。围绕上述目标，重点做好以下工作：

（一）抓好国家旅游业“515战略”贯彻实施

“515战略”是国家旅游局对未来三年工作的总体部署。要采取多种形式，认真学习领会李金早局长重要讲话精神，切实把思想统一到讲话提出的新理念、新部署、新要求上来。围绕“5大目标、10大行动、52项举措”以及《“丝绸之路经济带、21世纪海上丝绸之路”旅游宣传推广三年活动方案》等10个工作方案，结合我省实际，制定一揽子具体实施意见，明确目标任务和时间节点，省、市联动抓好落实。建立统筹协调定期研究机制，每半年召开一次专题会议，分析落实“515战略”进展情况，研究解决存在的问题；年终对落实情况进行全面总结，不断完善推进措施，提出下一步的目标任务。陕西作为旅游大省，要在落实“515战略”中走在全国前列，发出“陕西好声音”，形成“陕西模式”。

（二）打造旅游业发展新引擎

大力实施项目带动战略。抓产业必须抓项目。省政府实施的30个重大文化建设项目和31个文化旅游名镇建设项目，辐射带动作用强，将构建全省旅游业未来发展的新格局，极大提升陕西旅游业的核心竞争力。要站在全省旅游业发展大局，把推动实施重大文化旅游项目和文化旅游名镇建设作为重中之重，充分履行旅游部门职责，全力做好支持和配合工作，确保完成年度建设任务。省局将加强与各市区联动，对在建、新建旅游重点项目进行梳理排队，强化推进措施，争取早日建成投用、发挥效益。继续抓好旅游项目策划包装，加大招商引资力度，加强跟踪服务，力促项目落地实施。

加快实施高A级景区倍增计划。高A级景区是旅游产业的核心和旅游目的地的重要支撑。根据资源品质、基础条件和市场发展潜力等因素，排出高A级景区创建梯队，从规划、项目、宣传促销等方面进行提升，力争“十三五”前期4A级景区达到90个、突破100个，5A级景区达到8个、突破10个。今年金丝峡通过国家5A级景区验收，西安城墙·碑林、西安秦岭终南山世界地质公园、太白山、延安红色旅游系列景区等通过国家5A级旅游景区资源评价。加大A级景区复核力度，对环境差、管理和服务水平低的进行整治提升，对整治后仍达不到标准的实行退出机制。3A级景区评定权下放后，各市要严格标准，规范程序，扎实做好创建工作，保证3A级景区的质量，为实施高A级景区创建倍增计划奠定基础。省上将加大对各市创建3A级景区的检查力度。积极推出旅游惠民新举措。

（三）培育旅游业新的增长点

1. 大力发展乡村旅游

要像抓高A级景区创建那样推进乡村旅游发展，形成高A级景区和乡村旅游齐头并进，把三秦大地打造成一个大景区。鼓励支持有条件的乡村发展特色旅游，推广袁家村、马嵬驿、沙·沙河、蓝田汤峪发展模式。全面推行乡村旅游示范村评定标准、旅游特色名镇评定标准。探索文化旅游名镇“宜居、宜业、宜游”的发展模式，对成熟做法进行总结、推广。做好全省第二批旅游示范县验收工作。积极实施乡村旅游示范村、星级农家乐创建达标工作，引导发展休闲度假。实施乡村旅游富民工程，重点推进151个国家首批乡村旅游扶贫重点村建设，抓好规划指导、市场推广、人才培训和基础设施、公共服务设施建设提升，开展乡村旅游改厨、改厕和环境卫生整治。

2. 创建国家旅游度假区

国家旅游度假区集聚旅游景区、酒店、餐饮、娱乐和购物等多种旅游要素，对引领旅游消费、带动经济发展、促进就业具有重要作用，是国家重点支持发展的休闲度假旅游产品。制定创建方案，探索模式，在曲江新区、西安临潼国家旅游休闲度假区、华山、太白山、韩城古城等先行开展省级旅游度假区创建工作，打造一批融旅游观光、休闲、度假于一体的综合性旅游目的地。

3. 加强旅游商品开发

支持做大陕西旅游商品研发基地，加强旅游商品研发、设计，争取一批商品进入中国旅游特色商品名单。继续办好“大唐西市杯”（第四届）陕西旅游商品大赛，争取在全国旅游商品大赛取得好成绩，推进获奖商品批量化生产。各市要制定政策措施，推进旅游商品开发工作，塑造特色旅游商品品牌。鼓励建立旅游商品示范店，引导和扩大旅游购物消费。

4. 培育旅游新业态

发挥陕西科教资源优势，依托陕西历史博物馆、秦始皇帝陵博物院、黄帝陵、延安革命纪念馆、杨凌农博园等青少年爱国主义、革命传统教育和国情教育基地，建设一批研学旅游基地，推进研学旅游发展。发挥陕西中医药优势，开发一批特色医疗、疗养康复、美容保健等健康旅游服务产品。加强与交通、国土、林业、水利、体育、民航等部门合作，推进温泉旅游、滑雪旅游、大漠旅游、森林旅游、体育旅游、游艇旅游、低空飞行等旅游发展。

5. 壮大旅游企业

积极发展专业旅游经营机构，实现品牌化、网络化连锁经营。鼓励外资和民营

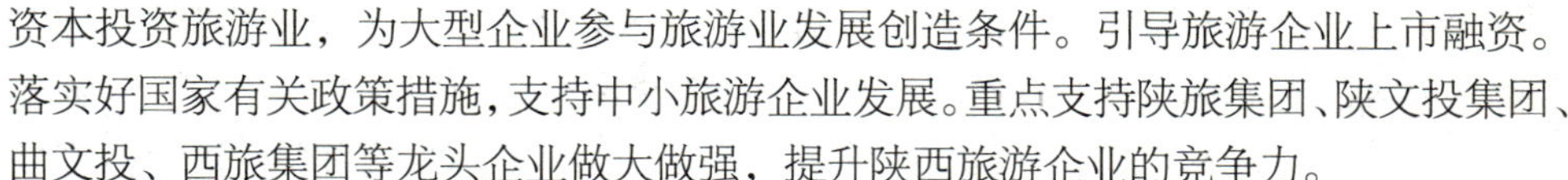
资本投资旅游业，为大型企业参与旅游业发展创造条件。引导旅游企业上市融资。落实好国家有关政策措施，支持中小旅游企业发展。重点支持陕旅集团、陕文投集团、曲文投、西旅集团等龙头企业做大做强，提升陕西旅游企业的竞争力。

（四）加强陕西旅游品牌建设

1. 打造“丝绸之路起点旅游”品牌

国家旅游局把今年确定为“美丽中国—丝绸之路旅游年”，1 月 8 日在我省举办了启动仪式，陕西作为古丝绸之路起点的地位和优势进一步凸显，要用好丝绸之路起点这块金字招牌，构建以西安为起点的丝绸之路风情体验旅游走廊，着力推进汉唐帝陵大景区、岐山西周文化景区、两汉三国文化景区、丝绸之路风情城、韩城司马迁文化景区等重点项目建设。推出丝绸之路、佛教文化、黄河风情和大秦岭专项旅游产品线路。拍摄丝绸之路起点美食纪录片。促进开通西安至旧金山、罗马和澳门国际航线。推进西安至哈萨克斯坦、吉尔吉斯斯坦、乌兹别克斯坦的自驾游线路通行便利化。办好联合国世界旅游组织第七届丝绸之路旅游国际大会暨首届丝路沿线国家旅游部长联席会议，推进丝绸之路沿线国家旅游合作。

2. 打造“红色旅游”品牌

陕西是中国革命的摇篮，延安是共产党人的精神家园，全省革命遗址达 2051 处、国家级爱国主义基地 19 个，红色文化资源在全国具有至高性。要抓住全党加强思想作风建设的有利时机，挖掘红色文化内涵、创新展示方式、加强红色导游员和讲解员队伍建设，推进区域合作，推出“奔向延安”“转战陕北”“走向胜利”等红色旅游主题线路，把全省红色旅游发展推上新的水平。2015 年是反法西斯战争胜利暨抗日战争胜利 70 周年和红军长征胜利 80 周年，要加强红色旅游主题活动策划，做好红色旅游宣传推广。推进延安红色旅游系列景区、八路军西安办事处纪念馆、陕甘边照金革命根据地旧址、马栏革命旧址、杨家沟革命旧址、川陕革命纪念馆等红色旅游景区建设。继续提升《延安保育院》《延安保卫战》和《延安颂》演艺节目的内涵。

3. 打造“秦岭国家中央公园”品牌

加快大秦岭人文生态旅游度假圈建设，发挥秦岭沿线 6 市主体作用，按照《大秦岭旅游发展总体规划》确定的产品体系、功能定位，抓好产品开发和基础设施建设。争取将“秦岭国家中央公园”确定为国家公园建设重点项目，纳入国家旅游业“十三五”发展规划。依托山岳、森林、地热等资源，加强项目策划，继续抓好华山、太白山、金丝峡、瀛湖、长青—华阳、黎坪等重点景区建设。

4. 打造“帝陵文化旅游”品牌

陕西作为中华民族的重要发祥地，根脉人文资源厚重，轩辕黄帝陵和 72 座皇帝陵园承载着生生不息、博大精深的中华文化，发展帝陵文化旅游具有独特优势。

要在继续做好黄帝陵保护建设的同时，推动落实《陕西省汉唐帝陵旅游专项建设规划》，坚持“保护为主、抢救第一、合理利用、加强管理”的原则，探索“一村护一陵、一陵带一村”发展模式。制定陵村联动建设方案，重点推进乾陵、昭陵、茂陵、汉阳陵等景区旅游服务设施建设，走出陵村融合发展的路子。

5. 打造“中国西安丝绸之路国际旅游博览会”品牌

总结首届活动经验和不足，完善思路和措施，坚持市场运作机制，举办好第二届中国西安丝绸之路国际旅游博览会，在拓展参展范围与合作渠道、扩大交易成果上实现新突破。

6. 打造“秦岭与黄河对话”品牌

坚持一年一个主题，逐步提高活动国际化水平，使“秦岭与黄河对话”活动成为全国知名文化旅游品牌和旅游业发展重要思想源。以新丝路、新起点、新旅程为主题，突出黄河文化元素，在韩城举办好第三届“秦岭与黄河对话”活动。

7. 与此同时，紧紧围绕“丝绸之路旅游年”主题，进一步加大宣传促销力度

完善省、市、区县“三位一体”旅游宣传推广体系，省旅游局加强陕西旅游整体形象推广，市区县旅游局负责目的地形象推广，企业抓好线路设计、产品和服务信息宣传推广。加入陆上丝绸之路旅游推广联盟。精心组织参加中韩、中印、中墨、中国中东欧旅游年和“美丽中国—陆上丝绸之路”旅游带联合推广，以及柏林展、JATA 展、伦敦展、台湾旅展、香港旅展和中国国际旅游交易会等展会活动。举办好丝绸之路春季营销大会。深化西北旅游协作区、长城旅游联盟、沿黄旅游协作区合作。以中老年、上班族、青少年为重点，进一步加大港澳台宣传促销力度。精心组织赴环渤海、珠三角、长三角及周边省份的宣传促销活动。加强与脸谱、推特、百度、新浪等国内外新媒体的合作。提高宣传品策划制作水平，开展宣传品质量评比活动。征集适用不同环境、彰显陕西特质、易传播的旅游形象口号，在多行业、职业中推出旅游形象大使。

（五）提升陕西旅游品质

1. 把加大依法整治旅游市场，作为今年深入实施《旅游法》的重点

全国旅游工作会议把依法整治旅游市场秩序放在首要位置进行部署，要求形成标本兼治、惩建并举、综合治理工作格局，强化督办制度，建立旅游市场秩序综合评价、服务等级“退出”、旅游目的地警示等制度。从第二季度开始，将按季度发布各地旅游市场秩序综合水平指数，这体现了国家旅游局强力整治旅游市场秩序的决心，对做好旅游市场整治工作提出了更高的要求。落实“属地管理”原则，市、县政府要切实履行旅游市场整治主体责任，加强统筹协调，强化相关部门责任，形成整治合力。继续实行和完善对各市区的游客满意度调查。发挥省整顿规范旅游市

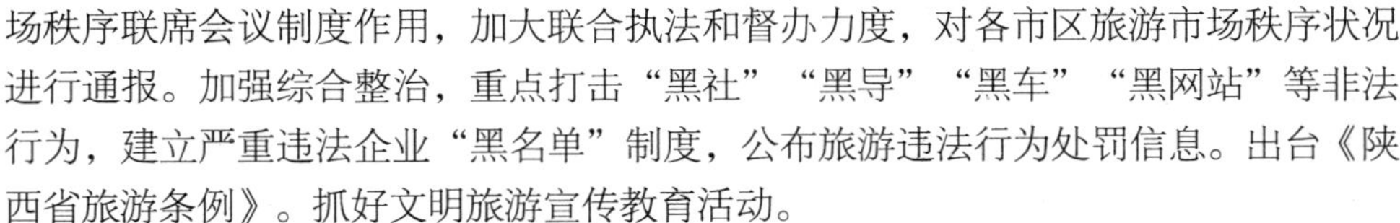

场秩序联席会议制度作用，加大联合执法和督办力度，对各市区旅游市场秩序状况进行通报。加强综合整治，重点打击“黑社”“黑导”“黑车”“黑网站”等非法行为，建立严重违法企业“黑名单”制度，公布旅游违法行为处罚信息。出台《陕西省旅游条例》。抓好文明旅游宣传教育活动。

2. 提升旅游服务水平

通过政策引导、资金补助、标准规范等手段，使全省A级景区、旅游线路沿线、交通集散点、旅游餐馆、旅游娱乐场所、休闲步行街区等区域内旅游厕所达到国家标准。提高通往景区的道路建设标准，开通旅游专线，完善旅游交通标识系统。完善自驾游服务体系，推进华山、太白山、中坝大峡谷等5个自驾车营地建设。加强城市游客集散中心、游客服务中心和问询网点建设，提升城市旅游服务功能。加大星级饭店复核工作。强化旅行社行政许可后的监管，推行使用标准合同文本，开展旅行社等级创建工作。加强初、中、高级导游分层管理，规范导游、领队执业行为，健全导游、领队进入和退出机制。

3. 提高旅游安全保障水平

牢牢绷紧安全这根弦，切实落实企业安全主体责任。完善旅游道路、景区的安全设施设备，会同开展对客运索道、大型游乐设施等旅游场所特种设备的定期安全检测，及时消除安全隐患。完善旅游安全服务规范，旅游从业人员上岗前要进行安全风险防范及应急救助技能培训。建立健全旅游安全预警机制，加强旅游安全提示信息的发布渠道建设，充分利用微信、微博等新手段，发布重点景区最大承载量信息，提高安全提示信息的受众面和时效性。加快旅游紧急救援体系建设，高A级景区要抓好安全应急预案的编制和演练。加强旅游重大活动的安全管理。实现旅行社责任保险示范项目全覆盖，争取在景区开展责任保险示范项目试点。加强旅游安全宣传，引导旅游者认识和规避旅游风险。

4. 开展“智慧景区建设年”活动

以全面提升服务质量为目标，制定“智慧景区建设年”活动方案，开展智慧景区建设试点，鼓励景区完善官方网站、官方微博，发展在线服务、网络营销、网上预订、网上支付等旅游电子商务服务。编制《陕西省智慧旅游发展纲要》，适时召开全省智慧旅游推进会议，推动建立全省统一的旅游信息公共服务和在线旅游服务平台。完善陕西旅游政务网、资讯网与官方微博、微信等平台运行机制，丰富信息内容和形式，增强对公众和游客的吸引力。

（六）夯实旅游业发展基础

1. 做好规划编制

把握旅游业发展规律和省情实际，注重规划的前瞻性、科学性和操作性，集中力量编制《陕西省“十三五”旅游业发展规划》《陕西省旅游公共服务体系规划》《汉江旅游发展规划》《丝绸之路（陕西段）旅游行动纲要》和《陕西省2016—2020年红色旅游发展规划纲要》等。完善、提升市、县级旅游发展规划和重点景区规划，形成省、市、县（景区）紧密衔接的全省旅游规划体系。

2. 建立健全旅游统计机制

会同省统计局开展旅游业增加值核算。开展全省旅游住宿单位普查登记、旅游就业人员统计。建立旅游统计运行监测体系，每季度对重点旅行社、星级饭店、A级景区等旅游企业实行跟踪检测，加强旅游经济运行分析研判。做好小长假旅游信息统计分析、发布。各市区要加强统计基础设施和专业队伍建设，建立健全统计台账制度。

3. 抓好人才队伍建设

继续实施“百千万”人才培训工程。配合国家旅游局组织实施导游“云课堂”学习。继续抓好安康乡村旅游扶贫培训。推动旅游学科体系建设，优化专业设置，鼓励专家学者和大学生等积极参加志愿者活动。积极发展旅游职业教育，鼓励旅游示范县职业中学开设旅游专业或举办旅游技能培训。办好陕西旅游大讲堂和北京大学专题培训班，为市区送教上门。

4. 加强旅游研究与成果运用

优化整合旅游人才资源，遴选10~20人，组建陕西旅游专家库。建立专家参与重大课题调研制度、重点工作咨询制度。围绕编制“十三五”旅游业发展规划、开发丝绸之路起点旅游产品和建设大秦岭人文生态旅游度假圈，抓好旅游业发展深层次、战略性问题研究。课题实施要引入市场竞争机制，加强立项和评审，提高课题研究质量，推出一批在全国有影响力的研究成果。

（七）保持凝心聚力促发展的局面

1. 完善产业促进机制

省市要整合资金、资源，共同推进公共服务设施、宣传促销、人才培训、文明旅游等工作。省旅游局将由局领导牵头成立工作组，通过实地调研、座谈论证等形式，研究促进关中、陕南、陕北三大旅游板块发展的意见。省旅游局和市区旅游局都要加强与相关部门的联系，积极开展合作，建立定期会商机制。推动行业组织建设，大力支持协会工作，发挥协会在交流合作、人才培训、行业管理等方面的作用。

2. 推进旅游体制改革

抓好国家旅游局部署的各项改革推进工作。开展韩城市旅游综合改革试点，创新增强旅游部门统筹协调职能，探索整合资源、促进旅游业发展的体制机制，为全国资源型城市转型为旅游城市探索经验。选择1~2个旅游示范县开展县域旅游综合

改革试点，探索模式，逐步推广。

3. 坚持依法行政

依法全面履行旅游部门职能，厘清职责边界，建立责任清单，公开办事流程，提高服务质量，做到务实严谨高效。全面实行政务公开，主动接受社会和群众监督。带头深入贯彻《旅游法》，推进依法兴旅、依法治旅，健全市县执法机构，增强执法力量，规范执法行为。

4. 营造风清气正发展氛围

坚持向中央和省委基准看齐，切实加强党建工作和党风廉政建设，巩固和拓展群众路线教育实践活动成果，深入落实中央八项规定，扎实开展“三严三实”教育，大力弘扬旅游行业核心价值观，把开展向杨京红同志学习活动引向深入，进一步凝聚干事创业的精气神和正能量。

春节将至，全省旅游行业要按照省旅游局的部署和要求，加大旅游市场执法检查，抓好安全隐患排查整治，加强值班值守和信息报送，全力做好春节假日旅游保障和安全工作。

同志们，当前陕西旅游业已跨入黄金发展期，天时、地利、人和齐备。让我们在省委、省政府的正确领导下，群策群力，开拓进取，扎实工作， 打造新常态下陕西旅游升级版，为促进“三个陕西”建设作出新的更大贡献。

借此机会，给大家拜个早年，祝大家在新的一年里身体健康、阖家幸福、万事如意！

聚全市之力 创建国家5A级景区
带动宝鸡旅游跨跃发展

宝鸡市文物旅游局

宝鸡是炎帝故里，周秦文化发祥地，历史文化厚重，旅游资源丰富。近年来，宝鸡市委、市政府高度重视文化旅游产业转型升级，发展繁荣。以“建设国内一流旅游目的地、集散地和彰显华夏文明产业基地”为目标，把聚全市之力，创建5A景区，带动宝鸡文化旅游产业跨跃式发展作为建设旅游名市的战略和抓手，提出了到2020年，力争使法门寺、太白山等五大景区，挤身国家5A级旅游景区创建目标。为此，做了一系列艰苦，扎实，赋有成效地工作，收到了较好的成效。法门寺佛文化景区于2014年10月份被国家旅游局批准为5A级旅游景区。太白山旅游区5A级景区创建工作正在积极推进，2014年10月份通过了省级资源评审，目前正在申报国家资源评审，力争2015年内也晋升为国家5A级旅游景区。中华石鼓园—宝鸡青铜器博物院等景区规划建设已基本完成，为下一步创建国家5A级旅游景区打下坚实基础。

一、高度认识创建国家5A景区的意义

创建国家5A级旅游景区是国家旅游局在全国范围内开展的最高级别的景区评审和认定工作。宝鸡市委、市政府充分认识到5A景区具有旅游景观资源独特，规划建设标准高，公共服务设施齐全、服务水平高、在全国有一定著名度、影响大、参观游客多、对其他景区景点示范带动作用大等特点。因而将5A景区创建列入重要议事日程。近几年来，连续把创建5A景区纳入市委、市政府工作报告，列入全市重点目标任务进行督办，狠抓落实，强力推进。

二、高品位规划，高起点建设是创5A的基础

宝鸡具有5A景区资源禀赋的重点景区有法门寺、太白山、中华石鼓园—青铜器博物院、岐山周文化景区及关山草原等景区。从2001年起，历届市委、市政府高度重视重点景区的规划建设工作。法门寺佛文化景区从2001年委托上海同济大

学城市规划设计研究院编制总规划。2003 年委托台湾李祖原设计事务所担纲设计。2005 年 5 月全面开工建设，历时近 10 年，打造出国内一流的佛文化景区。舍利塔雄伟壮观，造型新颖别致，景区园林典雅、环境优美，佛教造相如法如理，旅游者无不赞叹不已。

太白山景区于 2012 年遭遇多年不遇自然灾害。市、县领导高瞻远瞩，大胆决策。决定对太白山景区封园停业，重新规划，高起点建设。2012 年 9 月委托上海同济大学规划设计院和北京大地风景规划设计院对太白山景区进行高起点规划设计，一次性与国际国内著名景区接轨。全力以赴，艰苦拼搏，仅用两年多时间，投资 30 多亿元，把太白山景区打造成景观独特秀美，景区超前大气，服务功能齐全，服务上乘，项目多样，服务质量优越的国内一流生态旅游景区。

三、制定完整细致的创建方案，扎实开展 5A 景区创建工作

创建 5A 景区，规划建设是基础，扎实创建是关键。创建 5A 景区首先是对照国家 5A 标准，制定完善细致的创建方案，从创建目标任务，目的意义，组织机构，任务分解，工作要求等方面提出具体意见。其次是对照 1000 个得分点，明确创建任务，逐一抓好落实。这些任务包括规划建设，设施完善，资源保护，环境综合治理，景区文化及宣传等方方面面。工作任务艰巨，扎实，细致。法门寺佛文化景区创 5A 历时 5 年，时间之长，困难之大，工作量至艰巨可想而知。

四、政府主导，多方融合，形成创 5A 合力

5A 景区建设和创建过程是一项复杂的系统工程，需要政府牵头，规划建设、文化旅游、林业水利，交通运输、公安、工商、食品药品监督及宗教等部门的鼎力合作。

法门寺佛文化景区从规划建设伊始，就是市委、市政府主要领导亲自抓，市长、常务副市长分别任管委会书记、主任，景区管委会专职抓落实，市县联动，部门协作，形成合力，一抓到底，常抓不懈。眉县县委、县政府主要领导亲任太白山景区管委会书记和主任，深入景区与员工同生活，同工作，坚持“5 加 2，白加黑”工作作风，夜以继日，不辞辛苦，使太白山景区发生了天翻地覆的变化。市财政局先后向法门寺佛文化景区投资 7 亿元，作为股本金，支持景区建设。向中华石鼓园和青铜器博物馆投资 5 亿元，解决了征地拆迁规划建设全部资金。眉县政府先后投资 10 亿元，用于太白山旅游区游客中心等基础设施建设。市交通局联系省交通厅，对法汤高速

进行了拓宽改造，改善了法门寺、太白山景区交通拥堵现状。扶风县动员各相关乡镇部门，对景区周边环境进行综合整治。市、县公安、交警对景区车辆和安全常年进行认真管理，特别是每逢大年初一和公休假人流高峰期，全市抽调上千名警力，自带干粮，维护秩序，确保景区安全。工商和综合执法部门，对景区食品安全，文明经营，取缔大香高香，旅行社和导游违规经营等及时查处，发现一件处理一件，保证景区良好秩序。这些都是创建5A的关键环节，这些部门的领导、干部和员工同样是创5A的功臣，5A这枚军功章同样浸润着他们的心血和汗水。

以5A景区创建为抓手，带动全市旅游业跨跃发展是宝鸡发展旅游名市战略。2014年宝鸡全年接待国内外游客4650万人次，旅游综合收入310亿元，分别比上年增长28.3%和31%。旅游业已成为宝鸡国民经济支柱产业。旅游业为宝鸡经济转型升级，为建设富强、文明、美丽新宝鸡发挥着愈来愈重要的作用。客观讲宝鸡旅游业和5A景区创建还存在着投资不足，产品结构不合理，品牌不亮，都市旅游较弱，年接待游客数量和旅游综合收入较低等不足。新机遇孕育新发展，新常态要有新作为。在新的一年里我们决心按照中央“四个方面”和“三严三实”总体要求，进一步学习、贯彻国务院31号文件，省委、省政府经济工作会议及这次全省旅游工作会议精神，分析新常态下宝鸡旅游业发展新特点、新问题，研究制定新举措，继续发扬昂扬向上、奋发有为、勇于创新、真抓实干的优良传统和作风，为进一步促进宝鸡旅游业健康持续发展而努力。

借服务质量提升年东风
树休闲养生旅游城形象

铜川市文物旅游局

一、基本情况

铜川市旅游服务中心是在全省旅游行业开展“服务质量提升年”活动和铜川市加快城市转型、推进旅游发展的双重利好背景下立项、建设并投入使用的。

项目选址位于延西高速铜川新区出口，与高速出口城市绿化景观带连为一体，是铜川南部重要的城市形象窗口和旅游服务枢纽。项目主体占地面积1798平方米，建筑面积2798平方米；另外有停车场等附属设施2180平方米，总投资2400万元。该中心于2013年11月开工建设，2014年12月17日正式运行。运行40多天来，共接待游客2005人次，市级各类会议14次，受到了社会各界好评。

铜川市旅游服务中心是集旅游接待咨询、铜川旅游线路及景区展示、旅游商务票务、旅游酒店预订、导游推荐、游客租赁预定、游客投诉接待、游客餐饮休闲、旅游信息发布、旅游行业培训等功能为一体的综合性旅游服务咨询机构。内部除办公区外，设置了接待咨询区、餐饮休闲区和商务洽谈区三大功能区域，打造“城市会客厅”。接待咨询区通过视频、图片、触摸屏、宣传品等多种形式展示铜川旅游资源和产品，为游客和市民提供及时、准确、详实的旅游资讯，同时结合游客的个性化需求提供行程设计、票务代理及住宿、餐饮、租车预订等一站式便捷服务；餐饮休闲区为游客提供卫生便捷的铜川和关中地区特色美食，配备热饮、咖啡、茶吧等服务项目，清新素雅的环境和热情周到的服务使游客宾至如归；商务洽谈区配有商务洽谈、会议会晤、洽谈签约、上网冲浪等服务设施，满足游客休闲商务需求。外部设计突出养生环保理念，将原生态色彩元素融入周边绿化景观带，塑造休闲养生旅游目的地城市形象，扮靓“铜川第一眼”。新建成的铜川市旅游服务中心，成为全市智慧旅游管理中心、旅游信息咨询服务中心和旅游电子商务中心为主要职能的高水平的旅游管理和服务平台，成为宣传展示铜川旅游的重要窗口和服务八方宾朋的游客之家，成为铜川休闲养生旅游目的地城市建设快马加鞭的一个缩影。

二、主要做法

铜川市旅游服务中心建设既是市委、市政府确定的2014年全市重点项目，又是我市2014年大力推进的66个重点旅游项目之一，我们从一开始就确定了“高点定位，超前谋划；加快建设，争先创优”的思路，发扬“5加2，白加黑”精神，仅用一年的时间就建成使用，截至目前中心运行良好，实现了预期目标。我们的主要措施有以下几个方面。

第一，着力责任落实，保质保量迅速建成。首先，加强组织领导，成立了中心建设工作领导小组，由局长任组长，分管领导任副组长，抽调专人负责工程建设，协调各方关系，确保工程质量和进度；并提早谋划内部设置、人员配置、服务流程等后续管理运营工作。制定详细具体的实施方案和严格的目标责任制，将工作任务层层分解，做到人人肩上有担子，个个心中有责任，有力促进了各项工作的顺利实施。其次，在工程建设方面，我们始终按照“四制”、把好“五关”，即项目法人责任制、工程招标投标制、工程建设监理制、合同管理制和材料采购关、技术指导关、施工监督关、安全生产关、当日验收关，全面加强对工程的建设与管理，使得工程建设方、设计方、施工方、监理方各司其职、各负其责，有效地保证了工程质量和进度。第三，强化督查，实行项目专员制度。为了进一步加大对项目实施的管理力度，明确责任，我们对项目确定专员具体负责，常驻工地，督促任务落实到人，管理到人，责任到人，奖惩到人，发现问题及时协调解决，项目建设按计划高效推进。

第二，加强规范管理，促进优质高效运行。为了使中心建成后能够立即正常投入运行，我们一边建设，一边为运行做好充分准备。一是制定了《铜川市旅游服务中心管理运营实施方案》，确定了其基本职能、服务项目、功能区划分，内设机构设置、前台接待窗口等管理运营事项。二是招募精干服务人员，进行集中培训，内容包括铜川历史文化、旅游概况、中心职能、岗位职责、服务礼仪、接待流程等，并前往景区、博物馆实习训练，提高工作人员自身素质和服务水平。三是建立健全相关制度，制定了中心管理办法、信息管理制度、设备管理制度、游客接待问询工作流程、游客接访管理制度、首问责任管理制度、服务大厅突发公共事件应急预案、重要情况报告制度以及考勤制度、值班制度、环境卫生管理制度、安全保卫制度等等系列制度规范，并形成了制度汇编，人手一册。做到有规可依、有规必依，使得一个新建单位运行管理很快步入正轨。

第三，注重方式创新，积极延伸服务链条。中心建设之初，除了旅游接待咨询、旅游线路及景区展示、旅游信息发布、游客投诉接待、旅游行业培训等主要职能外，如何满足游客旅游酒店及票务预订、车辆租赁、导游推荐、纪念品购买、餐饮休闲等旅游商务需求，成为提高服务水平的关键问题。为了破解这一难题，我们结合深化改革要求，按照市场化运作的方式，划出功能区交由铜川市旅游发展有限公司自主经营，提供旅游纪念品展销、快捷餐饮、旅游接待等服务，既满足了游客需要，又完善了中心服务内容，同时也为铜川旅游公司的发展开辟了新的平台，起到了一举多得、合作共赢的效果。

第四，着眼未来发展，打造智慧旅游城市。中心建设之时，正值智慧旅游蓬勃发展，为了把铜川建成智慧旅游城市，我们在建设之初就将旅游服务中心定位为我市智慧旅游服务平台，作为智慧旅游城市建设的一期工程设计建设。目前建成的服务大厅已初步具备了导游、导览、导购、导航功能，智慧服务、智慧管理、智慧营销也雏形初具。下一步我们将把全市各区县、各景区及所有旅游服务资源整合在中心平台上，最终使服务中心成为全市旅游的管理指挥中心、信息咨询中心和产品营销中心，为游客提供更加快捷周全的服务。

三、几点体会

第一，结合发展需要是根本。我市旅游服务中心的建设可以说是应运而生，既有国家和省政府关于加快旅游业发展的部署，又有我市提出要将旅游业作为城市转型发展的突破口的决策，同时近年来我市旅游业发展较快，游客人数大量增加，服务需求旺盛，因此我们能够乘势而上，克服资金等各方面困难，保证项目建设、运行的高效推进。

第二，争取领导支持是关键。中心建设得到了省旅游局、铜川市委、市政府领导的大力支持，各位领导亲临建设工地检查指导，帮助解决困难问题，协调有关方面做好配合，是中心建设又好又快向前推进的坚强支撑。

第三，积极协调配合是保障。中心建设涉及发改、规划、土地、财政、住建、消防以及社会公用事业等众多部门单位，我们始终坚持积极加强纵向沟通对接，及时反映新情况、新问题，争取支持；主动加强部门横向衔接联系，达成共识，形成合力，切实解决问题，为项目建设提供了有力保障。

第四，提高服务水平是核心。我们按照“铜川第一眼”“城市会客厅”的标准建好了中心，更要像呵护眼睛、扮靓客厅那样去维护好中心这个平台、擦亮中心这个窗口。在新的一年里，我们将重点加强管理，提高服务质量，继续建设智慧旅游二期工程，把服务作为旅游工作的生命线，努力把铜川早日建成知名休闲养生旅游目的地城市，为陕西旅游大发展做出更大的贡献！

坚持政府主导　提升旅游公共服务水平

渭南市文物旅游局

近年来，国内游客结构逐渐发生转变，自驾游已经成为主要出游方式。中、省出台了《国民旅游休闲纲要》《关于突出重点提档升级推动旅游业大发展的意见》等相关政策，一满足新形势下游客出游的需求。2013 年 10 月，渭南市政府出台了《关于促进大华山目的地建设的若干意见》，围绕大华山旅游目的地建设这一战略目标，在省旅游局的关心指导下，在渭南市政府的大力支持下，2013—2014 年，渭南投入资金 1500 万元，设置旅游标识牌 610 块，全面完善了旅游标识系统，提升了旅游公共服务体系，使每一个到渭南的游客，按照标识指示能够顺利到达景点。

一、政府主导，方案先行

渭南市委、市政府高度重视旅游业的发展，为进一步完善旅游公共服务体系功能，营造良好的旅游环境，提升城市整体形象，全力打造渭南休闲旅游新局面，让游客在渭南“慢下来”“留下来”，充分发挥旅游业的龙头带动作用。市政府主要领导亲自部署旅游标识牌的各项工作，分管副市长亲赴工作现场数 10 次，市局每周上报工作进度，市政府召开多次综合协调会，专题研究标识牌的路线勘察、设计的问题，确保此项工作快速顺利开展。首先，勘察线路，设计方案。与陕西公路设计院等相关部门联系，做好设计方案。在《方案》出台前，分管市长主持召开了五次研讨会，就标识的设计、旅游专业中英用语等方面部署了相关工作，做到了严格按照旅游标识牌设立的相关规定，最大限度利用资源，确保工程万无一失。其次，积极争取资金，推进《方案》的审批工作。在工程实施过程中，省局领导给予我们提出了许多宝贵意见和资金支持。我们按照统一规划、统一标准、合理布局、科学连线、形成网络的原则设计方案。工程从 2014 年 6 月进入招标程序到 10 月 30 日，完成了西禹、渭蒲、西潼高速渭南段 26 块标识牌的设置工作；12 月 30 日完成了国道、省道以及主要干道 40 块旅游标识牌的设置工作，完成了渭南段 10 个高速公路服务区、8 处渭南客运站 35 块旅游导览图的设置工作。这些旅游标识的设立满足了

广大自驾游、团队游、散客游和市民出游的需要，为渭南营造了良好的旅游环境。

二、查漏补缺，完善体系

按照市级先行，县（市、区）补充完善的工作部署，各县、市（区）、各景区管委会根据各自所需补充完善旅游标识牌540块，形成了市、县两级联动的良好工作局面，保证了旅游信息的连续性。2014年“智慧旅游”也成为我市旅游推介工作的一大亮点。渭南旅游形象网，渭南旅游官方微博、微信，渭南旅游咨询400-010-3377电话的正式开通；手机旅游通APP项目已经完成开发；在渭南城区15处设置的微信打印机已陆续投入使用；渭南旅游手机报每天及时发布渭南文物旅游最新动态。通过多种形式的宣传目的是让渭南走出去，让更多的人了解渭南、宣传渭南、走进渭南，这就是我们工作的目标。

在省旅游局的关心指导下，在政府的大力支持下，通过市县两级的共同努力，基本实现全市旅游道路交通标识标牌的全覆盖。标识的设立是渭南旅游提档升级的一项重要工作，填补了多年来我们工作的一项空白，同时也开启了观光旅游向休闲度假旅游结构方式的转变，拉开了渭南旅游转型升级的序幕，我相信，渭南旅游将迎来有一个发展的春天。

三、加大措施，完善体系

旅游公共服务体系包括五大内容：旅游信息咨询服务体系、旅游安全保障服务体系、旅游交通便捷服务体系、旅游便民惠民服务体系和旅游行政服务体系。虽然旅游标识系统在渭南已经基本完善，但是旅游休闲公共服务体系建设量大面广，需要做的工作还很多。下一步，我们将增添工作措施，按照商、养、学、闲、情、奇新旅游六要素的要求，不断完善渭南的旅游休闲公共服务设施建设，切实提高游客满意度。

（一）加大景区内部标识系统的完善

景区标识标牌是传递景区信息的服务系统，是景区使用功能、服务功能及游览信息的载体，是旅游景区必备的重要内容。我将重点对景区内部标识标牌进行完善。包括景点解说牌、景区内分流指示牌，景区导览图等内容，进一步完善景区的服务功能，为游客提供细致周到人性化服务。

（二）切实提高旅游信息化水平

在全市包括各县（市、区）在火车站、汽车站、高速公路服务区、商业集中区等公共场所逐步设立旅游咨询中心，完善市、县两级旅游服务网络。同时加强智慧旅游建设，在网站、微博、微信等公众服务平台的基础上，开发渭南旅游手机客户端软件，实现渭南形象展示、资源推广、电子商务、数据分析统计、决策系统支持等功能。整合旅游公共信息资源，加强旅游重要信息发布，拓宽旅游公共信息发布渠道，不断扩大旅游公共信息服务的覆盖面，切实提高服务水平。

（三）打造景观带，丰富旅游产品

把即将建成的沿黄公路渭南段（180公里）打造成集休闲、观光、体验为一体的旅游景观带。沿黄公路经韩城、合阳、大力、潼关、到华阴，沿途穿越了渭南的人文历史、自然山水、沙苑体验，如果用沿黄公路这条线穿起来，就会形成一条很好的旅游产品。

（四）打造全市旅游交通“一站式”服务

在信息渠道完全畅通的基础上，加强与铁路、公路、民航等旅游交通部门沟通，适时开通市内旅游专线，减少游客的换乘次数，使外地游客到达渭南乘坐交通工具一站抵达景点。同时，主动融入全市城市规划建设，建设市政公园、休闲街区、环城游休憩带、乡村旅游度假区、自驾车房车营地等国民旅游休闲场所，逐步实现观光型旅游向休闲度假型旅游的转变，将渭南建设成为黄河金三角国际性旅游目的地。

借势美丽乡村建设
助力休闲旅游发展

商洛市旅游局

2014 年，商洛市紧紧围绕全省“2336”旅游发展战略，着力做精景区、做美乡村、做靓城镇，做好配套、做优服务、做活营销，借势美丽乡村建设，助力休闲旅游发展，着力打造商洛旅游新的增长极。

一、大战略谋划，把美丽乡村建设作为商洛经济增长的新引擎

农业人口多、耕地资源少、立地条件差是商洛的基本市情，但同时商洛有着良好的生态环境、优越的地理区位、便捷的交通条件和容秦纳楚的乡风民俗等诸多优势，具有发展乡村旅游的天然条件。基于对这一市情的认识和把握，我市积极顺应建设“美丽中国”的新趋势，把广大农村作为发展休闲旅游的主阵地，以美丽乡村建设为载体，以发展乡村旅游为主线，着力推进旅游产业转型升级，使休闲旅游成为商洛经济增长的新引擎。按照这一设想，2013 年 7 月，市政府在商南县举办了“秦岭美丽乡村”创建启动仪式，全面启动了美丽乡村创建工作；2014 年 9 月，商洛市委、市政府又出台了《关于加快精品景区建设的实施意见》，进一步提出要将美丽乡村作为精品景区来打造；2015 年 1 月，商洛市委三届七次全会通过了《关于加快美丽乡村建设的决定》，美丽乡村建设从此上升为事关商洛经济社会发展的大战略，成为新常态下引领商洛经济发展的“新航标”。

二、高标准推进，把美丽乡村建设成为商洛旅游的新景区

美丽乡村农业、住建、旅游等部门都在抓，但到底往什么方向建，按什么标准建，我们立足商洛村情、民情实际，确立了“美、强、好”三个相互衔接、各具特色的具体标准。一是环境美。主要是围绕“生态美、设施美、村容美、庭院美”，进一步强化生态保护，完善基础设施，整治村容村貌，推进庭院美化，着力打造秀美乡村。二是经济强。主要是聚焦“农业强、加工强、旅游强、主体强”，做强山

地特色农业，做优农产品加工业，做精乡村旅游休闲业，壮大新型农村经营主体，着力打造富裕乡村。三是民风好。主要是体现“民生好、人文好、风尚好、秩序好”，切实保障改善农村民生，繁荣特色乡土文化，培育农村文明新风，建设美好和谐家园，着力打造幸福乡村。总之，我们严格遵循习总书记关于美丽乡村要“看得见山，望得见水，记得住乡愁”的要求，处处围绕吸引游客、方便游客、服务游客这一目标，着力营造“采菊东篱下、悠然见南山”的闲适意境，努力将美丽乡村打造成为商洛旅游的新景区。

三、系统化运作，把美丽乡村建设作为考量各级干部转作风的新平台

美丽乡村建设涉及千家万户，任务纷繁庞杂，需要大力弘扬“领导苦抓、干部苦帮、群众苦干”的实干精神，形成协同推进、聚力共建的强大合力。为此，我们采取整体联动、系统运作的策略，强力推进美丽乡村建设。一是建立了市、县、镇三级联动机制。明确“市指导、县（区）主导、镇组织、村实施”的建设责任机制，市级成立了由市委书记任第一组长、市长任组长的高规格美丽乡村建设领导小组；市、县、镇均将美丽乡村建设纳入年度目标责任考核和重大项目观摩；市县每年召开一次全市美丽乡村建设推进会议。二是建立了厅、处、科三级包抓机制。实行美丽乡村创建重点村市级领导联系、市级部门帮扶、县区领导包抓制度；要求各县区党委、政府主要领导要带头担任创建村第一书记，明确对创建成功的乡镇负责人予以优先提拔重用；各县区按照一村一名县级领导负责、一名科级干部主抓的包抓机制，切实抓好美乡村丽建设工作，特别对取得“美丽乡村”称号的村，优先纳入社区化管理，对村党支部书记，符合条件给予担任所在乡镇副职领导职务待遇。三是建立财、企、群三资联合机制。市财政每年设立1000万元美丽乡村建设专项资金，对建成“全国美丽乡村”的一次性奖励100万元、“秦岭美丽乡村”的一次性奖励30万元；每年评选2个美丽乡村年度建设工作先进县，各奖励100万元；积极鼓励社会企业、爱心人士参与美丽乡村创建，实现共建共享、共同受益；采取以奖代补、先建先补、多建多补、不建不补、“一事一议”、投工投劳等措施引导激励群众加大资金筹集，有效破解了投入难题，保障了稳固的“资金链”。

四、特色化打造，把美丽乡村建设成为美丽商洛的新靓点

美丽乡村核心在美，关键在特，如果美而不特，就可能是千村一面，容易引起

审美疲劳。基于此，在美丽乡村建设过程中，我们始终遵循尊重自然之美、培育个性之美的原则，把一个市当作一个大景区来规划，把一个镇当作一个功能区块来建设，把一个村当作一个景点来设计，把一户农家当作一个小品来改造，深入挖掘整合当地的生态资源与人文资源，充分彰显历史古迹、传统习俗、风土人情的人文内涵，强化规划约束，加强过程督导，坚决摒弃大拆大建或照搬城镇建设模式，力戒用一张图纸、一个式样、一种格调搞村庄建设，确保美丽乡村始终保持田园本色和乡土味道，真正让以西安为主要客源市场的游客能够切身体验“一小时穿越秦岭，一小时换一片蓝天，一小时换一道风景，一小时换一种心情，一小时换一种活法”的感受。短短两年时间，全市已创建“秦岭美丽乡村”16个，依托贾平凹笔下的清风街原型，投入近两亿元开发的棣花文化旅游区，已经成为我市农业、旅游、文化成功融合的典型。2014年，全市共接待境内外游客3005.65万人次，完成旅游总收入153.29亿元，其中以美丽乡村为重点的乡村旅游接待游客1015.2万人次，综合收入51.77亿元。

文化引领，产业融合推进陕西文化旅游产业的跨越式发展

陕西旅游集团公司

近年来，在省委省政府的领导下，陕旅集团在困境中崛起，在转型中发展，以文化与旅游、科技、金融等产业融合为抓手，以推进陕西文化旅游大繁荣大发展为己任，坚持超前谋划、恢弘布局、项目带动、品牌创新、科学发展，探索出了一条提升陕西文化旅游产业水平，推进陕西文化旅游产业跨越式发展的新路子。

一、文化引领，产业融合，全面展现文化旅游项目新魅力

旅游业是一个关联度极高的行业，旅游业的繁荣，一定不能局限在旅游业内部求发展，而是一定要走产业融合，共同发展的道路。在陕西这样一个历史文化大省，展现陕西旅游的魅力就是一定要突出文化引领，做好旅游和文化、文物保护、科技、金融、生态、民生等多方面的融会贯通，活化历史，在多层次丰富游客体验的同时，延长游客停留时间，展现陕西旅游的新魅力。

在著名历史文化景区华清池，陕旅集团打造了中国首部大型实景历史舞剧《长恨歌》，用现代科技手段、华丽炫彩的灯光音响，在故事发生地实景展现历史场景，让游客穿越历史、身临其境、感知文化。截至 2014 年底，《长恨歌》累计接待观众 280 万人次，实现经营收入 4.6 亿元，成为陕西旅游的一张金边名片，跻身国内旅游演艺第一方阵。

在西岳华山，陕旅集团建设的全长 4200 米，设中间站 W 式走向的西峰索道，是先进科技成果对传统旅游景区丰富提升的杰作，也是迄今为止世界上第一条采取崖壁开凿硐室站房的索道项目。其 7 项技术指标达到和突破了国际、国内极限标准，救援系统和智能系统均属世界最领先的科技成果，被誉为“中国索道建设史上里程碑式的项目”。西峰索道的建成运行，彻底结束了“华山自古一条路”的历史，极大地缓解了安全压力。截至 2014 年底，短短一年半时间，运送游客 240 万人次，累计收入 3 个亿，5000 小时安全运行无事故。

秉承着产业融合的思路，近两年，我们还相继建成了高科技的华清池文化旅

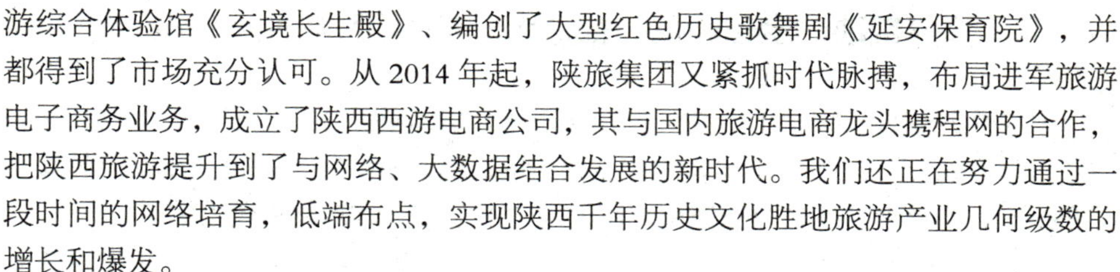

游综合体验馆《玄境长生殿》、编创了大型红色历史歌舞剧《延安保育院》，并都得到了市场充分认可。从2014年起，陕旅集团又紧抓时代脉搏，布局进军旅游电子商务业务，成立了陕西西游电商公司，其与国内旅游电商龙头携程网的合作，把陕西旅游提升到了与网络、大数据结合发展的新时代。我们还正在努力通过一段时间的网络培育，低端布点，实现陕西千年历史文化胜地旅游产业几何级数的增长和爆发。

二、文化为核，民生为本，发展城市文化旅游综合体

近年来，陕旅集团面对蓬勃发展的旅游市场，抢抓国家把旅游作为战略性支柱产业的重大机遇，发挥旅游资源厚重、人才资源富集、开发城市景区经验丰富的优势，集思广益、科学决策，与时俱进地提出了跨越式发展旅游业的“六个转变”，即变景区对游客服务为对市民及游客兼顾服务，变旅游业由旅游从业者关心为全民关注，变旅游对文物古迹和自然山水的依赖为对营销创意的依靠，变“垄断”为“竞争出效益”，变经济效益和社会效益相分离为两兼顾，变传统旅游业主体为“新兴旅游”主体。总之一句话，文化为核，民生为本，让城市文化旅游综合体成为承载“泛旅游”产业共同发展的高容量载体。

“文化为核”就是在项目策划中发掘文化潜力、梳理文化内涵、创新策划思路，形成核心竞争力。如延安圣地河谷文化产业园区——定位为现代老延安，再现延安历史文化；白鹿原文化产业基地——定位为“关中乡村旅游目的地＋影视拍摄基地”；文安驿古镇保护利用项目——定位为“窑居道情、黄土画村”；丝路风情城——定位为“丝路优美小镇群＋创意产业自贸区”。目前我们已经有8个文化综合体项目在建。下一步，我们还将布局开发岐山西周文化景区、乾陵唐文化景区等。

“民生为本”就是在项目建设中吸收当地居民参与、统筹城乡发展，以旅游带动人气促进产业发展。如，诸葛古镇项目就是与专业的袁家村乡村旅游运营团队合作，引导当地农民参与，探索“龙头企业＋地方政府＋专业团队”的新农村建设模式；乾陵唐文化景区则采用“居游共荣”的乡村旅游模式，让当地百姓继续生活在改造后的村镇中，既是居民也是旅游服务体系中的一员，参与到小型酒店、餐饮等项目的经营中。在白鹿原文化产业基地等其他项目，我们还在探索美术写生基地、下岗职工承包经营等多种方式。

我们希望通过以上努力，将城市文化旅游综合体发展成为留存城市记忆，表现文化气质，宜游宜居宜就业的新型城市功能区。

三、项目带动，全省布局，推动全省旅游跨越发展

长期实践使陕旅集团深深体会到，构筑文化旅游业“航空母舰”，牵引省域旅游业转型升级，既离不开科学缜密的总体布局，更离不开重大项目的带动。陕旅集团必须实现由经营管理型向投资型转变，优化产业布局，推动跨越发展。

我们聘请法国雅克公司、美国 AECOM 公司、英国阿特金斯公司和澳大利亚 IAPA 公司等国际设计团队，规划了一批重点项目，明确了陕旅集团在省内“王”字型地域产品布局结构。其中“1”指从延安、西安到汉中的南北布局；第一个“一”指延安以圣地河谷为中心，形成包括圣地大剧院、文安驿、壶口文化景区在内的大型文化旅游中心区板块；第二个“一”指在关中地区形成以西安为中心，包括太华索道、少华山、华清池、白鹿原、金旅城四海唐人街、航天总部基地、三桥老街·西城往事、岐山西周文化景区、乾陵唐文化景区等文化旅游区板块；第三个“一”指在汉中形成诸葛古镇、两汉三遗址文化区、龙岗旅游度假区及秦岭自驾游旅游板块。实现以优化地域产业结构布局促产品结构合理布局，引领省域文化旅游产业平衡快速发展。目前，我们已经初步完成“王”字型布局，规划 13 个项目，在建 8 个项目。

2015 年，我们还将依托陕西旅游产业投资基金的资金支持，广泛展开与省内旅游景区的沟通协作，通过参股、收购等形式，进一步丰富旅游项目“王”字型布局，拉开发展架构。以旅游景点在省域范围的均衡有序布局，为文化旅游产业发展注入新内涵，驱动全省旅游业的快速全面发展。

四、品牌先行，走出陕西，探索丝绸之路旅游发展新道路

培育知名品牌是迈向市场的通行证。2014 年，陕旅集团向社会发布了以“舒畅行旅，大道至简”为主旨的系列陕旅商业品牌，承办了“弘扬主旋律推进陕西旅游文化演艺工作座谈会”，开展了陕西最美乡村公路大型评选、“对话大明宫文化旅游商业集群——丝路遗产第一商圈活动”等大型活动，倡议成立了中国文化旅游产业品质研究院，极大提升了陕西旅游在国内的影响力和话语权。

我们依托陕旅品牌优势，紧抓“丝绸之路：长安——天山廊道的路网”申遗成功，和“建设丝绸之路经济带”国家战略的巨大利好，积极和沿线省市、周边国家展开沟通交流，探索文化旅游业走出陕西，带动省内，大力发展，加快发展新途径。

我们首先立足陕西，实施大项目引领。在西咸新区范围内打造占地达 4000 余亩，集丝路歌舞、美食、遗产及文化之大成的丝路主题大型文化旅游项目，2015 年内这一项目即将开工。同时，我们依靠资本运作，探索国内丝绸之路沿线旅游资源的整合。

集团下属陕旅股份公司计划收购丝绸之路国内段有代表性的丝路主要景点和景区，目前正在与甘肃张掖肃南以及新疆大西北公司等省市单位进行磋商及实质性谈判。收购一旦完成，我们便输出管理、加大投资，提升其景区价值。第三我们着手尝试国际合作，与土耳其、哈萨克斯坦和乌兹别克斯坦等政治稳定，具有良好旅游开发环境国家的旅游部门、公司联合，形成推动丝绸之路旅游的国际影响力。

在目前国内经济进入新常态，旅游产业进入黄金发展通道的大背景下，陕西文化旅游产业面临的发展机遇前所未有，我们将在省委省政府的正确领导下，在省旅游局的行业指导下，在各兄弟部门、地市的大力支持下，继续解放思想、创新理念，坚持超前谋划、恢弘布局、文化引领、产业融合，实现企业的科学发展，为我省文化旅游产业的跨越式发展做出更大贡献。

积极优化项目布局
培育旅游新增长点

陕西文化产业投资控股（集团）有限公司

在省委、省政府的坚强领导下，在省旅游局的大力支持下，陕文投集团统筹推进重大文化旅游项目，紧抓丝绸之路经济带建设重大机遇，不断优化项目布局，取得了一系列新突破和新增长。未来，陕文投集团将进一步提升旅游景区文化内涵，积极探索文化、旅游、科技、金融等多元要素融合的创新型旅游项目。现就相关工作情况汇报如下。

一、依托重大文化旅游项目，优化旅游产业布局

在省政府“310 工程”所确定的 30 个重大文化项目中，陕文投集团共承担了七大项目。这些项目选址遍布西安等七地市，内容全方位涵盖自然风光旅游、历史文化旅游、红色旅游、体验旅游等类型，充分体现了文化与旅游的高度融合。借构建陕西旅游大格局之“东风”，陕文投集团全面优化企业文旅产业布局，既实现了陕北、关中、陕南区域的全覆盖发展，也形成了全类型、多元化的项目格局。目前，各项目均按照省政府进度要求顺利推进，其中延安中国革命艺术家博物院、榆林统万城国家遗址公园、安康瀛湖文化旅游景区已启动建设，韩城司马迁文化景区取得阶段性成果，欢院、铜川药王山文化景区建设条件基本成熟，动工在即。在重大项目实施过程中，陕文投一方面坚持国际视野、国内一流，高标准策划建设精品项目。邀请业界顶尖的加拿大 FORREC、美国 AECOME 等公司参与项目规划设计，整合专业机构承担项目的调研、策划、规划和融资等工作。另一方面牢牢把握项目开发的政策红线、生态底线、产业轴线和民生天线，确保文化旅游产业的可持续发展。面对历史文化瑰宝韩城古城，专项编制《韩城古城保护规划》和《韩城古城修建性详规》指导项目开发；在秦巴山水之间，把保护汉江水源地作为瀛湖项目策划实施的第一原则；在每个项目的前期工作中，都立足“照金经验”，着力改善当地民生，助推新型城镇化进程。

二、充分发挥文化创意优势，打造丝路旅游增长点

在我省建设丝绸之路经济带新起点的历史机遇面前，陕文投集团充分发挥文化创意全产业链优势，大力打造文化旅游新丝路。一是通过大型文化旅游项目的带动效应打造丝路旅游新热点。欢乐东方文化城项目依托陕西独一无二的帝陵资源，借鉴迪士尼的文化体验手段，立足用现代高科技讲述中国历史，打造面向世界的中国文化体验地。周秦汉唐文化小镇项目以朝代文化精神活化为策划宗旨，规划在西安周边建设西周、秦风、汉风、唐风四个历史文化旅游小镇，形成环西安 1 小时旅游圈内的原创型丝绸之路文化旅游目的地。陕西文化艺术博物院项目则全面系统整合我省现当代文化艺术资源，打造出集展示、体验、传承、创意为一体的文化艺术平台，成为我省文化艺术事业对外开放的一个窗口。二是立足集团文化产业的布局优势，助推陕西旅游“走出去”。文仿公司作为陕西旅游商品研发基地的实施单位，近年来陆续开发出以“开成石经”、法兰瓷创意产品等为代表的一批品牌效应高、市场反响好的旅游产品，在首届丝绸之路国际旅博会、陕粤港澳合作周等展会上都广受关注，成为陕西旅游的一张名片。威客网公司研发的微帮·智慧文旅数字化系统综合服务平台，通过对旅游产业链各个环节进行数字化升级从而推动全省旅游产业链向智慧化、数字化转型。集团文化金融、现代传媒、文化贸易等相关领域子公司，也都在各自业务的开展过程中服务我省文化旅游企业实现外向发展。

三、项目带动引领产业发展，立足创新培育旅游热点

在未来的一段时间，陕文投集团将统筹推进各大项目，重点提升景区文化旅游内涵。作为集团首个投入运营的旅游景区，照金红色旅游小镇二期将重点建设照金国际滑雪场、滑草场、跑马场、五彩农庄等一批接地气、可体验、能消费的新型旅游项目，打造我省体育旅游、休闲旅游的新热点。陕文投集团还将根据与铜川市的全域战略合作协议，参与薛家寨、大香山及药王山等知名旅游景区的开发。韩城司马迁文化景区将在完成古城保护改造工程的基础上，加快推进各发展片区项目建设，力争创建 5A 级景区。安康瀛湖文化旅游景区和统万城国家遗址公园两大旅游项目将力争在 2015 年实现一期建成运营，并分别以国家级生态旅游度假目的地和世界文化遗产为方向，成为陕文投在陕北、陕南片区的旅游产业第一品牌。

陕文投集团将重点启动实施一批创新性特色文化项目。首先是结合全省重点

示范镇和文化旅游名镇建设，加快周秦汉唐文化旅游小镇和东方帝王谷项目落地实施进度。其次是加快推动黄帝陵特种影院商业综合体建成运营，并依托我省著名景区开发一批投资少、周期短、见效快、效益高的文化旅游项目。三是进一步加强其他产业板块子公司与旅游产业的融合发展，以市场为导向研发新业态旅游产品。旅游产业已经迎来大发展大飞跃的黄金时代，陕文投集团也将牢牢把握机遇，改革创新、提质增效，力争为我省旅游事业做出新的贡献。

打造中国旅游惠民第一品牌

西安行游天下传媒广告有限公司

《行游天下旅游护照》是由行游天下传媒公司策划、运营的一个旅游惠民项目。本着让广大游客既能节约旅游消费支出，又能尽情畅游大美陕西、畅游美丽中国为目的，通过与全国各地的旅游景区、酒店、餐厅等涵盖旅游吃、住、行、游、购、娱六要素的旅游产业实体签订优惠协议，形成《行游护照》这款覆盖全国的旅游惠民产品，分别面向我国自驾游与自由行群体发行出售。目前，《行游护照》在全国的合作景区突破 3000 家，在陕西的合作景区是 165 家，景区数量及质量均为同类产品之最，品牌影响力、美誉度均居全国第一。2013 年 5 月，《行游护照》启动全国市场招商，截至目前，发行覆盖全国 30 个省市区 260 多个城市，总发行量超过 200 多万本，是唯一一家发行到全国的惠民旅游产品，为推动旅游业发展做出了一份贡献，主要体现在以下几个方面。

一、《行游护照》使旅游惠民成为常态化

《行游护照》的操作模式是把全省及全国的数千家景区串联起来，按照统一的优惠标准让利游客。护照就像一个庞大的旅游超市，聚拢了数量丰富的旅游产品以最优惠的价格供游客任意采购。按照“会员免票、同行人员打折”的政策，70％的合作景区给会员免票，30％的合作景区给会员打折，对会员同行者给 5~8 折的购票优惠。

比如，4 人同行到壶口瀑布景区。按照 91 元的正常门票价格，四个人需要支付 364 元。但是持有护照的会员 4 人同行，一人免票，同行 3 人仅需要购买 3 张 8 折门票，花费 216 元，节约开支 148 元。可以说，具有庞大旅游产品串联功能的《行游护照》已经成为惠民旅游常态化的得力抓手。

二、《行游护照》刺激游客出行，为景区增收

由于《行游护照》优惠幅度大，覆盖景区多，又不限使用次数和时间，符合

游客说走就走的休闲度假愿望，对游客出游起到很好的刺激作用。根据我们 2014 年“五一”期间的抽样调查，我省持有《行游护照》的人数为 32 万人，40%的会员年出游三次以上，20%的会员年出游两次以上，10%的会员年出游一次，同行人员 4 人以上的占 80%，2~3 人的占 20%，无单人出游。

护照会员在出游前通常都会根据护照合作景区来确定旅游目的地。按照一个会员带 3~4 个同行人员计算，就有 1000 多万的游客量。统计显示：2014 年，乾陵景区接待《行游护照》会员约 3000 多人，按照每个会员有 4 人同行计算，护照直接为景区带动游客万余人；关山草原接待持护照的人数约 2300 人，按照每个会员有 4 人同行计算，直接为景区带动游客 9000 多人。增加的游客量通过各种消费形式直接为景区增收。同时，通过护照的网络、微信、广告等各种宣传形式，合作景区也得到了很好的宣传。对这样的宣传，合作景区根本无需付出任何宣传费用，完全由护照销售企业承担。随着《行游护照》市场影响力的不断提升，它的游客带动作用也与日俱增。

三、《行游护照》为旅行社提供了市场转型的突破口

近年来，由于传统出游形式被自驾游、自由行等新形式取代，导致旅行社市场不断萎缩，很多旅行社经营艰难，纷纷寻找市场转型的突破口。《行游护照》的 260 多个代理商，绝大部分都是中小型旅行社，他们懂旅游业，熟悉旅游市场，有丰富的服务经验，在销售过程中分别把他们的线路产品、服务优势与护照有效结合，形成更有特色的旅游惠民产品，不但取得不错的销售业绩，也为游客提供了更多增值服务，为企业走出困境找到了出路。在《行游护照》发行的两年多来，不但实现了我们企业和代理商的良好经济效益，也在全国普遍认可中感到推动产业发展的荣耀和快乐。

四、《行游护照》开创了自驾游市场新局面

依托《行游护照》260 多家代理商及 200 余万会员资源，我们积极探索线下自驾游活动。2014 年，我们聚零为整，成立了行游天下自驾游联盟，把各个独立的自驾游活动变成一个统一的品牌活动，在全国各地市共举办 200 多次自驾游活动，参与会员达到 3 万多人。仅在我省就组织车友赴陕南留坝、金丝峡等十几场大型自驾游活动。依托自驾游联盟平台，我们出面与保险公司洽谈了自驾游专业保险，目前已进入细节协商阶段，这也将是全国首个自驾游专业保险，有力地促进了自

驾游市场的发展和规范。

旅游护照的市场目前尚在培育成长期，我们的目标是要打造中国旅游惠民第一品牌，成为行业发展的引领者。一是进一步深化惠民力度。扩大合作企业范围、加大优惠幅度。在景区门票优惠基础上增加住宿、餐饮、洗车、娱乐等更多优惠功能，为游客提供全方位的旅游服务。二是强化品牌建设。通过加大宣传、完善服务、不断增值等手段，提高产品的知名度和美誉度，打造中国旅游惠民第一品牌，以品牌产品推动陕西旅游发展。三是完善企业体系和运营模式建设。通过规范管理体系，建立企业与代理商万众一心谋发展的局面，成为旅游惠民的龙头企业。我们还将通过护照平台大力倡导和推动文明旅游，为旅游公益事业做出自己的贡献，也希望旅游界同仁给予我们大力的支持！